Naomi Wolf, 1962 in San Francisco geboren, hat 1984 ihr Studium der Literaturwissenschaft an der Universität Yale abgeschlossen und anschließend weitere drei Jahre als Rhodes-Stipendiatin in Oxford studiert. Sie hat zahlreiche Preise und Auszeichnungen erhalten, darunter den Academy of American Poets Prize. Ihre Artikel erschienen u. a. in *The New Republic, Wall Street Journal, Glamour, Ms., Esquire* und *The Washington Post;* weltweit bekannt wurde sie mit ihrem ersten Buch *The Beauty Myth* (dt. *Der Mythos Schönheit).* Naomi Wolf lebt in New York.

Dieses Buch wurde auf chlor- und säurefreiem Papier gedruckt.

Vollständige Taschenbuchausgabe März 1996
Droemersche Verlagsanstalt Th. Knaur Nachf., München

Titel der Originalausgabe »Fire with Fire«

Originalverlag Random House, New York
Umschlaggestaltung: Agentur Zero, München
Druck und Bindung: Clausen & Bosse, Leck
Printed in Germany
ISBN 3-426-65109-2

5 4 3 2 1

Naomi Wolf

Die Stärke der Frauen

Gegen den falsch
verstandenen Feminismus

Aus dem Englischen von Andrea Galler,
Sonja Göttler und Enrico Heinemann

Knaur

Für David

Inhaltsverzeichnis

Einleitung

In einem Ausschußzimmer in Washington änderte sich am Freitag, dem 11. Oktober 1991, vielleicht für immer, was es heißt, eine Frau zu sein. Die in Oklahoma ansässige Juradozentin Anita Hill setzte an diesem Tag mit ihrer Aussage wegen sexueller Nötigung eine Kette von Ereignissen in Gang, an deren Ende die Erkenntnis steht, daß in den Vereinigten Staaten die Frauen politisch zur herrschenden Klasse geworden sind. Allerdings sind sich die Frauen als einzige herrschende Klasse der Geschichte ihres neuen Status gar nicht bewußt.

Die Wahl Reagans zum Präsidenten 1980 bedeutete die Konsolidierung der Reaktion, den erfolgreichen Versuch, die Rechte der Frau einzuschränken. Aber im Herbst 1991 hat eine neue Phase des Umbruchs im Verhältnis der Geschlechter begonnen. Dieser Umbruch begann mit der von Anita Hill erhobenen Anklage, setzte sich fort in den berühmt gewordenen Vergewaltigungsprozessen der Jahre 1991 und 1992, in den Aussagen gegen Senator Bob Packwood wegen sexueller Nötigung von Mitarbeiterinnen und im Skandal von Tailhook, bei dem weibliche Armeeangehörige sexuell belästigt worden waren, und er brachte schließlich insgesamt 53 weibliche Abgeordnete in den Senat und das Repräsentantenhaus. In dieser kurzen Zeit erreichte das Spendenaufkommen für Frauengruppen Rekordhöhen; Emily's List, die Frauenrechtsorganisation der Demokraten, entwickelte sich zur stärksten Interessengruppe im Lande; ihre Mitgliederzahl stieg in Rekordzeit von 3500 auf 22000; Emily's List sammelte in kurzer Zeit 6,3 Millionen Dollar für Frauen, die ein politisches Amt anstrebten. Die Werbung änderte sich; auf einmal wurden von Männern bewunderte Frauen in Machtpositionen gezeigt; Frauen legten die Selbsthilfebücher, die wie eh und je die Selbstverleugnung propagierten, beiseite und lasen statt dessen neue Bestseller wie *Women Who Run With the Wolves* oder *Revolution from Within;* eine Million Frauen veranstalteten vor dem Kapitol die in diesem Jahrzehnt größte Demonstration für das Recht auf Abtreibung. Eine Vielzahl neuer Frauengruppen entstand, die medienwirksame Aktionen durchführten und frech und entschlossen auftrat. Sie mobilisierten in einer seit den sechziger Jahren nicht mehr dagewesenen Aufbruchsstimmung massenhaft die Frauen der Basis. Zu nennen sind hier unter anderem die Women's Action Coalition (WAC), die Women's Health Action Mobilization (WHAM!), YELL, The Riot Girls und The Third Wave Organisation.

Wohin soll das alles führen? Wird es den Frauen gelingen, das Erreichte zu bewahren? Wir leben in einer Zeit des Erwachens, einer Zeit großer Veränderungen und schnellen Lernens, in der die Frauen und das so lange verschüttete weibliche Bewußtsein im kulturellen Leben des Landes immer mehr ihren Platz an der Seite der Männer einnehmen. Diese Entwicklung mag vielen als Naturgewalt erscheinen, die uns unweigerlich vorwärts treibt, doch in Wirklichkeit stehen wir an einem Scheideweg: Entweder wir legen endgültig die letzte Strecke zum Ziel zurück, oder wir bleiben stehen, was in naher Zukunft einem Rückschritt gleichkäme.

Wir haben die Wahl: Entweder wir begreifen, daß das Ende des »Bürgerkriegs« um die Gleichberechtigung der Geschlechter kurz bevorsteht, daß wir an einem kritischen Punkt angelangt sind, die Gleichberechtigung der Frau in greifbare Nähe gerückt ist, und wir die Mittel in Händen halten, eine Gegenwart und Zukunft zu schaffen, in der Frauen nicht mehr unterdrückt werden. Oder aber wir schlagen die Lehren der Geschichte in den Wind, halten an einem überkommenen Selbstbild der Ohnmacht fest und kriechen die nächsten paar hundert Jahre im Schneckentempo weiter, ab-

hängig von den Einfällen und Launen der Gegenreaktion. Entweder das alles ist der Anfang vom Ende des Sexismus oder aber nur ein sehr in die Länge gezogener Fototermin. Die Entscheidung liegt bei uns.
Wenn wir uns für die erste Alternative entscheiden, müssen wir drei entscheidende Hindernisse aus dem Weg räumen.

Die meisten Frauen haben ein distanziertes Verhältnis zur Frauenbewegung

Das erste Hindernis auf dem Weg zum endgültigen Sieg ist das gestörte Verhältnis zwischen dem Feminismus und seiner politischen Klientel, der Mehrheit der amerikanischen Frauen und Männer.
1992 wurde offenkundig, daß die politischen Führer den Kontakt zur Realität verloren hatten und daß die ideologische Polarisierung in links und rechts überwunden werden mußte, wenn wirkliche Lösungen gefunden werden sollten. Neue Medienformen und neue Technologien, wie etwa politische Talk-Shows und gebührenfreie Vorwahlnummern, führten zu einer Rebellion von unten. Was wir aus der Wahl von 1992 gelernt haben, müssen wir auf die Beziehung zwischen den amerikanischen Frauen und ihren »Repräsentantinnen« anwenden, denn hier tut sich eine ähnliche Kluft auf. Ein wichtiges Ziel dieses Buches ist es, die beiden Fragen zu beantworten, warum die feministische Bewegung stetig an Popularität eingebüßt hat und wie die Kluft zur Basis überbrückt werden kann.
Führt man sich vor Augen, wie der Feminismus unsere Gesellschaft verändert hat und wie sehr sich amerikanische Frauen und in zunehmendem Maß auch amerikanische Institutionen seine Prinzipien zu eigen gemacht haben, hat der Feminismus eigentlich schon längst gewonnen. Die Zahl der Frauen, die den aktiven Wunsch nach Gleichberechtigung der Geschlechter hat, ist groß

genug, um dieses Ziel bis zur Jahrtausendwende Wirklichkeit werden zu lassen. Doch während immer mehr Ideale des Feminismus Eingang in die Gesellschaft finden, distanzieren sich immer mehr Frauen vom Begriff »Feminismus«. Linda Jaques aus San Gabriel beispielsweise schrieb mir in einem Brief vom 18. Februar 1993: »Die letzte Feminismuswelle in den siebziger Jahren hat mich stark beeinflußt ... aber ich habe wie viele meiner Freundinnen seit Jahren kein ›feministisches‹ Buch mehr gelesen, weil ich mich von der Bewegung nicht mehr angesprochen fühlte.« Die meisten amerikanischen Frauen können mit dem Feminismus wenig anfangen: Sie wissen entweder gar nicht, was »Feminismus« genau ist, oder sie glauben, der Feminismus akzeptiere sie nicht so, wie sie sind, und verstehe ihre Sorgen und Nöte nicht, oder ihnen mißfällt die Art, wie die Bewegung sich in der Öffentlichkeit präsentiert.

Im Oktober 1991 ergab eine Umfrage der Zeitschrift *Newsweek*, daß nur 27 Prozent der befragten Frauen der Aussage Anita Hills glaubten, sie sei sexuell belästigt worden. (Im Dezember 1992 zeigte sich in einer erneuten Umfrage, daß daraus inzwischen 51 Prozent geworden waren.[1]) Dieses Umfrageergebnis erregte bei vielen Feministinnen Anstoß, was wiederum Anlaß zu kritischen Kommentaren gab, in denen den Feministinnen vorgeworfen wurde, »sie hätten jeglichen Kontakt zu den amerikanischen Frauen verloren«.

In einem Artikel über die Frauenrechtsorganisation NOW heißt es unter anderem: »Wir leben in einer Zeit voller Widersprüche, in der Frauen das Etikett ›Feministin‹ ablehnen, aber gleichzeitig Rekordsummen an Frauenrechtsorganisationen spenden.«[2] Meinungsumfragen bestätigen das. Die Stiftung der Zeitschrift *Ms.* gab 1992 die nach eigenem Bekunden erste landesweite Umfrage über Wertevorstellungen von Frauen aller Schichten und Hautfarben in Auftrag. Die unter dem Titel *Women's Voices 1992: A polling report* veröffentlichte Umfrage ergab gleichfalls, daß viele Frauen, die sich den Zielen der Frauenbewegung verpflichtet fühlten, dennoch eine Abneigung gegen das Wort »Feministin« verspürten. Eine 1989 im Auftrag von *Time* und CNN vom Meinungsforschungsinstitut Yankelovich durchgeführte Umfrage ergab, daß 33 Prozent der Frauen sich als Feministinnen verstehen, während 58 Prozent diese Bezeichnung für sich ablehnen. In der jüngsten Altersgruppe bekannten sich lediglich 16 Prozent zum Feminismus. Allerdings glauben 77 Prozent aller Frauen, die Frauenbewegung habe Verbesserungen für Frauen erreicht; nur 8 Prozent sind vom Gegenteil überzeugt. 94 Prozent sind der Ansicht, die Frauenbewegung habe den Frauen zu mehr Unabhängigkeit verholfen, 82 Prozent der Befragten meinten, die Frauenbewegung trage auch heute noch zur Verbesserung der Lebenssituation amerikanischer Frauen bei. Die Frage »Hat die Arbeit von Feministinnen den Frauen geholfen oder geschadet?« wurde von 62 Prozent bejaht, von 18 Prozent verneint. Obwohl also die überwältigende Mehrheit der Frauen hinter den Zielen der Bewegung steht, sagen 76 Prozent der Frauen, sie »interessierten sich kaum oder gar nicht« für die Bewegung selbst.[3] Eine 1987 vom Meinungsforschungsinstitut Gallup für die Zeitschrift *Times-Mirror* erstellte Studie ergab, daß 51 Prozent aller befragten Frauen und Männer sich als Feministen bezeichneten.[4] In einer 1986 von *Newsweek* in Zusammenarbeit mit Gallup durchgeführten Meinungsumfrage bezeichneten sich 56 Prozent aller Frauen als Feministinnen, 40 Prozent lehnten diese Bezeichnung ab, und 4 Prozent bezeichneten sich als antifeministisch. Eine Umfrage der Ms. Foundation unter Frauen aller Schichten und Hautfarben ergab, daß Geld und Familie ganz oben auf der Prioritätenliste rangierten. Außerdem heißt es dort: »Sie [die Feministinnen] kümmern sich nach Meinung vieler Frauen mehr um ihre eigenen Interessen als allgemein um die Belange von Frauen und deren Familien.« Während die Frauen insgesamt die Frauenbewegung in einem durchaus positiven Licht sahen, mochten viele Frauen sich dennoch nicht mit dem Begriff »Feministin« identifizieren. Dieser Begriff läßt sich in ihren Augen nicht mit der Vorrangstellung, die sie

selbst der Familie einräumen, vereinbaren und auch nicht mit den täglichen Zeit- und Geldsorgen vieler Ehefrauen und Mütter.
Untersuchungen in England zeigen, daß wir es mit einem internationalen Phänomen zu tun haben: Der Feminismus ist zwar politisch ein Erfolg, aber was sein Image angeht, ein einziger Mißerfolg. Die Zeitschrift *Cosmopolitan* führte 1992 unter englischen Studentinnen eine Umfrage durch, nach der sich 75 Prozent der Befragten als ehrgeizig bezeichneten, aber nur 38 Prozent als Feministinnen.[5] Auf einer Konferenz der British Psychological Association wurde eine weitere Studie vorgestellt, wonach sich 50 Prozent der befragten Studentinnen den Zielen des Feminismus verbunden fühlten, Feministinnen aber ablehnten.[6] Eine 1991 vom *Guardian* durchgeführte Umfrage mit dem Titel *What Women Really Think* ergab, daß nur 9 Prozent der befragten 11000 Frauen glaubten, der Feminismus habe in der Öffentlichkeit einen guten Ruf; nur 13 Prozent der Befragten gehörten einer Frauengruppe an, obwohl 51 Prozent der Managerinnen sich als Frauen benachteiligt fühlten und 58 Prozent der Frauen angaben, sexuelle Belästigungen am Arbeitsplatz seien nach wie vor an der Tagesordnung.[7] Eine ebenfalls 1991 durchgeführte ICM-Umfrage ergab, daß 57 Prozent der Frauen die Zielsetzungen der Frauenbewegung unterstützten, jedoch nur 41 Prozent glaubten, diese seien noch nicht erreicht.[8]
Wir haben es demnach mit zwei gegenläufigen Trends zu tun. Zum einen ist die Zahl der Frauen, die sich mit dem Begriff »Feminismus« identifizieren können, in den achtziger Jahren immer mehr zurückgegangen. Gleichzeitig aber unterstützen doppelt so viele Frauen die Zielsetzungen der Frauenbewegung. Trotz dieses eindeutigen Bekenntnisses zur Frauenbewegung werden Frauen sich erst durchsetzen, wenn sie sich auf eine Bezeichnung für alle die einigen, die sich gemeinsam für die Durchsetzung dieser Ziele engagieren. In dem Widerspruch zwischen dem erklärten Wunsch von Frauen nach Gleichberechtigung und ihrer mangelnden Identifikation mit dem Wort »Feministin« liegt die Hauptursache da-

für, daß die tatsächliche Stellung der Frau in der Gesellschaft immer noch nicht ihrem Wunsch nach Gleichberechtigung entspricht.

Diese Situation blockiert die politische Willensbildung der Frauen. »Feminismus« bedeutet zunächst einmal nur die Bereitschaft von Frauen, sich für die Durchsetzung ihrer Bedürfnisse politisch einzusetzen. Aber zwischen der politischen Waffe des Feminismus und den vielen Frauen, die diese Waffe benutzen sollten, liegen Welten. Das in den Medien verbreitete Zerrbild des Feminismus in Verbindung mit einigen seiner Unarten führt dazu, daß viele Frauen den Feminismus als Waffe zur Durchsetzung von Frauenpolitik ablehnen, während andererseits eine starre Loyalität Feministinnen davon abhält, sich an die Bedürfnisse der Mehrheit der Frauen anzupassen. Ein Feminismus, der den Kontakt zum realen Leben der Frauen verloren hat, ist unproduktiv, und umgekehrt sind Frauen, die den Kontakt zu einem für sie nachvollziehbaren Feminismus verloren haben, nur halb so stark. Die Ablehnung des Begriffs »Feminismus« steht zwischen der wiedererwachten Wut der amerikanischen Frauen und der politischen Macht, die aus ihr erwachsen sollte.

Feministinnen suchen sich damit zu beruhigen, daß die meisten Frauen zwar das Etikett »Feministin« ablehnen, sich aber dennoch der Bewegung verbunden fühlen. Aber reicht diese beschwichtigende Erklärung, die ich mir selbst oft genug gegeben habe, wirklich aus? Unterstellt sie nicht der Mehrheit der Frauen ein falsches Bewußtsein nach dem Motto »Die Armen wissen ja gar nicht, was gut für sie ist«? Die Tatsache, daß die Mehrheit der amerikanischen Frauen aller Hautfarben und Schichten und insbesondere jüngere Frauen den Begriff »Feminismus« ablehnen, sollte uns zu denken geben. Wir müssen die Ursachen dieser Entfremdung beheben, wenn wir eine Zukunft haben wollen.

Ich habe erlebt, wie Feministinnen sich vor der Auseinandersetzung mit diesen Frauen drücken, statt auf sie einzugehen. Auch ich habe das zuweilen getan, denn diese Ablehnung trifft eine

Feministin natürlich ins Mark. Ich habe wie viele andere versucht, sie einfach wegzuerklären. Aber auf lange Sicht ist das ein schwerer Fehler. Die in der Frauenbewegung engagierten Frauen dürfen dieser Versuchung nicht erliegen, vielmehr müssen sie die Aversionen der anderen Frauen ernst nehmen und ihre Ursachen herausfinden. Ein Feminismus, der seinen Namen verdient, muß alle Frauen ansprechen. Wenn Frauen eine Abneigung gegen den »Feminismus« haben, dann sind nicht nur eine »gezielte Kampagne der Massenmedien, die religiöse Rechte und andere« schuld daran, wie der Bericht der Ms. Foundation abschließend nahelegt. Zwar gibt es diese Kampagne zweifelsohne, und sie ist sicher für sehr vieles verantwortlich, aber die Abneigung vieler Frauen gegen den organisierten Feminismus entspringt nicht nur der gezielten Propaganda ihrer Gegner, sondern bis zu einem gewissen Grad auch eigenen Erfahrungen mit der Bewegung. Das Bild des Feminismus, das den kollektiven Willen nicht an sich binden kann, ist zu 80 Prozent Zerrbild, zu 20 Prozent aber auch Wahrheit. Wem die Rechte der Frau am Herzen liegen, der sollte sich diesen 20 Prozent Wahrheit unvoreingenommen stellen.

Der Feminismus ist in einigen Bereichen in eine Sackgasse geraten

Ein weiteres Hindernis sind eine Reihe von hausgemachten Fehlern und Widersprüchen des Feminismus. Während viele Frauen sich mit dem Feminismus schwertun, identifizieren sich andere, darunter ich, sehr stark mit dem Namen und den Inhalten der Bewegung und sind entsprechend frustriert über einige gedankliche und emotionale Schwächen, die mit dem Feminismus verbunden werden.

Eine Reihe dieser Merkmale, die ich mit dem Begriff »Opfer-Feminismus« beschreibe, haben in der Vergangenheit die öffentliche Debatte beherrscht. Unter »Opfer-Feminismus« verstehe ich das

Streben nach Macht, indem man Ohnmacht und Opferrolle der Frauen in den Vordergrund stellt und gleichzeitig dem männlichen Geschlecht insgesamt Herrschsucht und Aggressivität vorwirft. Doch mit einem solchen Denken ist niemandem gedient, denn es bestärkt Frauen gerade in den Eigenschaften, die verhindern, daß sie die heute sich bietende Chance ergreifen. Dieser Richtung des Feminismus möchte ich einen »Power-Feminismus« entgegenstellen. Seine Basis ist die Toleranz und die Achtung weiblicher Individualität, und er versteht sich als Feminismus des Optimismus und der Stärke.

Die reaktionären Anklänge des Opfer-Feminismus sind verständlich. Feministinnen haben sich in den Jahren der Gegenreaktion weiterhin beharrlich für die Rechte der Frau eingesetzt, ernteten von der Mehrheit der Frauen wenig Dank und wurden statt dessen von Männern und Frauen gleichermaßen lächerlich gemacht. So überrascht es nicht, daß diese Richtung des Feminismus versucht hat, den Frauen über die Jahre der Reaktion hinwegzuhelfen, indem man das Leid zur Tugend, die Anonymität zum Statussymbol und die Existenz am Rand der Gesellschaft zu einem Zeichen höchster Glaubenstreue hochstilisierte. Doch diese Tendenzen hatten in der Vergangenheit einen viel zu starken Einfluß auf das äußere Bild des Feminismus wie auch auf das Selbstbild der Frauen.

Zwar können wir verstehen, warum Frauen in schlechten Zeiten zu solchen psychologischen Strategien greifen, aber wir müssen auch erkennen, daß das gefährlich wird, wenn die Zeiten sich ändern. Präsident Clinton und Hillary Rodham Clinton sind profeministisch eingestellt. Frauen sind in diverse Regierungsämter berufen worden: als Justizministerin, als Ministerin für Gesundheit und Soziales und als Vorsitzende des Wirtschaftsrats. Zwar konnten die Entscheidungen des Obersten Gerichtshofs und Präsident Clintons ausdrückliches Eintreten für das Recht auf Abtreibung den Kampf der Frauen um das Selbstbestimmungsrecht über ihren Körper noch nicht beenden, aber das Schlimmste scheint vorerst überstanden. Ein wichtiger Schritt ist getan.

Wenn wir in Zeiten wie diesen an starren Ideologien festhalten und uns als stumme Opfer am Rand der Gesellschaft begreifen und nicht als aktive Kräfte der Veränderung in deren Zentrum, dann zeigt sich darin ein Selbstverständnis, das überholt ist und das uns überdies in Konflikt mit der sich verändernden Umwelt bringt. Es besteht die Gefahr, daß ein Feminismus, der jahrelang in einer seinerzeit notwendigen Belagerungsmentalität befangen war, jetzt die Zeichen der neuen Zeit nicht erkennt. Unsere Psyche kann wie Treibsand unter unseren Füßen sein; sie kann bewirken, daß wir den historischen Moment verpassen, in dem sich eine wirkliche Chance zur Änderung unserer Lage auftut.

Je stärker eine Bewegung verfolgt wird, desto dogmatischer droht sie zu werden. Der Feminismus der letzten Jahre war zunehmend geprägt von starren Denkgewohnheiten und moralischen Urteilen in Fragen der persönlichen Lebensführung, und das schreckt viele ab, die nicht schon zu den Bekehrten gehören. Ironischerweise ist gerade der Erfolg der zweiten Feminismuswelle der Grund, warum so viele seiner zentralen Prämissen heute überholt sind. Viele Glaubenssätze sind in den Jahren der Reaktion erstarrt und heute derart überholt oder von der täglichen Erfahrung entfernt, daß sie mit dem Leben der meisten amerikanischen Frauen nicht mehr in Einklang zu bringen sind.

Meine Freundinnen und ich sind überzeugte Feministinnen. Aber selbst wir würden, wenn wir vor anderen »Insiderinnen« detailliert Auskunft über unser Privatleben erteilen müßten, mit Sicherheit den einen oder anderen hehren Grundsatz auf der ideologischen Checkliste verletzen und dafür angegriffen werden. Wie oft sagen wir, wenn wir einer Freundin eine romantische Dummheit oder ein unerlaubtes sexuelles Verlangen beichten oder uns »frivole« Gedanken über Kleider oder Männer machen, halb im Scherz, halb aus Verlegenheit: »Sag den anderen ja nichts«, oder: »Versprich mir, daß du mich nicht bei der Keuschheitspolizei verrätst.« Wir alle kennen das Gefühl, eine »Linie« vertreten zu müssen, die nicht in vollem Umfang unserer wirklichen Lebenspraxis und unseren Wünschen entspricht. Wenn man aber den eigenen Feminismus nicht mehr mit der tatsächlichen Lebenserfahrung in Einklang bringen kann und sich beide Ebenen nicht mehr gegenseitig bestätigen, dann stimmt etwas Grundlegendes nicht.

Der Feminismus mischt sich nicht nur viel zu stark ins Privatleben der Frauen ein, er ist auch ideologisch überfrachtet. Anstatt Wünsche von Frauen nach individueller Selbstverwirklichung gelten zu lassen und zu bestärken, ist der Feminismus zu einem Katalog enggefaßter Glaubenssätze erstarrt, und nur wer sich dazu bekennt, wird als Feministin anerkannt. *Der schwerwiegendste Vorwurf von Frauen gegen den Feminismus lautet: Der Feminismus tritt ihnen als ein Paket von Forderungen entgegen, das sie insgesamt kaufen müssen; er wird ihnen als Individuen nicht gerecht.* Ich habe diesen Vorwurf von so vielen Frauen gehört, daß ich mittlerweile davon überzeugt bin, daß er die Hauptursache für die Kluft zwischen den Frauen und dem Feminismus ist. Auch wenn Frauen sich einzelnen frauenspezifischen Themen stark verbunden fühlen, lehnen sie es dennoch entschieden ab, sich für ein Paket von Forderungen zu engagieren, das andere für sie geschnürt haben. Viele Frauen sagen empört, sie wollten nicht riskieren, mit einer Reihe von Glaubenssätzen in Verbindung gebracht zu werden, die sie gar nicht teilen. Anders ausgedrückt, sie lehnen es nicht nur ab, sich von »Männern« oder sexistischen Stereotypen definieren zu lassen, sie lehnen genauso feministische Stereotypen ab. Ironischerweise geht es den meisten Frauen gerade deshalb gegen den Strich, sich von anderen in eine ideologische Schublade stecken zu lassen, weil sie ausgeprägte Persönlichkeiten sind und Wert auf ihre Individualität legen, also Feministinnen sind im besten, fast schon vergessenen Wortsinn.

So kommt es, daß in diesem so vielversprechenden Jahr viele Frauen, die nicht den selbsternannten Zirkeln von New York, San Francisco, London, Sydney, Amsterdam und anderen Großstädten sowie einer Handvoll Universitätsstädten angehören, ratlos bekennen, sie wüßten nicht, was sie unter dem Begriff »Feminismus« verstehen sollten. Geht es dabei um Abtreibung? Aber, könnte eine Frau antworten, ich weiß doch gar nicht genau, wann das menschliche Leben beginnt. Geht es um Lesben? Ich bin aber verheiratet, könnte eine andere sagen. Ist Feminismus nicht nur etwas für weiße Frauen der Mittelschicht? Ich komme aus der Unterschicht. Geht es darum, daß man gegen die Männer ankämpft? Ich bin Afro-Amerikanerin und habe gegen einen afroamerikanischen Mann keine Chance. Ist der Feminismus gegen Pornographie? Ich halte nichts von Zensur, und ich will nicht, daß mir jemand sagt, was ich in meinem Schlafzimmer tun und lassen darf. Ist der Feminismus gegen Make-up? Aber ich sehe nun mal gerne gut aus. Ist der Feminismus nur etwas für Frauen? Ich habe eine Tochter, die ich sehr liebe, aber ich selbst bin leider ein Mann. Geht es um sexuellen Mißbrauch und Vergewaltigung? Vielleicht ist mir das auch passiert, aber ich will vergessen und mich nicht länger als Opfer fühlen.

Durch die ideologische Überfrachtung wurde der Begriff »Feminismus« so starr, daß er aufhörte, das zu sein, »was jede Frau angeht«. Eine Minderheit von Frauen, die oft nicht einmal unter sich selbst einig waren, stülpte ihm ihre Erwartungen über. Teilweise war diese Entwicklung wohl unausweichlich und ein Ergebnis der harten Auseinandersetzungen um das Recht auf Abtreibung, die zu einer Polarisierung der Meinungen führte. Insgesamt schreckte die ideologische Überfrachtung jedoch die Mehrheit der amerikanischen Bevölkerung ab, und ihre große Kraft geht der Frauenbewegung damit verloren: Frauen, die in der Abtreibungsfrage keine eindeutige Position haben oder aber dezidiert gegen Abtreibung sind, Frauen, die nicht als Männerhasserinnen gelten wollen, Frauen, die die Opferrolle strikt ablehnen, Frauen, denen nicht einleuchtet, daß Männer als Sündenböcke für alles herhalten sollen, konservative Frauen und schließlich die Männer selbst.

Fragt man eine Frau auf der Straße nach dem Feminismus, sagt sie wahrscheinlich etwas von Abtreibung oder Pornographie oder dem Artikel zur Gleichberechtigung in der Verfassung. Das heißt, daß uns die beste, die gültigste Eigenschaft des Feminismus verlorengegangen ist. Die Frau auf der Straße identifiziert den Feminismus spontan mit dieser oder jener strittigen Frage, die sie positiv oder negativ beurteilt, statt ihn als Theorie weiblichen Selbstbewußtseins zu begreifen, die ausnahmslos alle Frauen angeht.

Frauen brauchen eine neue Psychologie weiblicher Macht

Schließlich müssen wir Frauen schleunigst vollenden, was wir bereits begonnen haben: die Schaffung einer neuen weiblichen Psychologie der Macht. Die amerikanischen Frauen müssen endlich das Selbstbild der Ohnmacht gegen eines der unbeirrbaren Stärke eintauschen. Frauen haben sich in letzter Zeit damit begnügt, ihren Gegnern zu sagen, sie sollten endlich kapieren, daß sie von ihrer Opferrolle genug haben. Aber offenbar kapieren die amerikanischen Frauen selber viel zu langsam, daß sie die Macht in Händen halten.

Die umwälzenden Ereignisse der letzten Jahre haben vor allem eins gezeigt: Frauen aller Hautfarben sind keine Minderheit. Wir stellen 51 Prozent der Bevölkerung, mehr als die Gesamtzahl der abgegebenen Stimmen bei den letzten Wahlen, und wir haben sieben Millionen mehr Stimmen als die Männer. Trotzdem sind wir immer noch einer Rhetorik verhaftet, nach der andere uns ein »Jahr der Frau« oder eine Frau als Justizminister zugestehen und uns diese Gunstbeweise jederzeit nach Lust und Laune wieder entziehen können. Offensichtlich haben wir immer noch nicht begriffen, daß Frauen niemanden zu bitten brauchen, er möchte sie doch mitnehmen. Wir können nicht einmal mehr darauf hoffen, weiterhin friedlich auf dem Platz des Kopiloten sitzen zu dürfen. Ob wir wollen oder nicht: Wir Frauen sind es, die am Steuer sitzen.

Die »Opposition« hat das längst begriffen. Wie lange sie noch an

der Macht bleibt, hängt davon ab, wie lange sie uns davon abhalten kann, das ebenfalls zu begreifen.
1992 endlich, zweiundsiebzig Jahre nach der Einführung des Frauenwahlrechts in den Vereinigten Staaten, haben wir zum ersten Mal gewagt, wirklich davon Gebrauch zu machen. Wir haben uns lautstark zu Wort gemeldet und bekamen umgehend einen Präsidenten, der für das Recht auf Schwangerschaftsabbruch eintritt und mit einem Federstrich zwölf Jahre Anti-Abtreibungsgesetzgebung vom Tisch wischte, sechs Frauen im Senat, siebenundvierzig Frauen im Repräsentantenhaus, neue Gesetze gegen sexuelle Belästigung am Arbeitsplatz, eine veränderte Berichterstattung der Medien, eine Frau an der Spitze des Justizministeriums und das langersehnte Gesetz zum Erziehungsurlaub.
Was lernen wir daraus? All das haben Frauen bewirkt. Frauen haben den Präsidenten gewählt. Und insofern, als die Mehrheit der Bevölkerung – Frauen – einen Präsidenten gewählt hat, der sich verpflichtet hat, dieser Mehrheit zu dienen, hat unsere Demokratie zum ersten Mal richtig funktioniert. Niemand kann unsere Macht aufhalten. Das haben wir nicht nur im Weißen Haus gezeigt, sondern anschließend auch in den Staaten Washington, Kalifornien und Illinois. Wir haben sie überall geltend gemacht, vom Senat bis zur Schulverwaltung. Wir hatten nicht einfach Glück, und niemand hat uns die Macht überreicht wie einen Strauß Rosen. Deshalb brauchen wir uns auch nicht unsicher nach jemand anderem umzusehen und artig, wie man es uns beigebracht hat, Dankeschön zu sagen. Wir sind niemandem Dank schuldig. Wir haben es allein geschafft.
Und das nicht nur hierzulande, sondern weltweit. Wir trotzen Medien, Hochschulen und Gerichten. Frauen in Australien klagten männliche Richter an und befanden sie für schuldig, in Vergewaltigungsprozessen auf seiten der Vergewaltiger zu stehen;[9] Frauen in Irland klagten zum ersten Mal gegen den erbitterten, jahrhundertealten Widerstand der römisch-katholischen Kirche erfolgreich das Recht auf Selbstbestimmung über ihren Körper ein;[10]

Frauen in Dänemark stimmten in der ersten Volksabstimmung gegen den Vertrag von Maastricht, um sicherzustellen, daß die Rechte werdender Mütter und das Recht auf Schwangerschaftsabbruch erhalten bleiben;[11] Frauen in Großbritannien erstritten für geschiedene Frauen das Recht auf einen Anteil an den Rentenbezügen ihrer Ex-Ehemänner.[12]

Und in Anbetracht der Tatsache, daß Frauen Mehrfachbelastungen gewohnt sind – schließlich arbeiten sie in Beruf, Haushalt und Familie für zwei Drittel des Einkommens, das ihnen eigentlich zusteht –, *war das alles nicht einmal so schrecklich schwer.*

Die Leichtigkeit, mit der die Wut der Frauen 1992 und 1993 politische Veränderungen herbeiführte, wirft ein bezeichnendes Licht auf das wohl verblüffendste Phänomen, das die Situation der Frau kennzeichnet. Wie kommt es, daß in einer Demokratie die demographische Mehrheit, die sich mit überwältigender Mehrheit für mehr Rechte der Frau ausspricht, noch immer unterdrückt ist? Obwohl die überwältigende Mehrheit der Frauen die Abschaffung dieser Mißstände wünscht und sie mit der Macht ihrer Stimmen und ihres Geldes auch durchsetzen könnte, bleibt alles beim alten. Das liegt vor allem daran, daß diese Mehrheit bis jetzt noch nie eine Demonstration ihrer politischen Macht erlebt hat und daher auch nicht an sie glaubt. Anders ausgedrückt, Frauen leiden nur deshalb unter vielfältigen Formen unnötiger Unterdrückung, weil sie das Ende dieser Unterdrückung bisher nicht eingefordert haben.

Aus einer anerzogenen Willensschwäche heraus neigen wir Frauen dazu, uns in bezug auf unsere Rechte irgendwelche Ausflüchte zurechtzulegen: Wir stellen uns vor, daß wir irgendwann – von selbst, durch einen Erlaß oder sonstwie – die gleichen Rechte erhalten werden und bekommen, was wir brauchen. Genau dieses Denken ist falsch. Wir müssen uns umgekehrt wie gleichberechtigte Partner verhalten und uns nehmen, was wir brauchen. Erst dann werden wir es auch bekommen. Oder wie die englische Anwältin Helena Kennedy einmal sagte: Darauf zu warten, daß die

Zeit der Gleichberechtigung kommt, heißt, darauf zu warten, daß »Fischen Füße wachsen«.[13]

Früher, als die Frauen nicht wählen durften, waren sie in der Tat hilflos. Als sie noch nicht selbst Geld verdienen konnten, war Unabhängigkeit für sie nur eine grausame Illusion. Als sie noch nicht wählen konnten, ob sie Kinder haben wollten oder nicht, hatten sie noch nicht alle »Bürgerrechte«. Frauen lebten angesichts dieser Umstände gar nicht in einer repräsentativen Demokratie. Auch heute noch sind wir benachteiligt: Es gibt zu wenige staatliche Einrichtungen zur Kinderbetreuung, die meisten Frauen sind am Arbeitsplatz sexuellen Belästigungen ausgesetzt, unser Strafrecht ist kaum dazu angetan, Vergewaltigung und Gewalt in der Ehe zu unterbinden, und Frauen verdienen für dieselbe Arbeit immer noch weniger als Männer. Aber wir neigen dazu, über diese Hindernisse zu sprechen, als seien sie unüberwindlich, als lebten wir in einem faschistischen Staat oder in einem Land wie Saudi-Arabien, in dem Frauen kein Geld verdienen und nicht wählen dürfen.

Wenn Frauen nicht an ihre politische Stärke und die Möglichkeit zur Veränderung ihrer Lebensumstände glauben, haben sie offenbar immer noch nicht begriffen, daß sie in einer Demokratie leben und das Land daher ihnen gehört. Sie brauchen sich nicht einmal damit zufriedenzugeben, daß das Land »auch« ihnen gehört. Nein, als Bevölkerungsmehrheit gehört es vor allem uns, den armen und den reichen Frauen. Die bestehenden Hindernisse könnten durch den kollektiven Willen der Frauen mit Leichtigkeit aus dem Weg geräumt werden.

Jetzt, wo das Recht auf Schwangerschaftsabbruch und das Recht auf Arbeit wenigstens einigermaßen gesichert sind, müssen wir erkennen, daß wir unser Schicksal in einer Demokratie selbst in die Hand nehmen müssen. Wenn wir die Hindernisse nur ganz allmählich aus dem Weg räumen, mag das viele gute Gründe haben; schließlich müssen wir uns erst langsam an unsere Stärke gewöhnen. Aber wenn wir sie nicht bis zur Jahrtausendwende beseitigt haben, liegt das daran, daß wir Frauen die uns zustehende Macht gar nicht ausüben wollen (es sei denn, die Demokratie wird in einem Staatsstreich abgeschafft).

Wenn ich immer wieder davon spreche, daß Frauen Macht haben, sie aber nicht ausüben, will ich damit nicht bestreiten, daß Frauen viel Unrecht geschieht und sie in jeder Hinsicht benachteiligt werden; ich will auch nicht so tun, als ob jetzt alles in Ordnung sei und wir uns zurücklehnen könnten und nicht mehr zu kämpfen brauchten. Natürlich ist nichts »in Ordnung«. Aber ich meine, wenn wir die richtigen Schlüsse aus den Ereignissen der jüngsten Vergangenheit ziehen und uns entsprechend verhalten, und wenn wir ein neues Selbstbild entwickeln, dann wird nach und nach Ordnung einkehren. Feministinnen sind meist gar nicht glücklich, wenn das von Frauen Erreichte zu sehr betont wird, weil man sich allzuoft voreilig damit zufriedengibt. Ich meine aber, wenn wir den Umbruch der letzten beiden Jahre richtig interpretieren, werden wir nicht aufhören zu kämpfen. Wir werden vielmehr klüger, geschickter, effektiver und zielstrebiger kämpfen. Und wir werden weniger unter der Wut und Hilflosigkeit leiden, die uns jetzt zermürben, und mit mehr Spaß bei der Sache sein. Frauen müssen viel Zeit in die Werbung für ihre Sache stecken. Aber die Zeiten, in denen wir uns darauf beschränkt haben, die »Opposition« um Gerechtigkeit zu bitten, sind vorbei. Wenn ich sage, die Ereignisse der jüngsten Vergangenheit hätten den Status der Frau für immer verändert, dann meine ich damit, daß Frauen niemanden mehr um soziale Gerechtigkeit zu bitten brauchen.

Wir müssen niemanden um Gleichberechtigung bitten und auch nicht ständig beweisen, daß wir sie verdienen. Und warum sollten wir uns mit Gleichberechtigung zufriedengeben? Auch wir Frauen können Demokratie verlangen, und in einer Demokratie sind wir aufgrund unserer Mehrheit die stärkste Macht der Welt. Wir amerikanischen Frauen sind nicht nur für dieses Land, sondern – ob nun zu Recht oder Unrecht – auch für die meisten anderen Länder der Welt verantwortlich. Und diese faszinierende, erschreckende und existentielle Aufgabe kommt nicht erst in der fernen Zukunft eines feministischen Science-fiction-Romans auf uns zu. Sie erwartet uns auch nicht morgen. Nein, wir haben sie bereits. Wir leben bereits mit ihr. »Wir müssen anfangen, wie Sieger zu denken«, sagt die für das Recht auf Abtreibung eintretende Anwältin Catherine Colbert, und sie hat recht. Wenn wir weiterhin geduckt gehen und zugleich über unsere Opferrolle wütend sind, verschwenden wir nur unsere Energie. Wirkungsvoll handeln wir erst dann, wenn wir uns zu unserer Macht bekennen und lernen, aufrecht zu gehen; wir müssen erkennen, daß wir uns auf Dauer nicht in dem Mauseloch verkriechen können, in dem wir uns schon so gut eingerichtet haben. Wir müssen die überkommene, emotional verankerte Opferrolle der Frau ablegen und zu einer neuen Haltung finden, geprägt von Zuneigung und Aufgeschlossenheit, aber auch dem festen Willen, uns mit unserer Macht durchzusetzen.

Wenn wir das tun, werden wir in nicht allzu ferner Zukunft eine Situation haben, für die es meines Wissens in keiner Sprache ein Wort gibt, denn allein schon der Gedanke daran wurde bislang als Phantasiegespinst abgetan: Wir werden in einer sozialen Wirklichkeit leben, in der Frauen nicht aufgrund ihres Geschlechts unterdrückt werden.

Ein solcher Paradigmenwechsel setzt ein neues Selbstbild der Frauen voraus. Frauen dürfen sich nicht länger als hilflose Opfer verstehen; sie müssen dynamische Wegbereiter der Veränderung sein. Dazu gehören eine neue politische Strategie und ein neuer politischer Stil. In den Anfängen der Bürgerrechtsbewegung bedienten sich viele schwarze Aktivisten der Rhetorik und Symbolik der Ohnmacht. Sie stellten keine Forderungen, sondern appellierten mit bewegenden Worten an Mitleid und Gerechtigkeitssinn der weißen Mehrheit. Heute, nach dreißig Jahren antirassistischer Erziehung, hat sich an der Diskriminierung von Schwarzen kaum etwas geändert, und deshalb wenden sich viele der Rhetorik eines Malcolm X oder Jesse Jackson zu. Sie bitten ihre Unterdrücker nicht länger um

Gerechtigkeit, sondern appellieren an den Willen der Betroffenen zur Selbstbestimmung und benutzen dann deren Wählerstimmen, Geld und gesellschaftlichen Einfluß, um einen Wandel zu erzwingen, den die andere Seite bei aller angeblichen Gerechtigkeitsliebe nicht von selbst vollzieht. So konnten Firmen dazu gebracht werden, sich aus Südafrika zurückzuziehen, ein Beitrag zur Beendigung der Apartheid. Schwarze werden aufgefordert, in Geschäften von Schwarzen zu kaufen, in ihrem Wohnviertel zu investieren und Bündnisse einzugehen, die die politischen Parteien dazu zwingen, sie in ihrem Kampf zu unterstützen. Schwulengruppen haben einen ähnlichen Gesinnungswandel durchgemacht; auch sie bitten längst nicht mehr um Verständnis und »Mitgefühl«, sondern demonstrieren politische Stärke. Frauen als Gruppe müssen denselben psychologischen Wandel vollziehen, auch wenn ihnen die mentalen Barrieren unüberwindlich scheinen mögen. Anders ausgedrückt, es geht nicht mehr um die Frage, ob die Gesellschaft bereit ist, Frauen die Gleichberechtigung einzuräumen. Die Gesellschaft kann die Frauen gar nicht mehr aufhalten. Frauen können die Voraussetzungen der Gleichberechtigung aus eigener Macht schaffen. Die Frage lautet nicht, ob die Gesellschaft bereit ist, Gleichberechtigung einzuräumen, sondern ob die Frauen bereit sind, Gleichberechtigung zu beanspruchen.

Die Analyse der in der unmittelbaren Vergangenheit tätigen Kräfte der Reaktion ist unabdingbar. Dieses Buch wäre nicht möglich gewesen ohne Susan Faludis Buch *Die Männer schlagen zurück*. Doch das ist nur die eine Seite der Medaille. Zwar müssen wir kritisch beleuchten, was die Opposition uns Frauen angetan hat, aber wir dürfen es nicht dabei belassen. Wir müssen auch den Mut haben weiterzufragen: Was tun wir uns gegenseitig und uns selbst an?

Frauen leiden an einem doppelten Problem: Sie haben zu wenig Macht, und gleichzeitig haben sie Angst vor der Macht. Die Äste eines Baumes, die sich über Jahre unter der Last der Früchte biegen, richten sich nicht sofort wieder auf, wenn sie von der Last

befreit werden. Sie wachsen noch eine ganze Weile in der bisherigen Richtung weiter.
Sind Frauen psychisch bereit, die ihnen zustehende Macht zu übernehmen? Es ist nicht nur Unsicherheit, die Frauen davon abhält, ihre Macht zu gebrauchen. Ich sehe noch einen anderen Hinderungsgrund. Wenn Frauen mit ihrer Macht die angestrebten Veränderungen herbeiführen und dabei erkennen, daß sie nicht Opfer des Geschehens sind, sondern dieses bestimmen, bedeutet das zugleich den schmerzhaften Verlust eines Teils ihrer bisherigen, vertrauten und als richtig empfundenen Identität. Die Tür steht offen, aber tiefsitzende Reflexe unseres weiblichen Bewußtseins hindern uns daran, durch sie hindurchzugehen. Frauen beanspruchen heute Macht wie nie zuvor, aber dabei ist ihnen nach wie vor unbehaglich zumute. Dieses Unbehagen ist in vielem berechtigt: Es entspringt dem Wissen über vielfältigen Machtmißbrauch. Zum Teil beruht es allerdings auch auf Restängsten aus der Vergangenheit, die sich uns wie Phantome in den Weg stellen. Wir müssen diese tiefsitzenden Reflexe in uns erkennen und ausmerzen. Sie sind der Grund dafür, warum Frauen ihre eigene Macht und die Macht anderer als Tabu und als unweiblich betrachten. Der letzte Teil des Buches widmet sich den Spannungen und Ängsten in der weiblichen Psyche, die Frauen immer noch davon abhalten, ihre Macht in vollem Umfang zu gebrauchen.
Sind Frauen psychisch bereit, Macht auszuüben? Offen über die Aspekte weiblichen Bewußtseins sprechen, aufgrund derer diese Frage mit Nein beantwortet werden müßte, und dann Wege zu erkunden, wie aus dem Nein ein Ja werden kann – das sind die beiden Hauptziele dieses Buches. Wenn wir uns diese Frage nicht stellen, werden wir so gut wie sicher wieder in Passivität verfallen und einen Rückschritt erleben, wie er bisher auf jede Phase des Fortschritts in Frauenfragen gefolgt ist. Vom großen Umbruch der Jahre 1991 und 1992 wird nichts übrigbleiben, wenn wir weiterhin einer Psychologie der Weiblichkeit verhaftet sind, die uns für die Folgen des Umbruchs blind macht.

Das zweite Buch, auf das ich mich stütze, ist Gloria Steinems *Revolution from Within*. Gloria Steinems Ausgangsthese lautet: Der erste Schritt eines Individuums in Richtung Ganzheit ist die Selbstachtung und -bestimmung. Wenn Frauen die Bestimmung über ihr Selbst verwirklicht haben, muß der nächste Schritt sein, kraft dieser Selbstbestimmung ein anderes, gesellschaftlich wesentlich komplexeres Recht zu beanspruchen, das folgenreich und potentiell gefährlich ist – das Recht, Macht zu übernehmen und auszuüben und nicht nur sich selbst, sondern auch die Umwelt zu verändern und der Welt einen Stempel aufzudrücken. Viele Kritiker, darunter auch einige Feministinnen, haben Gloria Steinem vorgeworfen, sie konzentriere sich zu sehr auf »weiche« Themen wie das Selbstwertgefühl von Frauen statt auf die »harte« Politik. Sie haben offensichtlich nicht begriffen, wie eminent politisch die Erkenntnisse ihres Buches sein können. Die Frauen der Ersten Welt sind an einem historischen Punkt angelangt, an dem die Unterscheidung zwischen innerem und äußerem politischen Leben überholt ist.

Richtig verstanden bedeutet Selbstvertrauen nämlich nicht nur das Vertrauen, das man zu sich selbst hat, sondern auch das Vertrauen in die eigene Fähigkeit, die Welt zu verändern. So gesehen weicht man keineswegs der Frage der politischen Durchsetzungsfähigkeit von Frauen aus, wenn man über das Selbstwertgefühl von Frauen spricht. Es ist die Voraussetzung jeglichen Fortschritts.

Die Entwicklungspsychologie fördert täglich neue Erkenntnisse zutage, mit denen sich Frauen persönlich und allgemein auseinandersetzen müssen. So wurde festgestellt, daß Menschen mit großem Selbstbewußtsein dazu neigen, ihren Erfolg bei der Bewältigung einer gestellten Aufgabe den eigenen Fähigkeiten und Leistungen zuzuschreiben. Menschen mit geringem Selbstbewußtsein dagegen führen ihren Erfolg darauf zurück, daß die Aufgabe leicht war oder sie Glück hatten. Sie rechnen immer mit einem Mißerfolg und mißtrauen ihren eigenen Leistungen. Wenden wir diese Erkenntnisse auf die Ereignisse der Jahre 1991 und 1992 an,

stellen wir fest, daß unser Selbstbewußtsein nicht nur unsere Stimmung beeinflußt, sondern auch unsere Interpretation der Wirklichkeit und unsere Macht oder Ohnmacht, sie zu verändern.
Die momentane Lage berechtigt zu großen Hoffnungen, sie birgt aber auch große Gefahren. Wir könnten uns mit der jahrhundertelangen Konditionierung unseres Verhältnisses zur Macht abfinden, die weibliche Sünde der Selbstverleugnung begehen, die historische Chance als angenehme Abwechslung betrachten und in aller Ruhe weiterleben wie bisher – und damit unsere Töchter und uns selbst verraten. Oder aber wir wagen es, uns innerhalb einer Lebensspanne gleich über mehrere Stufen zu entwickeln, wachsen in die neue Situation hinein und bauen ein neues Frauenbild auf, in dem die Ausübung von Macht im Gegensatz zu heute durchaus erotisch und weiblich ist. Im letzten Teil des Buches werde ich konkrete Wege aufzeigen, wie Frauen ihre verborgenen Kraftreserven entdecken und so die Energie freisetzen können, die sie für den endgültigen Durchbruch brauchen.
Heute, da die Frauen begonnen haben, den Göttern das Feuer zu stehlen und es verantwortlich und zum Guten einzusetzen, müssen wir Schluß machen mit orthodoxer Phrasendrescherei, ideologischem Imponiergehabe und Sektierertum am Rande der Gesellschaft. Wir müssen uns offen und zielorientiert nach außen wenden. Wir dürfen uns in Zukunft nicht mehr darauf beschränken, die schon Bekehrten bekehren zu wollen, sondern müssen mit der Opposition aus einer Position der Stärke heraus verhandeln und eine neue Verbindung zwischen Frauen und Geld herstellen, die es Frauen ermöglicht, mehr zu verdienen und mit Geld Verantwortung zu übernehmen.
Wir leben in einer Zeit, in der reale Veränderungen für Frauen einzig und allein von ihrer Bereitschaft abhängen, sich auf die Macht mit all ihren Verlockungen und Pflichten einzulassen, auf die Demokratie mit ihren ungelösten Konflikten und auf das Geld mit seinen Vorteilen und Gefahren. All das ist für Frauen neu und war für den Opfer-Feminismus ein Tabuthema.

Unter Power-Feminismus verstehe ich einen Feminismus praktischer Riesenschritte im Gegensatz zu einem Feminismus ideologischer Zwergenschritte. Der Power-Feminismus setzt an die Stelle von Selbstgerechtigkeit Toleranz. Er ermutigt Frauen zur weiblichen Solidarität aus einem Gefühl der Freude und Stärke heraus, nicht aus einem Gefühl der Schwäche und Unterlegenheit. Er propagiert ein Bündnis der Frauen, das auf vorurteilsfreiem Eigeninteresse und wirtschaftlicher Selbstbehauptung beruht und nicht auf der sentimentalen und unpraktikablen Vorstellung einer kosmischen Schwesternschaft.

Der Power-Feminismus kann eine Mehrheit an sich binden, ohne seine Prinzipien zu verraten. Er ist flexibel genug, sich vom Kampf um das Recht auf Abtreibung auf die neuen Ziele Geld und Arbeit auszurichten. Er schließt Männer mit ein und achtet deren Rolle im Leben der Frau, und er kann selbst wohl zwischen dem Kampf gegen Sexismus und dem Kampf gegen die Männer unterscheiden. Ich bin nicht so naiv zu glauben, wir Frauen könnten jede für sich durch Selbsthilfe und positives Denken die passive Opferrolle ablegen und zu einem neuen Selbstbewußtsein finden. Das wird uns nur gelingen, wenn wir unsere Forderungen gemeinsam durchsetzen. Frederick Douglass hat einmal gesagt: »Wo es keinen Kampf gibt, gibt es auch keinen Fortschritt. Die Mächtigen geben ihre Macht nicht kampflos her. Das war immer so und wird immer so bleiben.« Wir können also nicht erwarten, daß die Opposition uns aus reiner Nächstenliebe die Macht überläßt. Deshalb müssen wir bereit sein, mit unserer ganzen, bislang noch kaum erprobten Kraft zu kämpfen.

Der Umbruch der letzten beiden Jahre macht eines deutlich: Erst wenn Frauen Feuer mit Feuer bekämpfen, werden sie der Gerechtigkeit zum Sieg verhelfen. Die Feministin und Lyrikerin Audre Lorde schrieb: »Das Haus der Herrschenden kann nicht mit den Instrumenten der Herrschenden abgerissen werden.« Wenn man aber Demokratie, freie Presse und Kapitalismus zu den »Instrumenten der Herrschenden« zählt, hat Audre Lorde unrecht. Dann kann das Haus der Herrschenden sogar nur mit Hilfe dieser Instrumente abgerissen werden, denn nur diesen schenken sie überhaupt Beachtung. Die Herrschenden haben einigen Frauen Zugang zu den drei genannten Herrschaftsinstrumenten gewährt, und jetzt erleben sie, wie Frauen gewaltsam in ihre Festung eindringen und sie verändern. Wir Frauen stehen jetzt vor der Frage, ob wir es wagen, diese Instrumente in Zukunft noch stärker zu nutzen.

1. TEIL

Anita Hill und das Aufbegehren der Frauen

Der Auslöser

Am 11. Oktober 1991 kam etwas zum Ausbruch, was sich über Jahre hinweg aufgestaut hatte. Erdbeben, weiß man heute, sind keine plötzlich eintretenden Ereignisse, sondern die sichtbare und dramatische Folge des sich über lange Zeiträume unmerklich aufbauenden Drucks aneinanderstoßender Kontinentalplatten, der zuletzt in einer gewaltigen Entladung von Energie die Erde erschüttert.

Anderthalb Jahrzehnte lang, in den Jahren der Reaktion unter Reagan und Bush, staute sich die Wut amerikanischer Frauen unter der Oberfläche an. Die Reaktion verhinderte ein Überschäumen, aber die Frauen bäumten sich immer heftiger gegen die Verkrustungen der Gesellschaft auf. Wo immer sich kleine Risse in der Kruste auftaten, brach die weibliche Phantasie in neuen Selbstbildern und Wunschvorstellungen hervor und steigerte den unsichtbaren Druck noch mehr. Die Aussage Anita Hills vor dem Untersuchungsausschuß riß die Kruste vollends auf, ließ überkommene Geschlechtervorstellungen aufeinanderprallen, setzte blockierte Energien frei und führte zu erdrutschartigen Veränderungen. Als der Staub sich gelegt hatte, lag eine völlig neue Landschaft vor uns, in der wir uns erst noch zurechtfinden müssen. Im Rückblick hatte diese Entwicklung eine geradezu biblische Unausweichlichkeit. Der Fall Anita Hill hat sich ins nationale Bewußtsein eingegraben wie die Bostoner Tea Party oder die Demonstrationen auf dem Platz des Himmlischen Friedens in Peking – wie jeder Mythos einer entscheidenden Wende.

Kurz vor den Anhörungen anläßlich der Berufung von Richter Clarence Thomas an den Obersten Gerichtshof wurden in Washington Gerüchte laut, wonach Thomas sich sexueller Nötigung schuldig gemacht habe. Eine junge Frau behauptete, Thomas habe sie sexuell belästigt, als sie zehn Jahre zuvor seine Assistentin bei der Equal Employment Opportunities Commission (EEOC) gewesen sei. Am 10. September begannen die Anhörungen. Am 12. September 1991, schreibt Timothy Phelps in *Capitol Games*, wandte sich Anita Hill, Juraprofessorin an der Universität von Oklahoma, telefonisch an Harriet Grant vom Rechtsausschuß des Senats, der die Anhörungen durchführte. Anita Hill vertraute Harriet Grant an, was während ihrer Tätigkeit bei der EEOC geschehen war, und nannte ihr den Namen ihrer Freundin Susan Hoechner, inzwischen Richterin in Kalifornien, der sie sich damals anvertraut hatte. Harriet Grant versprach, ihre Aussage ohne Namensnennung an die Ausschußmitglieder weiterzuleiten.

Die Anhörungen wurden fortgesetzt. Als Anita Hill sechs Tage später immer noch keine Rückmeldung bekommen und Thomas seine Ausführungen beendet hatte, wandte sich Richterin Hoechner an die Mitglieder des Ausschusses und versicherte, sie könne die Aussagen Anita Hills bezeugen. Am Freitag, den 20. September, dem letzten Tag der Anhörungen, wurde das FBI um eine Untersuchung der Vorwürfe gebeten, was allerdings voraussetzte, daß Anita Hill sich zu erkennen gab. Am Montag, den 23. September, willigte sie ein und faxte eine vierseitige Aussage an den Ausschuß.

Am Mittwoch, den 25. September, entschied Senator Strom Thurmond im Namen der Republikaner, die Anschuldigungen Anita Hills bräuchten nicht weiter beachtet zu werden. Senator Joseph Biden beschloß, das Verfahren fortzusetzen, und setzte die Abstimmung des Rechtsausschusses über Richter Thomas für Freitag an. Das bedeutete, daß keine Zeit bleiben würde, Anita Hills Vorwürfe zu untersuchen. Am Freitag, den 27. September, dem Morgen vor der Abstimmung, erklärte Senator Biden nach Durchsicht der von Anita Hill abgegebenen eidesstattlichen Erklärung, er habe keinerlei Zweifel an Charakter, Kompetenz, Leumund und Glaubwürdigkeit des Amtsbewerbers.[1]

Phelps, ein Reporter des *New York Newsday*, spürte Anita Hill auf und veröffentlichte die Geschichte am 6. Oktober. Nina Totenberg interviewte Anita Hill für den Radiosender NPR. Am 7. Oktober hielt Anita Hill selbst eine Pressekonferenz ab, die von CNN übertragen wurde. Der Damm war gebrochen. Die Senatoren schäumten – nicht über die Anschuldigungen, sondern über deren Bekanntwerden.

Dann fingen die Telefone an zu klingeln. In Senator Daniel Patrick Moynihans Büro gingen über dreitausend empörte Anrufe ein, bei den anderen Senatoren war es teilweise genauso. Das Telefonnetz des Senats drohte zusammenzubrechen. Den Senatoren dämmerte etwas, und sie beschlossen verspätet, die Abstimmung über Thomas im Senat zu verschieben. Am frühen Dienstagmorgen herrschte im Senat Aufruhr.

Phelps schildert die Palastrevolte: »Gegen Mittag stiegen sieben weibliche Kongreßabgeordnete aus dem Repräsentantenhaus die steile Treppe zum Senatsgebäude hinauf. Die Senatoren der Demokratischen Partei, sechsundfünfzig Männer und eine Frau, hielten soeben ihr wöchentliches Arbeitsessen ab und durften nicht gestört werden. Die Frauen unter der Führung von Louise Slaughter aus New York und Patricia Schroeder aus Colorado klopften zweimal an die verschlossene Tür des Speisesaals und wurden beide Male abgewiesen ... Aber sie ließen sich nicht entmutigen; auf der Suche nach Ansprechpartnern für ihr Anliegen marschierten sie zu den Büros der Senatoren. Überall traten Mitarbeiterinnen auf die Gänge und feuerten die Volksvertreterinnen bei ihrer Mission in der Bastion männlicher Macht mit Schlachtrufen an.«[2]

Die Abstimmung wurde verschoben. Professor Anita Hill sagte aus, die Anhörung wurde im Fernsehen übertragen, und damit verschob sich das Kräfteverhältnis der Geschlechter zueinander, möglicherweise für immer, auch wenn die Berufung Thomas' als Richter kurz darauf bestätigt wurde. Anita Hills Aussage und ihre

unterschiedliche Bewertung durch Männer und Frauen erschütterten die Gesellschaft, und die verschiedenen Parteien spalteten das ganze Land.
Die genaue Wahrheit wird wohl für immer verborgen bleiben. Sicher ist dagegen, daß im Verlauf der Auseinandersetzung das Fundament des Patriarchats zu bröckeln begann und etwas Neues entstand. Der Eindruck einer geschlossenen Front weißer Männer – allen voran die Senatoren Arlen Specter, Alan Simpson, Orrin Hatch und Joseph Biden –, die im besten Fall blankes Unverständnis, im schlimmsten Fall Arroganz und demütigende Ignoranz gegenüber den Erfahrungen und Aussagen einer Frau an den Tag legten, war für die weibliche Bevölkerung ernüchternd. Mit einem Schlag erkannten die amerikanischen Frauen, wie wertlos die Demokratie ohne eine angemessene Repräsentation von Frauen war. Eine Beobachterin zog einen Vergleich: »Am Ende der Anhörungen zu McCarthy trat ein Zeuge vor McCarthy und fragte ihn: ›Schämen Sie sich eigentlich gar nicht?‹ Daraufhin herrschte absolute Stille im Raum, und auf einmal war alles anders. In diesem Augenblick, noch während der Senator sprach, war der Bann der Hexenjagd gebrochen. Die Anhörungen zum Fall Hill hatten eine ähnliche Wirkung.«
In den folgenden beiden Jahren tobte ein Krieg der Geschlechter völlig neuen Ausmaßes. Seine wichtigsten Etappen sind der Vergewaltigungsprozeß gegen William Kennedy Smith, der Prozeß gegen Mike Tyson und der Skandal von Tailhook. Die Wut der empörten Frauen machte Schlagzeilen und führte zu einer ganz neuen Vielfalt politischer Aktivitäten. Der sogenannte »Anita-Hill-Effekt« hatte eingesetzt.

Die Wahlen von 1992

Eine Rekordzahl von Frauen bewarb sich um politische Ämter, viele aus Empörung über den Fall Anita Hill. Vergeltung lautete die Devise. Der demokratische Senator Brock Adams zog seine Kandidatur zurück, nachdem acht Frauen ihn öffentlich sexueller Belästigungen bezichtigt hatten. Patty Murphy trat seine Nachfolge an; sie nannte sich selbstironisch »Mutti in Tennisschuhen«, in Erwiderung der abschätzigen Bemerkung eines männlichen Volksvertreters, der zu ihr gesagt hatte: »Sie können gar nichts verändern, Sie sind doch bloß eine Mutti in Tennisschuhen.« In Pennsylvania kämpfte Neuling Lynn Yeakel gegen Arlen Specter, getragen von Empörung über die Behandlung, die Anita Hill widerfahren war; Specter hatte Anita Hill bei den Anhörungen besonders rüde und unfreundlich behandelt. Senator Alan Dixon aus Illinois, der für Thomas gestimmt hatte, wurde von einer schwarzen Archivarin aus der Provinz namens Carol Mosely Braun geschlagen. Die beiden Kalifornierinnen Barbara Boxer und Diane Feinstein schlugen ihre männlichen Rivalen mit Kampfschriften, in denen sie für Anita Hill eintraten. Ihre Kontrahenten, schreibt Phelps, behaupteten in ihrer Hilflosigkeit schließlich, »sie seien bessere Feministen als die Kandidatinnen«.[3] Die Wählerinnen verfolgten den Wahlkampf der Frauen mit einer Aufmerksamkeit, wie nur Rachegefühle sie hervorbringen können.

Dieser Umbruch gab auch der Präsidentschaftswahl eine neue Richtung. Im Wahlkampf wurde die Rechtsanwältin und Aktivistin Hillary Clinton, die Frau des Präsidentschaftskandidaten der Demokraten, für Anhänger wie Gegner immer mehr zum zentralen Symbol des Aufbegehrens der Frauen. Die Presse konnte zunächst noch nicht wissen, wie tiefgehend der Umbruch sein würde. Also wurde die Frau des Gouverneurs von Arkansas in den Medien tendenziell in schlechtem Licht dargestellt. Das Land, hieß es, sei noch nicht reif für eine First Lady, die zugleich erfolgreiche Anwältin und Ehefrau sei. Dagegen wurde die eher tradi-

tionelle Präsidentengattin Barbara Bush vergleichsweise wohlwollend behandelt.
Die Medien erkannten die zunehmende Entschlossenheit der Frauen nicht, und dies führte zu schwerwiegenden taktischen Fehlern der Republikaner. Sie verließen sich zu sehr auf ihre weibliche Klientel und interpretierten die politische Einstellung der Republikanerinnen vom männlichen Standpunkt aus falsch und übersahen dabei, daß die konservativen Frauen keineswegs hinnehmen wollten, daß ihre Probleme ignoriert wurden. Aus der Sicht von Frauen war sexuelle Nötigung ein ernstes Problem, das alle Frauen betraf und nicht vor Parteigrenzen haltmachte. Hätten die Republikaner auf ihre weiblichen Wähler gehört, hätten sie die Wahl womöglich gewonnen. Während des gesamten Wahlkampfes zeigte sich bei Meinungsumfragen, daß sie bei Frauen weniger erfolgreich waren als bei Männern.
Die grobe Fehleinschätzung der Frauenproblematik trat auf dem Parteitag der Republikaner im August besonders kraß zutage. Inzwischen war selbst den Republikanern klargeworden, daß die Nation einen Bewußtseinswandel durchlebte, bei dem das Verhältnis der Geschlechter eine zentrale Rolle spielte. Man beschloß, sich auf diesen »Kulturkampf« einzulassen, schlug sich aber auf die falsche Seite. Die Republikaner setzten auf die Männer oder vielmehr auf jene politischen »Patriarchen«, die sich in ihrer Macht am stärksten bedroht fühlten; die Unterstützung der Frauen aus den eigenen Reihen setzten sie wieder einmal als selbstverständlich voraus.
Auf ihrem Parteitag riefen sie dazu auf, das Patriarchat in der Politik gegen die einfallenden Horden derer zu verteidigen, die es abschaffen wollten. Dan Quayle gab mit seiner berüchtigten Rede über die »Werte der Familie« den Ton der Auseinandersetzung an. Die Republikaner verwechselten das von der Presse gezeichnete positive Bild Barbara Bushs und das negative Bild Hillary Clintons mit den wirklichen Gefühlen der Wählerschaft, anstatt die unterschiedliche Behandlung der beiden Frauen richtig als

Ausdruck einer von Männern dominierten Presse zu interpretieren. Die Partei stimmte daraufhin ihre Themen auf diesen Gegensatz ab, ohne zu begreifen, daß ein Großteil der republikanischen Frauen sich eher mit der Frau des Gouverneurs von Arkansas und mit Murphy Brown identifizierte als mit Barbara Bush oder Marilyn Quayle.

Der konservative Kommentator Patrick Buchanan machte mit seiner programmatischen Warnung vor einem von »Feministinnen« wie Hillary Rodham Clinton und anderen gefährlichen Gruppierungen angeführten »Kulturkampf« klar, wo die Frontlinien der Auseinandersetzung verliefen. Erst in verspäteter Reaktion auf die erfolgreiche Einbeziehung prominenter Politikerinnen beim Parteitag der Demokraten präsentierten auch die Republikaner ihre Gattinnen. Marilyn Quayle, Frau des Vizepräsidenten und gelernte Anwältin, hatte sich aus dem Berufsleben zurückgezogen, um sich ganz ihrer Aufgabe als Politikergattin widmen zu können. Sie beging einen verhängnisvollen Fehler, als sie den Eindruck erweckte, berufstätige Mütter abzulehnen, und betonte, Frauen wollten gar nicht von ihrer »natürlichen Rolle als Frau« befreit werden. Der Eindruck entstand zwar eher aus Unbeholfenheit als aus politischem Kalkül, aber das Bush-Lager hätte kaum einen sensibleren Nerv treffen können als die Schuldgefühle berufstätiger Mütter, seien sie nun Anhängerinnen der Republikaner oder der Demokraten.

Schlimmer noch war, daß die Wahlkampfstrategen George Bush zum Erzpatriarchen und Retter des untergehenden Reiches der Männer stilisierten. Am Bildschirm konnte die Nation verfolgen, wie der Präsident, umringt von Frau, Kindern und Enkeln, von einem leibhaftigen griechisch-orthodoxen Patriarchen mit wallendem Bart gesegnet wurde.

Mit öffentlichen Auftritten dieser Art suchten die Republikaner die tiefsitzenden Ängste der »Patriarchen« zu beschwichtigen, während sie gleichzeitig darauf vertrauten, daß die Frauen der Partei ihren Vorgaben gehorsam folgen würden.

Die Blindheit der Männer gegenüber der Wirklichkeit der Frauen führte zu politischen Fehlentscheidungen; die Regierung Bush verlor, weil sie Fernsehshows, die tagsüber gezeigt und vor allem von Frauen gesehen werden, zu wenig beachtete. Politische Beobachter stellten fest, die amerikanischen Wähler hätten 1992 zum ersten Mal ihre politischen Informationen direkt von Kandidaten bezogen, die sich unter Umgehung der professionellen Nachrichten-Interpreten den Fragen der Wähler in Radio- und Fernsehsendungen mit Direktbeteiligung der Zuhörer und Zuschauer stellten. Aber das erklärt noch lange nicht den enormen gesellschaftspolitischen Einfluß, den Talk-Shows etwa mit Oprah Winfrey, Donahue oder Sally Jesse Rafael auf weibliche Zuschauer haben. Unbeachtet von männlichen Wahlkampfstrategen, boten diese Shows Hausfrauen jeder politischen Couleur schon seit Jahren ein Forum zur Demontage patriarchalischer Familienstrukturen. Trotz ihres oft zu Unrecht schlechten Rufes haben solche Shows mehr als alle feministischen Aktivistinnen dazu beigetragen, »feministische« Themen wie Inzest, Gewalt und Vergewaltigung in der Ehe und Mißbrauch von Kindern ins Bewußtsein der amerikanischen Frauen zu rükken. Die Shows haben bei den Frauen auch ein Bewußtsein für ihr politisches Gewicht geweckt, weil sie etwas tun, was sonst nicht der Fall ist: Sie nehmen die Meinung aller Frauen, egal welcher Schicht, Hautfarbe und Bildung ernst, und sie nehmen auch die Meinungsunterschiede zwischen Frauen bei »Frauenthemen« ernst. Bei allen Mängeln, die diese Sendungen zugegebenermaßen haben, bewirkten sie doch bei ihrem täglichen weiblichen Publikum eine Revolutionierung des Anspruchsdenkens. Sie zeigten den sonst ungehörten Frauen, daß auch sie das Recht auf eine Stimme haben.

Während die Republikaner sich für die patriarchalische Familie stark machten, wußten die Zuschauerinnen der Oprah-Show genau über die Ungerechtigkeiten und Gefahren patriarchalischer Familienstrukturen Bescheid. Auch viele republikanische Frauen waren schon sexuellen Nötigungen ausgesetzt gewesen, hatten Gewalt in der Ehe erlebt, waren von ihrem Mann verlassen worden oder bekamen von ihm keine Unterhaltszahlungen für die Kinder. Sie waren inzwischen selbst stark an Frauenfragen interessiert und ließen sich nicht mehr von Beschwörungen des Glanzes patriarchalischer Strukturen im familiären und gesellschaftlichen Bereich blenden. Und so verloren die Republikaner die Wahl.

Bill Clinton dagegen begriff das Ausmaß des Umbruchs und stellte sich auf die Seite der männlichen und weiblichen Befürworter der Gleichberechtigung und der entstehenden egalitären Familienstrukturen. Er stellte seine Frau als Partnerin vor und erklärte: »Man muß nicht eine Frau niedermachen, um einen Mann aufzubauen.« In der Rede anläßlich seiner Nominierung benutzte er das Bild eines jungen Mädchens als zentrale Metapher und machte damit Geschichte; außerdem dankte er ausdrücklich seinen weiblichen Förderern und Lehrern. Er sprach sich für das Recht auf Abtreibung aus und gewann. Die Wählerinnen sprachen auf seine Strategie an, unterstützten ihn im Wahlkampf in zunehmender Anzahl und wählten ihn schließlich mit einem etwas höheren Prozentsatz als die Männer.

Die Wahl im Herbst brachte die Quittung: Die Zahl der Frauen im Senat verdreifachte sich, die Zahl der Frauen im Repräsentantenhaus verdoppelte sich fast. Bei der Präsidentschaftswahl waren 54 Prozent der Wahlberechtigten Frauen; dies war der Höhepunkt eines Trends, nach dem Frauen zahlenmäßig schon seit 1980 den männlichen Wählern überlegen sind.[4]

Was ist neu?

Worin unterscheiden sich die letzten beiden Jahre von früheren Jahren, darunter verschiedene »Jahre der Frau«? Auch in der Vergangenheit hat es schreiendes Unrecht und Skandale gegeben. Nicht die Skandale sind das Neue – Vergewaltigung und sexueller Mißbrauch sind im Leben von Frauen seit je an der Tagesordnung.

Neu ist vielmehr, daß die Konzentration von Macht in Frauenhand, obwohl insgesamt noch bei weitem ungenügend, in einigen Bereichen ein kritisches Maß erreichte und eine Kettenreaktion in Gang setzte.

Der Untergang des Männerreiches

Das Reich, in dem Männer, insbesondere weiße Männer, die herrschende Elite bildeten, befand sich bereits seit 25 Jahren in einem steten Niedergang, als Anita Hill den großen Umbruch auslöste. In Solidarität mit den Frauen haben Feministinnen wie Susan Faludi, Marilyn French und ich von einem Krieg oder »Gegenschlag« der Männer gegen die Frauen gesprochen.

Aber diese Sicht wäre unvollständig, würde man nicht gleichzeitig von einem »Krieg der Frauen gegen die Männer« sprechen. Weibliche Beobachter haben das Eindringen der Frauen in die Domäne der Männer heruntergespielt und den »Gegenschlag« der Männer als überzogene und extreme Reaktion dargestellt. »Frauen haben den Wortführern des Gegenschlags weder etwas Böses angetan noch ihnen etwas weggenommen«, schreibt die Psychologin Jean Baker Miller 1986 in ihrem Buch *Toward a New Psychology of Women.*[5] Auch Susan Faludi empfindet den »Gegenschlag« der Männer als unverhältnismäßig angesichts der kleinen Erfolge der Frauen. Ich dagegen meine, daß Frauen stets dazu neigen, ihre Macht zu unterschätzen. Diesen Fehler begehen Männer nicht, und deshalb ist ihre Reaktion eine verständliche, wenngleich unannehmbare Reaktion auf eine massive und tatsächliche Bedrohung. Wir erleben nicht nur einen Krieg gegen Frauen, in dem Frauen die unschuldigen Opfer sind, wir erleben einen »Bürgerkrieg der Geschlechter«, in dem es zwei, wenn auch ungleich starke, Seiten gibt.

Wir Frauen übersehen aus Enttäuschung über den langsamen

Fortschritt und teilweise sogar Rückschritt der Frauenbewegung leicht, daß die Ansprüche von Frauen eine ernste Bedrohung der realen Macht darstellen. In der Sprache der Frauenbewegung wird oft das Teilen der Macht in der Beziehung mit dem Teilen der Macht auf der höchsten Ebene der Politik verwechselt. Dabei wird dann versucht, so zu tun, als hätte dabei niemand etwas zu verlieren. »Warum verstehen die Männer nicht, daß wir einfach nur mit ihnen teilen wollen? Gleichberechtigung macht doch beiden Geschlechtern das Leben leichter!«

Aber die Teilung der Macht in Gesetzgebung und Wirtschaft ist etwas anderes als gemeinsames Geschirrspülen. Während eine gleichberechtigte Partnerschaft in heterosexuellen Beziehungen ganz sicher allen Beteiligten Vorteile bringt, machen wir uns selbst etwas vor, wenn wir nicht wahrhaben wollen, daß die Gleichberechtigung der Frau in Politik und Wirtschaft für Männer schwerwiegende Folgen hat. Eleanor Clift schreibt in *Newsweek,* die Situation sei »so ernst wie in Südafrika: Männer werden aufgefordert, Macht zu teilen.« Der Vergleich mit Südafrika ist durchaus zutreffend, aber Clift geht noch nicht weit genug: Männer werden nicht aufgefordert, Macht zu teilen, wie man sich in einer guten Ehe die Arbeit im Haushalt teilt; sie werden gewaltsam gezwungen, Macht abzugeben. Frauen sehen in der Anerkennung, die ihnen in letzter Zeit zuteil wird, ein »wohlwollendes Entgegenkommen« der Männer. Da sie im Umgang mit der Macht noch unerfahren sind, verkennen sie, daß dabei auf seiten der Männer eine ganze Menge Angst im Spiel ist.

Die 1993 unter dem Titel *The Real Anita Hill* veröffentlichte Studie über die Anhörungen im Fall Hill gegen Thomas zeigt, daß Frauen tatsächlich einen entscheidenden Schritt nach vorne getan haben und daß die Opposition sich dieser Tatsache weit bewußter ist als die Frauen selbst. David Brock, der Autor der Studie, wurde von verschiedenen konservativen Stiftungen finanziell unterstützt und sah es als sein Hauptanliegen an, den Ruf von Anita Hill zu verunglimpfen. In seiner überzogen negativen Darstellung hat er jedoch, ohne es zu wollen, ein viel genaueres und überzeugenderes Bild der neuen politischen Macht der Frauen gezeichnet, als es eine feministische Autorin hätte tun können.

Brock entwirft das Horrorszenario eines »Schattensenats«, bestehend aus Feministinnen und deren Sympathisantinnen. Laut Brock wurde Anita Hill »zu ihrer Aussage gegen Richter Thomas von Senatsmitarbeitern und Parteigängern bestimmter Interessengruppen angestiftet, die Thomas' Berufung in den Obersten Gerichtshof unter allen Umständen vereiteln wollten. Als diese Rechnung nicht aufging, ließen sie Anita Hill fallen.«[6] Brock bezeichnet die Anführerinnen der Frauengruppe NARAL und anderer Gruppierungen, die sich für Anita Hill einsetzten, als »Drahtzieherinnen hinter den Kulissen«[7]. Er schreibt, feministische Gruppierungen hätten eine öffentliche Untersuchung verlangt, ohne daß es Beweise für die gegen Thomas erhobenen Vorwürfe gegeben hätte.[8] Die Frauengruppen hätten im Bund mit den Medien »die feministische Hetzjagd weiter angeheizt«.[9] Anders ausgedrückt, Brock hat, kaum zwei Jahre nachdem Theoretiker des Gegenschlags, die von einem Krieg gegen die Frauen gesprochen hatten, für paranoid erklärt wurden, eine detaillierte Verschwörungstheorie entwickelt, wonach Feministinnen und deren Handlanger auf höchster Ebene Krieg gegen die Männer führen. Und damit hat er offen gestanden nicht einmal so unrecht, denn von seinen patriarchalischen Horrorvorstellungen einmal abgesehen, beschreibt er korrekt die Tatsache, daß Frauen zum ersten Mal in ihrer Geschichte über eine so große politische Macht verfügen.

Warum hat Brock in mühevoller Arbeit so viel Material gesammelt, um Anita Hill unglaubwürdig zu machen? Warum haben konservative Stiftungen wie die Olin Foundation sein Vorhaben finanziell unterstützt? Dafür gibt es nur einen Grund: Sie haben begriffen, um was es geht und was auf dem Spiel steht. Sie wollen nicht nur einen Justizirrtum aufdecken oder den Namen eines Mannes wieder reinwaschen, dem womöglich Unrecht geschehen ist. Brock selbst legt seine eigentlichen Beweggründe offen. Er beschreibt detailliert die großen Fortschritte, die Frauen dank des sogenannten Anita-Hill-Effekts gemacht haben. Wer Anita Hill Glauben schenkt, schreibt er, »ergreift damit in einem Kulturkampf Partei«. Noch vor zwei Jahren wäre eine so heftige Reaktion nicht notwendig gewesen.

Warum die neue Abwehrhaltung? Wovor hat die Opposition Angst? Susan Faludi sieht im Verlust des Status als Ernährer der Familie und den daraus erwachsenden psychologischen Problemen die Hauptursache für den Gegenschlag. Ich glaube, es geht um viel mehr; Männer haben sehr viel mehr reale Macht zu verlieren. Gegenwärtig erwächst ihnen aus der Benachteiligung der Frau ein unverdienter Machtbonus: Sie verdienen ein Fünftel mehr als Frauen gleicher Qualifikation und ein Drittel mehr als Frauen allgemein, sie sind doppelt so oft im Repräsentantenhaus vertreten und haben den Senat fast völlig in der Hand; im britischen Unterhaus gibt es zehnmal mehr Männer als Frauen, im Europaparlament fünfmal mehr. Die Chancen der Männer auf eine Spitzenposition in Wirtschaft, akademischer Welt oder Justizwesen stehen im Vergleich zu Frauen 93 zu 7, im journalistischen Bereich, wie wir noch sehen werden, 80 zu 20 – ganz zu schweigen von der Möglichkeit, häusliche Pflichten an die Ehefrau zu delegieren. Eine wirkliche Gleichberechtigung der Frau würde Männern diese Vorteile rauben. Und wer würde all das freiwillig aufgeben?

Erst wenn Frauen das Wesen der Macht begreifen und erst wenn sie sich den Willen zur Macht eingestehen, werden sie den Widerstand der Männer gegen die Gleichberechtigung der Frau als das erkennen, was er in Wirklichkeit ist: eine ganz normale menschliche Reaktion. Sexismus erscheint vor diesem Hintergrund nicht mehr als Starrköpfigkeit oder Herrschsucht eines Ungeheuers, sondern als natürliche Reaktion auf einen drohenden oder realen Statusverlust. Frauen würden im umgekehrten Fall genauso reagieren.

Ein großer Teil der Feindschaft der Frauen gegenüber Männern beruht darauf, daß Frauen diese Reaktion der Männer falsch interpretieren und den Männern unterstellen, Frauen »unterdrükken« zu wollen. Zwar ist die Vorherrschaft des Mannes zweifellos bedrückend, und es gibt Männer, die persönliche Befriedigung aus der Macht über Frauen ziehen. Viel weiter bringt jedoch die Erkenntnis, daß der »Unterdrücker« nur tut, was jeder andere in seiner Lage auch tun würde: Er verteidigt, was er hat.

Die entscheidenden zwei Prozent

In den Diskussionen über die Gleichberechtigung von Männern und Frauen ist von paritätischer Repräsentation im Verhältnis 50 zu 50 die Rede, aber diese Zahlen haben nichts mit der demographischen Realität zu tun; sie sind vielmehr willkürlich gewählt. Das Zahlenverhältnis der wirklichen Gleichberechtigung lautet in den Vereinigten Staaten 51 zu 49 zugunsten der Frauen. Wenn die bisherigen Wählertrends sich weiter fortsetzen, werden Frauen bald zehn bis zwölf Millionen mehr Stimmen haben als Männer; gegenwärtig haben sie sieben Millionen mehr; aus Meinungsumfragen der achtziger Jahre geht eine höhere Wahlbeteiligung von Frauen bei Wahlen in einzelnen Bundesstaaten und bei den Wahlen zum Kongreß hervor.[10] In den meisten Wahlen entscheiden zwei Prozent, also rund sieben Millionen Stimmen, über Sieg oder Niederlage.

Sobald wir uns des weiblichen Faktors in diesem Gleichgewicht der Kräfte bewußt geworden sind, wird ein weiterer Punkt deutlich. Zu hoffen, die Gleichberechtigung der Frau sei »lediglich eine Frage der Zeit«, ist naiv. Wenn Frauen weiterhin im gegenwärtigen Tempo Funktionen in der Regierung übernehmen, werden sie erst in 342 Jahren mit den Männern gleichziehen.[11] Und wenn Frauen ihre Ansprüche nicht mit Macht durchsetzen, werden sie zwar weiterhin Fortschritte erzielen, aber nur so lange, bis die Gleichberechtigung fast erreicht ist. Frauen werden nicht weit über die 40-Pro-

zent-Marke hinauskommen und dadurch für immer in der Minderheit bleiben. Die Opposition ist nicht dumm. Schon jetzt gibt es Anzeichen dafür, daß ein Ungleichgewicht der Macht in Form einiger weniger entscheidender Prozentpunkte aufrechterhalten werden soll, auch wenn es dafür keine Berechtigung gibt.
Frauen sind regelmäßig auch in Bereichen unterrepräsentiert, in denen es keinen Grund gibt, warum sie nicht ihrer demographischen Stärke gemäß vertreten sein sollten. PR-Leute sprechen von einer »gemischten Gruppe«, wenn auf einem Foto drei Männer und zwei Frauen abgebildet sind; bei gleicher Anzahl von Männern und Frauen würden Frauen als dominant empfunden.
Die *New York Times* bringt regelmäßig Artikel über »Menschen auf der Straße«, in denen mehr Männer als Frauen befragt werden, obwohl die Befragten einen repräsentativen Durchschnitt darstellen sollen. In einem Artikel über die Situation von Teenagern in innerstädtischen Wohnbezirken kamen sechs junge Männer und vier Frauen zu Wort. Auf einer Konferenz zum Thema »Frauen in den Medien« erklärte ein Journalist, daß »Frauenthemen« nicht nur Frauen etwas angehen, sondern die »Mehrheit der Amerikaner«. Die BBC hat sich bis zum Jahr 1996 die Gleichberechtigung von Frauen und Männern zum Ziel gesetzt. Bis zu diesem Zeitpunkt sollen Frauen zu 30 Prozent im höheren und zu 40 Prozent im mittleren Management vertreten sein.[12] Die Zulassungsquote von Frauen zu den Eliteuniversitäten des Landes liegt seit ungefähr zehn Jahren unverändert bei 3 bis 6 Prozent unter Parität. In Oxford sind nur 3 Prozent der Professoren Frauen, im Landesdurchschnitt sind es in Großbritannien 5 Prozent.[13] »Patriarchalisch« eingestellte Männer in Führungspositionen sprechen von Frauen als einer »Interessengruppe« oder von »Frauen und Minoritäten«, als ob Frauen auch eine Minderheit wären. Derartige Äußerungen wirken angesichts der neuesten demographischen Erhebungen besonders lächerlich: Danach machen die sogenannten »Minderheiten« zusammen längst die Mehrheit der Bevölkerung aus. Frauen sollen durch zahlreiche, oft geradezu komisch

wirkende Anstrengungen dazu gebracht werden, sich weiterhin als kleine, unwichtige Bevölkerungsgruppe zu verstehen. Sie sollen gar nicht erst darüber nachdenken, was es eigentlich bedeutet, daß sie die Bevölkerungsmehrheit stellen und die Männer die Minderheit.

Die weibliche Psyche trägt noch dazu bei, diesen Mythos aufrechtzuerhalten. Frauen verdrängen genauso stark und unbewußt wie Männer die Tatsache, daß sie in der Mehrheit sind, und die damit verbundene schwere Verantwortung, die das bisherige weibliche Selbstverständnis auf den Kopf stellt. Mit aller Kraft versuchen wir die Tatsache zu leugnen, daß die Macht eigentlich uns zusteht. Selbst feministische Organisationen arbeiten mit dieser »tröstlichen« Vorstellung: Die Feminist Majority Foundation hat eine Broschüre mit dem Titel *50/50 by the year 2000* herausgegeben. Die darin abgedruckten Prognosen über die Beteiligung von Frauen an Regierungsämtern gehen über die magische 50-Prozent-Grenze nicht hinaus. Auch mir wird angesichts der Relation von 51 zu 49 angst und bange, und ich will sie unbewußt verdrängen. Während Männer Frauen geradezu beschwörend und in bewußter Verschleierung der Tatsachen als »Minderheit« bezeichnen, machen sich Frauen oft selbst etwas vor, wenn sie von ihrem Streben nach »Gleichberechtigung« sprechen, weil sie in Wirklichkeit vor der eigenen Mehrheit und der damit verbundenen Verantwortung Angst haben. Frauen legen in bezug auf politische Macht oft eine falsche, »weibliche« Zurückhaltung an den Tag. Das zeigte sich auch bei einer Umfrage der Ms. Foundation, in der Frauen gefragt wurden, was sie von einer Frau als Präsidentin der Vereinigten Staaten hielten. Eine Frau antwortete: »Ich wäre mit einer Vizepräsidentin zufrieden.«[14]

Auch ich reagiere instinktiv so. Immer wenn von den alles entscheidenden 2 Prozent die Rede ist, läuft in meinem Unterbewußtsein derselbe Mechanismus ab: Ich verzichte. Ich winke ab, lehne ab, wie man ein Bonbon ablehnt, mit einer Geste, die mir großzügig vorkommt. Ich gebe die Prozentpunkte den Männern zurück, als Friedensangebot, denn ich will die Macht nicht. Ich will nicht, daß Männer fürchten müssen, von meiner Macht abhängig zu sein. Ich möchte eine gleichberechtigte Partnerin sein, nicht mehr.

Der Anspruch der Frauen auf Gleichberechtigung bedeutet nicht nur, daß sich die Konkurrenz für Männer mit einem Schlag verdoppelt und Männern nur noch die Hälfte der Machtpositionen zur Verfügung stehen. Das Problem liegt tiefer. Susan Faludi hat zu Recht darauf hingewiesen, daß viele Männer durch den Feminismus ihre Position als Ernährer der Familie bedroht sehen und sich deshalb zur Wehr setzen. Aber der Verlust der Rolle als Ernährer ist nur einer von vielen Schlägen, den die Herrschaft des weißen Mannes zu verkraften hat. Der Verlust der Ernährerrolle beraubt den Mann zugleich seiner Position als Familienoberhaupt, und dies führt zusammen mit anderen Entwicklungen dazu, daß er aus einer Position verdrängt wird, die er seit Beginn der geschichtlichen Zeit innehat und die keiner von uns leichten Herzens aufgeben würde: Der Mann war Mittelpunkt des Universums, er war, zumindest bildlich gesprochen, der Beherrscher der Welt. Der Astronom Kopernikus zog den Zorn der Mächtigen auf sich, als er behauptete, die Welt drehe sich nicht um die Erde und der Mensch sei nicht der Mittelpunkt der Schöpfung. Das männliche Geschlecht ist dabei, seine Stellung als Mittelpunkt des Universums zu verlieren, und dies kommt einer kopernikanischen Wende gleich.

Götterdämmerung

Während der vergangenen zwanzig Jahre sind Frauen in alle bisher Männern vorbehaltenen Bereiche eingedrungen. Frauen sind auf der Baustelle wie im Sitzungssaal anzutreffen; Akademikerinnen stellten die zentrale Rolle des Mannes im Lehrplan der Universitäten in Frage; Sportlerinnen holen gegenüber ihren männlichen Kollegen auf und scheinen entschlossen, sie in absehbarer Zeit zu übertreffen; weibliche Soldaten kratzen an der Identität des Mannes als Krieger; Theologinnen stellen in Frage, daß Gott ein Mann ist. Feministinnen werfen der sexistischen Kultur vor, Männer »in doppelter Vergrößerung« zu zeigen, wie Virginia Woolf es einmal ausgedrückt hat, während die Gleichberechtigung sie auf eine humanere und realistischere Größe reduziere. Dabei vergessen sie freilich, daß wir alle bei gleicher Erziehung überzeugt wären, doppelt so groß zu sein, und daß wir jede Veränderung dieses Status als beängstigende und ungerechte Verkleinerung empfinden würden, nicht als Richtigstellung.

Viele Männer sehen ihr Reich zerfallen und haben Angst davor, in die bisherige Rolle der Frau als Opfer gedrängt zu werden. Ihre Welt geht tatsächlich unter. Andere Feministinnen werden jetzt lachen und auf die unveränderten Strukturen männlicher Übermacht verweisen. Aber wir sind an einem Punkt angelangt, an dem Männer, zumal die traditionelle Elite weißer Männer, ihre Autorität eingebüßt haben, die Macht jedoch noch ausüben. In einem ungerechten System kündigt der Verlust der Autorität unweigerlich den Verlust der Macht an.

Männer wissen, daß ihre Herrschaft bedroht ist, und kämpfen um ihr Leben oder zumindest um das Leben, das sie gewohnt sind. Seit dem Umbruch vor zwei Jahren klingt der »Geschlechterkampf« in fast allen öffentlichen Diskussionen an, auch wenn das nicht immer auf den ersten Blick deutlich ist. Der Widerstand der Männer ist Grund vieler Schwierigkeiten Präsident Clintons, der bei seiner Amtsübernahme so dreist gegen die Loyalität zum eigenen Geschlecht verstieß; wer so viele Posten an Frauen vergibt und seiner eigenen Frau so viel Macht einräumt, muß schließlich bestraft werden. Ob es nun um das Muster auf dem Speiseservice der Präsidentengattin geht oder um einen Auftritt von Richterin Kimba Wood als Playboy-Croupier, um die »falsche Abwicklung« eines Sektenmassakers durch Justizministerin Janet Reno, um Chelsea Clintons Aussehen oder um Homosexualität in der Armee – zuletzt geht es immer nur um eins: um den »sanften Geschlechterkrieg«.

Die Bewegung für die Rechte der Opfer hat wesentlich zur Unterhöhlung des Status und der Autorität von Männern beigetragen und dem Patriarchat damit einen entscheidenden Schlag versetzt. In immer mehr Studien war nachzulesen, wie viele Ehefrauen von ihren Männern geschlagen, wie viele Kinder sexuell mißbraucht und wie viele Frauen vergewaltigt wurden. Der Mythos, solche Vorkommnisse seien eine schockierende Ausnahme, konnte nicht mehr aufrechterhalten werden. Die Öffentlichkeit mußte erkennen, daß Fälle wie diese in unserer Gesellschaft auf der Tagesordnung stehen. Verschärft wurde diese Erkenntnis durch eine ganz neue Entwicklung: Frauen begannen von den Geheimnissen der Männer zu sprechen. Über Jahrtausende hinweg konnte sich das Patriarchat auf das Stillschweigen der Frauen über ihre Mißhandlung wie auf ein ungeschriebenes, aber eisern eingehaltenes Gesetz verlassen.

Diese Mauer des Schweigens bekam bereits in den siebziger Jahren Risse und stürzte in den achtziger Jahren unter den Enthüllungen vieler Frauen endgültig ein. Charlotte Fedders, die Frau eines Kongreßabgeordneten, sagte 1982 öffentlich, ihr Mann schlage sie. Mitte der achtziger Jahre sagten Oprah Winfrey und Roseanne Arnold aus, sie seien als kleine Mädchen mißbraucht worden. Die Miss America von 1982 bekannte, von ihrem Mann mißhandelt worden zu sein. Die Frauen hatten ihr Schweigen gebrochen.

Zusätzlich verunsicherte ein Urteil von 1989 viele Männer. Ein Gericht in Minnesota hatte entschieden, daß mißhandelte Kinder ihre Peiniger auch noch im Erwachsenenalter verklagen können. Je mehr über Kindesmißhandlung und Gewalt in der Ehe bekannt wurde, desto tiefer fiel der Status der Männer, desto trüber wurde der Glanz, aufgrund dessen die Frauen sich bisher stillschweigend in alles gefügt hatten.

Mitgefühl kann uns besser zeigen, was in den Männern vorgeht, als die beißende Kritik, mit der wir sie gegenwärtig allzuoft überschütten. Männer verhalten sich wie die betrogenen Erben eines untergegangenen Reiches: Die alte Ordnung mag noch so ungerecht und tyrannisch sein, ihre überholten sozialen Formen und Anspruchsrituale haben in den Augen der Männer im Rückblick einen unwiderstehlichen Glanz, und sie rufen eine starke Nostalgie hervor, ähnlich dem Nationalismus eines Volkes im Exil.

Margaret Mead beschreibt in ihrem Buch *Mann und Weib* ein Phänomen, das sie beim Studium vorindustrieller Gesellschaften beobachten konnte. Sobald Frauen anfangen, »Männerarbeit« zu tun, erklären Männer sofort eine bisher nicht geschlechtsspezifische Tätigkeit zur exklusiven »Männerarbeit«, durch die ein Mann zum Mann wird und sich von Frauen unterscheidet. Wenn Frauen wirklich am Dialog mit den Männern interessiert sind und die gegenwärtige Krise im Verhältnis der Geschlechter meistern wollen, müssen sie den momentanen Rückzug der Männer emotional verstehen, auch wenn sie weiter gegen dessen politische Auswirkungen kämpfen. Margaret Meads Erkenntnisse legen nahe, daß es sich beim Verhalten der Männer um eine kulturelle Konstante handelt, die deshalb unser Verständnis und sogar Mitgefühl verdient, nicht unseren Spott und unsere Ablehnung.

Die Männer sehen in einem apokalyptischen Szenario schon die Barbaren vor den Toren stehen. Tom Wolfe beschreibt in seinem Roman *Fegefeuer der Eitelkeiten*, wie die attraktive, blonde Geliebte zur Verräterin wird, während die demokratischen Horden die Herren des Universums entthronen. Michael Douglas spielt in dem Film *Falling Down* einen geschiedenen Mann, der seine Kinder nicht besuchen darf, weil er die Unterhaltszahlungen nicht mehr leisten kann und seine Exfrau sagt, er »könnte« gewalttätig werden.

Der weiße Mann fragt auf dem Weg durch eine multikulturelle Ödnis: Bin ich wirklich so schlecht? Wann bin ich so schlecht geworden? In einer Anzeige für Computer lacht eine schwarze Kellnerin über zwei weiße Männer in grauen Anzügen, die sich an einem Computer zu schaffen machen. »Wißt ihr Jungs überhaupt, wie man mit so einem Ding umgeht?« fragt sie spöttisch und stellt damit zugleich die Befähigung des weißen Mannes zur Weltherrschaft in Frage. Das Magazin *Esquire,* lange Jahre die Bibel der Männlichkeit, brachte ein Titelbild, auf dem sich Rapsänger Marky Mark mit schmerzverzerrtem Gesicht zwischen die Beine greift. Darunter stand: »Man hat es nicht leicht als Sproß einer sterbenden weißen und protestantischen Kultur, wenn Frauen mehr Selbstvertrauen, Männer mehr Stil und alle miteinander offensichtlich das Recht haben, auf dich zu schimpfen.« In der Titelgeschichte der Ausgabe schreibt Lynn Darling: »Das letzte Stündlein des amerikanischen Mannes hat geschlagen.«[15]

Männer klagen über das Eindringen barbarischer Literatur in ihren heiligen Kanon und trauern darüber, daß mit dem Flirt am Arbeitsplatz nun Schluß sein soll. Seit je haben sie das Recht, Sprache zu schaffen und zu interpretieren, wie selbstverständlich für sich in Anspruch genommen. Jetzt stellen sie erstaunt fest, daß die Situation sich plötzlich so sehr geändert hat, daß sie sich schon durch die Sprache, deren Bedeutung sie doch immer selbst festgesetzt haben, ans Messer liefern können. Eine aufbegehrende Bevölkerung ist gleichsam in den Garten Eden eingedrungen und fordert die Rechte zurück, die Gott zu Beginn der Schöpfung Adam zusprach: Rechte wie die Herrschaft über die Frau und das Recht zur Benennung der Realität, Rechte, die bisher fester Bestandteil der Definition von Männlichkeit waren.

Männlichkeit, allzu lange kritiklos akzeptierte Norm und selbstverständliches Ideal, an dem alles Weibliche gemessen und für unzureichend befunden wurde, wird jetzt erstmals in der Geschichte seiner schützenden Tabus beraubt und als Gegenstand allgemeiner Erörterung, des Vergleichs und der Kritik von Frauen freigegeben. Die Geschichte der Medizin ist die Geschichte bekleideter Männer, die nackte Frauen untersuchen und deren natürliche Körperfunktionen problematisieren. Jetzt dagegen heißt es plötzlich kritisch, Macht und Aggression des Mannes verursachten Herzkrankheiten. Die Hormonzyklen des Mannes werden untersucht, und Männer bekommen den Rat, sich in den Wechseljahren mit Hormonersatzpräparaten behandeln zu lassen. Eine stetig wachsende Schar von Wissenschaftlern widmet sich dem Forschungsgegenstand »Männlichkeit«. Wenn Männer plötzlich zum Objekt solcher Neugier werden, anstatt die Norm darzustellen, bedeutet das einen Machtverlust.

Die männliche Sexualität, einst von Verboten umstellt und so dem Vergleich von seiten der Frauen entzogen, ist heute den Blicken aller bis ins Detail zugänglich; die Gefahren, welche die männliche Potenz bedrohen, sind kein Geheimnis mehr. Eine 1993 publizierte Studie über das Sexualverhalten von Männern wurde von Männern heftig angegriffen; war ein Grund ihrer Empörung vielleicht, daß viele der Befragten angegeben hatten, sie hätten zehnmal wöchentlich Sex? In einer Titelgeschichte der Zeitschrift *Vanity Fair* war zu lesen, daß die Potenz des Mannes mit zunehmendem Alter fast unvermeidlich nachläßt.

Daß nunmehr die einst so heilige Sexualität des Mannes auf dem Prüfstand steht, hat Männer zu Reaktionen veranlaßt, die noch vor zwei Jahren undenkbar gewesen wären. Peter H. Engel stimmt in einem Leserbrief an das Magazin *Vanity Fair* ein langes Lamento über den Niedergang der männlichen Macht an: »Wer brachte denn den phänomenalen technischen Fortschritt der letzten 50 Jahre zustande, wenn ich fragen darf? Wer schuf die globale Ökonomie, wer die bildungsmäßigen, sozialen und medizinischen Voraussetzungen dafür, daß Frauen der Tyrannei von Kindern und Küche entrinnen und zum ersten Mal den ihnen gebührenden Platz unter den Eliten der Macht einnehmen konnten? Wer hat zum ersten Mal in der Geschichte der Menschheit die Kriege zwischen den Nationen womöglich für immer beendet? Männer. Männer, die heute zwar nicht mehr jung sind, aber immer noch stark, männlich und intelligent ... Was macht es da, wenn sie nicht immer eine Erektion zustande bringen?«[16] Derartige Fragen brauchten früher nicht gestellt zu werden, nicht einmal rhetorisch,

und die sexuelle Potenz des Mannes mußte nie zuvor öffentlich verteidigt werden.
Sexuelle Verhaltensweisen, mit denen viele Männer aufgewachsen sind, und bisher nicht in Frage gestellte Beziehungen von Männern zu ihren Familien gelten heute als Kindesmißbrauch und Vergewaltigung in der Ehe. Junge Männer, die ein Werbeverhalten praktizieren, das bisher akzeptiert war oder zumindest nicht kritisiert wurde, handeln sich heute den Vorwurf ein, ihre Ausgehpartnerin vergewaltigt zu haben. Männer haben so viele der kritisierten Verhaltensweisen von Kindesbeinen an verinnerlicht, daß der Vorwurf, diese seien gefährlich und müßten ausgemerzt werden, in ihren Augen der Aufforderung gleichkommen muß, aus der eigenen Haut zu schlüpfen. Was bleibt denn dann noch übrig? Ein blutendes, stummes und nicht wiederzuerkennendes Etwas? Das soll ein Mann sein? Zwar können wir all diese Veränderungen als gesunde Symptome einer sich entwickelnden neuen Kultur begrüßen, doch müssen wir uns darüber im klaren sein, daß es traumatische Auswirkungen hat, wenn Männern nach siebentausend Jahren unumstrittener Herrschaft plötzlich in körperlicher wie geistiger Hinsicht die Macht entrissen wird.
Die meisten Frauen und viele Männer wissen, daß dies letztlich ein gesunder Prozeß ist. Dennoch verzweifeln viele Männer und werden wütend, weil sie kein alternatives, positives Bild vom Mann haben. Sie haben noch keine andere ausgeformte männliche Sprache, in der sie sich zu Hause fühlen und mit der sie nach Liebe suchen, kommunizieren und sich selbst als erfolgreiche Angehörige ihres Geschlechts begreifen können. Ein Teil der kollektiven männlichen Phantasie, jener Teil, der davon überzeugt ist, daß es sich lohnt, eine neue Menschheit aufzubauen, versucht angestrengt, aus vielen besseren männlichen Bildern ein neuartiges Ganzes zu schaffen. Filme wie *Feld der Träume*, *Die Stunde des Patrioten*, *Zeit des Erwachens* und *Bodyguard* suchen nach einem neuen Bild männlicher Stärke in Gestalt des Mannes, der verteidigt, heilt, ein guter Vater ist und beschützt. Ein neues Män-

nerideal des »verantwortlichen Sachwalters« anstelle des Beherrschers scheint auf, wenn sich etwa Vizepräsident Gore zum Anwalt der Umwelt erklärt oder amerikanische Soldaten in Somalia Kinder mit Essen versorgen. Sich als guten Vater zu präsentieren verhilft inzwischen sogar Repräsentanten eines »egalitär eingestellten« Weißen Hauses zu politischem Ansehen, wie das Beispiel von Pressesprecher David Gergen zeigt, der seine kleine Tochter Madeleine zur ersten Pressekonferenz mitbrachte.

Doch auch wenn solche Bilder für viele Männer verlockend sind, die nach einem neuen Selbstverständnis suchen, haben die Männer erst angefangen, ihre traditionelle Rolle zu hinterfragen. Was sie von einer neuen Rolle profitieren könnten, ist immer noch großenteils unklar, was sie dabei verlieren und welche Strafen ihnen drohen, haben sie dagegen deutlich und konkret vor Augen. Viele modern denkende Männer sehen in den gegenwärtigen Veränderungen den zunächst zwar schmerzhaften, auf lange Sicht aber einzigen Weg, Vertrauen und Frieden zwischen den Geschlechtern herzustellen. Andere sehen nur den Verlust. Männer lassen sich in zwei Gruppen einteilen: in Anhänger der Gleichberechtigung und Anhänger des Patriarchats. Auf der einen Seite stehen die Männer, die sich bemühen, Sprache und Bräuche der neu entstehenden Welt zu erlernen, und die glauben, daß die Anpassung erstrebenswert oder einfach unvermeidlich sei. Auf der anderen Seite stehen die Männer, die mit aller Kraft gegen die neue Weltordnung kämpfen. Nur sie und die von ihnen beherrschten Institutionen, die sich dem Fortschritt der Frauen aktiv in den Weg stellen, gehören für mich zur Opposition; es wäre meiner Meinung nach ungenau und unfair zu sagen, alle Männer seien gegen den Fortschritt der Frauen.

Im Geschlechterkampf stehen sich Männer und Frauen also nicht in scharf voneinander abgegrenzten Lagern gegenüber. Vielmehr vertreten viele Frauen die »patriarchalische« Weltsicht, während umgekehrt viele Männer für Gleichberechtigung sind. Die Frontlinie im Geschlechterkampf verläuft zwischen der patriarchalischen und der egalitären Weltsicht. Natürlich haben Frauen und Männer zu vielen Fragen aufgrund ihrer unterschiedlichen Erfahrungen, Wahrnehmungen und Bedürfnisse konträre Meinungen. Und natürlich haben alle Männer viel zu verlieren, wenn die Gleichberechtigung sich durchsetzt.

Viele, womöglich die meisten Männer schwanken in ihren Anschauungen zwischen Gleichberechtigung und Patriarchat (wie die meisten Frauen zwischen dem Verlangen nach Unabhängigkeit und dem Wunsch nach Passivität schwanken); Frauen müssen in Beziehungen mit solchen Männern meist erst lernen, diese schwankende Haltung zu erkennen. Manche Männer sind zu Hause für Gleichberechtigung, und am Arbeitsplatz verhalten sie sich autoritär, oder sie behandeln ihre Töchter als gleichberechtigt und ihre Frauen als Untergebene. Aber viele wollen Bürger der neuen Welt werden, und sie lernen, wenn auch mühsam und langsam, die »Sprache der Gleichberechtigung«.

Die Männer der ersten Gruppe finden Gefallen an jener Vertrautheit mit Familie und Freunden, welche die neue Ordnung verspricht und im allgemeinen auch erfüllt. Aus Umfragen der Frauenzeitschrift *Redbook* geht eindeutig hervor, daß für immer mehr Männer die Familie ganz oben auf der Prioritätenliste rangiert. Gleichzeitig aber weicht die zweite Gruppe von Männern immer mehr in eine Domäne der Männlichkeit zurück, die sich der Kritik und den Ansprüchen von Frauen weitgehend entzieht. Die Männerbewegung hat Männer in die Wälder gelockt; Robert Blys Buch *Eisenhans* führte binnen kurzem die Bestsellerliste an. Die Geheimgesellschaft Skulls and Bones der ehemaligen Studenten von Yale drohte damit, die Tür ihres Gebäudes mit Schlössern zu versperren, um so neugewählten Frauen den Zutritt zu verwehren; im renommierten Londoner Garrick Club, einer traditionellen Bastion des männlichen Chauvinismus, sprach sich die überwältigende Mehrheit der Clubmitglieder dafür aus, auch weiterhin keine Frauen aufzunehmen.[17] Männer, die am Arbeitsplatz weiblichen Kollegen, ja sogar weiblichen Chefs begegnen, suchen nunmehr

Trost bei einem expandierenden Dienstleistungssektor, der Frauen wieder auf ihren Platz verweist. Dort können sich Männer von »Frauen oben ohne« das Auto waschen, die Schuhe putzen oder die Wohnung auf Vordermann bringen lassen. Überall sprießen plötzlich Männern vorbehaltene Oben-ohne-Luxusclubs aus dem Boden. Daß nicht geschossen wird, kann uns nicht darüber hinwegtäuschen, daß wir Krieg haben.

Die »Patriarchen« ziehen sich zurück, weil sie noch vor den Frauen erkannt haben, daß die Frauen »gewonnen« haben. Sie haben Angst davor, Frauen könnten ihnen jetzt antun, was sie den Frauen angetan haben.

Bei diesem Gedanken werden viele Frauen ungläubig lachen. Wie kann jemand glauben, Frauen hätten die Macht oder wollten sie auch nur? Nun, jetzt haben sie die Macht.

Deshalb ist es entscheidend, daß Frauen ihre Opferhaltung aufgeben, ihre Macht bewußt ausüben und lernen, die Verantwortung für das Unrecht zu übernehmen, das auch sie begehen können und manchmal sogar begehen wollen. Wenn Frauen an ihrem Selbstbild unschuldiger Ohnmacht festhalten, während die entscheidende Macht im Land in ihre Hände übergeht, riskieren sie, ungewollt das Gegenteil dessen zu bewirken, was sich der wahre Feminismus zum Ziel gesetzt hat, ein Feminismus, der letztlich nur eine logische Weiterentwicklung der Demokratie ist. Sie laufen dann Gefahr, sich zu jenen Tyranninnen zu entwickeln, vor denen die Feministinnen der letzten Generation sie immer gewarnt haben.

Die Frauen haben auf dem Weg zu Mehrheit und Macht eine entscheidende Etappe zurückgelegt. Jetzt gilt es, entschlossen und unbeirrt für eine Welt zu kämpfen, in der niemand mehr aufgrund seines Geschlechts benachteiligt wird. Aber wir müssen uns den Männern gegenüber fair verhalten und dürfen nicht vergessen, daß auch Frauen ungerecht sein können. Wir müssen geistig offen bleiben und moralisch integer.

zent des Beschäftigten aus. Die Journalistinnen befragten die Basis

Die Erfolge der Frauen

Während der achtziger Jahre hatten berufstätige Frauen zwar Einzug in die Welt der Männer gehalten, waren aber oft gezwungen gewesen, zu feministischen Themen zu schweigen. 1991 und 1992 dagegen hatten genügend Frauen Zugang zu den entscheidenden Instrumenten der Macht, und die Empörung der Frauen an der Basis gab ihnen das Mandat, diese Instrumente zu benutzen.

Nina Totenberg, Reporterin von National Public Radio, führte das erste öffentliche Interview mit Anita Hill. Eine ausreichende Zahl anderer Journalistinnen erkannten, daß die Anschuldigungen Anita Hills und das nur knapp vereitelte Vertuschungsmanöver seitens des Berufungsausschusses eine gute Story für ihre Blätter war. Genügend Frauen hatten politische Erfahrungen gesammelt, um sich um politische Ämter zu bewerben. Und genügend Frauen hatten das Geld, um diese Frauen auf dem Weg nach oben zu unterstützen.

Ohne den Druck der in den Medien tätigen Frauen wäre es nicht zum Zusammenspiel aller Kräfte und zu der unumkehrbaren Kettenreaktion gekommen. Die Frauen in der Presse waren der Dreh- und Angelpunkt, sie katapultierten die anderen Frauen in die neue Ära. 1992 waren bereits 40 Prozent der im Bereich Nachrichten und Redaktion tätigen Mitarbeiter von Tageszeitungen Frauen,[18] im Bereich Management und Verwaltung machten Frauen 46 Prozent der Beschäftigten aus. Die Journalistinnen befragten die Basis und gaben den Antworten der Frauen in ihren Blättern breiten Raum. Nachdem die anfängliche Unruhe um die Anhörungen sich gelegt hatte, begriff die Nation allmählich, daß Frauen beileibe nicht »einer Meinung« waren und daß es auf ihre unterschiedlichen Meinungen ankam.

Eine Folge dieser Aufbruchsstimmung war die ungewöhnliche Beachtung, die die Medien den Gefühlen der Frauen bei der Berichterstattung über die folgenden Prozesse schenkten. So viele Leserinnen zeigten vehementes Interesse an den verschiedenen Verhandlungen und Skandalen, daß die männlichen Redakteure die Wichtigkeit der »weiblichen Perspektive« nicht mehr ignorieren konnten.

Und diesmal saßen genügend Frauen in entscheidenden Positionen; aus einzelnen Alibifrauen war ein ganzes Netz geworden. Solange es nur einige vereinzelte Frauen an der Spitze gibt und Männer den Ton angeben, müssen viele Frauen die Perspektive derer annehmen, denen sie dienen. Wenn dagegen genügend Frauen Macht ausüben und ein frischer Wind weht, stellen wir fest, daß Frauen nicht bloß Männer imitieren, sondern durchaus eigene Interessen vertreten. In Zeiten der Reaktion macht sich unter Frauen allgemein das große »Vergessen« breit. Sie wollen erlittenes Unrecht vergessen, weil sie es emotional nicht verkraften, gleichzeitig wütend und hilflos zu sein. Aber die Anhörungen im Fall Hill wirkten wie eine Art nationaler Perestroika für die Wut der Frauen, und die Menschen wissen sehr wohl, wie sie um ihre Rechte kämpfen müssen, sobald man es ihnen erlaubt. Auch Frauen reagieren auf ihre Umwelt. Sie verdrängen ihre Gefühle, wenn die nationale Stimmung sie nicht zuläßt. Stimmt dagegen die Atmosphäre und sehen Frauen, daß das »Coming-out« anderer Frauen keine negativen Folgen hat, keimen die Gefühle wieder auf.

Nach den Anhörungen und der Wahl im Herbst war sofort ein anhaltender Wandel in der politischen Atmosphäre spürbar. Auf politischer Ebene errangen Frauen einen Sieg nach dem anderen;

im Vergleich mit den zurückliegenden zehn Jahren des Stillstands war dies geradezu eine Flut neuer, für Frauen äußerst wichtiger Ernennungen, Entscheidungen und Gesetze. Die Erfolge der Frauen waren:

- Der Family Leave Act, der schließlich nach zwölfjährigem Kampf verabschiedet wurde; dieses Gesetz garantiert Eltern einen viermonatigen unbezahlten Urlaub mit Arbeitsplatzgarantie, um ein Baby oder ein älteres Familienmitglied zu versorgen.
- Das Ende einer zwölfjährigen gegen die Abtreibung gerichteten Gesetzgebung.
- Eine Verdopplung des Budgets für die Erforschung von Brustkrebs.
- Eine Justizministerin, eine Ministerin für Gesundheit und Soziales, eine Vorsitzende des Wirtschaftsrats und eine Vorsitzende der Umweltschutzbehörde; 30 Prozent der Kabinettsmitglieder sind Frauen.
- Das Recht, Kampfflugzeuge fliegen zu dürfen, das Frauen im Zweiten Weltkrieg verwehrt wurde; diese Entscheidung war ein wichtiger Erfolg für die Gleichberechtigung von Frauen in der Armee. Wieviel sich in den letzten zwei Jahren geändert hat, wird noch augenfälliger, wenn man diese Entscheidung mit der im Sommer 1991, also noch vor Anita Hill geführten Diskussion um Frauen in der Armee vergleicht. Damals vertraten die Militärs noch die Meinung, Frauen sollten nicht an Kriegsschauplätzen eingesetzt werden. Militärberater geben inzwischen zu, daß der Skandal von Tailhook und die Empörung der Frauen darüber zum Umdenken gezwungen haben.
- Ein im Vergleich mit 1992 verdoppeltes Budget zur Erforschung von Frauenkrankheiten.
- Ein vom Rechtsausschuß des Senats einstimmig angenommenes Gesetz zur Gewalt gegen Frauen, das eine Verschärfung der Strafen für Sexualdelikte vorsieht, Zuschüsse in Höhe bis zu 500 Millionen Dollar zur Vermeidung von Gewalttaten gegen

Frauen gewährt und Opfer von Sexualstraftaten berechtigt, ihre Angreifer in einem Zivilprozeß auf Schadenersatz zu verklagen, ohne auf die Eröffnung eines Strafverfahrens warten zu müssen. Der Ausschuß legte außerdem eine Studie vor, wonach fast die Hälfte aller Vergewaltigungen in den Vereinigten Staaten ohne Prozeß enden und fast die Hälfte der verurteilten Vergewaltiger weniger als ein Jahr hinter Gittern sitzen. Demnach hat ein Vergewaltiger mit einer geringeren Strafe zu rechnen als etwa ein Einbrecher. Besonders lautstark bekundeten die Senatoren Biden und Hatch ihre Zustimmung zu dem oben genannten Gesetz und ihr Engagement für Frauen. Hatch sprach von einer »Gesetzesvorlage, die in die Geschichte eingehen und zu grundlegenden Veränderungen in unserer Gesellschaft führen wird«. Bei der Anhörung Anita Hills hatten die beiden sich noch durch völlige Ahnungslosigkeit bzw. Böswilligkeit ausgezeichnet.[19]

- Die Ermittlungen des Senats im Fall von Senator Bob Packwood aus Oregon, dem vorgeworfen wurde, zweiundzwanzig Frauen sexuell belästigt zu haben. Sie stellen eine entschiedene Abkehr vom bislang praktizierten Verfahren nach der Regel traditioneller Männerclubs dar, Stillschweigen zu wahren und alles zu vertuschen.
- Eine Diskussion unter der Leitung von Deborah Tannen mit Senatoren und deren Ehefrauen über die Entwicklung der Geschlechterrollen.[20]
- Die Verurteilung eines Mannes aus Los Angeles, der seine Frau vergewaltigt hatte.[21]
- Die Entscheidung des Obersten Gerichtshofs, sich mit der Frage zu befassen, ob zu Gefängnisstrafen verurteilte, aber nicht geständige Sexualtäter dann auf freien Fuß kommen sollen, wenn sie sich einer Therapie unterziehen, die von ihnen das Eingeständnis ihrer Schuld verlangt.[22]
- Die Berufung von Ruth Bader Ginsburg als Richterin an den Obersten Gerichtshof. Bader Ginsburg hat sich als Streiterin für die Rechte der Frau einen Namen gemacht und gilt feministi-

schen Anwältinnen als Mentorin, Vorbild und Heldin.[23] Sie hat erfolgreich wichtige Prozesse durchgefochten, die zur Gleichstellung von Mann und Frau vor dem Gesetz führten.

Sie war nie eine Alibifrau der »Patriarchen« und nutzte ihre Rede zur Amtseinführung dazu, ihrem Mann dafür zu danken, daß er den Haushalt versorgte, »was mir ermöglichte, mich schon in jungen Jahren aus der Küche zurückzuziehen«. Die neue Richterin sagte, ihre Berufung sei deshalb so wichtig, weil sie zum Ende jener Zeit beitrage, in der Frauen nur in Einzelfällen gehobene Positionen bekleiden könnten.[24]

- Die Berufung von Oberstleutnant Patricia Fornes zur ersten weiblichen Befehlshaberin einer Kampfstaffel der Luftwaffe. In ihrer Rede dankte Patricia Fornes all jenen, die »große Anstrengungen unternommen haben, um zu erreichen, daß die Marine der Vereinigten Staaten nunmehr dem Kampfeinsatz von Frauen zustimmt«.[25]
- Die Berufung von Norma Cantu zur neuen Leiterin des Amts für Bürgerrechte beim Erziehungsministerium. Beobachter sagen voraus, daß das Amt unter der neuen Leitung mehr Verständnis für Frauenthemen aufbringen wird.[26]
- Das Engagement des amerikanischen Außenministers Warren Christopher für die Rechte der Frau auf der Menschenrechtskonferenz der Vereinten Nationen in Wien. Frauengruppen haben die Einrichtung eines speziellen internationalen Gerichtshofs zum Schutz der Rechte der Frau, verstärkte Bemühungen seitens der Vereinten Nationen im Kampf gegen die Gewalt gegen Frauen und die Anerkennung der »Geschlechterperspektive« in allen Vereinbarungen über Menschenrechtsfragen gefordert. Zum ersten Mal wurde eine Resolution zur Gleichberechtigung und zu den Menschenrechten von Frauen verabschiedet; die Konferenz erklärte außerdem, sie »begrüße« die Ernennung eines von den Vereinten Nationen bestellten Beobachters, der über die Gewalt gegen Frauen berichten soll.
- Eine Schadenersatzzahlung an die New Yorker Polizistin Karen

Sorlucco in Höhe von 264 242 Dollar, nachdem diese von einem Kollegen mit vorgehaltener Waffe zum Geschlechtsverkehr gezwungen worden war.

Auch auf kultureller Ebene haben sich die Gewichte zugunsten der Frauen verschoben, in wichtigen und nebensächlichen Dingen. In allen Bereichen ist zu sehen, wie Frauen zur traditionell von Männern ausgeübten Macht greifen und sie für ihre Zwecke einsetzen. Überall, in Fernsehen, Sport und Kultur, auf Anzeigen und in Werbetexten sind die amerikanischen Frauen auf dem Vormarsch. Einer Meinungsumfrage zufolge gehen 76 Prozent der Befragten davon aus, daß im 21. Jahrhundert eine Frau Präsidentin der Vereinigten Staaten wird; eine Anzeige der American Medical Association prangert Gewalt gegen Frauen an; die New York City Opera lädt Karen Keltner, eine der wenigen weiblichen Dirigenten, ein, *La Bohème* zu dirigieren; zum ersten Mal sind Nachrichtenmagazine bereit, Frauen nach ihrer Meinung zu tagespolitischen Themen zu fragen; eine neue Talk-Show mit weiblichen Experten läuft an; landesweit erscheinende Zeitschriften wie *Glamour, Vanity Fair* und *Time* bringen Berichte über das »Jahr der Frau« und die »Frauen des Jahres«.
Die gesellschaftlichen Veränderungen zeigen sich auch in subtilerer Weise in der Werbung. Die Modefirma DKNY bringt eine Anzeigenreihe, in der ein weiblicher Präsident zur Amtseinführung begleitet wird. In Werbeanzeigen mit weiblicher Zielgruppe tauchen phallische Objekte auf, freilich anders als bisher. Während solche Objekte früher von den Frauen auf den Anzeigen bewundert, angebetet oder sonstwie gehätschelt wurden, ragen sie jetzt plötzlich aus der Schamgegend der Frauen hervor. »Nicht nur zum Tanzen«, verkündet eine Anzeige der Firma Danskin mit einer muskulösen jungen Frau in Männershorts. Sie streckt den Zeigefinger herausfordernd zwischen den gespreizten Beinen heraus, die anderen Finger sind um zwei ebenfalls zwischen ihren Beinen baumelnde Hemdmanschetten gelegt. Ein anderes weibli-

ches Modell in Cutaway und Hosen wirbt mit einem elfenbeinernen Spazierstock mit schwerem Goldgriff für Hautpflegemittel der Firma Matrix. Die Zigarettenfirma Virginia Slims bringt gleich eine ganze Serie von Frauen mit Phallussymbolen und feministischen Texten. Auf einer Anzeige hält ein Fotomodell in der rechten Hand eine Angel. Die Angel ist in eindeutiger Weise zwischen ihren Beinen befestigt und ragt siegesgewiß steil nach oben, das Fotomodell ist bis auf ein Paar Gummistiefel, die ihm bis zu den Oberschenkeln reichen, nackt. Am unteren Ende der Angel, an den Schenkeln des Modells, baumelt ein hodensackgroßes Ledertäschchen. Der Text – »Frauen haben nichts gegen eine gute Schnur, es kommt nur darauf an, was an ihr hängt« – macht den Zusammenhang von Angelschnur und männlichem Sexualorgan vollends deutlich. In einer anderen Anzeige besteigt eine Frau ein Motorrad. In wieder einer anderen spielt eine Frau mit lustvoll verzücktem Gesichtsausdruck auf einer großen elektrischen Gitarre; die Frau ist im Profil abgebildet, der Gitarrenhals ragt im 45-Grad-Winkel aus ihrer Schamgegend auf. Emily Malcolm von Emily's List ist auf einem Foto mit einer dicken, himmelwärts gerichteten Zigarre im Mund abgebildet. Was hier deutlich wird, ist weniger, daß Frauen unter Penisneid leiden, sondern daß die Inbesitznahme von Symbolen männlicher Autorität und Macht sie mehr beschäftigt als die traditionellen Bilder der Weiblichkeit.
Auch wenn der Anstoß für solche Anzeigen zuweilen eine zynische Aneignung des neuen Feminismus ist oder damit lediglich eine aktuelle Mode aufgegriffen wird, klar ist jedenfalls, daß die Industrie mit Frauen nicht länger nach Belieben verfahren kann, sondern ihre neuen Bedürfnisse erkennen und berücksichtigen muß. Die Experten einer bekannten Werbeagentur aus der Madison Avenue nahmen eine Podiumsdiskussion mit Susan Faludi, Gloria Steinem, anderen Feministinnen und mir auf Video auf, um zu erfahren, was Frauen denken und fühlen und wie sie diesen Gefühlen in ihrer Arbeit Rechnung tragen können.
Der Wandel in der Werbung ging über Frauen mit Phallussymbo-

len hinaus und stellte Konventionen der Frauenwerbung auf den Kopf, die so alt waren wie die Werbung selbst. Die Strumpffirma No-Nonsense warb mit einem halben Dutzend prominenter Frauen, darunter eine Chirurgin, eine Pilotin, ein weiblicher Feuerwehrhauptmann, eine Billard-Meisterin, die Dekanin eines College und eine Börsenmaklerin; das Gesicht der Gouverneurin von Texas Ann Richards war in dem Symbol für Frauenpower zu sehen. George Lois, Chef der verantwortlichen Werbeagentur, erklärte: »No-Nonsense steht für Frauen, die sich nichts vormachen lassen, Frauen, die tüchtig zupacken können.«[27]

Auch auf dem Umschlag von Liebesromanen wurde mit der Tradition gebrochen: Bekleidete Romanheldinnen beugen sich über bewundernd aufschauende, halbnackte Helden. In einer Parfümwerbung plazierte der Designer Gianni Versace ein Modell rittlings auf einem schweren Motorrad; das Modell lehnt sich an einen halbnackten Mann wie an ein Möbelstück, und um sie stehen drei weitere muskulöse Männer, Gesichter und Augen im Schatten, wie sonst nur die Gesichter und Augen von Frauen abgebildet werden.

Boxen kam als Frauensport in Mode, und Boxerinnen zierten oft die Titelseiten der Zeitungen und Zeitschriften. Auf einer Anzeige der Firma Reebok schlägt ein finster dreinblickendes Modell mit dicken schwarzen Boxhandschuhen auf einen 1,80 Meter langen, zylindrischen, oben abgerundeten Dummy ein. Für Revlon posierten Supermodell Claudia Schiffer, perfekt frisiert und mit bandagierten Handknöcheln, und fünf weitere Schönheiten, die noch in den achtziger Jahren völlig ausdruckslos in die Kamera gestarrt hatten. Jetzt waren sie auf gleicher Höhe neben einem männlichen Boxchampion abgebildet, sahen den Betrachter drohend an und schwangen anmutig große, glänzende und mit dem Revlon-Emblem versehene Kampfhandschuhe. Bekannt wurden auch die feministischen Werbekampagnen einiger Sportschuhfirmen wie Nike oder Ryka. Ryka stiftete einen Teil des Gewinns einem Fonds zur Einrichtung eines Frauenhauses.

Der Umbruch der letzten beiden Jahre ist kein ausschließlich amerikanisches Phänomen, auch wenn er in den Vereinigten Staaten am deutlichsten zu spüren ist. Weltweit brechen alte Machtstrukturen zusammen. Selbst in Großbritannien, wo die Wahlergebnisse Frauen noch wenig Anlaß zur Freude bieten, ist eine neue Zeit angebrochen, und Frauen haben in einigen Bereichen entscheidende Siege errungen. Die Polizistin Alison Halford lenkte das Augenmerk auf die Diskriminierung von Frauen bei der Polizei. Eine daraufhin eingesetzte unabhängige Untersuchungskommission fand heraus, daß neun von zehn Polizistinnen von ihren Kollegen sexuell belästigt worden waren.[28] 1992 willigte die Church of England in die Priesterweihe von Frauen ein und beendete damit eine zweitausendjährige Tradition und eine über siebzehn Jahre währende Debatte. Ein britischer Ableger der amerikanischen Frauenorganisation Emily's List wurde gegründet und sofort von Politikern als »weiteres Beispiel des Designer-Feminismus« gebrandmarkt. Die Organisation beabsichtigt, mit jeweils 30000 Pfund Spendeneinnahmen die Kandidatur von zehn Frauen für das Parlament zu finanzieren.

Während Parteien in den Vereinigten Staaten und Australien ihre Wählerinnen umwarben und siegten, konnte die britische Labour Party die Frauen nicht ansprechen und verlor die Wahl. Die Politik der Labour Party zur Umverteilung von Steuerlasten und staatlichen Beihilfen, mit der sie Wählerinnen an sich zu binden suchte, wurde in der Öffentlichkeit kaum zur Kenntnis genommen. Nach der Niederlage wählte die Partei eine Frau zur stellvertretenden Parteivorsitzenden und verabschiedete eine Resolution, wonach Frauen bei der kommenden Wahl die Hälfte der angestrebten Sitze besetzen sollen.

John Major, der konservative britische Premierminister, zog erst mit Verspätung die richtigen Schlüsse aus dem Wahlsieg Clintons. Mit seinem Programm »Opportunity 2000« unternahm er einen Vorstoß, der künftig mehr Frauen den Einzug ins britische Parlament ermöglichen soll, und er verfaßte eine Bürgercharta für Frau-

en. Neil Kinnock, zur Zeit der Wahl Oppositionsführer, wollte Major noch übertreffen und im Fall seiner Wahl ein Ministerium für Frauenfragen gründen; die Abgeordneten der Labour Party müssen mittlerweile bei den jährlich stattfindenden Wahlen zum Schattenkabinett mindestens drei Frauen wählen. Die Geschäftsführer beider Fraktionen sind eifrig bestrebt, die weiblichen Abgeordneten für die Fernsehkameras strategisch günstig in vorderster Reihe zu plazieren. Auch damit buhlen die Parteien um die Gunst der Wählerinnen. Warum diese plötzlichen Gunstbezeugungen? Die Besorgnis der britischen Politiker entspringt denselben Veränderungen im Wählerpotential, die in Amerika den Umbruch ausgelöst haben. Oder wie der *Guardian* schreibt: »Die Tatsache, daß männliche Politiker plötzlich den Feminismus entdecken, hängt natürlich damit zusammen, daß eine wichtige Wahl bevorsteht, bei der mehr Frauen als Männer wahlberechtigt sind.«
In Irland wurde mit Mary Robinson im November 1990 zum ersten Mal eine Frau zur Staatspräsidentin gewählt. Von Beruf Rechtsanwältin, hatte sich Mary Robinson schon seit langem für die Rechte der Frau eingesetzt und für die Freigabe empfängnisverhütender Mittel, das Recht auf Abtreibung, Scheidungsgesetze und die Rechte alleinerziehender Mütter gekämpft. In ihrer Rede zur Amtseinführung sagte sie: »Die Männer und Frauen, die mich gewählt haben, haben für ein neues Irland gestimmt ... Vor allem Frauen haben mich gewählt ... Statt Kinder zu wiegen, haben sie das System in seinen Grundfesten erschüttert.«[29] Mary Robinson hat das Thema des sexuellen Mißbrauchs von Kindern vehement angesprochen und überdies angeregt, den Schwangerschaftsabbruch erneut auf die Tagesordnung zu setzen. 1992 erhitzte in Irland der Fall eines 14jährigen Mädchens die Gemüter. Das Mädchen war angeblich vom Vater einer Freundin vergewaltigt worden, das Berufungsgericht verweigerte ihr jedoch die Ausreise nach England und damit die Möglichkeit zur Abtreibung. Die irischen Frauen machten aus ihrer Empörung über diese Entscheidung keinen Hehl, so daß der irische Oberste Gerichtshof dem

Mädchen schließlich eine Ausnahmebewilligung zur Ausreise nach England gewährte. Regierung und Opposition beschlossen, das in der irischen Verfassung festgeschriebene Abtreibungsverbot zu überdenken.[30] Irland befindet sich zur Zeit in einem wahren Liberalisierungstaumel, was die Frauenpolitik anbelangt. Neue Gesetze werden erlassen, die geschiedenen Frauen ein Recht am Besitz des Mannes garantieren, den freien Verkauf von Kondomen legalisieren und Frauen berechtigen, zum Zweck einer Abtreibung ins Ausland zu reisen. Politische Beobachter schreiben diese Neuerungen vor allem dem »fortgesetzten Erstarken der Frauenbewegung nach der Wahl von Mary Robinson zu«.[31]

In Australien wurde 1991 mit Dr. Carmen Lawrence zum ersten Mal eine Frau zur Premierministerin eines Gliedstaates gewählt. Paul Keating, Premier des Bundesstaates, wußte genau, daß er die nächste Wahl nur mit Hilfe der weiblichen Wählerschaft gewinnen konnte. Er ließ sich deshalb von Senatorin Rosemary Crowley in Frauenfragen beraten. Im Mai 1993 startete er die Kampagne »Women in Australia«, die einen umfassenden Bericht zur Situation der Frau vorlegte und zur Sensibilisierung der Richterschaft für die Benachteiligung von Frauen vor Gericht beitrug.[32] Er gewann die Wahl von 1993, weil er die Wählerinnen umwarb, Frauenfragen ernst nahm und eine umfassende Frauenpolitik betrieb. Die australische Feministin und Autorin Dale Spender schrieb: »Paul Keating gewann die Wählerinnen und damit die Wahl.«[33]

In Kanada wurde mit Verteidigungsministerin Kim Campbell 1993 zum ersten Mal in der Geschichte des Landes eine Frau an die Spitze gewählt. Kim Campbell hatte mit einer »Politik der Einbeziehung« um die Stimmen der Wähler geworben. Wie in den Vereinigten Staaten war auch hier ein Sexualdelikt vorausgegangen, das 1991 hohe Wellen geschlagen und ein günstiges Klima geschaffen hatte: Nach einem umstrittenen Freispruch in einem Vergewaltigungsprozeß war unter kanadischen Frauen ein Sturm der Entrüstung losgebrochen; die Frauen sahen sich durch die kanadischen Gesetze nur unzureichend geschützt. Kim Campbell, damals Justizministerin, setzte sich für die Beseitigung von Diskriminierungen im Strafrecht ein und schlug Veränderungen im Strafgesetzbuch vor, die die Verurteilung von Sexualstraftätern erleichtern sollten.[34]

Die Anhänger Campbells wurden im Wahlkampf 1993 von einem wahren »Campbell-Fieber« gepackt. Die große alte Dame der kanadischen Politik, Flora MacDonald, hatte sich siebzehn Jahre zuvor selbst um den Parteivorsitz der kanadischen Tories beworben, war damals aber chancenlos geblieben, weil die Wähler für eine Frau an der Spitze der Partei noch nicht reif waren. Jetzt sicherte Flora MacDonald der jungen Kandidatin öffentlich ihre Unterstützung zu, was großen Anklang fand. In einem Bericht hieß es: »Viele Tories fürchteten, die Partei würde für immer gezeichnet sein, wenn sie erneut eine Frau ablehnte.«[35]

Campbells Gegner setzten wie die Republikaner in den Staaten auf die falsche Seite und verloren. In den letzten Tagen der heißen Phase des Wahlkampfs versuchten sie, die »Patriarchen« für sich zu gewinnen. Sie schürten Zweifel an der »Charakterfestigkeit« der Kandidatin; ihr Gegenkandidat Charest habe eine attraktive Frau und Kinder, Campbell dagegen sei zweimal geschieden und kinderlos.[36] In ihrer Rede nach dem Wahlsieg nahm Campbell Stellung zu den Warnungen der Charest-Anhänger, Kanada sei nicht reif für eine weibliche Premierministerin. Vor einem Meer von Anhängern, die pinkfarbene Schilder mit der Aufschrift »Kim!« schwenkten, erklärte sie: »Wir als Partei stehen vor einer einfachen Entscheidung: Entweder wir passen uns an die veränderten Verhältnisse an, oder wir werden von ihnen hinweggefegt.« Und auf einer anderen Versammlung verkündete sie unter dem Gelächter der Zuhörerinnen: »In einem chinesischen Sprichwort heißt es, Frauen tragen die Hälfte des Himmels. Das stimmt – die schwerere Hälfte.«

In Norwegen sind unter Führung von Gro Harlem Brundtland, der ersten weiblichen Ministerpräsidentin, sieben von siebzehn Ministern und 50 Prozent der Polizisten Frauen. Ein Gesetz zur

Gleichstellung der Frau wurde verabschiedet, nach dem 40 Prozent aller öffentlichen Ämter mit Frauen besetzt werden müssen. In Kanada wurde auf Druck der Frauen ein Gesetz zur Sicherstellung gleichen Lohns für gleiche Arbeit durchgesetzt. In der Türkei wurde mit Tansu Ciller, der Führerin der Regierungskoalition, zum ersten Mal in der Geschichte des Landes eine Frau Ministerpräsidentin. Ciller, deren Mann bei der Heirat ihren Familiennamen übernahm, setzte ein Programm durch, das ihre Entschlossenheit zur Stärkung der Rechte von Frauen widerspiegelt.[37] In ihrer Rede zum Amtsantritt sagte sie: »Wir haben gemeinsam der Geschichte der Türkei eine neue Richtung gegeben.«[38] In Italien haben Vorschläge, das Abtreibungsgesetz zu verschärfen, Berichte über Vergewaltigungen bosnischer Frauen und der Vorschlag, verheiratete Frauen sollten sich mit der Zahlung von Sozialhilfegeldern anstelle eines Berufes zufriedengeben, zu einem Wiederaufleben des Feminismus geführt.[39] In Spanien versuchte Oppositionsführer José Maria Aznar von der Volkspartei 1992 den »Hillary-Faktor« für sich zu nutzen, indem er seine Frau Ana Botela für seine politischen Zwecke einsetzte. Die im öffentlichen Dienst tätige Anwältin ist Mitte Dreißig und wird in der Presse oft mit Hillary Rodham Clinton verglichen.

Auf kultureller Ebene und auf der Ebene der Werbung haben sich international ebenfalls die Gewichte zugunsten der Frauen verschoben. In Europa gibt der italienische Reifenhersteller Pirelli angeblich 20 Millionen Pfund für eine neue Werbekampagne aus, in der Sharon Stone ihren männlichen Chauffeur auf den Rücksitz verweist und selbst das Steuer übernimmt. Die Ausstellerfirmen der Britischen Internationalen Automobilausstellung verzichten darauf, wie bisher leichtgeschürzte Modelle auf ihre Luxuskarossen zu setzen, seit Untersuchungen zeigen, daß die Zahl der weiblichen Autokäufer viermal so schnell wächst wie die der männlichen.[40]

Warum zähle ich das alles auf? Haben die politischen Parteien sich auf einmal zum Feminismus bekehrt? Hat die Werbeindustrie ihren Irrtum eingesehen? Natürlich nicht. Ich stelle nur fest, was für einen großen Einfluß Frauen haben, wenn sie erst ihre Stimme erheben. Und ich weise darauf hin, was wir alles in organisierten, gemeinsamen Aktionen erreichen könnten, wenn wir schon so viel durch spontanes und nicht organisiertes Handeln erreicht haben.

Bisher haben Frauen angesichts ihrer Diskriminierung oft gefragt: »Was soll ich denn tun? Ich kann sowieso nichts ändern.« Die Ereignisse von 1992 haben viele neue Antworten auf diese Frage geliefert. Angesichts der politischen und kulturellen Veränderungen der letzten Zeit kann man behaupten, was zunächst vielleicht lächerlich oder theoretisch klingen mag: Die Frauen haben in diesem Land bereits das Sagen, und sie haben auch die Macht, die für ihre Gleichberechtigung notwendigen Bedingungen durchzusetzen.

Die erste Lektion der vergangenen Ereignisse lautet: Es ist von größter Wichtigkeit, daß Frauen ihre Meinung laut sagen. Frauengruppen betonen das schon seit Jahren, aber die Frauen insgesamt müssen aus dem Umbruch der letzten Jahre lernen, daß sie ihre Lebensbedingungen entscheidend verbessern können, wenn sie den einen simplen und doch schweren Schritt wagen, der ihrer ganzen Sozialisation als Frauen so sehr widerspricht: Sie müssen daran glauben, daß ihre Meinung zählt.

Die zweite Lektion steht der weiblichen Sozialisation ebenfalls konträr entgegen: Frauen müssen sich zu dem Geld, das sie verdienen, bekennen und es bewußt einsetzen. Emily's List, die Frauenorganisation der Demokraten, stellt Befürworterinnen einer liberalen Abtreibungsgesetzgebung das Startgeld für eine Kandi datur zur Verfügung und hat es 1992 geschafft, mit nur 6,2 Millionen Dollar fünfundzwanzig Nachwuchspolitikerinnen zum Erfolg zu verhelfen. Diese Summe wurde von weniger als 100000 Spendern aufgebracht. Die fünfundzwanzig neuen Politikerinnen und das hinter ihnen stehende Spendenaufkommen schafften ein neues Klima des Respekts für Frauen als politische Handlungsträger in eigener Sache. Die Bedingungen zur Gleichstellung der Frau herbeizuführen kann so einfach sein wie das Atmen, wenn die Frauen nur erkennen, daß »die Bewegung« nichts Abgehobenes ist und sie nicht gängeln will, sondern daß sie selbst die treibenden Kräfte der Veränderung sein müssen.

Es gibt in den Vereinigten Staaten gegenwärtig knapp 100 Millionen erwachsene Frauen. Die 6,2 Millionen Dollar, die bereits so nachhaltig zu einer Veränderung des politischen Klimas geführt haben, machen umgerechnet lediglich sechs Cents pro Frau aus. Wenn dieser geringe Betrag 25 neue Politikerinnen an die Macht bringen konnte, könnten 6 Dollar pro Frau, also insgesamt 600 Millionen Dollar, 2500 Nachwuchspolitikerinnen zu einem Amt verhelfen.

Dasselbe Ergebnis bekämen wir, wenn nur jede zweite Frau 12 Dollar, jede vierte 24 Dollar oder jede achte 48 Dollar spenden würde. Für den Preis von vier Paar Feinstrumpfhosen im Jahr könnten die besserverdienenden Amerikanerinnen für sich und die anderen amerikanischen Frauen eine überparteiliche Kasse einrichten und den Frauen zur Gleichstellung vor dem Gesetz und zu einer politischen Macht verhelfen, die im Jahr 2000 niemand mehr ignorieren könnte.

Zuweilen eilt die Geschichte dem Bewußtsein der Menschen voraus. Frauen wissen vielleicht theoretisch, was gut für sie ist, können das aber noch nicht in die Praxis umsetzen. Die von mir genannten drei Punkte erfordern eine Veränderung der weiblichen Psyche. Wir sind zwar noch weit von diesem Ziel entfernt, aber ein Anfang ist gemacht. Bestimmte Entwicklungen in der weiblichen Psychologie haben den Weg für den Umbruch der letzten Jahre geebnet.

Frauen lernen den Sieg denken

Der Umbruch war nur möglich, weil Frauen sich allmählich an drei Bewußtseinshaltungen gewöhnen, die ihnen lange fremd waren: nach politischer Vergeltung für das an ihrem Geschlecht begangene Unrecht zu streben, Anspruch auf eigenes Geld zu erheben und es für ihre Zwecke zu verwenden, und sich die Mentalität des Siegers statt des Verlierers zu eigen zu machen.
Angeregt von Büchern und Filmen, hatte die Mehrheit der Frauen schon vorher begonnen, sich mit weiblichen Rachephantasien, der Macht des Geldes und weiblicher Überlegenheit vertraut zu machen und damit zu experimentieren. Dies war eine notwendige Voraussetzung für den entscheidenden Durchbruch. Paradoxerweise distanzierte sich der Opfer-Feminismus um so entschiedener von dem neuen Bewußtsein, je begeisterter Frauen damit experimentierten.
Während sich die Phantasie vieler Frauen mit Bildern ihrer neuen Macht beschäftigte, produzierte die feministische Bewegung nach wie vor die falschen Bilder: Bilder der Hilflosigkeit, des Schweigens, des Schmerzes und der Niederlage. Der Fernsehsender Lifetime TV rief die amerikanischen Wählerinnen mit einer Anzeige zum Urnengang, in der eine Frau ohne Mund zu sehen war. Die Frauenrechtsorganisation NOW verteilte Kleiderbügel an ihre Anhängerinnen, die künftig zu Demonstrationen für das Recht auf Abtreibung mitgebracht werden sollten; die Kleiderbügel sollten an Todesfälle durch illegale Abtreibungen erinnern. Die Aktivistinnen des Fund for the Feminist Majority verteilten an ihre

Spender Armbänder, auf denen der Name Becky Bell und das Geburts- und Sterbedatum des Mädchens eingraviert waren (Bekky Bell war nach einem verpfuschten Schwangerschaftsabbruch gestorben). Außerdem riefen sie Frauen dazu auf, so lange ein Armband mit der Aufschrift »Weltweit stirbt alle drei Minuten eine Frau« zu tragen, bis die Gesetze gegen die Abtreibung aufgehoben würden. Frauenorganisationen, die zu Spenden aufriefen, malten stets die drohende Katastrophe an die Wand und nicht den möglichen Triumph.

Solche Bilder und Appelle konnten die Phantasie der Frauen nicht in dem Maß beflügeln wie die neuen, kraftvollen Bilder. Ein Grund dafür ist, daß Frauen zu oft in der Opferrolle dargestellt wurden; sogar Jeans und Platten wurden damit verkauft, und die entsprechenden Symbole haben jegliche Durchschlagskraft eingebüßt.

Aber es gibt noch einen zweiten, schwerwiegenderen Grund. Frauen sind an einem Punkt ihrer Geschichte angelangt, an dem sie nicht mehr ständig an ihre Unterdrückung erinnert werden wollen. Mit Appellen an ihre Kraft, ihre Stärke und ihr Verantwortungsgefühl erreicht man inzwischen viel mehr, zumal die neuen Bilder weiblicher Stärke auf alte Archetypen zurückgehen: auf Diana, Schützerin und Rächerin der Frauen, auf die Königin von Saba, Herrscherin über Reichtum und Macht, und auf Nike, die weibliche Personifikation des Sieges. Diese Archetypen verkörperten die neuen Eigenschaften, die Frauen sich anzueignen versuchten: die Entschlossenheit, sich gegen Unrecht zur Wehr zu setzen, das Bekenntnis zum Geld und zur Macht, die man mit Geld kaufen kann, und jene unbeschwerte Zuversicht, die der Gewißheit des Sieges entspringt. Es mag überraschen, daß in einem politischen Buch über die Macht solcher »Urbilder« gesprochen wird. Ich bin jedoch davon überzeugt, daß nicht nur das individuelle Unbewußte in der Lage ist, die von C. G. Jung beschriebenen Urbilder zu erkennen und auf sie zu reagieren, sondern auch das kollektive oder politische Unbewußte. Geschichte ereignet sich nicht nur auf materieller oder pragmatischer Ebene.

Sie ereignet sich heute wie früher im Wechselspiel mit Geschichten, Traumbildern, Helden und Mythen. Große Politiker und Führer der Menschheit verstehen es, Geschichten zu erzählen und Symbole zu verwenden, die sowohl das Unbewußte des Menschen ansprechen als auch die aktuelle Lage deuten. So gesehen kann eine Anzeige der Modefirma DKNY genausoviel oder sogar noch mehr zum historischen Fortschritt der Frauen beitragen wie der Gleichberechtigungsartikel der Verfassung.

Vergeltung: das Diana-Prinzip

Im römischen Mythos von Diana und Actaeon badet die jungfräuliche Göttin der Jagd zusammen mit ihren Dienerinnen auf einer Lichtung im Wald. Der sterbliche Actaeon, ein Jäger, erblickt die nackte Göttin, und statt sich respektvoll zurückzuziehen, tut er, was er bei einer sterblichen Frau auch getan hätte: Er sieht der Ahnungslosen aus einem Versteck beim Baden zu. Diana entdeckt ihn und verwandelt den Unglücklichen in einen Hirsch. Der Jäger wird zur Beute seiner eigenen Hunde, die sich auf ihn stürzen und ihn zerfleischen.

Die blutige Fabel mit ihrer ausgleichenden Gerechtigkeit spricht wie alle Mythen eine zentrale Erkenntnis über die ewigen Opfer der Geschichte aus: Solange sie noch einen Rest Selbstachtung besitzen, haben sie in ihrem tiefsten Inneren den Wunsch, sich für die erfahrene Beleidigung und Unterdrückung zu rächen, und dieser Wunsch wird bewußt und dringt an die Oberfläche, wenn die Umstände es zulassen.

Im Jahr 1991 war mit Callie Khouris *Thelma und Louise* zum ersten Mal eine detailliert durchgespielte weibliche Rachephantasie auf der Leinwand zu sehen. Der Film löste einen Schock aus. Die Kritik richtete sich vor allem gegen den Kugelhagel, in dem der Vergewaltiger stirbt, und die Szene, in der zwei weibliche Gangster einen lüsternen Lastwagenfahrer in die Luft jagen; das weibliche Publikum dagegen amüsierte sich köstlich. Die Frauen applaudierten nicht der Gewalt, denn nackte Gewalt wirkt nicht befreiend, sondern jenem Teil ihrer selbst, der nicht mehr gewillt war, alles hinzunehmen.

Im gleichen Jahr stand mit dem Roman *Der Club der Teufelinnen* von Olivia Goldsmith eine weitere weibliche Rachephantasie monatelang auf den Bestsellerlisten. Drei vernachlässigte und gedemütigte Ex-Ehefrauen einflußreicher Männer wollen sich für das erlittene Unrecht an ihren Männern rächen. Einer der Männer hat seine Frau um ihr Vermögen gebracht, zwei haben eine Geliebte gehabt, einer von ihnen hat seine Frau geschlagen.

Die drei Frauen sind zunächst depressiv und voller Selbstmitleid, und sie verbergen ihre Wut hinter selbstzerstörerischen Neigungen. Eine trinkt, die zweite ißt pausenlos, die dritte fühlt sich als Märtyrerin. Als eine gute Freundin der drei Selbstmord begeht und in ihrem Abschiedsbrief schreibt, sie sei von ihrem Mann geschlagen worden, schreiten die drei Frauen zur Tat.

Sie gründen einen Club, eine Art Aktionskomitee geschiedener Frauen. Anfangs hoffen sie noch, sich in der Gruppe gegenseitig helfen und mit sich und ihrer Wut ins reine kommen zu können. Aber dieser Wunsch erfüllt sich nicht, und sie fassen einen pragmatischen Plan mit dem Ziel, ihre Männer angemessen für das erlittene Unrecht zu bestrafen.

Gemeinsam setzen sie ihre Mittel ein: Geld, Aktienkapital, vertrauliche Informationen und soziale Kontakte. Sie nutzen die Instrumente der Herrschenden, um ihre Widersacher zu Fall zu bringen. Eine schaltet eine Anwältin ein, in die sie sich zu ihrer eigenen Überraschung verliebt, und verklagt den eigenen Exmann wegen Veruntreuung ihres Eigentums. Die zweite macht die sexuellen Verfehlungen ihres Gatten publik und zerstört damit dessen Karriere. Die dritte spricht auf einem Wohltätigkeitsball über den Mann, der ihre tote Freundin mißhandelt hat. Allmählich merken die drei Frauen, daß Macht ihnen guttut. Die Alkoholikerin hört mit dem Trinken auf, die Freßsüchtige wird gesund und kann wieder mit ihrer Sexualität umgehen. Zuletzt sind die Männer die Gedemütigten, die Frauen die Sieger. Und die Moral des Ganzen? »Die Männer, die großen, mächtigen, furchteinflößenden Männer waren genau besehen gar nicht so stark und unbesiegbar. Sicher, sie waren die Richter, die Verbrecher, die Industriellen, aber vielleicht konnte man sie ja mit ihren eigenen Waffen schlagen.«

Geld und Macht: das Saba-Prinzip

Im Alten Testament taucht an zwei Stellen eine weise und mächtige Frau auf: die Königin von Saba. Sie stattet mit großem Gefolge und vielen Geschenken König Salomo einen Besuch ab, der als der weiseste Herrscher des Ostens gilt. Ihre Macht und ihr Reichtum verschaffen ihr Zugang zu seinem Hof und ermächtigen sie, die Weisheit des Königs zu überprüfen und den höchsten männlichen Herrscher zur Rechenschaft zu ziehen. Der König begegnet ihr mit Ehrerbietung, nicht nur wegen ihres Reichtums und ihrer Macht, sondern wegen der intelligenten Fragen, die sie ihm stellt. Der »Reichtum« der Königin von Saba war möglicherweise durchaus real, aber in erster Linie ist er metaphorisch gemeint. Er steht für jene Macht, derer sich Frauen bedienen, um sich die Achtung ihrer Umwelt und die Beachtung durch die Großen dieser Welt zu verschaffen. Die Königin von Saba verkörpert das Prinzip weiblicher materieller Macht und Politik.

Frauen haben kein mit positiven Gefühlen besetztes Vokabular für Geld, und das hat meiner Ansicht nach mehr als alles andere dazu beigetragen, Frauen politisch zu neutralisieren. Während viele der großen Männerschicksale von der engen Beziehung der Männer zu irgendwelchen Reichtümern handeln, haben Frauen auch in der erzählenden Literatur kaum ein Verhältnis zum Reichtum und tauchen selten dort auf, wo ein Vermögen gewonnen oder verspielt wird. Während der Reaktion der achtziger Jahre begannen Frauen vom Geld zu träumen und zu phantasieren, was nicht als

Fixierung aufs bloße Geldverdienen, als Habgier oder als Materialismus verstanden werden darf. Vielmehr erfahren Frauen hier erstmals jenes Gefühl von persönlicher Bedeutung, von Wahlmöglichkeit und Macht, wie es durch das Geld symbolisiert wird. Während Feministinnen sozialistischer Prägung weiterhin jeden Kommerz ablehnten, träumte die Mehrheit der Frauen von dessen aufregenden Herausforderungen und Risiken. Bis vor kurzem wurde in der Frauenliteratur in vielen Variationen immer wieder eine Geschichte erzählt: Ein armes junges Mädchen bringt es durch Heirat mit einem reichen Mann zu Wohlstand und Ansehen. Das ist das Grundmuster von Aschenputtel und unzähligen anderen Märchen; die bescheidene Herkunft der Heldin und der Reichtum des Helden sind auch unverzichtbarer Bestandteil vieler Liebesromane.

Hier zeichnet sich ein Wandel ab. In den populären Frauengeschichten der achtziger und neunziger Jahre steigen Frauen nicht mehr durch Heirat auf, sondern durch eigene Kraft. In verschiedenen Frauenmagazinen konnte man 1993 folgende Werbung für Schmuck lesen: »Ich erinnere mich noch gut daran, wie Mutter sagte, Mädchen dürften sich ihren Schmuck nicht selbst kaufen. Aber das ist lange her. Heute bestimme ich selbst, was ich mache. Und belohne mich selbst. Zum Beispiel mit diesem wunderschönen goldenen Ring von Keepsake. Er sieht gut aus und fühlt sich gut an ... Und am besten gefällt mir, daß ich meine Initialen habe eingravieren lassen. Jetzt gehört er nur mir allein. Selbst Mutter fand das gut. Ihr Verlobungsring war auch von Keepsake.« Gold ist hier ein Symbol dafür, daß Frauen für sich selbst sorgen können, eine Aufgabe, die zur Zeit der Mutter der Sprecherin noch ein Mann übernehmen mußte.

Für viele Themen, die in den letzten Jahren aktuell wurden, gibt es Vorläufer. In Margaret Mitchells bekanntem Epos *Vom Winde verweht* steht der unschuldige Engel Melanie der temperamentvollen Hexe Scarlett gegenüber. Melanie ist bescheiden, duldsam, prüde und gut, in einem Wort, gräßlich; Scarlett dagegen ist eitel, erotisch, machthungrig und böse, in einem Wort, wunderbar. Die Geschichte handelt von Reichtum, Kränkung, Vergeltung und Scarletts Entschlossenheit, sich aus ihrer Not zu befreien und den geliebten Familiensitz Tara zu halten. Nach den Wirren des Bürgerkriegs kann Scarlett sich mit ihrem selbsterwirtschafteten Geld sogar Macht über ihre Gegner verschaffen und sich an ihnen rächen: In dem von ihr klug und umsichtig geführten Sägewerk findet nicht nur der für sie unerreichbare Ashley, das Objekt ihrer unerwiderten Liebe, Beschäftigung; der Betrieb verschafft ihr auch so viel gesellschaftlichen Einfluß, daß alle, die sie bisher verachtet haben, sie jetzt zähneknirschend akzeptieren müssen. Scarlett findet zwar nicht die Liebe fürs Leben, aber sie hat sich ihre kleine Welt aus eigener Kraft aufgebaut.

Die in dieser Geschichte in Ansätzen vorhandenen Merkmale kamen in den achtziger Jahren vollends zur Geltung. In der Frauenliteratur trat ein neues Handlungsmuster zutage, in dem es die Heldin und nicht ihr Mann zu Reichtum bringt. Auf der Bestsellerliste für Frauenliteratur stand damals etwa Judith Krantz mit *Skrupel.* Die Protagonistin des Buches entstammt einer gemischtfarbigen Ehe, arbeitet zunächst als Prostituierte und hat sich am Ende des Romans zur Besitzerin einer internationalen Warenhauskette emporgearbeitet. Jackie Collins hat in ihrem Buch Lucky Boss eine ähnliche Erfolgsgeschichte einer Frau gezeichnet. In Ivana Trumps *For Love Alone* arbeitet sich eine arme tschechische Einwanderin zu einer international erfolgreichen Geschäftsfrau empor.

Kritiker nannten diese Bücher verächtlich »Einkaufs-Romane«, weil in ihnen großer Wert auf Statussymbole wie modische Kleider, wertvollen Schmuck und elegante Möbel gelegt wird. Aber die Bücher wollten ihren Leserinnen nicht einfach zur Flucht aus der Realität in eine bessere Welt verhelfen. Sie bereiteten sie psychologisch besser auf die »Realität« vor als der Opfer-Feminismus, der sich immer mehr in vage und machtfeindliche Utopien zurückzog. Die Bücher zeigten, wie eine Frau im Geschäftsleben erfolgreich sein, sich an ihren Vorgesetzten für begangenes Unrecht rächen und ihre Macht geschickt nutzen kann. In vielen dieser Geschichten ist es eine arme oder aus der Unterschicht stammende junge Frau, die die Leiter des beruflichen Erfolgs hinaufklettert; die zusätzlichen Vergünstigungen des Erfolgs – Liebe, Reichtum und sozialer Aufstieg – sind nicht als Wert an sich wichtig, sondern als schönes äußeres Zeichen des Erfolgs der Heldin in dem von ihr gewählten Beruf.

Auch in einer Reihe von Kinofilmen wurden Frauen vorgestellt, die es in der Welt zu Macht und Reichtum bringen. In *Baby Boom – Eine schöne Bescherung* aus dem Jahr 1987 spielt Diane Keaton eine Frau, die aus dem frauen- und kinderfeindlichen Berufsleben aussteigt und in Vermont mit dem Verkauf von Babynahrung ein Vermögen macht; Feministinnen lehnten den Film ab, bei den anderen Frauen fand er großen Anklang. In *Thelma und Louise* wird beschrieben, wie erfolgreich Geena Davis in ihrem neuen Beruf als Diebin ist. In *Die Waffen der Frauen* rächt sich die aus einfachen Verhältnissen stammende smarte und ehrgeizige Sekretärin Melanie Griffith an ihrer arroganten Vorgesetzten Sigourney Weaver, die ihre Ideen geklaut hat; sie übernimmt deren Kleider, Freund und Arbeit und landet zuletzt in einem Büro mit eigener Sekretärin. In *Grüne Tomaten* trotzen zwei Freundinnen dem bösen Ehemann der einen Frau und eröffnen gemeinsam ein Restaurant. Auch in zahlreichen Fernsehserien tauchten erfolgreiche Frauen auf, die beim Publikum großen Anklang fanden.

Beliebte Frauen der Unterhaltungsbranche waren in den achtziger Jahren die Sängerin Madonna, die Produzentin, Aktivistin, Schauspielerin und Sängerin Barbra Streisand, das Fernseh-Multitalent Roseanne Barr, die Talk-Show-Moderatorin Oprah Winfrey und die Schauspielerin Jodie Foster. Als Größen des Showgeschäfts allseits bewundert, wurden sie für Frauen besonders attraktiv, als sie ihre eigenen Produktionsfirmen gründeten, Verträge über 60 Millionen Dollar abschlossen und eigene Filme drehten. Presseberichten nach zu urteilen, sind die weiblichen Fans vor allem

von den hohen Summen der Verträge fasziniert und von der Art, wie diese starken Frauen mit reichen Männern um Macht und Führungskompetenz verhandeln, weniger von ihrem Liebesleben oder ihren Schlankheitskuren.
Die Lifestyle-Unternehmerin Martha Stewart, die Modeschöpferin Donna Karan und die Gründerin der Body-Shop-Kette Anita Roddik sind weitere Personifikationen der machtbewußten Karrierefrau. Sie wurden nicht deshalb zu Idolen für andere Frauen, weil sie in einem von Männern dominierten Bereich zur Spitze aufgestiegen sind, sondern weil sie es verstanden haben, aus Dingen wie Aussehen und Sauberkeit, die man ganz selbstverständlich von Frauen erwartet, eine Menge Geld zu machen. Nicht die Produkte sind es, die ihre Anhängerinnen interessieren, sondern der Weg, auf dem diese Frauen es zu ihren Firmenimperien gebracht haben.
Die Mediengeschichte zweier Frauen, Prinzessin Diana und Ivana Trump, zeigt, wie das neue Prinzip weiblicher Stärke sich durchsetzt. Beide Frauen verdanken ihren Aufstieg nicht einer Heirat, sondern der Scheidung. Prinzessin Dianas Geschichte beginnt 1981 mit der Märchenhochzeit der schüchternen, jungfräulichen Braut, einem Aschenputtel aus der Zeit vor dem Feminismus, dessen Leben vom Kuß eines Prinzen abhing. Nach Erscheinen von Andrew Mortons Biographie »stürzte« sie aus ihrer einsamen Höhe und wurde eine Sterbliche, gefangen in der Ehe mit einem fremdgehenden Mann wie andere Frauen. Nach der Trennung von Prinz Charles 1993 wurde sie plötzlich wieder in Frauenzeitschriften gefeiert, denn sie war in Gestalt der nüchternen, tatkräftigen Rächerin wiedererstanden. Sie hatte sich zur Managerin ihrer selbst gemacht und vermarktete ihr »Produkt« so geschickt, daß sie mittlerweile stark genug ist, um es selbst mit einem der wohlhabendsten und einflußreichsten Unternehmen Europas aufzunehmen, dem britischen Königshaus.
Prinzessin Diana war wie die gleichnamige Göttin zunächst ein Opfer: Jahrelang hatten die internationalen Medien sie gejagt. Daß sie die Meute von der Presse zuletzt auf ihren Mann umlenkte,

verhalf ihr in den Augen der Frauen zu neuem Ansehen. Und als sich die schüchterne Jungfrau der frühen achtziger Jahre in eine selbstbewußte Fürsprecherin von Aids-Opfern und mißbrauchten Kindern verwandelte, fand sie sogar den Beifall skeptischer britischer Feministinnen.

Ivana Trump machte einen ähnlichen Wandlungsprozeß durch und wurde zu einer Symbolfigur für Frauen. Vor ihrer Scheidung 1991 mußte sie als Ehefrau schlimmste kapitalistisch-sexistische Demütigungen ertragen. Als Bezahlung für die Führung des Kasinos in Atlantic City bekam sie »einen Dollar pro Jahr plus alle Kleider, die sie tragen konnte«; außerdem unterzog sie sich einer Ganzkörper-Schönheitsoperation, um für ihren fremdgehenden Ehemann wieder attraktiv zu werden. Als ihr Mann sie dann trotzdem wegen einer zwanzig Jahre jüngeren Frau sitzenließ, brach Ivana nicht zusammen. Sie ließ sich für das Titelblatt von *Vogue* ablichten, begann unter anderem ein zweites Buch über finanzielle Management-Strategien für Frauen und stieg so in den Augen vieler Frauen wie ein Phönix aus der Asche. Die Sympathien und Rachegelüste vieler sorgten übrigens auch dafür, daß das Ansehen ihres Exmannes Donald Trump drastisch sank.

Solche Erfolgsgeschichten von Frauen und die dahintersteckende psychische Leistung dürfen keinesfalls mit der amoralischen Gewinnsucht der Yuppie-Generation der achtziger Jahre verwechselt werden. Sie zeigen vielmehr, daß Frauen sich nicht mehr damit begnügen, ihr eigenes Leben in den Griff zu bekommen, sondern es wagen, Entscheidungen zu treffen, die das Leben anderer berühren, und sich damit in die Geschicke der Welt einzumischen.

Die Schicksale der genannten Frauen in Literatur und Wirklichkeit sind weibliche Varianten der klassischen Erfolgs-Story des armen Tellerwäschers, der zum Millionär aufsteigt. Die Geschichten von Unternehmerinnen, Arbeiterinnen und Akademikerinnen fördern einen lange verschütteten Teil der weiblichen Psyche zutage, der ungestraft mit Ehrgeiz, Können und Reichtum experimentieren will.

Sieg: das Nike-Prinzip

Als ich Frauen, die dem Feminismus gegenüber kritisch eingestellt sind, fragte, wie ein Feminismus aussehen müßte, den sie bejahen könnten, zitierten sie häufig einen Satz aus der Werbung der Sportschuhfirma Nike: »Tu's einfach!« Die Firma war beim Verkauf von Sportschuhen in den letzten Jahren geschickter und erfolgreicher als der Feminismus bei der Werbung neuer Anhänger. Für Frauen und ihre Politik ist das Bild der Göttin Nike ungleich attraktiver als das Lieblingsbild des Feminismus, die verstümmelte Amazone.

Werbefachleute spinnen zuweilen, aber sie sind selten dumm, und »Nike« bedeutet natürlich »Sieg«. In der Vorstellungswelt der Frauen trat in den achtziger Jahren eine Qualität zutage, deren Symbol die griechische Göttin des Sieges ist. Die bekannteste Statue der Göttin, die »Nike von Samothrake« im Pariser Louvre, ist ein schönes Sinnbild der Macht, die ich meine: Sie ist so stark, daß niemand es wagen würde, sie zu beleidigen, aber zugleich strahlt sie eine solche Anmut aus, daß der Betrachter eher bezaubert als eingeschüchtert ist. Im Unterschied zum Lieblingssymbol der letzten Feminismuswelle, der Amazone, die in einer Frauengesellschaft lebt und sich die rechte Brust abschneidet, um ihre Waffe besser handhaben zu können, läßt sich die Siegesgöttin nicht vom Geschlechterkrieg aufzehren, sondern steht im Glanz ihrer Macht souverän darüber. Macht und Weiblichkeit sind in ihr versöhnt; sie widersprechen sich nicht, sondern ergänzen und verstärken sich gegenseitig. Die breiten kraftvollen Flügel sind genauso ein Teil der Göttin wie ihre weichen, nur leicht verhüllten Brüste.

Vor dem Umbruch waren Frauen nur selten in Siegerpose zu sehen, und wenn sich doch einmal die Gelegenheit dazu bot, wurde der Stolz auf den Sieg durch die verschiedensten Umstände getrübt, etwa dadurch, daß in der Presse nur von ihrer Kleidung oder ihrer sexuellen Ausstrahlung die Rede war. Die Opposition weiß ganz genau, wie gefährlich anregend und berauschend ein solches Glücksgefühl sein kann.

Nach 1991 dagegen sah man plötzlich überall Bilder von Frauen in Siegerpose. Penny Marshalls Erfolgsfilm *Eine Klasse für sich* von 1992 handelt von einer Frauen-Baseballmannschaft der vierziger Jahre. Das Publikum war begeistert von den Baseballspielerinnen, die sämtliche Tricks beherrschten, hinter dem Rücken mit einer Hand Bälle fingen und ihre Gegenspielerinnen mühelos austricksten, kurz gesagt, von Frauen, die mit allen Mitteln siegen wollten und auch siegten. In *Terminator 2 – Tag der Abrechnung* kämpft Linda Hamilton gegen ein Maschinenwesen, in *Alien 3* hat Sigourney Weaver einen Mutanten als Gegner; in beiden Filmen siegen schließlich die Frauen. In Whoopi Goldbergs Filmkomödie *Made in America* kämpft eine schwarze High-School-Schülerin um gute Noten in den naturwissenschaftlichen Fächern; sie wird am Ende mit dem renommierten Westinghouse-Stipendium ausgezeichnet und bekommt so die Möglichkeit zum Studium am Massachusetts Institute of Technology; bei der Preisverleihung auf dem Abschlußfest der High-School steht die schwarze Stipendiatin auf der Bühne, ein Rap-Chor singt ihr ein Hosianna, ihre Freundinnen tanzen um sie herum, und eine tausendköpfige jubelnde Menge wiegt sich mit erhobenen Armen im Rhythmus.

Die Vorstellung, von einer jubelnden Menschenmenge umringt und gefeiert zu werden, begleitet Jungen ein Leben lang, während von Mädchen erwartet wird, daß sie solche Träume vergessen. Als dann aber solche Bilder zu sehen waren, Bilder von Frauen, die nicht den Mann ihrer Träume ergattert, sondern den »Sieg ihrer Träume« errungen hatten, konnten die Frauen gar nicht genug bekommen. Die Modeschöpferin Donna Karan wußte genau, was sie tat, als sie eines ihrer Mannequins wie einen Präsidenten anzog und durch einen Konfettiregen schreiten ließ.

Die Bilder des Umbruchs: Rache, Geld und Sieg

Frauen begnügten sich jedoch nicht damit, sich nur in ihrer Phantasie solchen Bildern hinzugeben. Die Bilder wurden übermächtig und drangen in die Welt der politischen Realität ein. Dort wirkten die drei Prinzipien öffentlichkeitswirksam zusammen, was zu jener Kette von Ereignissen führte, die den großen Umbruch einleiteten.

In einer mediengesättigten Welt können Bilder nicht nur die Geschichte beeinflussen, sie sind zugleich selbst Geschichte. Bilder können mit einem Schlag unsere Wahrnehmung bestimmter Probleme völlig verändern und Ansatzpunkte einer Lösung bieten. Die ersten Bilder der Erde aus dem All zeigten eine kleine blaue Murmel, auf der es keine Ländergrenzen gab. Auf einmal begriffen wir, in welcher Bedrohung wir lebten und daß unser labiles Ökosystem nur durch länderübergreifende Maßnahmen geschützt werden konnte. Die 1972 in der Zeitschrift *Life* erstmals abgedruckten Aufnahmen eines Fötus im Mutterleib beeinflußten die Gesetzgeber in ihrer Entscheidung, wann denn nun menschliches Leben beginne und damit geschützt werden müsse. Der winzige Daumen in dem noch gar nicht voll ausgebildeten Mund des Fötus verhalf der Anti-Abtreibungsbewegung zu einer eindrucksvollen Bildersprache, der sie sich bis heute lieber bedient als der Sprache des Wortes.

Auch eine Reihe von Fotografien veränderten in den Jahren 1991 und 1992 das Selbstbild der Frauen; wie in den genannten Filmen waren es keine Bilder von Frauen in der Opferrolle.

Die ersten dieser Fotos tauchten im Zusammenhang mit der Diskussion um den Einsatz weiblicher Soldaten im Golfkrieg auf. Die Diskussion um den Einsatz von Frauen im Militär schärfte das Bewußtsein aller Frauen für die Frage der Gleichberechtigung der Frau im öffentlichen Leben und stärkte das Gefühl, einen berechtigten Anspruch darauf zu haben. Gleichzeitig konnten sich die Frauen beim Anblick von Geschlechtsgenossinnen in Uniform auf

einmal vorstellen, was bisher unvorstellbar gewesen war: daß sie bei anderen Menschen nicht nur Liebe und Sympathie, sondern auch Respekt, ja sogar Angst hervorrufen konnten.
Die Medien mußten natürlich positiv über den Kriegseinsatz der Soldatinnen berichten, weil die Nation auf sie angewiesen war. Zur Verbesserung des Images der Frauen trug jedoch nicht nur der respektvolle Ton der Berichterstattung bei, sondern auch die Sachlichkeit, mit der die Soldatinnen selbst über ihre Arbeit sprachen. Solche Eindrücke paßten nicht mehr zu dem bisher gängigen Klischee, nach dem eine Frau, die anderen körperlichen Schaden zufügt, entweder eine Heilige oder eine Teufelin ist, eine Jeanne d'Arc oder eine Medea, mit der sich andere Frauen unmöglich identifizieren können. Die Soldatinnen wurden nicht nur beim Kampfeinsatz gezeigt, sondern auch zu Hause im Kreis der Familie. Dort nahmen die heimkehrenden Kämpferinnen ihre Kinder in den Arm und wurden von liebenden Gatten begrüßt. Sie waren keine Ungeheuer. Diese Offenbarung ließ Frauen auch politisch bislang Undenkbares denken.
Eines dieser Bilder zierte den Umschlag der Zeitschrift *Life*. Eine sommersprossige rotblonde Soldatin lächelt fröhlich in die Kamera; im Kampfanzug sieht sie etwas klobig, aber trotzdem attraktiv aus; im Arm hält sie ein Maschinengewehr. Mit einem Mal war eine blonde Scharfschützin vorstellbar geworden, und die Vorstellung schien nicht einmal besonders aufregend. Eine Frau, die Bomben abwarf und Bodentruppen befehligte, blieb trotzdem eine Frau. Nach Dienstschluß stand sie wie alle anderen Muttis mit ihren Kindern an der Kasse im Supermarkt an. Was diese Frau konnte, konnten die anderen Frauen doch sicher auch?
Ein zweites Bild stammt von den Anhörungen zu Clarence Thomas. Anita Hill sitzt ihren Befragern ruhig und selbstbewußt gegenüber, sie beherrscht das Instrumentarium der Herrschenden. Sie »spielt nicht Opfer«, weint nicht oder berichtet von ihrem verpfuschten Leben. Das war entscheidend. Denn nicht Bilder von Opfern haben zum Aktivismus des Jahres 1992 geführt. Sol-

che Bilder begegnen uns täglich tausende Male. Sie zeigen die Geschichte unseres Lebens, und wir kennen sie in- und auswendig; sie hätten uns nicht aus unserer Lethargie gerissen. Nein, die Bilder, die uns zu Taten animierten, waren Bilder aktiv handelnder Frauen.

Ein drittes Bild zeigt sieben weibliche Kongreßabgeordnete, die zielstrebig und mit Aktentaschen in der Hand die Stufen zum Kapitol hinaufsteigen; eine Frau hält einen Aktenordner in die Höhe wie Justitia ihr brennendes Schwert. Ein bewaffneter Polizist steht mit hinter dem Rücken verschränkten Armen daneben und läßt sie ungerührt passieren.

Die Frauen auf dem Bild klagen nicht wie ein griechischer Trauerchor über erlittenes Unrecht. Sie streben zielbewußt dem Ort der Konfrontation zu, dem Ort, an dem die wichtigsten Entscheidungen des Landes getroffen werden. Sie sind keine Opfer, sie sind Parlamentarierinnen.

Das vierte Bild, das die Wiedergeburt des Feminismus markiert, ist das Bild ungeschönter und eindeutiger Rache und stammt aus einer ganz anderen Welt. Es ist eine grob gezeichnete, ganz offensichtlich in aller Eile hingeworfene Skizze, eine Anzeige der Organisation Black Women in Defense of Themselves. Abgebildet ist ein siebenköpfiges Gremium von Frauen, das über Clarence Thomas zu Gericht sitzt. Thomas sitzt allein auf der Anklagebank und blickt zu seinen Richterinnen hinauf. Machen wir uns nichts vor: Hier geht es nicht um ein braves Verfahren nach demokratischen Spielregeln. Denn dann hätten höchstens fünf Frauen über Clarence Thomas zu Gericht sitzen dürfen. Es handelt sich um eine Rachephantasie, und der Täter soll fühlen, was das Opfer gefühlt hat.

Dieses Verlangen nach Rache führte aus der Erstarrung und Depression heraus und war ein erster Schritt zur Heilung. Das Bild der sieben Richterinnen drückte aus, was viele Frauen unbewußt gefühlt hatten. Alle Frauen, besonders aber die überarbeiteten, unterbezahlten und gestreßten Frauen, brauchen positive Anstöße zur Veränderung ihrer Situation. Die neuen Bilder zeigten Frauen

nicht mehr in der üblichen Opferrolle, sondern operierten öffentlich mit Symbolen politischer Rache und trugen damit zu einer weiteren Verschärfung der Situation bei.
Nach den Anhörungen im Fall Hill gegen Thomas zückten Frauen ihre Scheckbücher und setzten ihre finanziellen Mittel ein, um sich an den Männern zu rächen. Emily's List bekam rasch Zulauf, und die Medien berichteten laufend über das Geschehen an der Frauenfront. Je mehr die Frauen darüber lasen, daß mit Spendengeldern erneut einer Frau die Kandidatur ermöglicht werden konnte, desto mehr spendeten sie. 63000 Menschen spendeten jeweils bis zu 100 Dollar und machten aus der Frauenlobby eine eindrucksvolle Stimme aller Frauen. Zum ersten Mal in der Geschichte von Frauen spielte ihr Geld im öffentlichen Leben eine Rolle, eine aufregende Rolle. Frauen genossen es auf einmal, den männlichen Parlamentariern ihre Macht zu demonstrieren. Zum ersten Mal lernten sie, daß sie mit Geld tatsächlich etwas verändern und ihren Willen durchsetzen konnten. Sie lernten, daß Geld sie als Frauen stärkte und nicht etwa geschlechtslos machte. Sie lernten, daß sie das Geld nach ihrem Belieben einsetzen konnten. Sie brauchten nicht viel Geld, und sie brauchten nicht das Geld der Männer. Sie mußten lediglich ihr Geld zusammenlegen. Immer mehr Frauen machten diese Erfahrung, und das stachelte sie noch mehr dazu an, Geld zu spenden, denn sie wußten, daß sie damit ins Mark des Gegners treffen konnten. Sie genossen es, sich wie die Königin von Saba zu gebärden.
Und dann spürten sie den Triumph des Sieges und konnten gar nicht genug davon bekommen. Die neugewonnene Macht verhalf ihnen mit einem Schlag zu einer ganzen Reihe von Siegen, die durch »Diskussionen«, »Erziehung« und »veränderte soziale Wahrnehmung« erst in hundert Jahren errungen worden wären.
Zur Untersuchung der Anklagen gegen Senator Packwood richtete der Senat einen eigenen Untersuchungsausschuß ein, in dem auch Patty Murphy saß, eine der Frauen, die aufgrund des Anita-Hill-Effekts Einzug ins Parlament gehalten hatten. Wie im Diana-

Mythos dargestellt, wurde der Jäger zum Gejagten. Überall im Land waren die Hunde los.
Rache, Geld und Sieg: Die drei Prinzipien vermischten sich, Frauen entdeckten zum ersten Mal den direkten Zusammenhang zwischen Taten und deren Folgen, zwischen ihrer Opferrolle und ihrer Macht, diese Rolle abzulegen, ja sogar für erlittenes Unrecht Rache zu nehmen.

2. TEIL

Die Entfremdung der Frauen vom Feminismus

Stimmen der Entfremdung

»Sie glauben, wir hassen Männer und sind gegen Sex.«
»Feminismus ist für viele gleichbedeutend mit der Abkehr von der Heterosexualität. Die Leute glauben, Feministinnen sind lesbisch.«
»Ich habe ein sehr negatives Bild von Feministinnen – Frauen, die Männer hassen und ihnen mit Gewalt begegnen. Daß man gegen Sexismus sein kann, ohne gleichzeitig die Männer zu hassen – davon hatte ich nie gehört.«
»Mary Daly [eine feministische Theologin] verletzte unsere Gefühle, als sie hier sprach. Sie war zornig und schroff, und ihre Witze gingen fast alle gegen das andere Geschlecht. Als Frau, die Männer nicht pauschal verurteilen will, hatte ich das Gefühl, vor eine Entscheidung gestellt zu sein. Als ob sie sagte: ›Wenn du nicht auf meiner Seite stehst, bist du auch keine Feministin und verkörperst für mich all das, was uns Frauen das Leben schwermacht.‹ Ich dachte, so geht es doch nicht. Ich bin eine starke, tüchtige Frau. Aber ich hasse die Männer nicht.«
»Unsere ganze Generation hat keine Beziehung zum Feminismus. Der Feminismus kennt nur Extreme – wer an Feminismus denkt, denkt zwangsläufig auch an Extreme. Deshalb identifizieren wir uns nicht mit ihm, auch wenn wir alle positiven Seiten berücksichtigen.«
»Meine Freundinnen sagen, ich sei keine Feministin. Feminismus ist für sie die Umkehrung des Geschlechtervorurteils gegen Frauen – Feministinnen sind also Frauen, die Vorurteile gegen Männer haben.«
»Selbst Frauen, die aktiv für die Gleichberechtigung eintreten,

werden nicht Mitglied der Bewegung, weil sie nicht mit dem negativen Image des Feminismus identifiziert werden wollen.«
»Ich möchte kämpfen, aber keine Hexe sein.«
Diese Äußerungen junger Frauen bestätigen Meinungsumfragen, nach denen die Frauenbewegung inzwischen einen geradezu unglaublich schlechten Ruf hat. So sehr die Frauen auch die ersten tiefgreifenden Veränderungen begrüßen, sehen sie sich doch mit einer gewaltigen Hürde konfrontiert: Mit dem wachsenden Bewußtsein ihrer Macht wird ihnen klar, daß ihr Verhältnis zur eigenen politischen Bewegung empfindlich gestört ist.
Susan Faludi schildert in ihrem Buch *Die Männer schlagen zurück,* wie Vertreter frauenfeindlicher Strömungen Frauen davon zu überzeugen suchen, daß die Ziele des Feminismus nicht erstrebenswert seien. Doch auch viele von diesen Zielen überzeugte Frauen gelangten zur selben Zeit durch innerhalb und außerhalb der Bewegung begründete Umstände zu der Überzeugung, daß sie sich mit der Bewegung nicht identifizieren konnten. Christine Bellini, 28jährige Sekretärin einer Fahrstuhlfabrik, brachte die Entfremdung vieler Frauen gegenüber einer Bewegung, die ihre eigenen Rechte sichern sollte, in einem Brief auf den Punkt.
In ihrer Stadt, schreibt sie, gebe es eine starke »linke Feministinnengruppe, die in vielen Organisationen tonangebend ist ... Meiner Meinung nach sabotiert diese Gruppe aber auch die Arbeit dieser Organisationen, die sich für das Recht auf Abtreibung, für Homosexuelle oder für Frauen allgemein eingesetzt haben. Es ist schwer, die Frauen zu mobilisieren, wenn einige, vor allem linke Frauen eben die Minderheiten, die sie angeblich unterstützen, mit so viel Kritik und Feindseligkeit überhäufen. In dieser Stadt sehen sich viele überzeugte Feministinnen aus der Mittelschicht zwischen zwei Lagern stehen: Es scheint, als hätten Frauen nur die Wahl, sich entweder nach links zu orientieren, wo Männer abgelehnt und ignoriert werden, oder nach rechts, wo alle Gedanken um Geld und Karriere des Ehemanns kreisen. Viele meiner Freunde und auch ich haben versucht, Gruppen und Organisationen

ausfindig zu machen, die nicht die Entfremdung der Geschlechter voneinander wollen, sondern ein besseres gegenseitiges Verständnis …

Die Aktionen der linken Feministinnen laufen immer nach demselben Schema ab – man kritisiert und schießt sich auf die Opfer ein. Fast nie geht es um Lösungen oder konstruktive Kritik. Viele Frauen reagieren auf die so vermittelte negative Grundeinstellung mit Ablehnung und Verwirrung.

Ich glaube, die mangelnde Bereitschaft der Frauen zur Verantwortung für ihre Aktionen und Gefühle ist der Hauptgrund dafür, daß der Feminismus bisher noch nicht so erfolgreich ist, wie er sein könnte. Ich weiß, daß manche Frauen tatsächlich noch nicht in der Lage sind, sich für die Frauenbewegung zu engagieren (zum Beispiel Frauen, die von ihren Männern mißhandelt werden), aber Frauen, die dazu imstande wären, lassen sich zu sehr in eine bestimmte politische Richtung drängen und schwächen so ihr Engagement.«

Eine Begebenheit aus dem Jahr 1991 in einem Hörsaal in Toronto veranschaulicht diese Spannungen zwischen Frauen innerhalb und außerhalb der feministischen Bewegung. Die Konfrontation entzündete sich an der Frage nach dem Stellenwert der beiden Eckpfeiler weiblicher Selbstbestimmung: Sex und Geld.

Nachdem ich einen Vortrag gehalten hatte, fragten mich Mitglieder der örtlichen Feministinnengruppe mit spürbarer Feindschaft, mit welchem Recht ich mich als Feministin bezeichne, wenn ich im Auftrag einer Organisation Vorträge halte, die auch einen Kurs für Männer zum Thema »Wie man eine Frau jedesmal glücklich machen kann« finanziere. Auf meine Antwort, daß ich besagten Kurs eher als Sieg für die Frauenbewegung verbuchen würde, spaltete sich meine Zuhörerschaft rasch in zwei Gruppen. Eine kleinere Gruppe griff mich heftig an, die meisten anderen Frauen reagierten darauf mit zunehmender Distanzierung. Eine Frau der kleineren Gruppe meinte anklagend, mein Agent kassiere Geld für Kassetten mit meinen Vorträgen, da eine kostenlose Verteilung

nicht mit meinem »Marktwert« in Einklang zu bringen sei. Ich antwortete, die Arbeit jeder Frau habe einen Marktwert und es sei ja gerade eines der Ziele der Frauenbewegung, den »Marktwert« aller Frauen zu erhöhen, damit sie eigenes Geld verdienen und ihr Leben mit diesem Geld gestalten könnten.
Daraufhin spaltete sich meine Zuhörerschaft noch deutlicher. Es war das erste Mal, daß ich den tiefen Groll der Mehrheit der Frauen gegenüber dem doktrinären Feminismus miterlebte. Der »Insider«-Feminismus schien für die »Mehrheits«-Frauen geradezu ein Reizmittel. Sie traten vehement für das Recht der Frauen auf eigenes Geld und privates Vergnügen mit Männern ein, ohne ihr Tun vor einem Kader von »Schwestern« rechtfertigen zu müssen. »Haben wir denn das Recht, einander in den Geldbeutel zu schauen?« fragte eine Frau der größeren Gruppe. »Soll das den Frauen zu mehr Einfluß verhelfen?« Im Gegensatz dazu schien die kleinere Gruppe der Auffassung, man sei keine Feministin, wenn man nicht alles, was mit Sex und Geld zu tun habe, auch guten Gewissens vor seinen Mitstreiterinnen vertreten könne. Allen war klar, daß wir einen entscheidenden Nerv getroffen hatten. Rückblickend überrascht es nicht, daß gerade Themen wie das Recht auf Sex und das Recht auf Geld die Spaltung zwischen den Mehrheits-Frauen und den Insidern der Bewegung offenbarten. Denn beide Male geht es um Frauen, die eigenverantwortlich handeln und ihr Leben nach eigenen Vorstellungen einrichten. Ein solches Frauenbild des Power-Feminismus aber widerspricht dem Frauenbild des Opfer-Feminismus der kleineren Gruppe, dem zufolge wirkliche Feministinnen zugunsten der ideologischen Forderungen einer kollektiven Identität auf Macht und Vergnügen verzichten müssen.
Dabei wird deutlich, daß die meisten Frauen die Ziele des Feminismus unterstützen, Feministinnen jedoch nicht ausstehen können. Was hat uns in eine solche Sackgasse geführt?

Die Ursachen

Viele Faktoren haben zu dieser Entfremdung zwischen den Frauen der Mehrheit und den Feministinnen beigetragen, deren Name schon bald zum Schimpfwort wurde. Zu nennen wäre einmal das Gedankengut, das in den sechziger Jahren von der revolutionären Linken übernommen wurde und das inzwischen überholt war. Dazu kam zweitens die Hetzjagd auf Lesben, die zu der weitverbreiteten Auffassung führte, Feminismus sei gleichbedeutend mit lesbischer Veranlagung und damit familienfeindlich und gegen Hausfrauen. Ein dritter Faktor war die Unterdrückung am Arbeitsplatz; als die Frauen Anfang der siebziger Jahre in großer Zahl begannen, in Betrieben zu arbeiten, mußten sie sich bald vom Feminismus distanzieren, um beruflich weiterzukommen oder auch nur ihre Stellung halten zu können. Viertens wurde die Entfremdung verstärkt durch die selektive, verfälschende Berichterstattung der Medien; sie bewirkte, daß der Feminismus entweder gar nicht in der öffentlichen Diskussion auftauchte oder nur in verzerrter Form dargestellt wurde. Weder konnten also berufstätige Frauen am Arbeitsplatz offen über den Feminismus reden, noch konnten Feministinnen sich in den Medien angemessen über die Situation der amerikanischen Frauen äußern. Dazu kamen fünftens die feindselige Haltung einiger Feministinnen gegenüber den wichtigsten Medien und sechstens die Tendenz, sich auf Randthemen zu beschränken und nur die eigenen Mitglieder anzusprechen, was zu einer wachsenden Abschottung nach außen führte. Der Hang zum Marginalen wurde siebtens verstärkt durch die Veröffentlichung einiger Thesen, die auf dem Papier plausibel wirken mochten, von den meisten Frauen aber gefühlsmäßig abgelehnt und bisweilen als absurd empfunden wurden (etwa: »Alle Männer sind Tyrannen«, »Geschlechtsverkehr ist Vergewaltigung«, »Alle Frauen, die Frauen mögen, sind lesbisch«, »Geschlecht ist eine soziale Fiktion«). Solche Thesen und Theorien, die nicht öffentlich diskutiert werden konnten, wurden achtens zu starren Verboten, die der intellektuellen Glaubwürdigkeit der Bewegung zum Nachteil gereichten und den Zustrom an neuen Mitgliedern verringerten. Neuntens erfolgte eine erneute Verlagerung der Themen der Frauenbewegung aus den Medien an die Universitäten zurück, wo sich eine für Außenstehende zunehmend unverständliche Terminologie entwickelte. Zehntens machte sich die Vorstellung breit, unter Feminismus sei eine auf weiße Frauen beschränkte Bewegung der Mittelschicht zu verstehen. Insgesamt trugen diese Faktoren dazu bei, daß die Millionen amerikanischer Frauen und Männer, die für die Rechte der Frauen eintraten, und die viel kleinere Subkultur feministischer Insider in den Jahren des beginnenden Kampfes um die Gleichberechtigung feststellen mußten, daß sie trotz der gemeinsamen Ziele eine ganz verschiedene Sprache hatten.

Die Linksradikalen der sechziger Jahre

Eine zahlenmäßig schwache, aber einflußreiche Strömung innerhalb des Feminismus ging aus der revolutionären, von Männern geprägten maoistischen Linken der sechziger Jahre hervor. Einige aus der Mittelschicht stammende, überwiegend weiße Männer priesen in dieser kurzen, faszinierenden Zeit den Kollektivismus, brachten ihre Verachtung gegenüber Kapital in jeglicher Form und der »Kapitulation« vor dem wirtschaftlichen Fortschritt zum Ausdruck, proklamierten Selbstaufopferung und bestanden auf doktrinären Richtlinien. Obwohl die meisten Anhänger dieser Strömung sich inzwischen weiterentwickelt haben und, im günstigsten Fall, auf realistischere, konstruktivere Weise am sozialen Wandel mitarbeiten und obwohl selbst Kommunisten diese Weltanschauung nicht mehr besonders revolutionär oder hilfreich finden, haben diese Werte teilweise in die sich formierende Frauenbewegung Eingang gefunden. Die Frauenbewegung hat sie wie die abgelegten Spielsachen eines älteren Bruders übernommen. In ihr sind die alten Spielregeln eines marxistischen »revolutionären« Verhaltens immer noch rudimentär vorhanden, lange nachdem andere, darunter überzeugte Marxisten, aufgehört haben, sich an ihnen zu orientieren.

Marxistische Analysen waren bei der Verknüpfung von Themen wie Geschlecht, Geld und Macht äußerst hilfreich, und die Kultur des Marxismus konnte den alten, hartnäckig sich behauptenden Vorstellungen von Weiblichkeit eine politische, ja sogar radikale Färbung verleihen. Daher kommen die für den Opfer-Feminismus charakteristische Verherrlichung dessen, was »subversiv« ist, »am Rand der Gesellschaft steht«, »aus dem Untergrund stammt« oder einfach nur schlecht bezahlt ist, und die Verachtung der großen Medien, der Geschäftsfrau und des weiblichen Individualismus. Diese heute fast überall auf der Welt überholten Vorstellungen sind ein unsinniger Ballast in einer Zeit, in der wir aufgefordert sind, Verantwortung zu übernehmen und unsere Macht beherzt für einen Umschwung einzusetzen.

Hetzjagd auf Lesben

Viele Frauen antworten auf die Frage, warum sie sich nicht als Feministinnen bezeichnen, daß sie nicht für Lesben gehalten werden wollen und daß für die Mehrheit der Bevölkerung »Feministin« und »Lesbe« inzwischen gleichbedeutend seien. Feministische Aktivistinnen neigen dazu, dies als Vorurteil gegen Lesben abzutun, und sie betrachten die Entfremdung dieser Frauen vom Feminismus nicht als Verlust. Aber wenn wir uns genauer ansehen, wie die Hetze gegen Lesben dazu benutzt wird, Frauen vom

Feminismus zu entfremden, und wovor solche Frauen wirklich Angst haben, erkennen wir, daß wir es hier mit einem sehr komplexen Problem zu tun haben.
Seit Frauen um ihre Befreiung kämpfen, versucht die Opposition sie mit dem Hinweis auf ihre angeblich »abnorme« oder »perverse« Sexualität zurückzudrängen. Gegner des Feminismus unterstellen, daß Frauen, die um mehr Mitsprache im öffentlichen Leben kämpfen, lesbisch sind. Es verwundert daher nicht, daß der Vorwurf des Lesbentums immer dann verstärkt laut wurde, wenn Frauen einen neuen Vorstoß machten. »Frauen, die nicht auf ›ihrem‹ Platz bleiben wollten, wurden als maskulin verschrien«, schreibt die Historikerin Lillian Faderman. »Sie waren anormal, d. h. lesbisch. Nicht nur in den Vereinigten Staaten und England, auch in Deutschland und Frankreich wurde der Feminismus mit ›sexueller Abnormität‹ in Zusammenhang gebracht.«[1]
In England behauptete Edward Carpenter im Jahr 1911, Frauen, die die Frauenbewegung unterstützten, seien nicht normal, hätten einen nur kümmerlich ausgeprägten Mutterinstinkt und seien von ihrer Veranlagung her »männlich« und lesbisch. Der amerikanische Psychiater William Lee Howard schrieb einen Roman mit dem Titel *The Perverts,* in dem sich Feminismus, Lesbentum und eine degenerierte Moral zu einer »Psychose« verbinden. »Die von männlichen Unabhängigkeitswünschen besessene Frau« und »das abscheulich asoziale Wesen, die weibliche Perverse« sind, so Howard, »letztlich nichts anderes als verschiedene Ausprägungen desselben Phänomens der Degeneration.« In den zwanziger Jahren wurde es dann üblich, Lesbentum, Feminismus und »Degeneration« in einem Atemzug zu nennen. Der deutsche Arzt E. F. W. Eberhard schrieb 1927, der Feminismus unter Führung von »Mannweibern« bezwecke nichts weniger als die Zerstörung der Zivilisation und das Lesbentum diene ihm als Mittel zu diesem Zweck.[2] Eberhard behauptete, die lesbischen Anführerinnen würden junge Mädchen zum Feminismus bekehren, indem sie sie verführten.

Lillian Faderman weist darauf hin, daß die Gleichsetzung von Feminismus und Lesbentum deshalb so entschieden propagiert wurde, weil der Feminismus in England damals verstärkt auf Konfrontationskurs ging und Erfolge verbuchen konnte. »Den Antifeministen und -feministinnen war jedes Mittel recht, das die Frauen von der Bewegung fernhielt: Feministinnen mit dem, was die Experten als Krankheit bezeichneten, in Zusammenhang zu bringen, war sicher ein ausgezeichnetes Mittel, um ihr Ziel zu erreichen.«[3]

Während der zwanziger und dreißiger Jahre wiesen Kritiker immer wieder darauf hin, daß Frauenuniversitäten mit Sportprogrammen und feministischen Studieninhalten bei Frauen zu »lebenslanger Homosexualität« führen könnten. In den vierziger Jahren erschien der Bestseller *Modern Woman: The Lost Sex.* Die antifeministische Schmähschrift wurde zur Bibel aller Antifeministen, welche die Frauen, die in den Kriegsjahren Unabhängigkeit genossen und in der Kriegswirtschaft gute Verdienstmöglichkeiten gehabt hatten, wieder an Heim und Herd binden wollten. Lundberg und Farnham bezeichneten den Feminismus als »Ausdruck einer emotionalen Krankheit, einer Neurose ... Kern einer schweren Krankheit.«[4] Die Gleichsetzung von Feminismus und »Abnormität« verstärkte den in den fünfziger Jahren einsetzenden Rückzug der Frauen in die häusliche Sphäre und war zweifelsohne für die Angst vor dem Lesbentum verantwortlich, die sich etwa in Betty Friedans bahnbrechendem Buch *Der Weiblichkeitswahn* so störend bemerkbar macht.

Es verwundert nicht, daß diese bewährte Taktik in den siebziger Jahren im Kampf gegen die zweite Welle des Feminismus wieder eingesetzt wurde. Lillian Faderman verweist darauf, daß die Zeitschrift *Time* 1970 Kate Millett als bisexuell »ächtete« und in einem Artikel mit dem Titel *Women's Lib: A Second Look* die »Reife, Moral und Sexualität« von Feministinnen in Frage stellte. In dem Artikel hieß es weiter, Kate Milletts Bisexualität werfe ein zweifelhaftes Licht auf ihre Theorien und bestärke Skeptiker, die

Feministinnen schon immer für Lesben gehalten hätten, in ihrer Ansicht.

Genausowenig überrascht es, daß sich all dies heute, rund zwanzig Jahre später, erneut wiederholt. In einer Titelgeschichte der *New York Times,* die als »Feature« über die Präsidentin der Frauenrechtsorganisation NOW Patricia Ireland getarnt war, wimmelt es von Anspielungen auf die angebliche Bisexualität Patricia Irelands. Jane Gross zitiert Beverley LaHaye, die Präsidentin der konservativen Gruppe von Abtreibungsgegnerinnen Concerned Women for America, mit dem markigen Spruch: »NOW ist eine militante Randgruppe, die sich hauptsächlich für mehr Rechte von Lesben einsetzt, ein Anliegen, das der Mehrheit der Frauen fremd ist.«[5] Natürlich hat Beverly LaHaye ein Recht auf ihre Meinung, aber Jane Gross wird in der Folge noch ausfallender, wenn sie von »lesbischen Kohorten« spricht wie von der »gelben Gefahr« oder den »Barbaren vor den Toren«. Man bekommt den Eindruck, die »lesbischen Kohorten« könnten jeden Augenblick in wildes Geschrei ausbrechen, mit glitzernden Nasenringen durch die Straßen jagen und gesetzesfürchtigen Passanten das Leben schwermachen. »Viele der jüngeren heterosexuellen Frauen klagen, es sei ihnen aufgrund der verbreiteten Gleichsetzung von Feminismus und Lesbentum nicht möglich, Frauen für die Bewegung zu gewinnen«, erklärte ein ungenanntes Mitglied von NOW. »Das ist ein explosives Problem! Es muß sowohl innerhalb unserer Gruppen als auch in der Öffentlichkeit angegangen werden.«

Feministinnen reagieren auf dieses Problem verschieden. Ein Teil schließt sich den Angriffen auf Lesben an. Einige heterosexuelle Frauen versuchen, den Feminismus zu retten, indem sie sich öffentlich von Lesben und Lesbentum distanzieren. Damit entgehen sie zwar dem gesellschaftlichen Stigma, spielen letztlich aber nur der Opposition in die Hände, weil sie sich von ihr die Spielregeln aufzwingen lassen. Betty Friedan etwa versuchte Anfang der siebziger Jahre, die sogenannte »lila Gefahr« aus der Frauenorganisation NOW zu verbannen, was zu einer Kluft innerhalb der Bewegung führte, die noch nicht überwunden ist. Betty Friedan bedauert dies heute.

Heterosexuelle Frauen, die das sehr reale Problem der Gleichsetzung von Feminismus und Lesbentum dadurch zu lösen versuchen, daß sie sich öffentlich von Lesben absetzen, haben die oberste Handlungsmaxime der Opposition nicht begriffen. Die Opposition handelt nicht rational. Wenn eine heterosexuelle Frau auf die Lesben-Hatz der Opposition mit noch stärkeren Angriffen auf Lesben reagiert, unterstützt sie die Behauptung der Opposition, die sexuellen Vorlieben einer Frau könnten die Politik dieser Frau diskreditieren. Wer das erst einmal akzeptiert hat, hat seine sexuelle Selbstbestimmung aufgegeben. Toleranz gegenüber anderen ist die beste Garantie der eigenen Selbstbestimmung. Wir mögen uns zwar vorübergehend mit der Vorstellung beruhigen, daß die Opposition ja Heterosexualität gegenüber Homosexualität oder Bisexualität bevorzugt, aber selbstbestimmte heterosexuelle Frauen findet die Opposition im Vergleich zu Frauen unter ihrer Kontrolle gar nicht »nett«. Die Opposition wird sich nicht damit zufriedengeben, daß wir Lesben oder Bisexuelle den Wölfen zum Fraß vorwerfen. Die Wölfe werden dadurch nur hungriger. Sie werden schließlich vor Jane Gross' oder deiner oder meiner Haustür heulen, begierig, sich in unser Sexualleben einzumischen und uns weiterhin zu unterdrücken.

Die zweite Reaktion heterosexueller Frauen auf die Hetze gegen die Lesben ist die Identifikation mit ihnen. Gloria Steinem sagt, daß sie auf Fragen von Reportern nach ihrer eigenen Sexualität ganz bewußt keine klare Antwort gibt. Auf einer Versammlung in New York trugen sämtliche anwesenden Frauen als Zeichen ihrer Solidarität mit Lesben ein lila Armband. »Wir lassen uns so lange als Lesben bezeichnen, bis es kein Stigma mehr ist, wenn Frauen Frauen lieben«, hieß es in ihrer Resolution. Die Historikerin Lillian Faderman schreibt etwas zu optimistisch: »Jetzt, nachdem dieser Anschlag auf den Feminismus abgewehrt ist, kann der Feminismus ungehindert voranschreiten.«

Doch trotz der guten Absicht ist das Problem damit nicht gelöst. Die symbolische Vereinigung unter dem Banner des Lesbentums ist zwar kurzfristig ein geschickter Schachzug, führt jedoch letztlich dazu, daß Frauen nach wie vor nicht selbstbestimmt agieren, sondern reagieren. Und sie hat dazu geführt, daß viele heterosexuelle Frauen der Bewegung fernbleiben, nicht aus dumpfer Abneigung gegen lesbische Frauen, sondern weil sie die berechtigte Sorge haben, daß ihre eigene sexuelle Identität und ihre Belange nicht vom Feminismus vertreten werden können, wenn »Feminismus« und »Lesbentum« dasselbe bedeuten. Eine Neudefinition ihrer heterosexuellen Identität aber ist für das Selbstwertgefühl heterosexueller Frauen mindestens genauso wichtig wie eine lesbische Identität für die Lesben.
Dazu kommt, daß zwar alle Frauen das Recht haben sollten, sich zu ihrer Sexualität zu bekennen, dies aber für Frauen aus der Oberschicht und in größeren Städten mit weit weniger Nachteilen verbunden ist als etwa für Frauen auf dem Land. Wenn selbst wirkliche Lesben in kleineren Gemeinden es oft aus wirtschaftlichen Erwägungen vorziehen, sich nicht als solche zu erkennen zu geben, dann ist es unrealistisch und elitär, wenn Frauenrechtlerinnen von heterosexuellen Frauen in kleinen Gemeinden erwarten, sich öffentlich als Lesben zu bezeichnen. Viele Weiße bekennen sich öffentlich und aufrichtig zu den Zielen der Bürgerrechtsbewegung, aber ihre Zahl würde wahrscheinlich schnell zurückgehen, wenn damit verbunden wäre, daß sie selbst wie Angehörige einer Minderheitengruppe behandelt würden. Viele Frauen lassen sich von der Hetze gegen Lesben abschrecken, auch wenn sie selbst nichts gegen die Liebe zwischen Frauen einzuwenden haben. Sie haben Angst, daß auch sie unter dem Haß gegen Lesben leiden müssen.
Die Verteufelung von Lesben hat die Mehrheit der Frauen einer Bewegung entfremdet, die sich schwer damit tut, offen zu sagen, daß sie alle Formen der Sexualität als gleichrangig anerkennt und daher Heterosexualität, Ehe und Familie genauso achtet wie Ho-

mosexualität. Anfang der siebziger Jahre hatte der Feminismus eine kurze, psychologisch notwendige, aber zu Recht nur vorübergehende Phase durchgemacht, in der Mutterschaft und Hausfrauendasein kritisiert wurden und Slogans kursierten wie »Eine Frau ohne Mann ist wie ein Fisch ohne Fahrrad«. Diese Haltung wurde von den Massenmedien auch noch verbreitet, als sie bei den meisten Feministinnen schon längst nicht mehr populär war. Die Darstellungen in der Presse hinterließen bei vielen Frauen den Eindruck, der Feminismus sei immer noch gegen Hausfrauen und gegen die Familie, und das schreckte viele Frauen aus der Arbeiterklasse ab, vor allem Frauen aus Südamerika und schwarze Amerikanerinnen.

Zensur am Arbeitsplatz

Beim Eintritt in die Arbeitswelt entdeckten die berufstätigen Frauen, daß sie nicht offen über den Feminismus sprechen konnten, weil sie sonst Gefahr liefen, ihren Arbeitsplatz zu verlieren. Dies schuf von Anfang an eine gewisse Distanz zum Feminismus. Anders ausgedrückt, die Frauen standen vor der Wahl: Bekenntnis zur Frauenbewegung oder berufliche Karriere. Dagegen konnten die Mitglieder der zweiten Welle der feministischen Bewegung in den sechziger Jahren, darunter viele Weiße aus der Mittelschicht, durch unüberhörbare feministische Forderungen nur gewinnen und hatten aus wirtschaftlicher Sicht vergleichsweise wenig zu verlieren. Sie waren Außenseiter, die lautstark den Zutritt zu einer expandierenden, um ihre Dienste buhlenden Wirtschaft forderten. Der Arbeitsplatz, der den Frauen zu wirtschaftlicher Unabhängigkeit verhalf, verdammte sie gleichzeitig zu politischer Ohnmacht. Während die Scheidungsraten sprunghaft in die Höhe schnellten und Frauen, besonders alleinstehende oder geschiedene Mütter, zu »neuen Armen« wurden, übten dieselben Institutionen, zu denen die Bewegung den Frauen Zutritt verschafft hatte, Druck auf die Frauen aus und ließen sie verstummen. Die Außenseiter von einst wurden zu »Insidern«, die angesichts einer weltweiten Rezession heftig miteinander konkurrierten. Die Frauen, denen es gelang, sich hochzuarbeiten, wurden im Kampf um die wenigen »Alibi«-Positionen an der Spitze gegeneinander ausgespielt. Die Maxime »schwesterlicher« Gefühle gegenüber anderen Frauen, die einem den besser bezahlten Job wegschnappen wollten, leuchtete immer weniger ein, und das Bekenntnis zum Feminismus schien dem beruflichen Selbstmord gleichzukommen. Wie Medienberaterin Nancy Woodhull sagte: »In den sechziger Jahren konnten wir versuchen, das Boot zum Kentern zu bringen, weil wir nicht drin saßen. Jetzt sitzen wir drin, aber am Rand.« Der drohende Verlust der Existenzgrundlage bringt die Menschen so wirksam zum Schweigen wie ein Gesetz. Um die Revolution der Frauen zum Stillstand zu bringen, befand die amerikanische Gesellschaft, brauchte man ihnen nur etwas zu geben, das sie verlieren konnten.

Die ökonomische Zensur betraf nicht nur die Frauen der typischen Frauenberufe. Im Gegenteil: Je höher eine Frau aufstieg, desto größer wurde die Belohnung für ihre Distanzierung vom Feminismus und desto härter die Strafe für dessen Bejahung. Bei den Vereinten Nationen arbeitende Frauen durften trotz ihrer Zugehörigkeit zu einer Organisation, die auf der ganzen Welt für Gerechtigkeit und gegen den Mißbrauch von Menschenrechten kämpfte, nicht über sexuelle Belästigungen sprechen. »Es war für die Frauen hier politisch nie klug, auf Mißstände hinzuweisen«, sagte die Präsidentin der UN-Frauenorganisation Cecile Gross 1992 gegenüber einem Reporter. »In der Vergangenheit wurden Frauen, die sich beschwerten, gefeuert.« Ein Rechtsanwalt für die weiblichen Angestellten bei der UN warnte die Frauen, sie würden, wenn sie sich beklagten, »danach schlechter dastehen als vorher«. Sogar Lynn Martin, Arbeitsministerin unter Bush, enthüllte, sobald sie aus dem Amt ausgeschieden war, daß ihr Anfang der achtziger Jahre ein Ungleichgewicht bei den Gehältern von Männern und

Frauen im Kongreß aufgefallen sei. Als sie dem Vorsitzenden ihres Ausschusses die entsprechenden Zahlen vorlegte, warnte er sie vor Erklärungen gegenüber der Presse und der Nennung von Namen; statt dessen sollte sie abwarten. Die Vorsitzenden anderer Ausschüsse beschimpften sie, und die Untersuchung wurde auf die lange Bank geschoben. Das Vertuschen der Angelegenheit war, wie sie sagte, »ein Teil der Philosophie des Mit-dem-Strom-Schwimmens und Nicht-Aneckens, die ältere Politiker den jüngeren eindringlich nahelegten.«[6] Dr. Carolyn Heilbrun, eine beliebte Englischprofessorin an der Columbia University, verließ 1992 ihren Arbeitsplatz, da Sexismus es ihr unmöglich machte, als Feministin weiterhin ihren Beruf auszuüben: Sie hatte ihre Studentinnen davor warnen müssen, Kurse über Frauenforschung zu belegen oder bei Bewerbungen das Wort »Feminismus« zu verwenden. Die Künstlerin Fanny Adams spricht von einem ähnlichen Problem an hauptsächlich von Männern geleiteten Kunstinstituten: »Wer als Feministin gilt, gilt als schwierig.«[7] Selbst auf dem Kapitol konnten parlamentarische Referentinnen und weibliche politische Sachverständige 1992 nur hinter vorgehaltener Hand davon sprechen, wie hilflos sie sich fühlten, nicht dagegen protestieren zu können, daß an ihrem Arbeitsplatz Gesetze gegen sexuelle Belästigung, die für andere amerikanische Frauen gelten, ignoriert wurden. »Wenn ich mich wegen irgendwelcher Frauenangelegenheiten beschwere«, sagte eine Betroffene stellvertretend für andere »mächtige« Frauen im Land, »komme ich auf eine schwarze Liste. Und hier in der Stadt spricht sich das herum.«

Selbst dem Anschein nach einflußreiche Frauen sind diesen Zwängen unterworfen. Callie Khouri, Drehbuchautorin von *Thelma und Louise*, bekannte, daß sie nach ihrem Coming-out als Feministin trotz ihrer Erfolge Nachteile für ihre Karriere befürchtete. Bedauernd fügte sie hinzu, eine ganze Reihe von Frauen an der Spitze der Machtpyramide in Hollywood seien heimliche Feministinnen, die aber nicht wagten, sich allzu offen zu ihrer Meinung zu bekennen. Frauen kritisieren immer wieder anscheinend einflußreiche Geschlechtsgenossinnen in Hollywood, bei Frauenzeitschriften und in den Medien dafür, nicht mehr für das allgemeine Wohl der Frauen zu wagen. Doch diese Kritik ist kurzsichtig; ohne Mandat von unten können es sich auch scheinbar mächtige Frauen nur selten erlauben, offen zu sprechen, ohne negative wirtschaftliche Folgen befürchten zu müssen.

Sogar Politikerinnen spüren diesen Druck – selbst in Norwegen, wo die drei großen politischen Parteien von Frauen geführt werden. Berit As, eine ehemalige Parlamentarierin der Arbeiterpartei, konstatiert: »Sobald Frauen Zugang zur Macht haben, haben sie plötzlich Angst, Frauenthemen anzusprechen und von ihren männlichen Kollegen deshalb stigmatisiert zu werden; also wählen sie bewußt neutrale Themen.«[8]

Die Feministinnen fordern Frauen dazu auf, Mißstände an ihrem Arbeitsplatz zu dokumentieren und zu bekämpfen, doch dieser Erwartung liegt ein Bild des Feminismus zugrunde, in dem eigene Interessen für »die Sache« geopfert werden; schließlich haben solche Aktionen oft den Verlust des Arbeitsplatzes zur Folge. Wenn der Feminismus sich lange schwer damit tat, diesem Problem gerecht zu werden, liegt das möglicherweise daran, daß das Ideal politischer »Reinheit« seine Vertreterinnen daran hinderte zu erkennen, daß es häufig ein Luxus der Selbständigen ist, die Wahrheit über die Situation der Frauen zu sagen, daß dagegen Millionen von Frauen sich an ihrem Arbeitsplatz nicht zu ihren Anschauungen bekennen dürfen und täglich gegen ihre eigenen Moralvorstellungen verstoßen müssen, um beruflich überleben zu können.

Das Zerrbild der Medien

Mit dem neuen Aktivismus Anfang der siebziger Jahre nahmen Zerrbilder des Feminismus in den Medien überhand. Journalisten nahmen einzelne Leitfiguren unter den Feministinnen aufs Korn und schrieben abschätzig über ihr Gewicht, ihre Kleidung und ihre Sexualität.
Solche verzerrten Darstellungen waren nicht neu; sie waren schon 1848 eingesetzt worden, als in Seneca Falls eine Frauenrechtskonferenz tagte. Trotzdem verfehlten sie nicht ihre Wirkung. Wenn ich meine Zuhörerschaft um ihre Klischeevorstellung von einer Feministin bitte, höre ich die folgenden Phrasen: »behaarte Beine«, »dick«, »mittleres Alter«, »finstere Miene«, »kurze Haare«, »Gesundheitslatschen«, »großer Busen, aber von der unattraktiven Sorte«. Eine Umfrage der British Psychological Society ergab, daß die Hälfte von fünfhundert Studentinnen Feministinnen für »eingebildete Aktivistinnen«, »Männerhasserinnen« und »Lesben vom Typ Hauptfeldwebel« hielten. Die australische Schriftstellerin Deborah Rechter meint, in Australien würden junge Frauen durch Klischeebilder von Feministinnen »mit behaarten Achselhöhlen und rüdem Benehmen« abgeschreckt. Und Dr. Heilbrun sagt: »In den achtziger Jahren verlor der Feminismus die Kontrolle über sein Image.«
Ich habe von vielen jungen Frauen gehört, die mit diesen Zerrbildern aufgewachsen sind und allen Ernstes glauben, das entscheidende Erkennungsmerkmal einer Feministin sei die Körperbehaarung. »Ich bin feminin, aber keine Feministin«, sagte eine junge Frau 1989 in einem Interview. »Ich rasiere mir die Beine.« Viele

glauben auch, eine Feministin dürfe keine langen Haare haben und keinen Lippenstift benutzen und müsse Männer ablehnen. Unter Schülerinnen und Studentinnen war davon die Rede, wer sich zum Feminismus bekenne, müsse damit rechnen, auf körperliche Mängel taxiert zu werden. Junge Frauen sind in bezug auf attraktives Aussehen besonders verletzlich, und das Zerrbild von der häßlichen Feministin schreckte viele davon ab, sich auf den Feminismus überhaupt einzulassen.

In dem Maß, in dem Zerrbilder des Feminismus an Einfluß gewannen, gerieten seriöse feministische Dokumentationen in Vergessenheit. Ältere Frauen sind oft erstaunt, wie wenig jüngere Frauen von den Ereignissen der siebziger Jahre wissen. Sie übersehen dabei, daß die damalige Berichterstattung der Medien, an die sie sich so lebhaft erinnern, der Geschichte angehört. Die Ereignisse um den Aufstand der siebziger Jahre leben lediglich in beiläufigen Erwähnungen und einer Handvoll Bücher weiter, die nur wenige junge Frauen gelesen haben. Auf meine Frage, wer von meinen mehreren hundert Zuhörerinnen und Zuhörern Germaine Greer oder Betty Friedan gelesen habe, melden sich meist nicht einmal ein Dutzend. Amerikanische Studenten und Studentinnen, die auch in allgemeiner Geschichte nur wenig bewandert sind, zeigen eine noch größere Unwissenheit in bezug auf die jüngste Geschichte der Frauenbewegung. »In meinem Geschichtsbuch steht über Al Capone mehr als über die gesamte Frauenbewegung«, beklagte sich eine Studentin völlig zu Recht. Trotz der Proteste aus den Reihen der Kritiker, Feministinnen würden die Lehrpläne an sich reißen, werden in den Vereinigten Staaten 95 Prozent der Stellen an den Universitäten von Männern bekleidet (in Großbritannien 96 Prozent), und nur 162 Universitäten (in Großbritannien 16 Prozent) bieten Seminare zur Frauenforschung an.

Nach 1960 geborene Studentinnen beenden ihr Studium also ohne etwas von den Grimke-Schwestern, Sojourner Truth, Margaret Sanger und dem sechzigjährigen Kampf um das Wahlrecht gehört zu haben. Viele junge Frauen haben den Eindruck, sie seien durch den natürlichen Gang der Dinge in den Genuß ihrer gegenwärtigen Rechte gekommen und die Gesellschaft lege ihre Vorurteile gegenüber Frauen gleichsam von selbst und ohne aktiven Anstoß von seiten der Frauen ab. »Warum sich aufregen?« fragen sie oft. »Es wird doch auch so alles besser.«

Mangelnde Präsenz in den Medien

»Richten wir die Kamera auf etwas Bestimmtes, lenken wir gleichzeitig die Aufmerksamkeit von etwas anderem ab. Eine kritische Betrachtung der Medien sollte daher zuerst nach dem fragen, was nicht zu sehen ist.«[9]

Würde die Frauenbewegung nur in Geschichtsbüchern mißachtet, hätten die Frauen immer noch die Möglichkeit, zur Dokumentierung ihres sich verändernden gesellschaftlichen Status auf die modernen Medien zurückzugreifen. Doch die meisten Medien ignorieren die Frauen allgemein und die Frauenbewegung im besonderen, und das in einem für eine Demokratie beunruhigenden Ausmaß.

Wir haben einen positiven Trend festgestellt, was die Einbeziehung von Frauen in die Massenmedien betrifft. Im Vergleich dazu ist eine erstaunliche Bereitschaft der Medien zu konstatieren, die Augen sogar vor umwälzenden Ereignissen in der Geschichte der Frauen zu verschließen. Selbst im »Jahr der Frau« gelang politischen Magazinen und Fernsehshows das Kunststück, den bedeutendsten Umbruch in der Wahlgeschichte der Amerikaner mit einer Hartnäckigkeit zu ignorieren, die den Schluß nahelegt, daß ein geheimnisvoller Virus den Instinkt der Redakteure für wichtige Nachrichten lahmlegte oder sie ungerechtfertigte Vorurteile gegenüber dem anderen Geschlecht haben.

Sehen wir uns bei unserem Streifzug durch die Medienlandschaft der Umbruchsjahre zunächst das Fernsehen an. Eine von *Women, Men and Media* durchgeführte Studie aus dem Jahr 1990 fand heraus, daß an den drei kommerziellen Fernsehanstalten 85 Prozent der Nachrichten von Männern gesprochen wurden und daß in 87 Prozent der Fälle Männer Gegenstand der Nachrichten waren. 1992 hatte sich die Zahl der männlichen Nachrichtensprecher sogar noch erhöht: An den abendlichen Fernsehnachrichten waren durchschnittlich 86 Prozent männliche Korrespondenten beteiligt, und in 79 Prozent der Fälle waren Männer Thema der Berichterstattung.[10]

In einem politisch wichtigen Jahr üben Fernsehsendungen mit politischen Analysen einen enormen Einfluß aus; sie setzen anhand der Ereignisse der Woche aktuelle Trends fest. 1992 traten in der Sendung *Face the Nation* 186 Gäste auf, darunter 30 Frauen. Eine der Frauen war viermal dabei, eine andere zweimal, so daß es insgesamt nur 26 weibliche Gäste waren. In demselben historischen Jahr, in dem die Frauen den ersten demokratischen Präsidenten nach zwölf Jahren wählten, gab es 2 Sendungen über Abtreibung (beide auch mit männlichen Gästen) und eine Sendung zum Thema »Frauen in der Politik« (mit 2 männlichen Gästen). Bei anderen Shows über moralische Werte oder die Familie, in denen Frauen die Gelegenheit gehabt hätten, über die revolutionären Veränderungen im Verhältnis der Geschlechter zu sprechen, waren wenige beziehungsweise gar keine weiblichen Gäste anwesend. Zu Talk-Shows über Jugoslawien, ein Krisengebiet, in dem Massenvergewaltigungen als Teil eines geplanten Völkermordes Frauen veranlaßt haben, politisch aktiv zu werden, wurden keine Frauen eingeladen. Ohne Frauen fanden auch zwei Shows mit Analysen des Parteitags der Republikaner statt, auf dem George Bush sein Amt vor allem deshalb verspielt hatte, weil sein Programm und seine Rhetorik für jede intelligente Frau eine Provokation darstellte.

Was hatten Chefredakteure und Programmgestalter im Blick? Die Hälfte der Nation befand sich in beispiellosem politischem Aufruhr, und sie starrten wie gebannt in die falsche Richtung und verpaßten die sensationellsten Ereignisse des Jahres fast völlig.

Die Fernsehsendung *Meet the Press* war noch schlimmer. Von 118 Gästen waren 16 Frauen, wobei eine Frau sechsmal und eine andere fünfmal auftrat; in den 50 Folgen der Sendung wurden also nur 8 verschiedene Frauen eingeladen, darunter die beiden unverdrossenen Dauergäste Jeane Kirkpatrick und Phyllis Schlafly. In keiner einzigen Sendung ging es um Abtreibung, den politischen Durchbruch der Frauen, Anklagen wegen sexueller Belästigung und Vergewaltigungsprozesse, Themen, die im politischen Bewußtsein der Frauen das ganze Jahr über besonders präsent waren.

In *This Week with David Brinkley* traten 153 Gäste auf; 12 davon waren Frauen, darunter das Topmodell Iman. Themen von Sendungen, bei denen keine Frauen anwesend waren, waren Gesundheitsvorsorge, der Umweltgipfel, die Neubelebung der Innenstädte, Kriminalität und Sozialreform. Achtzehn Sendungen zur Wahl waren reine Männersendungen. In der Sendung über den Skandal von Tailhook traten eine Frau, die Senatorin Barbara Boxer, und drei Männer auf. In der Sendung über Bosnien-Herzegowina kam die weibliche Perspektive von Margaret Thatcher. In der Sendung über den nationalen Parteitag der Republikaner, auf dem Pat Buchanan und Marilyn Quayle über die Feministinnen gelästert und damit republikanische Frauen abgeschreckt und das Schiff der Republikaner zum Sinken gebracht hatten, gab es überhaupt keine weiblichen Gäste.

In den Folgen der Show *The McLaughlin Group* von 1992 ist das Muster noch auffälliger. Zwar entfielen von 178 Auftritten insgesamt 51 auf Frauen, der höchste Frauenanteil aller Shows, aber die Erklärung dafür ist einfach: Alle Auftritte wurden von derselben Frau absolviert, von Eleanor Clift. Durch die Sendungen führten 10 Experten, 9 davon Männer.

In John McLaughlins Show *One on One* traten 1992 68 Gäste auf, darunter 10 Frauen. Eine der Frauen, Mary Fisher, eine Mitarbeiterin der republikanischen Partei, war an Aids erkrankt; außerdem traten auf die Frau des Vizepräsidenten, eine Reporterin, die zu den Gerüchten über die außereheliche Affäre Bill Clintons Stellung nehmen sollte, die unermüdliche Jeane Kirkpatrick sowie die allgegenwärtige Iman, die sich unter anderem durch eine für die Lösung internationaler Konflikte besonders wichtige Eigenschaft auszeichnet: ihr fotogenes Aussehen.

Gerechterweise sei noch erwähnt, daß eine Sendung über den Feminismus ausgestrahlt wurde, in der Patricia Ireland interviewt wurde; außerdem wurde (vermutlich als Ausgleich) ein Beitrag über den Feminismus mit dem Interview eines Playboy-Kolumnisten gezeigt. Eine andere Sendung behandelte das Thema »Frauen in der Politik«, wobei eine Frau anwesend war, und schließlich stand noch ein Beitrag auf dem Programm, in dem ohne weibliche Beteiligung über Kondome für Frauen und Brustimplantate diskutiert wurde.

Bei der Presse sieht die Situation leider nur wenig besser aus. Eine von *Women, Men and Media* 1992 durchgeführte Studie zeigt, daß die Printmedien insgesamt dreimal so viele Artikel über die Frauen von Präsidentschafts- und Vizepräsidentschaftskandidaten veröffentlicht haben wie über Frauen, die sich um ein politisches Amt bewarben.[11] Im selben Jahr trugen 72 Prozent der Artikel auf den Titelseiten der Zeitungen die Namen männlicher Autoren. Von den in den Artikeln zitierten Quellen stammten wiederum 86 Prozent von Männern, und 68 Prozent der Fotos auf den Titelseiten zeigten Männer.

Die Berichterstattung über Frauen lag in den drei Nachrichtenmagazinen *Time*, *Newsweek* und *U. S. News* 1992 bei durchschnittlich 14 Prozent. Als Beispiel, auf welch bizarre Weise sich diese Diskriminierung auswirken kann, sei daran erinnert, daß amerikanische Sportlerinnen im olympischen Jahr 1992 9 Medaillen nach Hause brachten, die männlichen Athleten dagegen nur 2; trotzdem wurde fast ausschließlich über die Männer berichtet. Für Medienforscherin Junior Bridge ist dieses Ungleichgewicht erstaunlich: »Zieht man in Betracht, daß Frauen 53 Prozent der Bevölkerung des Landes und fast die Hälfte der erwerbstätigen

Lohnempfänger stellen (in großen Städten sogar 60 Prozent), dann ist schwer zu verstehen, warum sie so selten zu Kommentaren herangezogen werden oder in Nachrichten erscheinen.«[12]

Je angesehener und einflußreicher eine Zeitung ist, desto schlechter sieht es mit der Chancengleichheit aus: Die *New York Times* schnitt im Februar bei der journalistischen Präsenz von Frauen auf der Titelseite mit 8 Prozent am schlechtesten ab; nur 16 Prozent der Leitartikel erschienen unter einem weiblichen Namen. Über das Jahr verteilt waren unter dem neuen Verleger Arthur Sulzberger Jr., der sich zur Öffnung der Zeitung für die Meinungsäußerungen von Frauen bekennt, 70 Prozent der Verfasser männlich. Auch bei der *Washington Post* waren Frauen auf der Titelseite unterdurchschnittlich repräsentiert (29 Prozent), auf der Leitartikelseite schnitten sie im Vergleich zu allen anderen Zeitungen am schlechtesten ab (13 Prozent). Die Anzahl der von Frauen verfaßten Artikel bei diesen beiden wichtigsten Zeitungen liegt prozentual mit 26 Prozent bzw. 29 Prozent ebenfalls unter dem Durchschnitt.

Betrachten wir nun die wichtigsten amerikanischen Zeitschriften zu Politik und Kultur vom rechten und linken Spektrum, um festzustellen, wie sie diesem historischen Jahr gerecht wurden. Beginnen wir mit der linken Presse. *The Nation*, eines der ältesten und angesehensten politischen Magazine des Landes, das als links von der Mitte gilt, veröffentlichte 23 Prozent oder knapp über ein Fünftel seiner Artikel unter den Namen weiblicher Verfasser. Dabei handelte es sich überwiegend um Gedichte, Buch- oder Zeitschriftenrezensionen und Leserbriefe. Von 773 längeren Artikeln oder Leitartikeln stammten nur 66 von Frauen, was einem Anteil von 9 Prozent entspricht.

Harper's Magazine, eine liberale Monatszeitschrift, brachte 1992 insgesamt 158 Artikel. Vierzig Artikel, also rund 24 Prozent, wurden von Frauen verfaßt, was vielversprechend klingt, bis man entdeckt, daß 33 davon erzählerische Texte oder Gedichte sind. Von den 7 anderen Artikeln, die von Frauen verfaßt wurden, gehören

4 zu einem Abtreibungsforum, das gewissenhaft auch 4 Männer mit einbezog. Übrig bleiben 3 nicht zur Belletristik zählende Beiträge, von denen 2 von derselben Autorin Sally Tisdale sind (einer davon bricht eine Lanze für die Pornographie).

The New Republic, ein angesehenes, als gemäßigt geltendes politisches Journal mit Sitz in Washington, brachte 1992 706 Beiträge, darunter Gedichte; 97 stammten von Frauen. Unter den 97 Beiträgen weiblicher Autoren sind 8 Gedichte und 23 Buch- und Lyrikrezensionen. Übrig bleiben 66 politische, von Frauen verfaßte Artikel, weniger als ein Zehntel der Gesamtzahl der Beiträge der Zeitschrift.

Im Umbruchsjahr 1992 widmete *The New Republic* den Frauen 2 Titel. In der Ausgabe vom 16. März 1992 sind 2 Artikel und 1 Buchrezension (ein vernichtender Angriff auf ein feministisches Buch) von Frauen. In der darauffolgenden Woche gab es überhaupt keine Beiträge von Frauen, vielleicht um Lesern und Redakteuren Gelegenheit zu geben, sich von der geballten Ladung weiblicher Prosa der letzten Ausgabe zu erholen. In der Ausgabe vom 5. Oktober zeichneten Frauen für 6 Beiträge verantwortlich.

The Atlantic Monthly veröffentlichte insgesamt 218 Beiträge, davon 85 von Frauen, was etwa 40 Prozent entspricht. Darunter sind 14 Gedichte, 3 Romane und 54 Rezensionen von Büchern, Reise- oder Musikbesprechungen; 7 Beiträge sind Buchstabenspiele und Rätsel; nur 7 Beiträge sind ernsthafte politische Artikel.

The New Yorker schneidet nicht viel besser ab. 1992 waren 229 der 716 Beiträge von Frauen, darunter 64 Gedichte, 28 erzählerische Beiträge, 22 Buchrezensionen und 55 andere Rezensionen; 25 Beiträge fielen unter die Rubrik »Verschiedenes« – Mode, Essen und anderes. Nur 35 oder 5 Prozent aller Beiträge waren richtige Artikel zu Politik, Kultur oder aktuellem Geschehen.

Abschließend noch ein Wort zum Rundfunk; schließlich heißt es doch immer, Frauen seien so gesprächig. 1992 waren von den 900 Mitgliedern der nationalen Vereinigung der Talkmaster am Rundfunk nur 50 Frauen.[13] Und ein weiblicher Talkmaster aus Chicago sagte mir, immer wenn sie einem männlichen Interviewpartner harte Fragen stelle, bekomme sie Anrufe, sie solle den armen Mann doch in Ruhe lassen.

Das ist also der in Amerika in linken und gemäßigten Kreisen praktizierte öffentliche Dialog; rechte Zeitschriften wie *National Review* oder *Commentary* sind dabei noch gar nicht berücksichtigt. In ihnen kommen Frauen auf 23 Prozent, 24 Prozent, 14 Prozent, 40 Prozent oder 30 Prozent des verfügbaren Platzes zu Wort, darunter mit Berichten über Modenschauen und Sonetten. Frauen steht für ihren Dialog mit der Öffentlichkeit durchschnittlich 26 Prozent des allgemein kulturellen Teils zur Verfügung. Das bedeutet, daß männliche Philosophen, Kritiker und Politiker eine dreimal größere Chance als die entsprechenden Frauen haben, gehört zu werden, und für ihre Gedanken den vierfachen Platz zur Verfügung haben. Anders ausgedrückt, Männer beanspruchen über ihren Anteil hinaus die Hälfte des Teils, der eigentlich Frauen zusteht.

Wen überrascht es da, daß Frauen bereits in der Schule an sich selbst zweifeln, sich nicht zu Wort melden und keinen Anspruch auf eine eigene Meinung zu haben glauben? Mußte es nicht zwangsläufig so kommen? Die Gewissenshüter der Nation gestehen ihnen keine eigene Meinung zu. Im Bereich der Zeitungen haben Frauen ein Viertel des zur Verfügung stehenden Platzes, um sich über ihre Gedanken klarzuwerden, und mit jeder neuen Ausgabe einer Zeitung oder Zeitschrift wird ihnen wieder bestätigt, daß die Meinung von Frauen nur ein Drittel soviel Gewicht hat wie die der Männer.

In Europa ist die Situation nicht anders. 88 Prozent der leitenden Angestellten und 76 Prozent der Führungskräfte der mittleren Führungsebene der BBC sind männlich. In den britischen ITN (Independent Television News) ist keine der 48 Spitzenpositionen von einer Frau besetzt; weibliche Angestellte verdienen durchschnittlich 10 000 Pfund weniger im Jahr als ihre männlichen Kollegen, und bei Männern ist die Wahrscheinlichkeit, befördert zu werden, doppelt so groß.[14] Die BBC hatte für die Wahl 1992 nicht einmal eine Alibifrau vorzuweisen. In einem Jahr, in dem eine rekordverdächtige Anzahl von Frauen für das Parlament kandidierte, ergab eine Studie der vier wichtigsten politischen Fernsehprogramme, daß von 1031 Auftritten von Politikern nur 36 auf Frauen entfielen, davon allein 28 auf Margaret Thatcher![15] Selbst Lord Rees-Mogg, der Vorsitzende des Broadcasting Standards Council, mußte einräumen: »Frauen haben den Eindruck, daß das Fernsehen von Männern für Männer gemacht wird und ein ihnen fremdes Medium ist, das Maßstäbe, Werte und Interessen vertritt, die sie nicht teilen.«[16] Eine Umfrage des Institute of Manpower Services ergab, daß in der britischen Industrie dreimal mehr Männer als Frauen beschäftigt sind; in den britischen Printmedien liegt der Anteil der Frauen an der Gesamtzahl der Beschäftigten bei 22 Prozent.[17] Eine Studie über in Großbritannien rezensierte Bücher zeigte, daß 24 Prozent der rezensierten Bücher weibliche Autoren haben und daß 18 Prozent der Rezensenten Frauen sind, obwohl Frauen die Mehrheit der Leser stellen.[18] Trotz des in jüngster Zeit phänomenalen Erfolges der Bücher von Autorinnen stammen nur 20 Prozent aller veröffentlichten Bücher von Frauen.[19] Als diese Zahl näher untersucht wurde – Verlagsarbeit ist nämlich ein Beruf, in dem zumindest zahlenmäßig Frauen dominieren –, ergab sich »bei den meisten Verlagen eine verblüffende Entsprechung zwischen der Zahl der Autorinnen und der Zahl der im Verlag angestellten Lektorinnen.«[20]

Auch im Umbruchsjahr 1993 hat sich an ihrer Präsenz in der Presse kaum etwas geändert. Der Anteil der auf den Titelseiten zitierten Männer betrug immer noch 85 Prozent, und 66 Prozent der Männer verfaßten die Beiträge auf den Titelseiten, 74 Prozent die Kommentare. 86 Prozent der abendlichen Nachrichtensendungen wurden von Männern moderiert, 75 Prozent der Interviewten waren männlich. Gab es Negatives über Frauen zu berichten, prangten diese Enthüllungen auf allen Titelseiten; Berichte

über die Bedeutung der neuen First Lady und die neuen weiblichen Mitglieder des Kongresses wurden dagegen als weniger wichtig ins Innere der Zeitung verbannt.
Was sagt man bei der Presse selbst zu dieser geschlechtsspezifischen Verteilung? Andrew Sullivan von *The New Republic* meint: »Es ist eben schwer, überhaupt Frauen für den Job zu bekommen.« Ist diese Erklärung wirklich stichhaltig? In anderen Berufen wird die mangelnde Präsenz von Frauen in Spitzenpositionen der Tatsache zugeschrieben, daß sie Neulinge der jeweiligen Disziplin sind. Aber man kann doch nicht behaupten, Schreiben und Denken gehörten zu den Berufen, in die Frauen erst seit kurzem eingedrungen sind.
Papier ist billig, Stillsitzen weiblich. Aphra Behn, die wohl führende Dramatikerin ihrer Zeit, die erste Romanschriftstellerin und die erste Frau, die sich ihren Lebensunterhalt durch Schreiben verdiente, lebte im 17. Jahrhundert. Phyllis Wheatley, eine schwarze Dichterin, verfaßte im 18. Jahrhundert Gedichte im alexandrinischen Versmaß. Im 19. Jahrhundert nahmen Frauen den Schriftstellerberuf so in Beschlag, daß die erfolgreichsten Autoren des Jahrhunderts weiblich waren. Harriet Martineau veröffentlichte 1837 eindrucksvolle politische und kulturelle Analysen einer eben erst flügge gewordenen Nation; Margaret Fuller verfaßte 1845 Essays über die wichtigen geistigen Strömungen der damaligen Zeit. In den sechziger Jahren des 19. Jahrhunderts machte sich Harriet Beecher Stowe als Bestsellerautorin und leidenschaftliche Gegnerin der Sklaverei einen Namen. Rebecca West, eine kämpferische Frau, deckte in den zwanziger Jahren des 20. Jahrhunderts gesellschaftliche Mißstände auf.
Männliche Redakteure müssen sich also etwas Besseres einfallen lassen als den Hinweis, Frauen seien im schriftstellerischen Bereich noch zu ungeübt; sie brauchen nicht so zu tun, als warteten sie, bis Frauen endlich schreiben könnten. Frauen beschäftigen sich mit seriöser Schriftstellerei viel länger als Männer mit Datenbanken; niemand käme deswegen auf die Idee, die Leitartikel von

Frauen schreiben zu lassen und Männer von den Datenbanken zu vertreiben.

Oder sind Frauen heute schlechtere Autorinnen als in den letzten dreihundert Jahren? Die Daten der National Education Association belegen, daß »Mädchen beim Schreiben regelmäßig besser abschneiden als Jungen«. Andere Erhebungen kommen zu dem Ergebnis, daß die beiden Geschlechter gleich gut sind.[21] Fazit: Presse und Fernsehen räumen Frauen zu Unrecht keinen Platz ein.

Ergeben wir uns also resigniert in unser Schicksal und suchen in der Traumfabrik Hollywood nach interessanten Frauen? Doch auch dort haben wir Pech! Obwohl Frauen 1992 bei drei großen Filmerfolgen Regie führten,[22] sind 95 Prozent der vom Magazin *Premiere* im gleichen Jahr veröffentlichten Liste der hundert einflußreichsten Persönlichkeiten Hollywoods männlich. Nur eine einzige Frau, Sherry Lansing von Paramount, kann entscheiden, ob ein Film gedreht wird oder nicht. Von 400 Mitgliedern der Producers' Guild of America sind nur 15 Prozent Frauen. Und schließlich gibt es kaum gute Rollen für Frauen, weil Sitten und Gebräuche von Männern anderer Länder bestimmen, was die amerikanischen Frauen auf der Leinwand zu sehen bekommen. »Als vor etwa zwanzig Jahren der internationale Markt geöffnet wurde«, erklärt ein Produzent, »bekamen Frauen keine guten Rollen mehr. In den Filmen geht es vor allem um Geld, und in Ländern wie Japan und Indien will man keine Frau in einer Machtposition sehen. Dort will man den Terminator und Sylvester Stallone.«[23]

Man kann solche Zahlen empört zur Kenntnis nehmen und sich dann damit trösten, daß der Eintritt der Frauen in die Medienwelt die Situation ganz von selbst verbessern wird. Doch auch wenn die weibliche Präsenz im Journalismus ein entscheidender Faktor des Umbruchs ist, und viele Reporterinnen mutige und fundierte Artikel über die weibliche Hälfte unserer Gesellschaft verfassen, lastet auf diesen Frauen ein ungeheurer Druck. Weibliche Konsumenten von Presse und Fernsehen sind naiv, wenn sie in diesen

Medien tätige Frauen auffordern, die Situation zu ändern, ohne ihnen dabei Unterstützung von unten zuzusichern. Über Politik berichtende Frauen müssen ständig eine Gratwanderung machen; sie werden von ihren Arbeitgebern kritisch beaufsichtigt, damit sie ja nicht »aus der Sicht der Frau« berichten – dies gilt als mangelnde Objektivität, während die männliche Perspektive diesen Nachteil angeblich nicht hat. Für Chefredakteur Simon Jenkins ist ein an Frauenfragen orientierter Journalismus »entwürdigend für moderne Frauen, die als Menschen und nicht als Frauen betrachtet werden wollen«.[24] Autorin Rosalind Coward bemerkt, daß weibliche Journalisten beliebt sind, »vorausgesetzt, sie distanzieren sich von organisierten Gedankensystemen wie dem Feminismus und schreiben witzig und pointiert«.[25] Und Susan B. Anthony schreibt: »Solange Zeitungen und Zeitschriften von Männern beherrscht werden, müssen dort beschäftigte Frauen Artikel schreiben, die männliche Vorstellungen widerspiegeln. Solange dieser Zustand anhält, können weibliche Vorstellungen und Überzeugungen nicht an die Öffentlichkeit gelangen.«
Feministinnen hoffen seit langem, die Art der Berichterstattung werde sich zwangsläufig ändern, sobald »genügend Frauen« im Medienbereich arbeiten. Diese Erwartung läßt jedoch außer acht, daß Journalistinnen mit denselben wirtschaftlichen Zwängen zum Schweigen gebracht werden können wie Frauen in anderen Berufen. Tatsächlich sind sie sogar oft noch größeren Repressalien ausgesetzt, da ihr Beruf für das öffentliche Bild von der Rolle der Frau so wichtig ist. So zeigt die Studie von *Women, Men and Media* auch, daß Frauen in ihren Artikeln genauso auf Männer fixiert sind wie ihre männlichen Kollegen.
Gleich anderen berufstätigen Frauen bekommen auch weibliche Journalisten vermittelt, daß ein engagierter Einsatz für die Belange von Frauen unweigerlich Nachteile für die Karriere zur Folge hat. So erlebten sie, was aus der ersten offen feministischen Generation weiblicher Journalisten der *New York Times* wurde, die in den siebziger Jahren für eine gerechtere Bezahlung von Frauen

und Männern kämpften und dafür ihre Karriere opferten. Zwanzig Jahre später, als weibliche Journalisten der *New York Times* dem Chef vom Dienst Max Frankel eine Studie vorlegten, die die mangelnde Präsenz von Frauen auf der Titelseite nachwies, erwiderte er, Frauen würden dann häufiger zu Wort kommen, wenn »die *Times* auf der ersten Seite über Teegesellschaften und dergleichen berichtet«. Zwar protestierten die Journalistinnen durch das Tragen von Teebeutel-Ansteckern mutig gegen diese Bemerkung, doch die Botschaft aus der Chefetage war unmißverständlich.

Selbst 1992, als das Verhältnis der Geschlechter erneut heftigen Erschütterungen ausgesetzt war, berichteten Redakteurinnen weiter in dem für Männer typischen Stil. Soma Golden von der *New York Times* sah sich einer großen Schar überwiegend weiblicher Journalisten gegenüber, die eine noch nie dagewesene »Steh-Party« einberufen hatten, um gegen die Berichterstattung der Zeitung über eine Vergewaltigung zu protestieren. 1993 wurde Emily Rooney als erste Frau zur leitenden Produzentin einer abendlichen Nachrichtensendung ernannt. Moderator Peter Jennings, für diese Entscheidung mitverantwortlich, betonte, »Frau Rooney ist nicht als Frau gewählt worden, obwohl sie zweifellos eine zusätzliche Dimension einbringt ...«[26]

Jede Frau, die im Medienbereich arbeitet, versteht die Warnung hinter diesen Worten: Drängt sie darauf, »Frauenfragen« aufzugreifen oder mehr Frauen zu interviewen oder einzustellen oder will sie gar gleiche Bezahlung und Beförderungschancen im Studio, riskiert sie, als »Frauen«-Redakteurin oder -Produzentin abgestempelt zu werden. Dagegen brauchen ihre männlichen Kollegen sich keine Sorgen zu machen, je als »Männer«-Redakteure abgestempelt zu werden. Außerdem wird, wenn eine Beförderung ansteht, die Wahl dann bestimmt nicht auf die Frau fallen.

Die Ironie ist freilich, daß man damit das eigene Publikum vergrämt. Vor allem Zeitungen bekommen das zu spüren. Anfang der achtziger Jahre gingen ihre Gewinne um 30 bis 70 Prozent zurück.

Die Zahl der Leser sinkt seit dreißig Jahren. Die Verantwortlichen suchen besorgt nach einem Ausweg, in dem Bewußtsein, daß »Zeitungen irgendwie den Kontakt zu ihren Lesern verloren haben«; männliche Medienkritiker räumen sogar ein, »daß wir Leser, vor allem Frauen, vertreiben, wenn wir uns nur mit den eher langweiligen geschäftlichen Aktivitäten von Männern mittleren Alters befassen«.[27] Doch gehen sie dieses Problem auf eine Art und Weise an, die zeigt, wie stark der Wunsch der Männer nach jener großen kulturellen Macht, dem täglichen Schreiben von Geschichte, nach wie vor ist.

Zeitungsverleger wollen nicht einsehen, daß ihr Problem eine einfache Lösung hat. Wenn viele Frauen keine aus der männlichen Perspektive geschriebenen Zeitungen mehr lesen, so deshalb, weil ihnen im Verlauf der letzten dreißig Jahre Zweifel gekommen sind, ob diese Perspektive die einzig richtige ist. Mit anderen Worten, solche Zeitungen verlieren weibliche Leser, weil sie ihre Autorität verloren haben. In ihrer Verzweiflung stellen Verleger mit ihren Nachrichten alles an, was sie anstellen können, ohne das männliche Medienmonopol aufs Spiel zu setzen; sie werben um weibliche Leser mit besonders ansprechend aufgemachten und spritzigen Beiträgen. Was sie den Frauen dagegen verweigern, ist ein wirkliches Mitspracherecht bei der Entscheidung, welche Art von Nachrichten berichtenswert sind.

Bei einem Essen der Association of Magazine Editors klagte Pete Hamill, Redakteur eines Boulevardblatts, über den Verlust von weiblichen Lesern und schlug vor, dieser Abwanderung mit Rubriken über Einkaufstips und Beiträgen über Gesundheit, Erziehung, Schönheit, Essen, Mode und Lebensstil zu begegnen. Die eine Sparte, die er nicht erwähnte, waren die »Nachrichten«. Frauen wissen ein Lied davon zu singen, was hinter der Aufforderung steckt, auf der Veranda frische Luft zu schnappen, während die Männer über ihren Zigarren politisieren. Die süßlichen Beiträge speziell für Frauen, eingestreut zwischen endlose Nachrichtenblöcke von Männern für Männer, beleidigen Frauen und zeugen von Arroganz. Solange Journalisten nicht begreifen, daß weibliche Redakteure, die über für Frauen interessante Nachrichten schreiben, weibliche Leser anziehen, werden sie weiterhin Leserinnen verlieren.

Männliche Redakteure haben mit ihrer Behauptung, es sei nicht einfach, durchsetzungsfähige junge Frauen mit ausgeprägter eigener Meinung zu finden, nicht ganz unrecht. Junge Frauen ziehen aus der Einseitigkeit der Medien die Lehre, ein eigener Standpunkt sei nicht gefragt. Ihnen wird vermittelt, daß ihre Chance, überhaupt für eine Zeitschrift schreiben zu dürfen, wesentlich größer ist, wenn sie keinen frauenspezifischen Standpunkt vertreten, und daß sie, wenn sie schon über Frauenthemen schreiben, den schwammigen Stil und die oberflächliche Berichterstattung der meisten Frauenzeitschriften übernehmen müssen.

»Ich finde die Berichterstattung der Presse völlig einseitig«, sagt Kendall Anderson, eine junge Journalistik-Studentin aus Minnesota. »Ich mache mir Gedanken darüber, was ich erwarten oder welche Hoffnungen ich mir machen kann. Wer das Impressum des *Atlantic* liest, stellt fest, daß es sich zu 80 Prozent aus männlichen Namen zusammensetzt. Ich lese es jeden Monat. Es ist für mich als junge Journalistin entmutigend, daß diese Zeitschrift sogar als progressiv gilt. Auch in der Politik gibt es Diskriminierung, aber bei der Presse sieht man immer nur Männer. Dabei ist sie doch der Vierte Stand! Sie darf nicht so einseitig sein. Sie ist doch das Gewissen der Gesellschaft.«

Viele Feministinnen treten für einen Boykott von Frauenzeitschriften und tagsüber ausgestrahlten Talk-Shows für Frauen ein. Doch das wäre völlig falsch, da diese Medien mittlerweile zum Kernstück des Feminismus oder genauer des nicht negativ besetzten Power-Feminismus geworden sind. Bei der Analyse der Wahl '92 verkündeten männliche Kommentatoren den Aufstieg von »sanften Medien« wie Talk-Shows und Sendungen, in denen Zuschauer per Telefon mitwirken; ihnen war klargeworden, daß solche Sendungen jetzt der Ort sind, an dem die Zuschauer mit politischen Nachrichten versorgt werden. Dieselbe Einsicht muß sich für die verachteten »Frauenmedien« einstellen. Untersucht man, welche Medien Frauen ernst nehmen und sie millionenfach erreichen, dann tragen Shows wie die von Sally Jesse Rafael und Zeitschriften wie *Vogue* und *Glamour* bedeutend mehr zur Veränderung der Lage der Frau bei als *U. S. News, World Report* und das Magazin *Ms.* zusammen.

Den »Frauenmedien« wird jedoch der Respekt verweigert, der ihnen als einzigen Vermittlern aktueller Diskussionen an Frauen gebührt. Ohne entsprechendes Prestige oder das Mandat ihrer Leserinnen und Leser wagen die Frauenmedien nicht, sich allzu unverblümt zum Feminismus zu bekennen. Und ihre Leserschaft ist zwar kritisch, müßte sich aber zugunsten mehr ernsthafter Berichterstattung erst noch gegen die Auftraggeber der Werbung durchsetzen, die solchen Bestrebungen skeptisch gegenüberstehen.

Da der »seriöse« Journalismus die Frauenmedien nicht ernst nimmt, scheinen die sonst üblichen Spielregeln journalistischer Arbeit für Frauenmagazine nicht zu gelten. Journalisten und weibliche Leserschaft lassen zu, daß die Frauenmagazine, in denen Seriosität und Bezug zum wirklichen Leben von größter Bedeutung wären, in eine journalistische Grauzone abgleiten. *Cosmopolitan* etwa kann mit einem unüberlegten Artikel darüber, warum Frauen sich wegen Aids keine Sorgen zu machen brauchen, die Verkaufszahlen in die Höhe treiben. Auf mangelhaft recherchierte Berichte über irgendwelche großartigen Brustimplantate folgen gleichermaßen unzureichend recherchierte Berichte über die Vorzüge einer »neuen Generation« von Diät-Pharmazeutika.[28] Als die britische Frauenzeitschrift *Honey* den Versuch unternahm, mehr über die Rechte der Frauen zu schreiben, und Fotomodelle zeigte, die wenig oder gar kein Make-up trugen, wurde die Redakteurin Carol Sarler gefeuert. Trotzdem wird in zunehmendem Maß mutig versucht, seriösen Journalismus zu betreiben und gegen alte, eingefahrene Muster anzusteuern.

Im Gegensatz zu den Abend- und Wochenendsendungen der Männer ist das so wichtige Forum der Talk-Show für Frauen ein ungenügend recherchiertes, apolitisches Niemandsland, in dem normale journalistische Standards nicht eingehalten werden müssen. Sally Jesse Rafael etwa kann sagen, ihrer Meinung nach sei der Feminismus familienfeindlich eingestellt; wenn sie Rat in Familienproblemen brauche, hole sie ihn deshalb bei der »moralischen Mehrheit« der Frauen, die sich zur Familie bekennen. Auch der Hinweis, daß Frauenorganisationen sich sogar ganz vordringlich mit Familienfragen befassen, beeindruckt sie nicht.
In unserer von Medien beherrschten Kultur, in der Information Macht ist, gilt zweitklassige Berichterstattung für die auch in anderer Hinsicht zweitklassig behandelten Frauen als gut genug. Auch hier kann von Gleichberechtigung keine Rede sein. Mit der wachsenden politischen Macht der Frauen muß sich eine neue Berichterstattung Schritt für Schritt gegenüber den ewig gleichen Mode- und Klatschgeschichten durchsetzen.
Mit ähnlichen Problemen kämpft auch die feministische Presse. Eine Titelgeschichte in *Ms.* über den sexuellen Mißbrauch von Kindern unter der Überschrift »Eine wahre Geschichte« liegt sogar noch unter dem Niveau der Boulevardpresse. Der von einer anonymen Autorin verfaßte Artikel ist hinsichtlich Ortsangaben, Daten und Quellen äußerst vage. Soll ich der Autorin glauben, was sie schreibt? Nur weil ich Feministin bin? Während viele Medien Frauen wie Kinder behandeln, die man gar nicht eigens anzusprechen braucht, behandeln Frauenzeitschriften Frauen oft wie Kinder, die nicht überzeugt werden müssen, sondern gefälligst alles gutgläubig hinzunehmen haben. Die revolutionären Veränderungen nach dem Fall Hill haben jedoch gezeigt, daß die Frauen es leid sind, wie Kinder behandelt zu werden.
Denn die Frauen wissen, daß sie betrogen werden. Die plakative Berichterstattung der Medien wird den Problemen der Frauen nicht gerecht; die Situation der Frauen läßt sich nicht auf Opposition gegen die Männer reduzieren, sondern ist in sich wider-

sprüchlich und komplex. So wollen Frauen arbeiten und zugleich Kinder aufziehen, und sie wissen, daß es dafür keine Patentlösungen gibt. Frauen wollen zwar keine Pornographie, aber sie wollen sich sexuell ausdrücken; Frauen ziehen sich gern schön an, aber sie hassen Zwang; Frauen wollen das Recht, in den Krieg zu ziehen, aber sie wollen nicht töten. Anspruchsvolle Blätter ignorieren Frauenfragen, Frauenmagazine haben nicht den Mut, sich zu sehr einer feministischen Linie zu verschreiben, und feministische Blätter wie *Ms.* wagen es nicht, sich von einer solchen zu weit zu entfernen.

Da viele Medien zögerten, diese Widersprüche aufzugreifen und Themen wie Sexualität oder Mutterschaft kontrovers zu diskutieren und aufzuarbeiten, schafften sich die amerikanischen Frauen in den achtziger Jahren Symbole für ihre Sorgen und Bedürfnisse. Madonna etwa stand für die Möglichkeit einer bildhaften sexuellen Sprache, die Frauen als stark darstellt. In dem Bilderpaar Hausfrau kontra berufstätige Mutter drückte sich der Wunsch nach staatlich finanzierten Kindertagesstätten und Erziehungsurlaub aus, Einrichtungen, die es in den anderen Industrieländern bereits gab. Solche Symbole können eine ernsthafte, ausführliche Diskussion freilich nicht ersetzen, auch wenn sie wunde Punkte im Bewußtsein der Frauen berühren.

Die Auswirkungen der Apartheid der Geschlechter in der Tages-, Wochen- und Monatspresse, in abendlichen Fernsehsendungen und wöchentlichen TV-Politmagazinen beschränken sich keineswegs auf Karrierenachteile für Frauen und die Verärgerung weiblicher Zuschauer und Leser. Durch die bestehende Situation wird der Nation vielmehr ein Instrumentarium vorenthalten, das sie zur Bewältigung ihrer Probleme dringend benötigt. Das Ungleichgewicht der Berichterstattung führt zu einem schiefen Bewußtsein und schließlich zu falschen Entscheidungen. »Ich bitte Sie«, sagte ein hochrangiger Mitarbeiter der *Times* einmal ganz im Ernst zu mir, »von sexueller Belästigung sind doch nur eine Handvoll Frauen betroffen.« Wenn die Verantwortlichen von

Fernsehen und Presse weibliche Experten bei Frauenfragen übergehen, übergehen sie damit feministische Wirtschaftsexpertinnen, die begriffen haben, daß Unterernährung und Überbevölkerung auf den geringen Status und die schlechte Bildung von Frauen zurückzuführen sind; sie übergehen Aktivistinnen, die den Zusammenhang zwischen einer Reform des staatlichen Wohlfahrtssystems und einem ausreichenden Angebot an Kindertagesstätten erkannt haben; sie übergehen Expertinnen der Gesundheitsfürsorge, die darauf hinweisen könnten, daß man die medizinische Forschung nicht nur an Männern orientieren darf, wenn man wirksame Behandlungsmethoden entwickeln will. Wie können wir über »Familienwerte« reden, ohne Daten zu kennen, aus denen hervorgeht, daß nicht die Frauen, sondern die Männer der Familie den Rücken gekehrt haben? Vielleicht schmeichelt die Geschlechter-Apartheid kurzzeitig dem Ego männlicher Journalisten, Redakteure, Fachleute und Konsumenten. Aber läßt man so wichtige Problemaspekte einfach beiseite, bewirkt das langfristig, daß die Medien keine Lösungen anbieten können, die erfolgreich sind.

Konfrontation statt Diskussion und Schwarzweiß-Feminismus: Camille Paglia, FAIR und die Pornographiedebatte

Da der Feminismus von der öffentlichen Diskussion großteils ausgeschlossen ist, fallen die seltenen Anlässe, bei denen tatsächlich von ihm die Rede ist, durch eine geradezu parodistische Schwarzweißmalerei auf. Stehen Frauenfragen zur Debatte, wird die Diskussion von einer scharfen Polarisation beherrscht, die zumal angesichts der wenigen weiblichen Stimmen in der Diskussionsrunde grotesk wirkt. Fernsehen und Presse lieben hitzige Wortgefechte, sind aber kaum an vernünftigen Debatten zwischen Feministinnen interessiert, etwa einem Gespräch von Feministinnen über Rassismus innerhalb der Frauenbewegung. In einer solchen Situation kann man von keiner Feministin erwarten, daß sie sich zu Zweifeln an der eigenen Position bekennt.

Selbst Sendungen, die als Forum für Frauenthemen konzipiert wurden, sind manchmal so verknappt, daß sie dem behandelten Stoff in keiner Weise gerecht werden. Die Filmgesellschaft Paramount plant eine sechsteilige Dokumentation über nichts Geringeres als »Frauen im 20. Jahrhundert«. Eine TV-Sonderserie von Lifetime, einem Sender für Frauen, behandelte die Themen »Arbeit«, »Familie« und »Gesundheit« der amerikanischen Frauen in überwältigenden zwölf Minuten pro Thema.

Das Tempo, das erforderlich war, um in einer so kurzen Zeit die Konflikte und Standpunkte von 150 Millionen Frauen darzustellen, führte zu einer komischen Reihung abgehackter Erklärungen; die seriöse Diskussion über soziale oder politische Fragen blieb dabei auf der Strecke. Die für Abtreibung eintretende Frau spulte ihren Satz ab, die für das Lebensrecht des Kindes eintretende Frau sagte den ihren. Die Frau, die für Frauen in der Armee eintrat, stand auf, die Frau, die darüber gesprochen hatte, wie man Arbeit und Familie unter einen Hut bringt, setzte sich. Inzwischen ist die Sendereihe beendet; zwar kamen einige Probleme und die Verbitterung der amerikanischen Frauen zur Sprache, aber Abhilfe wurde nicht geschaffen.

Wie wirkt sich diese Situation auf die Frauenbewegung aus? Viele prominente Feministinnen nehmen an Diskussionen mit Gegnern nicht mehr teil, da sie der Voreingenommenheit der Medien und der ihnen zugedachten undankbaren Rolle überdrüssig sind. Gloria Steinem beschloß schon vor Jahren, Fernsehauftritte mit Gegnern zu vermeiden. Auch die fast immer zu Diskussionen mit Verfassern von Pornographie eingeladenen Frauen Andrea Dworkin und Catherine MacKinnon lehnen solche Auftritte inzwischen ab. Kein Wunder, daß so viele Frauen nicht wissen, was Feminismus ist. Sie bekommen ihn selten erklärt und noch seltener mit seinem Für und Wider in einem offenen Forum vorgeführt.

Ein gutes Beispiel dafür, wie parteiische Massenmedien und der Mangel an geeigneten Foren jede sinnvolle Diskussion über Frauenfragen im Keim ersticken, ist der Medienerfolg von Camille Paglia. Die Professorin aus Philadelphia präsentierte sich der Öffentlichkeit mit einer Palette vorgefaßter Meinungen, die oberflächlich betrachtet provokativ wirkten und den Vorteil hatten, weitaus flotter formuliert zu sein als die akademischen Arbeiten, die Camille Paglia mit Gusto kritisiert. Als Autorin, die sich Feministin nennt und es zugleich fertigbringt, aus einem schier endlosen Vorrat erzkonservativer, antifeministischer Phrasen zu schöpfen, wurde Frau Paglia von genau jenen Presseorganen hofiert, die es im Lauf der letzten zehn Jahre geflissentlich versäumt hatten, die Öffentlichkeit über die Gedanken und Strömungen zu unterrichten, die Paglia anprangerte.

Die fehlende Möglichkeit, ihr kritisch zu antworten, bewirkte zugleich, daß falsche Darstellungen des Feminismus nicht korrigiert und diskutiert wurden, daß also ein Feedback ausblieb, das nicht nur ihre Position gestärkt, sondern auch die Position des Feminismus allgemein verbessert hätte. Grobe Entgleisungen blieben unwidersprochen: etwa ihre Behauptung, Feministinnen wollten jeden Unterschied zwischen Frauen und Männern beseitigen, obwohl auf dem Universitätscampus in den achtziger Jahren ein wesentlich differenzierteres Bild entworfen worden war. Paglias Behauptung, Psychoanalytikerinnen wie Melanie Klein und Karen Horney würden in Frauenseminaren nicht gelehrt, ist schlicht falsch, desgleichen die Behauptung, der Feminismus sei puritanisch; der Erotik wird im Feminismus große Bedeutung beigemessen. Die Behauptung, Feministinnen würden das Thema Vergewaltigung durch Freunde oder Bekannte zu sehr hochspielen, wird durch Studien widerlegt, denen zufolge ein Drittel der Frauen, die eine solche Erfahrung hinter sich haben, an Selbstmord denken. Schließlich sind viele ihrer Aussagen, in denen sie die Frauen mit der Natur und die Männer mit der Zivilisation identifiziert und die Frauen warnt, sie würden an ihrem Arbeitsplatz ihre geschlechtliche Identität verlieren, Wiederholungen gängiger antifeministischer Phrasen der letzten großen Gegenreaktion der Jahre 1890 bis 1910.

In Ermangelung eines seriösen Forums zur Überprüfung der Angriffe Camille Paglias werden Diskussionen über von ihr aufgeworfene Fragen als Nahkampf oder theatralisches Medienspektakel mit persönlicher Beschimpfung inszeniert, wie mehrfach bei öffentlichen Begegnungen zwischen Frau Paglia und mir geschehen. Dabei gehen Fragen, die sie zu Recht anspricht, unter – Was ist unter Selbstbestimmungsrecht, was unter Mündigkeit zu verstehen? Ist der Feminismus elitär oder doktrinär geworden? Gibt es innerhalb der Frauenbewegung einen puritanischen Zug? –, und die in ihnen enthaltene berechtigte Kritik wird durch den medienfreundlichen, undifferenzierten Angriff auf den ganzen Feminismus verwässert. So nützlich Frau Paglias kritische Anfragen an die Frauenbewegung sein könnten, werden sie doch dadurch entwertet, daß die Opposition sich die Person Paglias in sexistischer Verzerrung angeeignet hat und damit ihre Kritik am Feminismus bagatellisiert und Paglia selbst als ernstzunehmende Intellektuelle diskreditiert.

Ich habe selbst erlebt, wie die Medien feministische Positionen verzerrt darstellen und wie die feministische Diskussion dadurch behindert wird. Als bei einer Podiumsdiskussion des YMHA (früher YMCA) in New York City im Verlauf der Diskussion, bei der einige Feministinnen anwesend waren, der Name Camille Paglias fiel, ertönten mißbilligende Pfiffe aus dem Publikum. Später, bei der Diskussion eines ganz anderen Themas, erhob sich ein Regisseur, der einen Ausschnitt für *60 Minutes* filmen wollte, und stellte uns vor laufender Kamera Fragen zu Frau Paglia. Daraufhin verlangte Gloria Steinem, die Kameras abzustellen. Der Regisseur protestierte, doch sie beharrte auf ihrer Forderung mit dem Hinweis, es sei schlechter Journalismus, wenn ein Nachrichtenteam nur einen einseitigen Ausschnitt filme, anstatt neutral zu berichten. Sie sagte dem Produzenten, die Zuhörer hätten 30 Dollar

Eintritt bezahlt, um ihre Fragen stellen zu können; das Nachrichtenteam könne gern die ganze Veranstaltung filmen, doch sei der Abend für die Zuhörer und das geplante Programm da und nicht für das Fernsehen.

Diese Szenen wurden herausgeschnitten. Millionen Amerikaner sahen lediglich, wie Gloria Steinem aufgebracht verlangte, gefälligst die Kameras zu stoppen; dann wurde Camille Paglia kurz eingeblendet mit der Bemerkung: »Seht Ihr?« Den Rest der Veranstaltung bekamen die Fernsehzuschauer nicht zu sehen; das Gezeigte konnte sie nur in ihrer Meinung bestärken, daß Feministinnen keine anderen Standpunkte neben sich duldeten. Die Verantwortlichen von *60 Minutes* dachten auch nicht daran, sich für ihr Vorgehen zu entschuldigen; die wichtige Debatte über Frau Paglias Standpunkt und den Standpunkt der Diskussionsteilnehmerinnen fand nie statt. Und vielleicht am schlimmsten war, daß wir uns den Rest des Abends geradezu krampfhaft bemühten, einander beizupflichten und Harmonie zu demonstrieren. Auf die Zuschauer wirkte dies sicher sehr solidarisch, aber es war wahrscheinlich nicht besonders informativ. »Es war ein einziges Geturtel«, sagte eine aufmerksame Zuhörerin kritisch. Sie verstand zwar, wie es dazu gekommen war, bedauerte es aber trotzdem.

Noch schlimmer ist, daß viele Feministinnen auf den Rummel, der Paglias Arbeiten zuteil wird, damit reagieren, daß sie die Arbeiten überhaupt nicht mehr zur Kenntnis nehmen; eine feministische Buchhandlung in Toronto etwa lehnt es ab, Paglias Titel zu führen. Diese Haltung verstärkt noch die »Wir-gegen-alle-Mentalität« und die Angst vor Andersdenkenden, die den Feminismus vergiftet, ebenso wie sie die schlimmsten Anschuldigungen der Opposition zu bestätigen scheint. Lernwillige Feministinnen können daraus eine wichtige Lehre ziehen: *Nicht Dissens schadet dem Feminismus, sondern Konsens.*

Das Schicksal der Frauenredaktion von FAIR (Fairness and Accuracy in Reporting), einer Instanz, die die Medien im Hinblick auf konservative Vorurteile überwacht, ist ein weiteres Beispiel für die verhängnisvollen Folgen der parteiischen Berichterstattung in den Medien.

Die neue Frauenredaktion innerhalb von FAIR war ein hoffnungsvolles Unternehmen und ein wirksames Gegengewicht zur von der Presse praktizierten Apartheid der Geschlechter. Die Redaktion sagte der Gewalt gegen Frauen in einer ehrgeizigen, schonungslosen Kampagne den Kampf an. Sie erzielte ausgezeichnete Resultate und lieferte ihre Berichte an *Good Morning America*, AP und *The Boston Globe*. Der Fernsehsender NBC sagte zu, über Gewalt gegenüber Ehefrauen im Zusammenhang mit wichtigen Sportveranstaltungen zu berichten.

In einem AP-Bericht wurde Sheila Kuehl vom California Women's Law Center mit der Meldung zitiert, eine von Soziologen der Old Dominion University erstellte Studie habe ergeben, daß laut Polizeibericht in Nord-Virginia nach Spielgewinnen durch die Washington Redskins 40 Prozent mehr verprügelte und krankenhausreif geschlagene Frauen gemeldet würden. Als Ken Ringle von der *Washington Post* die Soziologen auf einer Pressekonferenz danach fragte, protestierten diese und sagten, sie hätten keineswegs von 40 Prozent gesprochen, der Anstieg sei viel geringer.

FAIR-Mitarbeiterin Linda Mitchell räumte auf Ken Ringles Anfrage ein, ihr sei bereits damals klar gewesen, daß Frau Kuehl die Studie falsch auslege. Auf die Frage, warum sie ihre Kollegin nicht auf ihren Fehler hingewiesen habe, antwortete sie jedoch laut Ringle: »Ich wollte das nicht vor den Medien tun. Sie hat das Recht, darüber zu berichten, wie sie will.« Später bestritt Linda Mitchell, dies gesagt zu haben.

Ringles »Entlarvung« feministischer Behauptungen, die Gewalt gegen Frauen steige nach wichtigen Sportveranstaltungen, wurde landesweit verbreitet. Alan Dershowitz etwa attackierte in der *Los Angeles Times* die »selbsternannten Anwälte der Frauen«, die »alles glauben, was sie hören«, wie er es ausdrückte. Aber angesichts der Flut von Kommentaren über die angeblich unsolide

Arbeit von FAIR ging das Problem, von dem die Rede gewesen war, völlig unter.
Recherchen des *Portland Oregonian* bei der telefonischen Notrufzentrale für Frauen in Portland zum selben Problem ergaben, daß am Tag des Endspiels der amerikanischen Football-Meisterschaft dreißig Anrufe mehr registriert worden waren – dreimal so viele wie im Durchschnitt. »Manchmal bekommen wir sogar fünfzig bis sechzig Anrufe«, sagte Tess Wiseheart, die Leiterin der Zentrale. »Da wir an den Sonntagen, an denen das Endspiel stattfindet, schon immer deutlich mehr Anrufe registriert haben, sorgen wir für mehr Personal als sonst.«[29] Auch die *Los Angeles Daily News* stellte fest, daß zumindest zwei Anlaufstellen deutlich mehr Anrufe verzeichneten.
Die Soziologen von der Old Dominion University erklärten in einem öffentlichen Brief, ihre Studie sei zwar nur beschränkt repräsentativ, zeige aber jedenfalls einen Anstieg an Gewalt, und boten den Sprechern von FAIR ihre Unterstützung an. FAIR schrieb der *Washington Post*, Ringle habe nie mit der Zentrale von FAIR gesprochen und Zitate aus dem Zusammenhang gerissen, doch der Brief wurde nicht veröffentlicht. Die Zeitschrift *American Journalism* resümierte, FAIR sei »nicht unschuldig«; Ringle seinerseits habe zwar zu Recht den leichtfertigen Umgang mit Zahlen kritisiert, aber »zur Untermauerung seiner Behauptung ganz offensichtlich Zitate verdreht und aus dem Zusammenhang gerissen«.
»Es geht hier gar nicht mehr um die übertriebenen Zahlen von Sheila Kuehl«, sagt Jim Nourekian von FAIR. »Es geht darum, daß die ganze Sache von Reportern hochgespielt wird. Der Bericht über Gewalt stand auf der letzten Seite, Ringles Story dagegen wurde von den Zeitungen, in denen sie erschien, auf der ersten Seite abgedruckt.«
FAIR bekam keine Gelegenheit, den eigenen Standpunkt darzustellen. Das bedauernswerte Resultat war, daß bei Millionen von Menschen weitere Zweifel an der Glaubwürdigkeit sexuell miß-

brauchter Frauen geweckt wurden. Die *Washington Post* war nicht zu einem Umdenken bereit; sie hat in vier Jahren nur zweimal einen Bericht über häusliche Gewalt auf der ersten Seite gebracht. Wie der Psychologe Michael Lindsey in Ringles Artikel sagt: »Da geht die Glaubwürdigkeit der ganzen Sache zum Teufel.«[30]

Ein weiteres Beispiel für die fatalen Folgen der Berichterstattung durch die Medien ist die Art, wie über Pornographie diskutiert oder besser gesagt nicht diskutiert wird. Im Fernsehen wird mit geheuchelter Besorgnis über Frauen im Sexgewerbe und in der Pornographie berichtet, um die Einschaltquoten in die Höhe zu treiben. Die Frauen sind darüber verständlicherweise empört. Aber ebensowenig sagt ihnen zu, wie die Frauenbewegung mit diesem Problem umgeht. Frauen aus der New Yorker Gegend erzählten mir wütend, was die dortigen Pornographie-Gegnerinnen tun: Sie stellen sich an eine Straßenecke, neben sich die vergrößerte Fotografie einer geknebelten und gefesselten nackten Frau, und schreien Passanten an.

Viele Frauen haben das Gefühl, daß die Extremisten beider Seiten der Komplexität des Problems nicht gerecht werden. Sie sind einerseits besorgt über die Auswirkungen der Pornographie und besonders deren negative Folgen für das Verhältnis junger Männer zu Frauen. Andererseits verbitten sie sich jede Einmischung in ihre eigene Sexualität, und drittens wollen sie unter keinen Umständen, daß das Recht auf freie Meinungsäußerung eingeschränkt wird.

Auch innerhalb der Frauenbewegung gehen die Meinungen weit auseinander, was das Problem noch schwieriger macht. Patricia Ireland von der Frauenrechtsorganisation NOW sagt: »Das Problem hat zu einer schrecklichen Polarisierung geführt, nach dem Motto: Wie kannst du der und der Meinung sein und trotzdem behaupten, du seist für Frauen?«

Den Befürworterinnen eines Pornographieverbots geht es nicht um die Probleme der Meinungsfreiheit, sondern um eine ganz konkrete Schädigung durch Pornographie; in ihren Augen erfüllt Pornographie den Tatbestand »kollektiver Beleidigung«. Zwar wird ihnen oft vorgeworfen, sie wollten die Zensur wieder einführen, doch in Wirklichkeit wollen sie in erster Linie einen finanziellen Schadensausgleich für Frauen, die vor Gericht nachweisen können, daß sie durch Pornographie geschädigt wurden. Die Gegnerinnen eines Pornographieverbots halten die ganze Debatte über Pornographie für ein Ablenkungsmanöver von den wirklichen Problemen der Frauen und für eine potentielle Gefahr für das Recht von Frauen auf freie Meinungsäußerung und sexuelle Selbstverwirklichung. Die zerstrittenen Parteien sind nicht einmal bereit, einander zuzuhören. Wie Patricia Ireland sagt: »Sie können sich noch nicht einmal darauf einigen, daß sie verschiedener Meinung sind.«

Die Befürworterinnen eines Pornographieverbots lehnen jedes Gespräch mit ihren Gegnerinnen ab und werfen ihnen vor, sich von der Porno-Industrie instrumentalisieren zu lassen. Oft gehen sie sogar so weit, die sexuellen Vorlieben ihrer Kontrahentinnen öffentlich anzuprangern. Im März 1993 fand an der University of Chicago eine Konferenz zum Thema Pornographie statt. Die zur Podiumsdiskussion geladenen Gäste vertraten allesamt dieselbe Meinung, so daß es zu einer kontroversen Debatte gar nicht kommen konnte.

Die Gegnerinnen eines Pornographieverbots lassen sich genausowenig auf Diskussionen ein. So erklärte beispielsweise Katha Pollitt, sie verstehe gut, warum die Presse so wenig über die Anti-Pornographie-Bewegung berichte; denn schließlich »kennt ja jedes Kind die Meinung von Andrea Dworkin, und man kann von Journalisten kaum erwarten, daß sie über Befürworter von Zensurmaßnahmen berichten.« Andrea Dworkin behauptet dagegen, selbst schon des öfteren zensiert worden zu sein. Andere Feministinnen, die die Pornographie nicht verbieten wollen, machen auf weitere Aspekte aufmerksam. So schreibt Betty Friedan: »Die wahre Obszönität ist die Armut.« Leanne Katz von der National

Coalition Against Censorship spricht von »einer kriminellen Verschwendung von Energien«.[31]
Schließlich werfen einige Autorinnen wie beispielsweise Wendy Kaminer in der Zeitschrift *Atlantic* den aktiven Befürworterinnen eines Pornographieverbots fundamentalistische Tendenzen vor. Dieser Vorwurf ist zwar zutreffend und gibt zur Besorgnis Anlaß, ist aber kein konstruktiver Beitrag zur Debatte.
Beide Parteien argumentieren mit einer schwarzweißen Sprache und mit der Logik von Überlebenden eines Schiffsunglücks, die sich in ein kleines Boot retten konnten und jetzt entscheiden müssen, welchen Ballast sie abwerfen wollen. Bei Frauen, die die Pornographie verbieten wollen, hat sich die Vorstellung durchgesetzt, daß das kleine Boot angesichts der Flut an sexueller Gewalt nur dann vor dem Sinken bewahrt werden kann, wenn Frauen ihr Interesse an einer erotischen Kultur und ihre Bedenken gegenüber gesetzlichen Zensurmaßnahmen über Bord werfen. Diese Frauen gehen davon aus, daß wir die zur Frage stehenden Einstellungen und Verhaltensweisen ohne gesetzliche Maßnahmen nicht ändern können. Die andere Partei wiederum hält den Feldzug gegen Pornographie für Energieverschwendung.
Mein eigenes, zugegebenermaßen sehr persönliches Urteil, für das ich mich nur auf mein Gefühl nach dem Ansehen einiger Pornovideos unbekannter Herkunft berufen kann, ist, daß derartige Produkte durchaus zwar schwer definierbare, aber doch offensichtliche seelische Schäden hervorrufen können. Wir sehen uns zu unserem Vergnügen einen sexuellen Akt an, den eine wildfremde Person für Geld und nicht etwa freiwillig oder aus Freude am erotischen Ausdruck und Austausch vollzieht. Wir kennen die Entstehungsbedingungen dieser Produkte nicht, die für die Beteiligten womöglich schlimm waren. Gerade dadurch können wir uns selbst schädigen und unser seelisches Gleichgewicht auf schwer zu quantifizierende Weise gefährden.
Aber wir sollten meines Erachtens weniger Zeit darauf verschwenden herauszufinden, welche konkreten Bilder Frauen »erniedri-

gen« und was dagegen zu tun wäre. Statt dessen müssen wir Kunst, Erziehung, Kommunikation und die Macht der Sprache verantwortlich dazu nutzen, die »Aura«, die Szenen sexueller Gewalt umgibt, zu verändern.

Keine sexistische Erziehung ist so schlimm, daß sie nicht durch eine antisexistische Erziehung unschädlich gemacht werden kann. Wenn ein Teenager hört, daß die Frauenrechtsorganisation NOW ein Buch wie Brett Easton Ellis' *American Psycho* boykottiert, wird er es unbedingt lesen wollen. Wenn derselbe Teenager aber im Unterricht in der Schule gehört hat, was Vergewaltigungsopfer von ihren Erlebnissen berichten, wird er das Buch mit ganz anderen Augen lesen und es viel weniger stimulierend finden. An der Duke University forderten männliche Studenten ihre Kommilitonen in einer Diskussionsrunde mit begleitenden Dias auf, darüber nachzudenken, wie sie durch Pornos beeinflußt würden. In einem Bericht der Fernsehsendung *20/20* über das Projekt berichteten die Studenten von ähnlichen Erfahrungen wie die gemischtgeschlechtlichen Gruppen, mit denen ich mich unterhalten hatte: Männer erzählten, sie seien von frühester Jugend an vom *Playboy*-Ideal beeinflußt worden und hätten Schwierigkeiten, sich auf »wirkliche« Frauen einzulassen; sie müßten sich während des Sexualaktes eine Situation aus einem Porno vorstellen, um zum Orgasmus zu kommen, anstatt mit der Frau in ihrem Bett erotisch zu kommunizieren. Frauen hatten den Eindruck, daß Männer durch Pornos eine falsche Vorstellung von Sexualität und sexueller Bereitschaft von Frauen bekämen. Männer und Frauen waren sich darin einig, daß junge Männer heute in ihrem Sexualverhalten von Pornos beeinflußt werden; sie wissen daher in vielen Fällen gar nicht, wie es ist, wenn eine Frau zu Sex bereit ist, und laufen Gefahr, ein junges Mädchen zu vergewaltigen, ohne daß sie es merken. Wenn Feministinnen einen Stapel *Playboy*-Hefte mit Benzin übergießen, wirft das mehr Fragen auf als es beantwortet; Projekte wie die Diskussionsrunde an der Duke University dagegen bauen Brücken der Verständigung zwischen den Geschlechtern.

Den Frauen, mit denen ich gesprochen habe, ging es nicht um Schuldzuweisungen für die Auswirkungen von Pornographie. Sie wollten gehört werden und vor Gewalt sicher sein. Ich bin auch vielen Männern begegnet, die sich trotz anfänglichen Drucks von seiten gleichaltriger Geschlechtsgenossen dazu bekennen, daß auch sie versuchen, den Sexismus zu hinterfragen und zu einer gegenseitigen Verständigung zu kommen. Sie wollen nicht, daß junge Frauen vor ihnen Angst haben. Sie sehnen sich nach Liebe und sexueller Harmonie.

Wir müssen vermehrt über sexuelle Gewalt in den Medien sprechen, denn nur so lassen sich, wie Informationskampagnen über das Rauchen und die Gefahren des Passivrauchens gezeigt haben, Einstellungen ändern. Kinder sollten weder mit Zigaretten noch mit Darstellungen von sexueller Gewalt in Berührung kommen. Solche Produkte sind gefährlich und vergiften unsere Umwelt. Zwar läßt sich mit ihnen viel Geld verdienen, aber sie machen abhängig, und sie können einen uns lieben Menschen oder uns selbst schädigen. Mit sexueller Gewalt muß man sehr vorsichtig umgehen, und Informationen über ihre Gefahren müssen jedermann frei zugänglich sein, vielleicht sogar durch eine Kampagne zugänglich gemacht werden. Damit kommen wir meiner Meinung nach weiter als mit von oben verordneten Maßnahmen.

Das Magazin *Playboy* gibt eine Menge Geld dafür aus, um die Arbeit der Aktivistinnen der Anti-Pornographie-Bewegung zu behindern, da diese unangenehme Fragen nach dem Zusammenhang zwischen dem Inhalt des Magazins und sexuellen Übergriffen gegen Frauen stellen. Unsere Welt wäre sicherer, wenn *Playboy* nicht mehr auf richterliche Anordnung hin aus den Regalen verschwinden müßte und wenn von dem Geld, das das Magazin für PR-Zwekke ausgibt, Filme und Kampagnen finanziert würden, in denen junge Männer erfahren, was Vergewaltigung bedeutet und wie aufregend es sein kann, wenn *beide* Partner den intimen Kontakt wollen.

Eine Sprache der Bilder und Worte, die uns wieder für Gewalt sensibilisiert, ist der beste Gegenpol zu der abstumpfenden Bilderflut, der wir ausgesetzt sind. D. E. May, eine 23jährige Künstlerin aus Oregon, fertigt aus Polizeiberichten über Vergewaltigungen und Gewalt in der Ehe großformatige, sehr beeindruckende Bilder. Auf einem dieser Bilder sieht man eine Hand, die sich um die Kehle einer Frau legt. Darunter steht: »Manchmal brauche ich unbedingt eine Frau, und dann nehme ich mir einfach eine.« Auf einem anderen, 1,8 auf 2,4 Meter großen Bild ist in weißen Buchstaben auf schwarzem Hintergrund der folgende, einem Polizeibericht entnommene Text zu lesen:

»Das Opfer sagte aus, daß es wegen einer Schachtel Zigaretten zum Streit kam. Es sagte aus, der Beschuldigte (ihr Ehemann) habe sie an den Haaren gepackt, gegen die Badezimmerwand gedrückt und mit der rechten Hand geschlagen. Das Opfer ist zur Tatzeit im siebten Monat schwanger. Es erklärt, der Beschuldigte habe immer wieder zu ihr gesagt: ›Du wirst dieses Baby verlieren, du Schlampe! Dafür sorge ich.‹ Nach den Schlägen im Bad traktierte der Beschuldigte das Opfer wieder mit Schlägen in den Bauch ...«

Erzählungen von Betroffenen haben sich in der Vergangenheit als wirkungsvollste Art des Protests gegen sexuelle Gewalt erwiesen. Wirkungsvoll ist auch, wenn Vergewaltiger mit Vergewaltigungsopfern konfrontiert werden, die schildern, welches Leid ihnen zugefügt wurde. Vergewaltiger reden sich nämlich meist ein, eine Vergewaltigung tue einer Frau nicht weiter weh. Für diese Männer war es nach eigenen Angaben die schlimmste Strafe, im Gefängnis Opfern gegenüberzusitzen und mit den Folgen ihrer Tat konfrontiert zu sein.

Bilder und Worte haben gerade heute eine magische Kraft. Früher lernten Kinder den gesellschaftlichen Sittenkodex in der Familie, in der Schule und in der Kirche. Heute ist das Fernsehen der wichtigste Vermittler der gesellschaftlichen »Normalität«; Befürworter der Meinungsfreiheit bringen sich ganz unnötig in Schwierigkeiten, wenn sie das leugnen. Wenn aber Worte und Bilder, die

Frauen erniedrigen, eine so große Wirkung haben können, gilt dasselbe doch auch für Worte und Bilder, mit denen Frauen sich wehren! Und Frauen haben viel wirksamere Mittel als das schlichte »Nein«, mit dem sich brave Mädchen seit je zu wehren versuchen.
Wenn wir es wagen, offen über alles zu sprechen, über unsere erotischen Wünsche wie über das uns zugefügte Leid, dann wird unsere Welt sicherer und zugleich erregender werden. Denn wir dürfen nicht nur sagen, was wir ablehnen, wir müssen auch sagen, wer wir sind und was wir wollen. Wir haben den dunklen Kontinent weiblicher Phantasien und Wünsche noch kaum vermessen. Wenn wir glauben, daß die über uns existierenden sexuellen Bilder lügen, ist es an uns, dem mit Selbstdarstellungen in Tagebüchern, Romanen, Dramen und Gemälden abzuhelfen.

Die Folge: Rückschlag für die Ziele der Frauen

Geschichtsschreibung und die Schaffung von Bildern, Leitfiguren und Belohnungen unserer Kultur liegen in den Händen der Männer. Die Frauen müssen den ihnen verweigerten Platz deshalb durch einen entsprechenden Aufwand an Zeit und Energie erkämpfen. In ihrem Fortschritt werden sie entscheidend durch die ungleiche Selektion, Interpretation und Präsentation von Nachrichten behindert.
Berichte über umwälzende Ereignisse sind von großem erzählerischen Reiz; die Nachricht von Siegen ermutigt die Menschen und stärkt ihr Zusammengehörigkeitsgefühl und ihren Kampfwillen. Die bei den Nachrichten zu beobachtende ungleiche Behandlung der Geschlechter verhindert jedoch, daß der ganze Zusammenhang sichtbar wird und eine Geschichte ihre volle Wirkung auch auf Frauen entfaltet. Das kann sehr frustrierend oder gar entmutigend sein, wie im Januar zu beobachten war, als das Gesetz über den Erziehungsurlaub endlich durchgesetzt wurde. Obwohl dieser

Triumph gänzlich dem neuen politischen Kampfgeist der Frauen zu verdanken war, war »Nannygate« das Tagesgespräch – Clintons glücklose Hand bei der Auswahl seiner Justizministerin wegen deren illegal beschäftigter Kindermädchen (»nannies«). Werden die komplexen, miteinander verknüpften Geschichten vom Kampf der Frauen um Verbesserung ihres Status nicht in einem allgemeinen Forum zur Sprache gebracht, ist es für Frauen beinahe unmöglich, aus den täglichen Schlagzeilen zu erfahren, wieviel an Boden gewonnen oder verloren wurde, wo Druck ausgeübt werden müßte und wo ein Rückzug ratsam wäre. Die Nachrichtenselektion erzeugt bei Frauen das Gefühl, einen Krieg zu führen, bei dem sie nicht wissen, ob ihre Mitstreiter den Rückzug angetreten haben, gefallen sind, sich ergeben haben oder überhaupt abgezogen sind und sie allein auf dem Schlachtfeld zurückgelassen haben, wo sie jetzt entsprechend dumm dastehen.

Wenn Redakteure Wahltriumphe von Frauen nicht auf deren Ursache, auf die weiblichen Wählerstimmen zurückführen und wenn sie Niederlagen der Frauen lauthals verkünden, Siege der Frauen aber auf die zweite Seite verbannen, erweisen sie der Opposition einen wichtigen Dienst. Sie verhindern so, daß die Frauen dem großen Geheimnis des ausgehenden 20. Jahrhunderts auf die Spur kommen: daß nämlich sie selbst das Ruder in der Hand haben und daß ihre Macht, wenn sie sie erst einsetzen, durch nichts aufgehalten werden kann.

Die beim Journalismus zu beobachtende Diskriminierung der Frauen hat vier Folgen. Erstens sorgt sie dafür, daß Frauen politisch auf der Stelle treten. Zweitens enthalten Fernsehen und Presse, wenn sie sich nicht für Fragen zuständig fühlen, die über die Hälfte ihrer Leserschaft bewegen, damit über der Hälfte der Bürger Informationen vor, die diese für ihre Wahlentscheidung benötigen; da das Recht des Wählers, für seine Interessen zu stimmen, Teil des Grundkonsenses in einer Demokratie ist, werden diese Redakteure ihrer Verantwortung als Journalisten in einer Demokratie nicht gerecht. Drittens wird die Frauenbewegung durch die

Presse lächerlich gemacht, was die Entfremdung der Frauen von ihren Repräsentantinnen noch verstärkt; in einem typischen Bericht der *New York Times* über NOW und Patricia Ireland ist von einem »stählernen Blick« die Rede und von Mitgliedern, die »am liebsten Birkenstock-Schuhe tragen und ihre Gegner anbrüllen«.[32]
Da Frauenthemen viertens so gut wie kein öffentliches Forum haben, auf dem offen diskutiert wird, bekommen die wenigen an die Öffentlichkeit gelangenden Kommentare zuviel Gewicht. Sie klingen oft gar nicht mehr wie Vorschläge, sondern wie starre Dogmen, da der knappe zur Verfügung stehende Raum zum Verzicht auf Modifizierungen, Problematisierungen und Nuancen zwingt.

Die Feindschaft des Feminismus gegenüber den Medien

Das gespannte Verhältnis des Feminismus zur Presse beruht auf der Erfahrung, daß die Presse oft verzerrend über den Feminismus berichtet, und auf der Erkenntnis, daß über Frauen in den Medien oberflächlich geurteilt wird und Frauen alle möglichen Tricks und Kniffe anwenden müssen, um überhaupt gesehen und gehört zu werden.
Diese wichtige Erkenntnis wurde jedoch zu wörtlich genommen und auch nicht neuen Technologien wie dem Fernsehen angepaßt. Die Präsentation in den Medien ist heute, am Ende des 20. Jahrhunderts, zwangsläufig eine Art »Verführung«, unabhängig von Inhalt und Wichtigkeit der Botschaft. Zwar berichtet das Fernsehen über Frauen viel oberflächlicher und viel mehr auf Bilder beschränkt als über Männer, aber andererseits behandelt es alle Themen oberflächlicher und visueller als die Presse. Zwar werden Frauen vor Fernsehsendungen stärker geschminkt als Männer, aber auch die Männer werden geschminkt. Niemand wird geschont. Der feste Vorsatz, sich niemals für die Presse zu erniedrigen, ist ein Anachronismus in einer Zeit, in der sich jeder, vom

rougebetupften Präsidentschaftskandidaten bis zum gefönten Whiskas-Kätzchen, vor der laufenden Kamera prostituieren muß. Gelegentlich kann das von Verweigerung geprägte Verhältnis des Feminismus zu den Medien eskalieren und in der Brüskierung eines wohlwollenden Partners gipfeln. So bestand die junge Organisatorin einer Wohltätigkeitsveranstaltung, die sonst alle Vorbereitungen tadellos abgewickelt hatte, darauf, daß die anwesenden Journalisten die teuren Eintrittskarten bezahlen sollten. Auf einigen Treffen der Women's Action Coalition (WAC) wurden Journalisten kollektiv ausgepfiffen.

Dieses Mißtrauen hängt unmittelbar mit der Erfahrung von Vergewaltigung und sexueller Belästigung zusammen. Frauen lernen unablässig, daß ihr Körper bewußt falsch interpretiert wird, daß ihre »Körpersprache« gegen sie verwendet wird. Tragen sie einen Minirock, um damit die Kontrolle über ihre eigene Sexualität auszudrücken, versteht ein Gericht darunter, daß sie die Kontrolle über ihren Körper an andere abgetreten haben. Das Gefühl der Unmöglichkeit, Kontrolle über die Bedeutung des weiblichen Körpers zu bekommen, veranlaßt Teile der Frauenbewegung zu der Annahme, es bestehe ein enger Zusammenhang zwischen der öffentlichen Diskussion in den Medien und sexueller Belästigung. Diese Feministinnen sehen nur noch die Möglichkeit, sich ganz von der Presse zurückzuziehen.

Die letzte, unheilvolle Folge des Umstands, daß die Presse die feministische Diskussion an den Rand drängt, besteht darin, daß einige Feministinnen im Gegenzug diese Randposition geradezu glorifizieren. Dadurch wird letztlich nur ein elitäres »Wir-gegen-die-anderen-Denken« verstärkt. Folgender Vorfall verdeutlicht dies. *Harper's Bazaar* beabsichtigte, einen Artikel über die WAC zu veröffentlichen. Laut der Reporterin Amruta Slee war ein Teil der Frauen strikt dagegen, da es sich um ein Modemagazin handle. Sie argumentierten, über WAC dürfe nur in »seriösen« Blättern wie *Ms.* oder *The Village Voice* berichtet werden – wobei »seriös« in diesem Zusammenhang offensichtlich »linksorientiert und alternativ« bedeutete. Zuletzt setzte sich dann freilich doch die Mehrheit durch, und ein Fotograf machte ein Bild mehrerer Aktivistinnen.

Dies führte zu neuen Anschuldigungen: Der Fotograf »hätte uns in Aktion aufnehmen sollen, nicht gestellt«, und er hätte keine Farbige in die erste Reihe stellen dürfen. Man hätte überhaupt kein Foto machen sollen. Daraus spricht wieder die Mentalität des Opfer-Feminismus. Wie Invaliden des Viktorianischen Zeitalters, die nur durch ihre Krankheit Macht ausüben können und sich daher weigern, gesund zu werden, hielten diese Frauen an ihrer Identität als Außenseiter fest, selbst dann noch, als ihre Botschaft zunehmend aufgegriffen wurde.

Jede aktivistische Bewegung, besonders in einer Randposition, wird früher oder später zu einer Kultur mit eigener Mode (auch wenn es eine Anti-Mode ist), eigenen Frisuren und eigenem Jargon; es entspricht der menschlichen Natur, Symbole und Regeln zu schaffen, die das Gefühl der Gruppenzugehörigkeit vermitteln. Doch es ist grotesk, wenn eine Subkultur, die sich ausdrücklich dazu berufen fühlt, alle Frauen anzusprechen, ausgerechnet die Medien mit Verachtung straft, die die meisten Frauen lesen – und diese Verachtung damit auf die meisten Frauen ausdehnt. Eine solche Klubmentalität birgt die Gefahr, daß eine wesentliche feministische Erkenntnis verlorengeht: daß nämlich jede einzelne Frau zählt.

Wer liest Frauenmagazine? Wer sieht tagsüber fern? Millionen amerikanischer Frauen aller Schichten, Bildungsstufen und Altersgruppen. Wer liest *Ms.* und *The Village Voice?* Einige hunderttausend, vorwiegend aus der Mittelschicht stammende Frauen mit Hochschulbildung, die überwiegend in Städten leben. Verlangt eine Frau der WAC von anderen Frauen, sie sollten nur die Zeitschriften lesen, die ihre Mitstreiterinnen lesen, drückt sie damit indirekt aus, daß Frauen, die *Harper's Bazaar* lesen, nicht so wichtig sind wie ihre coolen, wortgewandten Freundinnen aus der City; sie distanziert sich von ihnen. Wenn sie es für nicht der Mühe

wert hält, mit anderen Gruppen in deren Sprache über deren Anliegen zu sprechen, zeugt dies von einem des Feminismus unwürdigen Snobismus; schließlich sollte gerade der Feminismus eine breite Basis in der Bevölkerung haben.
Erlebt man, wie sich eine Frau mit einer wichtigen feministischen Botschaft in einer dafür »unpassenden« Sendung Gehör verschaffen will, merkt man sofort, daß ihr das in höchstem Maß unangenehm und peinlich ist. In der für solche Sendungen typischen, auf Vermeidung kontroverser Fragen bedachten Atmosphäre können banale Aussagen wie »Vergewaltigung ist schlimm« eine Frau in eine merkwürdige Außenseiterposition drängen. Zweifellos würde sie in diesem Moment lieber mit Freundinnen, die in allem genau der gleichen Meinung sind wie sie, in einem gemütlichen Café im East Village sitzen. Power-Feminismus aber bedeutet, von Madonna, Spike Lee und Bill Cosby zu lernen: Wenn dir das Image deiner Gruppe in den Medien nicht gefällt, denke dir ein anderes aus und sorge dafür, daß es verbreitet wird. Nur mit Klagen kommen wir nicht weiter. Unsere Verantwortung beginnt mit der Schaffung besserer Bilder.

Geistige Inflexibilität

»Ich widerspreche mir? Gut, dann widerspreche
ich mir. Ich bin groß. Ich umfasse vieles.«
Walt Whitman

Infolge der Verhärtung der Diskussion über Frauenthemen hat der Feminismus einige geistig selbstzerstörerische Gewohnheiten angenommen. Fühlt sich eine Bewegung vom allgemeinen gesellschaftlichen Leben abgeschnitten und zu einem Schattendasein verurteilt, neigt sie dazu, starr an ihrer Identität festzuhalten, aus Furcht, sie möglicherweise zu verlieren. Ihre Mitglieder empfinden Herausforderungen und Entwicklungen, mit denen sie sich eigentlich gedanklich auseinandersetzen müßten, als Bedrohung ihres Zusammenhalts als Gruppe.

Aber wir dürfen uns gerade heute nicht an alte Identitäten und Dogmen klammern. Wer blind an alten Denkschemata festhält, gerät ins Hintertreffen; nur wer sich neu orientiert, kann Schritt halten. In der demokratischen Partei hat, sehr zum Leidwesen des konservativen Flügels, ein Umdenken stattgefunden, das der Partei die erneute Machtübernahme ermöglichte, während die Republikaner mit ihren überholten Vorstellungen sichtbar an Boden verlieren. An die Stelle des Zionismus der amerikanischen Juden muß die Bereitschaft zu Friedensgesprächen treten, auch wenn diese noch so problematisch sind. Die amerikanischen Schwarzen beschreiten bei der Diskussion städtischer Probleme bereits neue Wege. Charakteristisch für den Opfer-Feminismus dagegen ist ein »Entweder-oder-Denken«. Man ist entweder Opfer oder Unterdrücker, entweder für oder gegen den Feminismus, entweder nicht-sexistische Frau oder sexistischer Mann. Wer das Gefühl hat, keine Stimme oder keine Alternativen zu haben, klammert sich an die oberflächliche Gewißheit polarisierter Meinungen. Nur wer Selbstvertrauen hat und Ansprüche stellt, wagt es, sich auf das »Sowohl-als-auch-Denken« einzulassen, wie Gloria Steinem es nennt. Der Feminismus muß sich aktiv zu einer solchen Haltung bekennen.

Frauen fürchten zu Recht, ihre Meinung allzu frei zu äußern. Da sie keinen Einfluß auf die Gesetzgebung haben, werden Worte und Einstellungen schnell zu festen Annahmen über Frauen und bestimmen dann konkret, was mit Frauen geschieht. Die gesetzliche Behandlung von Frauen hängt, mehr als bei irgendeiner anderen Gruppe, von Gefühlen und kaum hinterfragten Eindrücken ab, wie Frauen sich verhalten sollen und wie man sich Frauen gegenüber verhält, statt von nachweisbaren Fakten oder allgemeingültigen Verhaltensregeln. Beispielsweise werden Ansichten über Vergewaltigung und darüber, welche Frauen sie »verdienen«, zu realen gesetzlichen Gepflogenheiten, mit denen Frauen dann konfrontiert sind, wenn sie ihre Schuldlosigkeit und die Schuld des Vergewaltigers nachweisen müssen. Jeder Fortschritt, den wir bei den Gesetzen zu Vergewaltigung und häuslicher Gewalt erzielt haben, ist der jahrelangen Überzeugungsarbeit von Feministinnen zu verdanken. Sagen erst genügend Stimmen, Abtreibung sei Mord, steht das Recht auf Abtreibung auf dem Spiel.

Kritiker des Feminismus mißverstehen die Tendenz von Feministinnen, bei bestimmten strittigen Themen vor der Auseinandersetzung zurückzuschrecken. Diese Neigung ist kennzeichnend auch für andere, die sich bedroht fühlen und keine Stimme haben. Amerikanische Juden befassen sich ausführlich mit der israelischen Menschenrechtspolitik, solange Israel nicht in Gefahr ist; sobald die Existenz Israels auf dem Spiel steht, ist davon verständlicherweise keine Rede mehr. Wir Feministinnen fürchten weniger bestimmte Meinungen als die daraus womöglich resultierende Gesetzgebung. Wenn Feministinnen sich dagegen wehren, daß Camille Paglia in den Medien sagen darf, Frauen wollten vergewaltigt werden oder Vergewaltigungen seien zumindest nicht so schlimm, tun sie das deshalb, weil solche Reden nicht nur zu kontroversen Diskussionen, sondern zu einem tatsächlichen Abbau von Rechten von Frauen führen können. Die Opposition kennt diesen Zusammenhang von Wort und Gesetz und nutzt ihn für ihre Zwecke; eine Frau kann keine Kritik an der Pornographie äußern, ohne daß dies sofort als Zensur gebrandmarkt wird. Aber wir zahlen einen zu hohen Preis, wenn wir deshalb vor jedem Dissens zurückschrecken und nicht wagen, unsere Meinung zu äußern.

Die Situation an einigen Universitäten zeigt, wie von oben auferlegtes Stillschweigen ein Klima schafft, das auch Stillschweigen von unten ermutigt.

Rechte Kritiker bezeichnen die multikulturelle Gesellschaft und die Frauenforschung als unliberal und intolerant. Die Hauptbedrohung für die Freiheit der wissenschaftlichen Lehre an den Universitäten geht jedoch mitnichten von irgendwelchen barbarischen Ausländern aus. Am meisten bedroht ist, wer sich dagegen wehrt, daß die Macht an den Hochschulen in den Händen von Männern liegt.

Im großen und ganzen sind die Fakultätsmitglieder in den Vereinigten Staaten heute konservativer als Ende der sechziger Jahre. Von ihren politischen Überzeugungen her sind sie zu etwa gleichen Teilen Liberale (33,8 Prozent) und gemäßigt Konservative (33,8 Prozent). Zur politischen Mitte zählen 26,6 Prozent.[33]

Gegner von Veränderungen schreien oft schon nach Redeverbot, wenn über traditionelle Ansichten auch nur kritisch diskutiert wird und wenn eine erhöhte Sensibilität für die Probleme der verschiedenen Rassen, Geschlechter und gesellschaftlichen Schichten zu einer lebhafteren Auseinandersetzung führt. George Will von der University of Pennsylvania sieht in der Aufforderung von Studenten zu kritischer Hinterfragung ihrer Einstellungen eine geistige Bevormundung.

Wer sich mit geistiger Zensur an den Universitäten beschäftigt, erkennt, daß besonders häufig Perspektiven von Frauen und Frauenforschung von Zensur bedroht sind. Die Zeitung der Vanderbilt University etwa akzeptiert Anzeigen für Striptease-Klubs, aber die Studentenvertretung lehnt es ab, *Muliebriety*, die Zeitung der Frauen, zu finanzieren, weil sie »politisch« sei. Männliche Studenten des Queen's College versuchten, die finanziellen Mittel für die alternative Frauenzeitung *Surface* zu stoppen, als in einer Ausgabe der Zeitung Satiren über sexistische Phantasien veröffentlicht wurden.[34] Beklemmend ist, wie Leiterinnen von Frauenforschungsprogrammen und Frauenzentren überall über die Kürzung ihrer finanziellen Mittel und die Einengung ihres Handlungsspielraums klagen: Trotz ständig steigender Nachfrage seitens der Studenten könnten diese Programme bald nicht mehr durchgeführt werden, und wenn eine neue Studentengeneration Frauenzentren oder Frauenforschung als Hauptfach fordere, lehne die Verwaltung dies mit der Behauptung ab, es sei bereits versucht worden, jedoch ohne Erfolg.

Dazu kommt die verzerrte Darstellung der Inhalte der Frauenforschung in der Öffentlichkeit. Die Kritiker stellen sich dabei oft selbst ein Bein. Dinesh D'Souza etwa amüsierte sich königlich über ein zusätzliches Lehrplanangebot zu *Ich, Rigoberta Menchu*, der Autobiographie einer mittellosen guatemaltekischen Indianerin, die als Dienstmädchen gearbeitet hatte. Wahrscheinlich war D'Souza nicht wenig irritiert, als die »irrelevante« Bauersfrau für ihre Bemühungen um die Menschenrechte 1992 den Friedensnobelpreis bekam.

All das fordert seinen Tribut und führt zu einer Abwehrhaltung und Starrheit des Denkens, die hinderlich ist, wenn es darum geht, Lehrpläne und Leben an den Universitäten auf einen dem 20. Jahrhundert angemessenen Stand zu bringen.

Der Parlamentarier und Abtreibungsgegner Robert Casey aus Pennsylvania sprach 1992 an der Universität Cooper Union in New York. Einige Aktivistinnen der Frauengruppen ACT UP und

WAC gingen zu Caseys Vortrag und schrien und trampelten so laut, daß Casey im Saal nicht zu hören war und er seinen Vortrag nicht halten konnte. Nach ihren Motiven befragt, antworten solche Frauen oft: »Frauen werden auch gewaltsam zum Schweigen gebracht.«

Wer Sätze wie diese sagt, tut so, als würden alle Frauen gleichermaßen unterdrückt. Wir werden zwar unterdrückt, aber nicht alle in gleichem Maße.

Es stimmt natürlich, daß viele Frauen buchstäblich gezwungen werden zu schweigen. Frauen, die mit vorgehaltener Pistole zur Mitwirkung in Pornofilmen gezwungen werden, können ihre Meinung nicht frei äußern. Andere Frauen schweigen, weil sie Angst davor haben müssen, halb totgeschlagen zu werden oder ihre Arbeit zu verlieren. Sechzehnjährige Mädchen in Pennsylvania, die im Parlament keine Vertretung haben und nicht abtreiben dürfen, müssen ebenfalls schweigen. Analphabetinnen und Frauen mit geringer Bildung, die das im Ersten Verfassungszusatz verankerte Recht auf freie Meinungsäußerung zumindest schriftlich nicht ausüben können, sind in dieser Hinsicht zum Schweigen verurteilt. Das gleiche gilt für Frauen, die aufgrund ihrer Armut und der tagtäglichen Existenzsorgen nicht einmal daran denken können, sich den Luxus der freien Meinungsäußerung zu leisten.

Wenn sich aber Frauen, die gebildet sind und sich ausdrücken können, der Sprachlosigkeit der tatsächlich Ohnmächtigen bedienen und etwa Diskussionen oder politische Versammlungen an Universitäten verhindern, dann verharmlosen sie die wahre Not dieser Frauen. Und wenn jemand die Chance und damit die Verpflichtung hat, zu sprechen, dann sind es gerade diese Frauen: Frauen aus der Mittelschicht mit Juraexamen, Schriftstellerinnen und politisch organisierte Frauen. Wir müssen uns fragen, ob wir den Frauen, die ständig unter Gewaltandrohung leben oder unter einem repressiven Arbeitgeber zu leiden haben, wirklich helfen, wenn wir die Chance nicht nutzen, in ihrem Namen zu sprechen. Die meisten von uns können es sich doch leisten, Robert Casey erst einmal anzuhören und ihn dann ins Kreuzfeuer der Kritik zu nehmen. Erst dann haben sie die Chance, einen Hörsaal voller Menschen von der Notwendigkeit des Rechts auf Abtreibung zu überzeugen. Wenn wir das tun können, ohne daß wir fürchten müssen, geschlagen zu werden oder den Arbeitsplatz zu verlieren, dann haben wir nicht das Recht, uns künstlich zum Schweigen zu verurteilen, als sei das eine neue Mode, die wir jederzeit wieder ablegen können.

Ich hielt einmal einen Vortrag an einer Universität, an der progressive akademische Arbeit in ihrer besten, aber auch in ihrer schlimmsten Form betrieben wurde. Bevor ich das Podium betreten durfte, teilte mir die mich begleitende Dozentin in ominösen Worten mit, die Teilnehmerinnen eines Seminars über Frauenforschung wollten mit mir sprechen. Plötzlich fand ich mich in einem Kreis von Frauen wieder, die offensichtlich bereits ein Urteil über mich gefällt hatten.

Die Frauen kritisierten weniger meine Arbeit – was ich begrüßt hätte –, sondern forderten mich auf, ihnen gegenüber Rechenschaft über meine Person abzulegen. Eine Frau warf mir vor, ich sei elitär, weil ich mich in endlos langen Sätzen ausdrücke, eine andere klagte, mir fehle die nötige akademische Strenge, da ich, um mein Buch besser verständlich zu machen, statt akademischer Fußnoten in Klammern gesetzte Erläuterungen verwendet hätte; die beiden Frauen schienen in ihren Standpunkten keinen Widerspruch zu sehen. Es folgten weitere Anklagen: Warum war ich im Fernsehen aufgetreten – machte es mir denn nichts aus, von den Medien als Alibifrau mißbraucht zu werden? Warum hatte ich für meine Publikationen einen Verlag gewählt, der den Massenmarkt bediente? Grenzte ich, wenn ich ein Buch schrieb, nicht automatisch alle Frauen aus, die nicht lesen konnten?

Nach meinem Vortrag ging ich mit einigen Studentinnen noch auf eine Pizza und ein Bier in ein Lokal. Diesmal, außerhalb der Gruppe des Seminars, waren sie sehr freundlich. Sie beherrschten die Theorien französischer Feministinnen hervorragend, hatten

aber keine Sprache, um über ihre wirklichen Anliegen zu sprechen. Sie redeten über Sexualität, Selbstachtung, fehlende Vorbilder und die Bemühungen ihrer jungen Professorin, neben der beruflichen Arbeit auch noch ein Kind aufzuziehen, und sie machten sich Gedanken über ähnliche Konfliktsituationen, die ihnen in ihrem eigenen Leben bevorstehen würden. Sie waren es gewohnt, in selbstgerechten Phrasen zu sprechen, und sie waren durch die pädagogische Tendenz verunsichert, geistige Forschung als verbissenen Kampf zu betrachten, bei dem es darum ging, unter dem fadenscheinigen Deckmantel des »Konsenses« anderen die Spielregeln zu diktieren; ich empfand ihre Standpunkte als ebenso unproduktiv wie den Machismo, der während meiner Collegezeit tonangebend gewesen war. Anstatt die Belange von Frauen aufzuwerten und zu einem Thema zu machen, das den Aufwand unbequemer Fragen verdient, hatten die Feministinnen mit ihren Phrasen die Anliegen der Frauen auf ein paar vorgefaßte Meinungen reduziert. Der einzige Unterschied bestand darin, daß nicht mehr die Männer, sondern die Frauen bestimmten, welche vorgefaßten Meinungen sie haben sollten.
Hier zeigt sich ein großes Mißverständnis, was den Sinn neuer Ideen betrifft. Eine Regierung oder eine Partei etwa muß repräsentativ sein, aber die Meinungen und Äußerungen einer Frau können und dürfen nicht repräsentativ sein. Natürlich kann eine Zuhörerin einer Rednerin sagen, sie habe wichtige Themen nicht berücksichtigt oder ihre Einstellung sei enttäuschend oder falsch. Keine Frau hat jedoch das Recht, Auskunft über die Gedanken einer anderen Frau zu geben. Wir können eine Autorin zwar bitten, uns zuzuhören, aber wir dürfen nicht von ihr verlangen, daß sie so schreibt, wie es die Bewegung will. Ich stellte in unserem Gespräch besorgt fest, daß die Frauen, weil wir ja alle Feministinnen waren, wie selbstverständlich annahmen, auch über meine Gedanken verfügen zu können.
Kollektives Bewußtsein kann ein ebenso autoritärer und falscher Götze sein wie »Autorität« und Wahrheitsanspruch des Mannes

in der Kultur des Westens, mit deren Entglorifizierung die poststrukturalistische Forschung unlängst begonnen hat. Mit der Vorstellung, alle geistigen Anstrengungen müßten kollektiv erfolgen und dürften ohne die Erlaubnis selbsternannter Hüterinnen des Feminismus nicht veröffentlicht werden, zerstört der Feminismus sich selbst.

Paradoxerweise stehen gerade diejenigen dem Fortschritt im Weg, die den feministischen Ideen zum Durchbruch verhelfen wollen, indem sie gemeinsam gegen alles Nichtorthodoxe Front machen. Ideen, die ihnen verwerflich erscheinen, könnten sich, überließe man sie sich selbst, gegenseitig befruchten und zu ungeahnten Ergebnissen führen. Feministische Literatur von bleibendem Wert ist radikal unabhängig und oft aus der Sicht der jeweiligen Zeit »politisch falsch«. Die Heldin von Emily Brontës *Sturmhöhe,* einem großartigen Roman weiblicher Leidenschaft, begeht aus Liebe Selbstmord; in Virginia Woolfs Roman *Orlando* ist der Protagonist gleichermaßen unwiderstehlich in seiner männlichen Inkarnation wie in seiner weiblichen Daseinsform; Germaine Greer versteigt sich am Schluß ihres Buches *Der weibliche Eunuch* zu einer völlig abstrusen Schlußfolgerung – daß nämlich die Antwort auf die Kämpfe der Frauen darin liege, sich sizilianischen Bauern anzuschließen. Aber die Frauen, deren Werk von Dauer ist, gestatten sich, Fehler zu machen, und sind bereit, ihre eigenen ursprünglichen Annahmen in Frage zu stellen, auch wenn diese inzwischen zur anerkannten Meinung der jeweiligen Zeit geworden sind. Hätten diese Frauen unter den mißbilligenden Blicken eines feministischen Kollektivs ähnlich großartige Werke schaffen können?

Verschließen wir uns der Kritik an unseren eigenen orthodoxen Überzeugungen, beginnen wir geistig abzusterben. Das Recht, Fragen zu stellen, ist das Kronjuwel in der Schatzkammer der von den Männern übernommenen und den Frauen vorenthaltenen Rechte. Es ist sogar ein noch kostbareres Menschenrecht als die Bezahlung für geleistete Arbeit, die wir auch so dringend brauchen. Einst war es Frauen per Gesetz untersagt, an denselben Orten wie Männer Fragen zu stellen. Wollen wir uns die Fragen jetzt selbst verbieten? Haben die Frauen, die die ersten Colleges für Frauen gründeten und für gleiche Bildungschancen stritten, das nur getan, damit Frauen eines Tages alles ignorieren, was sie zwingen könnte, eine Annahme neu zu überdenken?

Harmoniedenken

»Wir bestätigen unsere Wirklichkeit, indem wir sie teilen«, ist auf einem von einer Frauengruppe produzierten T-Shirt zu lesen. In dieser auf Harmonie bedachten Haltung liegt genau das Problem. Das Vermächtnis der Selbsterfahrungsgruppen an den Feminismus besteht in dem großen Wert, den Feministinnen darauf legen, die eigenen Lebenserfahrungen von anderen Frauen bestätigt zu bekommen, auf diese Weise der Isolation entgegenzuwirken und die Bemühungen einzelner Frauen in einen gesellschaftlichen Zusammenhang zu bringen. Während eine solche »Bestätigung der Wirklichkeit« der zweiten Phase der Frauenbewegung hervorragende Dienste erwies, werden heute eher die problematischen Folgen deutlich: die Tendenz einiger feministischer Subkulturen zum Harmoniedenken und die Tyrannei der Gruppenperspektive über die Perspektive einer Gemeinschaft, die durch die Interaktion ganz verschiedener individueller Sichtweisen zustande kommt. Statt unsere Wirklichkeit voreilig zu »bestätigen«, indem wir sie »teilen«, sollten wir sie immer wieder in Diskussionen kritisch überprüfen und in Frage stellen.

Donna Minkowitz, eine lesbische Journalistin, hat miterlebt, wie die Angst vor Dissens ihre Frauengruppe, eine Karateschule für Lesben, lähmte. Obwohl dort betont wurde, wie wichtig es sei, sich nach außen abzugrenzen, Raum für sich zu beanspruchen und seine Unabhängigkeit zu verteidigen, erstickten die Leitsprüche der Gruppe jeglichen Dissens im Keim: »Seid nie uneins, habt nie eine unabhängige Meinung und fangt vor allem nie Streit an.«

Frau Minkowitz meint scharfsichtig, die Erfahrung des Kampfes rühre an unterdrückten Gefühlen der Wut, die den Dissens in den Augen der betroffenen Frauen noch schrecklicher erscheinen lassen. Sobald eine Frau in der Gruppe eine abweichende Meinung geäußert habe, sei sie auf heftige Ablehnung gestoßen. »Irgendwie machte es Spaß, politisch weniger erfahrene Frauen mit Dogmen vollzustopfen«, schreibt sie mit seltener Offenheit, und sie interpretiert dieses auf Harmonie bedachte Gruppendenken ganz richtig nicht als Gemeinschaftsgeist, sondern als unterdrückten Herrschaftsanspruch: »Wie alle verschleierten Herrschaftsansprüche war dieses Denken letztlich steril und unproduktiv. Sowohl ich als auch die Frauen, die ich quälte, versuchten verzweifelt jede Auseinandersetzung mit etwas zu vermeiden, das uns noch mehr zusetzte als unsere kritischen/selbstkritischen Sitzungen: mit unserer Angst vor der Wut und unserer erstaunlichen Konfliktscheu.« Die National Lesbian Conference von 1992 sei ein Mißerfolg gewesen, schreibt Frau Minkowitz, »und zwar genau deshalb, weil die Teilnehmerinnen keinen Dissens tolerierten.« Von Frauen verfaßte Flugblätter mit Karikaturen zum »Parfüm-Verbot« wurden beschlagnahmt, um die Gefühle anderer Frauen nicht zu »verletzen«. Lesbische Soldatinnen, die ihre Verhaftung riskierten, um an der Versammlung teilnehmen zu können, wurden mit Redeverbot belegt, und ein offizielles Konferenzbulletin erklärte, daß bestimmte erotische Präferenzen – etwa die Vorliebe für schlanke Frauen – falsch seien. »Unsere Angst vor Konflikten«, faßt Frau Minkowitz zusammen, »hat in den lesbischen Gruppen viel mehr Schaden angerichtet als die Konflikte selbst.«[35] Ich möchte dem hinzufügen, daß dies auch für die Frauenbewegung insgesamt gilt. Elizabeth Fox-Genovese schreibt am Ende ihres Buches *Feminism Without Illusions:* »Ich bin mir der Gefahr wohl bewußt, daß viele andere Feministinnen, deren Ansichten sich von meinen unterscheiden, meine Kritik als illoyal auffassen könnten, aber ich kann nur hoffen, daß es im Rahmen der Frauenbewegung möglich ist, auch andere Meinungen als Teil des kontinuierlichen Bemühens zu akzeptieren, die Bedürfnisse der Frauen zu artikulieren.« Dies ist ein wahrhaft deprimierender Satz. Wenn »Kritik« an der Bewegung als »Illoyalität« gilt, hat diese Bewegung offenbar jeden geistigen Schwung verloren.

Moralische Reinheit

Vor kurzem wurde ich zu einer Diskussion mit Susie Bright eingeladen, einer lesbischen Feministin, die Pornographie und Sadomasochismus befürwortet und eine lesbische S/M-Zeitschrift herausgibt. Eine meiner Leserinnen rief in meinem Büro an und fragte: »Wie kann Naomi nur mit dieser Person sprechen?« »Diese Person« – wie viele ehrbare Hausfrauen mögen das schon gesagt haben, wenn sie einer aufgetakelten Prostituierten begegneten? Ich habe Susie Brights Buch nicht gelesen, antwortete ich meiner Leserin in Gedanken; ich habe mir nicht einmal angehört, was sie in Diskussionen zu sagen hat. Wie kann diese Leserin also glauben, sie wisse, was ich von Susie Bright halte, wenn ich es selbst noch nicht weiß? Die Anfrage der Frau sprach Bände und deprimierte mich, weil in ihr zum Ausdruck kam, warum die Leute sich vom Feminismus abwenden. Es war die alte feministische Strategie, Zensur auszuüben und mit Personen, die uns beleidigt haben (meist Frauen) nicht mehr zu sprechen.

Dahinter steckt die Angst der Frauen und des Opfer-Feminismus vor »unmoralischem« Verhalten. Diskussionen unter Feministinnen sind gespickt mit Warnungen vor entsprechenden Gefahren, meist in Zusammenhang mit Geld, Ruhm oder unmoralischen Ansichten. Der Opfer-Feminismus gebraucht dabei dieselbe Sprache, die man von Balladen aus dem 18. Jahrhundert kennt; dort werden jungfräuliche Milchmädchen vor listigen Kupplerinnen gewarnt, die sie mit Gold und Tand vom unschuldigen Land in die sündhafte Stadt locken wollen.

Wir können die Angst des Opfer-Feminismus vor der morali-

schen Korruption durch die Versuchungen der Macht, des Geldes und der Medien nicht verstehen, ohne uns das jahrtausendealte Verhältnis der Frauen zur Prostitution vor Augen zu führen. Die Frauen leiden heute noch unter den Nachwirkungen jenes langlebigen Gegensatzes von verheirateten Frauen, Nonnen und Jungfrauen einerseits und Prostituierten und Kurtisanen andererseits. In fast allen westlichen Kulturen mußte sich jahrhundertelang praktisch jede Frau, die nicht zur Aristokratie gehörte, zu einer Ideologie der Respektabilität und Keuschheit bekennen, die sie von der Prostituierten unterschied. Für die »Vorteile« ihrer Sittsamkeit – Sicherheit, Schutz und gesellschaftliche Anerkennung – mußte sie einen hohen Preis zahlen: sexuelle Selbstverleugnung und Abhängigkeit. Umgekehrt führten Straßendirnen ein zahlreichen Bedrohungen und Krankheiten ausgesetztes Leben. Daneben gab es freilich Kurtisanen, denen es gutging und die oft im Mittelpunkt des gesellschaftlichen und geistigen Lebens standen. Im 19. Jahrhundert war allgemein bekannt, daß selbst die ärmsten Prostituierten schneller und mehr Geld verdienen konnten als jene Fabrikarbeiterinnen oder Verkäuferinnen, die seit dem Beginn der Industriellen Revolution den größten Teil berufstätiger Frauen ausmachten.
Eine »anständige« Frau wußte auch, wie schmal der Grat war, der sie von der Prostituierten trennte. Sie brauchte nur einem sexuellen Impuls nachzugeben, außerhalb der Ehe schwanger zu werden oder ihren Mann zu verlieren, und schon drohte ihr ein Leben als Hure. Um sich vor den Versuchungen dieses Lebens zu schützen, mußten anständige Frauen »schlechte Frauen« und schlechtes Betragen stigmatisieren. Außerdem mußten sie den Wert von Keuschheit und Reinheit steigern, um sich für das anständige Leben, das sie führen mußten, zu entschädigen. Die gesellschaftlichen Bedingungen, unter denen so viel Gewicht auf den Unterschied zwischen guten und schlechten Frauen gelegt werden mußte, gehören praktisch der Vergangenheit an, doch die jahrhundertelange kulturelle Anpassung um des Überlebens willen, die seit undenklichen Zeiten

von den Müttern an die Töchter weitergegeben wird, ist immer noch wirksam. Deshalb achtet der Opfer-Feminismus so genau darauf, immer auf der »richtigen« Seite zu stehen, auch wenn das die Ablehnung fruchtbarer Meinungsverschiedenheiten oder das Zurückschrecken vor der Ausübung profaner Macht bedeutet.
Doch wer bezahlt für eine Diskussionsveranstaltung über den Feminismus 15 Dollar, wenn er schon weiß, wie sie ausgeht? Wenn wir an einer starren Linie festhalten, langweilen wir uns selbst und vertreiben unsere Zuhörer, die das Gefühl haben, das alles schon einmal gehört zu haben.
Menschen sind in einem steten Lern- und Entwicklungsprozeß begriffen. Der Umbruch der letzten Jahre hat in rasantem Tempo eingespielte Geschlechterrollen in Frage gestellt. Die Welt hat sich in den letzten fünfzehn Jahren verändert, doch einige der Grundwahrheiten des Feminismus bleiben. Wie können wir die Menschen auffordern, von uns zu lernen, wenn wir selbst aufgehört haben zu lernen oder wenn wir die Herausforderungen fürchten, die ein teils schmerzhafter Wandel mit sich bringt?

Die falsche Strategie

Wenn einige Feministinnen und linke Aktivistinnen anderen ins Wort fallen oder notwendigen Entwicklungen keine Zeit lassen, handeln sie aus Verzweiflung; schließlich sind, wie es oft in kritischen Bemerkungen zum Liberalismus heißt, Frauen vielfach nicht in der Lage, von ihren Grundrechten Gebrauch zu machen. Diese Einsicht wird jedoch zuweilen auch von Frauen, die durchaus im Besitz der meisten Rechte sind, dazu benutzt, die mit diesen Rechten verbundene Verantwortung zu umgehen.
Die Namen angeblicher Vergewaltiger an die Wände von Damentoiletten zu schreiben, gilt als subversiver Gegenschlag; kritzeln Studenten Mädchennamen an die Wände der Männertoiletten, spricht man plötzlich von sexueller Belästigung. Männer sollen

sich mit Frauenforschung befassen, doch einige Frauen lehnen es ab, Texte zu lesen, die sie für sexistisch halten. Frauen protestieren gegen Darstellungen sexueller Gewalt gegen Frauen, aber in einem linken Universitätsblatt kann eine Frau über Verführung, Folter und Tod eines »weißen Jungen« phantasieren. Doch die Vorstellung, daß alles anders sei, wenn Frauen es Männern antun statt umgekehrt, kann nicht unbegrenzt als Entschuldigung herhalten.

Anstatt gegen ungerechte Regeln anzugehen und zu versuchen, sie für alle gerecht zu machen – eine lange, mühevolle Aufgabe –, wird oft die »radikale« Schlußfolgerung gezogen, da die Regeln korrupt seien, müßten überhaupt keine Regeln eingehalten werden. Ein solches Verhalten mag harmlos oder symbolisch wirken, wenn eine hilflose Minderheit es praktiziert, es wird jedoch schnell ungerecht, wenn eine Gruppe es anwendet, die kurz davor ist, die Gleichberechtigung durchzusetzen. Wenn sich »Radikale« verächtlich über Presse, Wahlsystem oder Leistungsgesellschaft äußern, tun sie das, weil diese Einrichtungen nur angeblich gerecht sind, in Wirklichkeit aber nicht. Die angebliche Gerechtigkeit ist ein Mythos des Liberalismus. Kritik daran ist notwendig und richtig; wenn sie jedoch dazu führt, daß sich jemand aus der Gesellschaft zurückzieht, statt um gerechte Regeln des Zusammenlebens zu kämpfen, dann ist überhaupt nichts gewonnen.

Zwar haben Männer die Prinzipien der repräsentativen Demokratie, der Pressefreiheit und des »amerikanischen Traums«, in dem jeder unabhängig von Klassenunterschieden Karriere machen kann, formuliert; doch der Grund der Misere sind nicht die Ideale selbst, sondern die Tatsache, daß die mangelnde Voraussicht der Menschen, die sie formuliert haben, und die Eigeninteressen der heutigen Machthaber die Verwirklichung der Ideale verhindern. Wer diese Ideale geringschätzt oder ablehnt, stellt sich selbst ins Abseits. Wenn wir aber dafür sorgen, daß sie wirksam werden und sich aufgrund der ihnen innewohnenden Logik entfalten – und das ist doch letztlich das Ziel aller »multikulturellen« und femini-

stischen Bewegungen –, dann ist kein »radikaleres« System vorstellbar als das unsrige.
Ich bin in einer Stadt aufgewachsen, in der die Bürgermeister unweigerlich bei der jährlichen Parade der Homosexuellen mitmarschierten. Das heißt nicht, daß die Bürgermeister alle selbst homosexuell waren; sie marschierten mit, weil sie keine andere Wahl hatten. Die Homosexuellen waren gut organisiert und politisch engagiert. Ich habe erlebt, wie »radikale« Werte triumphierten, nur weil Menschen »altmodische«, ja dem Zeitgeist völlig konträre amerikanische Ideale staatsbürgerlicher Verantwortung ernst nahmen und ihren Einfluß entsprechend geltend machten.
Jede erfolgreiche Bewegung braucht radikale Mitglieder, die lautstark auftreten und die Gruppe zu sprengen drohen, und kompromißbereite Mitglieder, die als Vermittler fungieren, wenn die Gruppe sich auf einen neuen Konsens verständigen muß. Eine bestimmte Situation kann einen explosiven Aktivismus erfordern, aber die Bewegung selbst darf nie einen funktionierenden und gerechten gesellschaftlichen Konsens als höchstes Ziel aus den Augen verlieren. Ich lasse die »Umkehrung des Unrechts« als Schockbehandlung gelten, und es gibt viele Situationen, in denen der machtlosen Minderheit nichts anderes übrigbleibt. Doch muß sie immer Teil eines auf den gesellschaftlichen Konsens ausgerichteten Strebens sein, der allen Männern und Frauen gerecht wird. Ich möchte nicht Teil einer Bewegung sein, in der die »Umkehrung des Unrechts« eine Taktik mit eigener Berechtigung ist statt die Herausforderung einer ungerechten Leistungsgesellschaft.
Der »Radikalismus«, wie ich ihn verstehe, ist nicht auf dem Rückzug, noch verharrt er in der Theorie und bewirkt keinerlei Veränderung; er will auch nicht einfach die Spielregeln der Gesellschaft abschaffen, ohne darüber nachzudenken, was die Folgen der von ihm vorgeschlagenen Alternativen sind. »Radikalismus« heißt, die Systematik der Diskriminierung verstehen und sich die Macht verschaffen, mit der man das Unrecht abstellen kann. Eine echte Radikale steht nicht abseits, stolz auf ihre Integrität. Sie steht als

streitbare Kämpferin im Mittelpunkt des Geschehens und fragt: Wie können meine Aktionen dazu beitragen, wirkliche Veränderungen zum Guten im Leben möglichst vieler Menschen zu bewirken? Sie begnügt sich nicht damit, nur zu zerstören und sich dann abzuwenden, wie schwache Menschen es tun. Sie hat wie alle starken Menschen ein ausgeprägtes Verantwortungsgefühl und denkt konstruktiv. Hat ein System Widersprüche, verbessert sie es, bis es funktioniert.

Die Lehrpläne an den Universitäten

Die als progressive Politik ausgegebene geistige Erstarrung an den Universitäten verrät in Wirklichkeit die besten Grundsätze wahrhaft progressiver Politik und die Bemühungen, die Perspektiven und Anliegen von Frauen in den Lehrplan miteinzubeziehen. Feministinnen und Linke dürfen nicht immer nach dem schielen, was »politisch richtig« ist. Niemand, der wirklich Interesse an einem progressiveren Klima an den Universitäten hat, darf nur vorgefaßte Meinungen mit sich herumschleppen. Daraus hat sich noch nie fortschrittliches Denken entwickelt. Das Bewußtsein, daß Rassenzugehörigkeit, soziale Stellung und Geschlecht unsere Wahrnehmungen zutiefst beeinflussen, bietet Stoff für viele gute, ja die wichtigsten Fragen unserer Zeit; aber wenn die Fragen nur gestellt werden, um bestimmte Antworten zu bekommen, sind sie falsch gestellt. Solange wir, die wir die Lehrpläne ändern wollen, davon überzeugt sind, daß wir einen glaubwürdigen Standpunkt vertreten, haben wir nichts zu befürchten und können Angriffen und Kreuzverhören getrost entgegensehen.

Wer die traditionellen Lehrpläne hinterfragen will, erweist sich selbst einen schlechten Dienst, wenn er die Voraussetzungen einer liberalen Erziehung ablehnt, statt mit ihrer Hilfe auf die Unzulänglichkeiten des traditionellen Kanons hinzuweisen. Denn ein Lehrplan mit Schwerpunkt auf Geschichte und Vorstellungswelt des

Mannes bleibt hinter den eigenen Maßstäben der klassischen westlichen Tradition zurück und wird seinen eigenen Anforderungen nicht gerecht.

Man braucht gar nicht von den Bedürfnissen der Studenten, einer neuen Kulturpolitik oder sozialen Veränderungen zu sprechen, um eine Neuorientierung des Lehrplans zu begründen. In der westlichen Tradition sind deduktive Schlüsse üblich: Daten werden so objektiv wie möglich gesammelt, dann wird eine entsprechende Hypothese aufgestellt. Die Erfahrungen und die Geschichte der Mehrheit der Menschen zu ignorieren, verfälscht die Daten, und die daraus abgeleiteten Hypothesen können schon deshalb nicht stimmen. Wer in einer Unterrichtseinheit über das perikleische Athen nur von den Anfängen der Demokratie spricht, nicht aber davon, daß die Hälfte der Bevölkerung, nämlich die Frauen aller Schichten, weniger gesetzlich verankerte Rechte hatten als männliche Sklaven, vermittelt den Unterrichtsstoff nicht korrekt. Wird in einem Seminar über das Amerika des 19. Jahrhunderts über die Industrialisierung gesprochen, nicht jedoch über die religiöse »Feminisierung Amerikas«, fehlt den Studenten eine entscheidende Interpretationshilfe, ohne die ein umfassendes Verständnis der amerikanischen Transzendentalphilosophie und anderer kultureller Strömungen der damaligen Zeit unmöglich ist. Weiß ein Student nicht, daß die »Frauenfrage« im Viktorianischen England häufiger erörtert wurde als der Sozialismus, gewinnt er einen falschen Eindruck von dieser Epoche.

Hier umzudenken muß freilich nicht bedeuten, daß die fast ausschließlich männlichen »Großen der Geschichte« auf einmal nicht mehr berücksichtigt werden; es bedeutet vielmehr, daß man sie bewußter liest und ihren Platz im Kanon relativiert. Studenten, die die Geschichte und Kultur der Frau nicht kennen, haben eine schlechte Ausbildung genossen; genausowenig ist ihnen freilich mit Seminaren geholfen, in denen zwar der traditionelle Kanon kritisiert, aber überhaupt kein Originaltext mehr gelesen wird. Ich bin jungen Studentinnen begegnet, die sich zwar hervorragend in

der feministischen Literaturtheorie auskannten, jedoch nie einen Kurs über die Grundzüge der Geschichte oder über englische Literatur belegen mußten und ihre Ansichten lediglich mit einem defensiven Dogmatismus verteidigen konnten. Trotz ihrer Absicht, besonders engagiert für die gemeinsame Sache zu kämpfen, werden sie nur wenig ausrichten können. Junge Frauen, die die traditionellen Lehrpläne oder schlicht die ganze Welt ändern wollen, müssen die Traditionen, die sie in Frage stellen, zuerst erlernen, ebenso wie die progressiven Verhaltensweisen, die sie dann dazu befähigen, Veränderungen herbeizuführen. Erst wer mit der feministischen Literatur genauso vertraut ist wie mit den Dramen des Sophokles, ist wirklich »zweisprachig« und genügt damit dem Anspruch exakten Denkens der liberalen Tradition.
Zum Feminismus muß die Freiheit des Denkens gehören, nicht das Denken in einer bestimmten Richtung. Freiheit muß zuerst in unseren Köpfen existieren, bevor sie irgendwo anders existieren kann. Unser Motto muß sein, daß nichts undenkbar ist. Nur durch geistige Flexibilität werden wir die Widerstände bezwingen.

Aus dem Zusammenhang gerissene Theorien

Seit der Wiedergeburt des Feminismus in den siebziger Jahren sind eine Reihe von Theorien entstanden, die dem Nachdenken über das Verhältnis der Geschlechter neue Impulse gaben, zugleich aber in der Öffentlichkeit meist mißverstanden wurden. Oft wurden nur aus dem Zusammenhang gerissene Schlagworte bekannt, die unsinnig klangen.
Die Presse geht mit dem Feminismus anders um als mit anderen politischen Bewegungen. Regelmäßig werden Theoretikerinnen und Vordenkerinnen des Feminismus interviewt, als seien sie die Anführerinnen der Bewegung und als seien ihre Gedanken für alle anderen Frauen repräsentativ. Was ist der Grund dieser ständigen Verwechslung? Die meisten Führerinnen von Frauenorganisatio-

nen befassen sich mit Themen, die allen Amerikanern einleuchten und niemanden erschrecken würden: etwa mit Gesundheitsfürsorge, Erziehungsurlaub und anderen Dingen. Wer ihre Bücher lesen würde, hätte nur wenig Kritik vorzubringen und würde das meiste unterschreiben. Doch die meisten lesen nicht die Bücher, sondern stoßen irgendwo auf aus dem Zusammenhang gerissene Zitate einer feministischen Theoretikerin, die dann etwa so klingen: »Jede Form von Sex ist Vergewaltigung.« Durch die geschickte Manipulation der Medien entsteht der Eindruck, hier sei eine finstere Organisation am Werk, die im Kongreß Anhänger für einen lesbischen Separatismus wirbt oder für die Zensur von Nacktaufnahmen oder die Kastration männlicher Haustiere eintritt.
Die im folgenden zitierten Theorien wurden fälschlicherweise als politische Wegweiser verstanden statt als provozierende Denkanstöße.

Alle Frauen sind Lesben

Die Lyrikerin Adrienne Rich veröffentlichte 1980 einen herausragenden Essay mit dem Titel *Compulsory Heterosexuality and Lesbian Existence.* Da die erste erotische Bindung eines Babys der Mutter gelte, argumentiert sie, sei es für Frauen »natürlich«, lesbisch zu sein. Frauen würden erst durch Sozialisation und ökonomische Abhängigkeit zur Heterosexualität gezwungen. Adrienne Rich bezweifelte, daß es angesichts »intensiver emotionaler Impulse und komplementärer Bedürfnisse, die Frauen zu Frauen hinziehen, überhaupt eine mystische / biologische heterosexuelle Neigung, eine ›Vorliebe‹ oder ›Entscheidung‹ gibt, die Frauen zu Männern hinzieht«.
Adrienne Rich sprach von einem »lesbischen Kontinuum«, das sämtliche intimen Handlungen zwischen Frauen umfaßt, angefangen vom Stillen eines Babys bis zur Pflege einer sterbenden Frau. Ihr zentraler Gedanke ist, daß wir erst dann wissen, ob wir über unsere geschlechtliche Orientierung selbst entscheiden, wenn wir alle Faktoren miteinbeziehen, die uns in die eine oder andere

Richtung drängen. Das klingt völlig plausibel. In die öffentliche Diskussion drangen freilich nur entstellende Schlagworte wie: »Die Liebe zwischen Mann und Frau beruht nur auf Zwang«, »Nähe und Vertrautheit zwischen Frauen hat immer lesbische Züge« oder »Heterosexuelle Frauen sind in Wirklichkeit gar nicht heterosexuell«.

Jede Form von Sex bedeutet die Herrschaft des Mannes und die Unterordnung der Frau

Catherine MacKinnon sagt in ihrem 1980 veröffentlichten Buch *Toward a Feminist Theory of the State*, Vergewaltigung, sexuelle Nötigung und Pornographie dienten dazu, die Frauen als Klasse zu unterwerfen. Das Buch hat entscheidend dazu beigetragen, daß sexueller Mißbrauch mittlerweile als gesellschaftliches Problem erkannt ist und nicht mehr nur als Problem einzelner gilt. Doch daraus wurde in der öffentlichen Diskussion dann: »In allen heterosexuellen Beziehungen geht es um die Herrschaft des Mannes und die Unterdrückung der Frau.«

Auch Andrea Dworkins 1987 erschienenes aufwühlendes und bahnbrechendes Buch *Intercourse* handelt davon, ob Frauen in einer ungleichen Gesellschaft überhaupt freiwilligen Geschlechtsverkehr haben können. Das Buch wurde allenthalben von der Kritik verrissen, und viele Leserinnen bekamen aus den Besprechungen den Eindruck, hier würde die Parole ausgegeben: »Geschlechtsverkehr ist Vergewaltigung.«

Alle Männer sind Vergewaltiger

Susan Brownmiller veröffentlichte 1975 die Studie *Gegen unseren Willen. Vergewaltigung und Männerherrschaft*. Sie schreibt, dadurch, daß einige Männer Frauen vergewaltigten, würden alle Frauen unterdrückt. Vergewaltigung sei als Teil der Kriegführung institutionalisiert, und der Wunsch und die Fähigkeit des Mannes, Frauen zu vergewaltigen, seien in deren biologischer Konstitution angelegt. Daraus konnte man leicht ableiten, Männer seien von

Natur aus Vergewaltiger, und Susan Brownmillers Theorie wurde verkürzt zu: »Alle Männer sind Vergewaltiger.« Dieser Satz hat mehr als alle anderen zitierten Verballhornungen dazu beigetragen, Gespräche zwischen Männern und Frauen unmöglich zu machen, die Ansichten von Feministinnen über Männer zu vernebeln und Männern insgesamt schweres Unrecht zuzufügen. Er markierte zugleich den Wendepunkt, an dem viele der Frauenbewegung bis dahin wohlgesonnene Frauen sich angewidert von ihr abwandten. »In den siebziger Jahren sprach man bereits in unerhörter Weise über böse Penisse und Männer als Vergewaltiger … Gleichzeitig begannen viele Feministinnen, jeden Satz mit der Bemerkung einzuleiten: ›Ich bin keine Feministin, aber …‹; ab da gingen immer mehr Feministinnen eigene Wege.«[36]

Feministinnen wollen Männer und Frauen gleichmachen

Viele feministische Autorinnen widersprachen der Annahme, Mann und Frau seien »entgegengesetzte Pole« und Geschlechtsunterschiede seien sozusagen angeboren. Sie beschäftigten sich mit »Androgynie« und redeten von der »sozialen Fiktion des Geschlechts«. Aber in der Öffentlichkeit wurde dies zu »Feministinnen wollen Männer und Frauen gleichmachen«, eine Vorstellung, für die sich verständlicherweise weder Frauen noch Männer begeistern konnten. Teilweise hieß es sogar: »Feministinnen wollen, daß Frauen wie Männer sind.« Phyllis Schlafly und andere Gegnerinnen der Frauenbewegung nutzten die Ablehnung solcher Thesen in den siebziger Jahren geschickt aus und setzten unter anderem das Gerücht in die Welt, Feministinnen träumten von Gemeinschaftsduschen für Männer und Frauen. Aber man muß nicht gleich ein Sexist sein, wenn man an Unterschieden zwischen den Geschlechtern festhält, auch wenn diese Unterschiede oft künstlich übertrieben werden. Schließlich ist man auch kein Rassist, wenn man die Vielfalt verschiedener Rassen feststellt.

Da die Bevölkerung all diese Theorien nur durch tendenziöse Presseartikel kennenlernte und die Originalquellen nicht kannte, entstand nach und nach ein reichlich bizarres Bild davon, was man als Feministin zu glauben hatte.

Akademische Welt und unverständliche Sprache

In den siebziger Jahren konnte jeder die bekannten Ideen des Feminismus verstehen, ohne einen Kurs in Poststrukturalismus belegt zu haben. Marilyn French schrieb *Frauen,* Shere Hite schrieb den *Hite-Report,* Betty Friedan schrieb eine monatliche Kolumne für die Zeitschrift *Redbook.* Obwohl viele feministische Autorinnen akademisch gebildet waren, schrieben sie so allgemeinverständlich, daß ihre Bücher Auflagen in Millionenhöhe erreichten.

In den Jahren des Gegenschlags stieß der Feminismus zunehmend auf Ablehnung in der breiten Öffentlichkeit, und die Universität wurde für feministische Autorinnen wieder attraktiver. Im Gefolge dieser Entwicklung erschienen in den achtziger Jahren die wissenschaftlichen Zeitschriften *Signs* und *Feminist Studies.*

Interessante Gedanken über Frauen wurden nun in einer so unverständlichen Gelehrtensprache ausgedrückt, daß sie außerhalb der akademischen Elfenbeintürme niemanden ansprechen konnten. Je erfolgreicher die feministische akademische Theorie sich zu einer höheren Wissenschaft entwickelte, desto weniger waren ihre Vordenkerinnen bereit, verständlich zu schreiben und ihre Ideen einem breiten Publikum zugänglich zu machen.

Populäre Zeitschriften veröffentlichen oft Artikel männlicher Akademiker, berichten aber nicht über die akademische Arbeit von Frauen. Frauenmagazine dagegen gelten in universitären Kreisen als nicht akzeptabel. Als eine Frauenzeitschrift einmal einen Freund von mir um einen Artikel bat, fragte er, ob er unter Pseudonym schreiben könne, denn ein Akademiker, der für Frauenzeitschriften schreibt, macht sich unmöglich. Insgesamt besteht also zwischen männlichen Akademikern und der breiten Öffentlichkeit ein größerer Austausch als zwischen Akademikerinnen und deren potentiell größerem Publikum.

Feministische Akademikerinnen wiederum wollen gar nicht für Massenblätter schreiben; sind sie doch dazu bereit, schreiben sie in einer Sprache, die für akademisch nicht gebildete Männer und Frauen unverständlich ist. »Es ist fast unmöglich, Veröffentlichungen von Akademikerinnen einem breiten Publikum zugänglich zu machen«, schreibt Judy Coyne von der Zeitschrift *Glamour*. Warum das so ist, läßt sich an der Entwicklung der feministischen Theorie aufzeigen.

In den achtziger Jahren wurden französische Feministinnen wie Julia Kristeva, Hélène Cixous und Luce Irigaray in den Vereinigten Staaten veröffentlicht. Sie stützten sich auf die Gedanken der Freudschen Psychoanalyse und des Poststrukturalismus. Bei letzterem handelt es sich um eine Literaturkritik, die sich komplizierter Wortspiele bedient, um ihre zentrale Aussage zu stützen, daß Sprache ihrem Wesen nach widersprüchlich sei und keine feste Bedeutung habe. Wie sich vorstellen läßt, kommt dabei eine nur schwerverdauliche Nahrung heraus.

Eine französische Professorin für feministische Theorie, die nicht namentlich genannt werden möchte, erklärt die extreme Popularität dieser Vordenkerinnen unter feministischen Akademikerinnen mit der antifeministischen Stimmung der letzten Jahre: »Die Männer benutzten die Ideen des von Derrida entwickelten Poststrukturalismus dazu, ein altes System wiederzubeleben, in dem eine Gruppe von Hohenpriestern (verbeamtete männliche Professoren) über eine Gruppe verschüchterter Frauen (nichtverbeamtete weibliche Professorinnen) herrscht. Es verwundert daher nicht, daß die amerikanischen akademischen Feministinnen sich geradezu auf die Theorien der französischen Feministinnen stürzten, denn diese gaben ihnen das Gefühl, dem Poststrukturalismus der Männer etwas ebenso Schwieriges entgegensetzen zu können.

Auch sie konnten ihren Studentinnen jetzt etwas beibringen, das sonst niemand verstand.« Die von der französischen Literaturkritik abgeleitete feministische Theorie mag noch so genial sein, sie wird »zu einer Zeit, in der jedes Engagement hoffnungslos erschien, geradezu bewußt unbrauchbar gemacht für eine praktische Umsetzung in die Realität«.

Die akademische Sprache feministischer Theorien bewirkte, daß die besten und einflußreichsten Gedanken des Feminismus in der Welt der Politik und des wirklichen Geschehens überhaupt keine Bedeutung hatten. Die Sprache des akademischen Feminismus blieb für Millionen Frauen und Männer eine Geheimsprache, denn warum sollten sie sich die Mühe machen, den hochgestochenen akademischen Jargon in die Alltagssprache zu übersetzen. Dadurch verstärkte sich bei der Mehrheit der Bevölkerung noch der Eindruck, der Feminismus sei eine vergeistigte Subkultur, ein Eindruck, der der Bewegung großen Schaden zufügte. Denn die Grundgedanken des Feminismus wenden sich ja an alle, ob Mann oder Frau, ob reich oder arm, ob akademisch gebildet oder nicht. Besonders schlimm war, daß die akademische Welt oft selbst keinen Wert darauf legt, daß ihre Gedanken in Zeitungen und im Fernsehen einem breiten Publikum zugänglich gemacht werden. Dies bewirkte zusätzlich, daß die akademischen Feministinnen sich mit ihrer Spezialsprache von der allgemeinen Diskussion isoliert und sich ihres Einflusses beraubt sahen. Die Verbitterung darüber führte bei vielen zu Theorien, in denen die Machtlosigkeit der Frauen, die breite Öffentlichkeit zu beeinflussen, überbetont und die eigene Außenseiterposition verherrlicht wurde. Zugleich wurden in den Medien die Ideen, die für viele Frauen und Männer so wichtig waren, weiterhin verzerrt oder gar nicht dargestellt.

Ein überladener Forderungskatalog

Während der achtziger Jahre verfestigte sich bei vielen Frauen der negative Eindruck, zum Feminismus könne nur gehören, wer bestimmten Anforderungen genüge. Einen solchen Feminismus, der sie auf eine orthodoxe Linie verpflichtete, empfanden sie als Beleidigung ihrer Intelligenz.

In Wirklichkeit denken nicht alle engagierten Frauen dasselbe über Homosexualität, Schwangerschaftsabbruch, Militär oder Umweltschutz, über Hillary Clinton, Hausarbeiten oder die Rolle der Präsidentenkatze Socks. Wenn man, um als Feministin gelten zu dürfen, gleichzeitig für Umweltschutz, Abtreibung, die Rechte von Homosexuellen und die politische Linke eintreten muß, dann wird der Feminismus ewig die machtlose Partei einer Minderheit bleiben.

Der Feminismus darf weder den Linken noch den Demokraten gehören. Ich bewundere Gloria Steinem, aber es zeugt nicht gerade von Respekt gegenüber den Ansichten anderer Frauen, wenn sie eine Senatorin der republikanischen Partei als »weiblichen Hochstapler« beschimpft. Wir müssen das Eintreten vieler Millionen konservativer und republikanischer Frauen für mehr Chancengleichheit für Frauen, für Selbstbestimmung, für die eigenständige Rolle der Frau im Geschäftsleben und für den Individualismus der Frau als konservative Variante des Feminismus respektieren. Engagement, Einsatz und Überzeugungen dieser Frauen verdienen ebensosehr den Namen »Feminismus« wie der linke Feminismus und können der Mehrheit der Frauen genausoviel und manchmal vielleicht noch mehr nützen. Ich zähle mich zwar zum linken Flügel der Bewegung, bin aber nicht der Ansicht, daß dieser ein Monopol als Sachverwalter der Interessen von Frauen haben sollte.

Weniger als die Hälfte der amerikanischen Frauen befürworten einen Schwangerschaftsabbruch auf Wunsch der Frau. Nur 42 Prozent tolerieren Homosexualität.[37] Weniger als die Hälfte wählen die

Demokraten. Bei anderen Problemen sinkt der Konsens noch tiefer. Wie viele Frauen würden sich als Gegner des Rassismus bezeichnen? Wie viele haben den Golfkrieg unterstützt?
Feministische Aktivistinnen neigen dazu, alle anderen Frauen als die »Ungläubigen« zu betrachten. In Hörsälen werde ich oft gefragt: »Wie können wir die Frauen für den Feminismus gewinnen? Was können wir tun, damit sie uns verstehen?«
Aber auch Frauen außerhalb des organisierten Feminismus haben feministische Gedanken, auch wenn sie sich vielleicht nicht als Feministinnen bezeichnen. Wir müssen aufhören, Sprache und Stil einer bestimmten Subkultur allen Frauen aufzwingen zu wollen. Im Grunde geht es doch nur um die Frage, wie wir allen Frauen zu mehr Macht verhelfen können, egal wer sie sind und was sie damit anfangen.
Ich selbst bin gegen Rassismus, für Toleranz gegenüber Homosexuellen und für einen aufgeklärten Humanismus. Ich bin für die Mithilfe der Männer im Haushalt, würde bei einer Heirat meinen »Mädchennamen« behalten und trete für das Recht auf Abtreibung ein. Meine feministischen Überzeugungen sind wie die anderer Frauen eine heterogene Mischung; teilweise basieren sie auf irrealen Glaubenssätzen und banalen Erkenntnissen aufgrund demographischer Fakten. Diese Variante des Feminismus ist für mich richtig, aber deshalb habe ich noch lange nicht das Recht, auf Frauen herabzusehen, die meine Ansichten und meinen Lebensstil nicht teilen. Ich kann ihre Überzeugungen ablehnen und sie bekämpfen, aber ich darf mich ihnen nicht moralisch überlegen fühlen. Meine Klassenzugehörigkeit und mein gesellschaftlicher Hintergrund haben meinen Feminismus geformt, und er ist nicht authentischer als der Feminismus anderer. Wenn Frauen die ihnen als Bevölkerungsmehrheit zustehende Macht ausüben wollen, müssen sie imstande sein, Bündnisse mit Frauen einzugehen, deren Überzeugungen sie nicht teilen.
Das oberste Prinzip des Power-Feminismus lautet: Jede Frau hat das Recht auf Selbstbestimmung, auf eine eigene Meinung und auf

Autonomie. Dieses Prinzip ist radikaler als alle mir so wichtigen linken Ansichten. Jede Frau, die an das Selbstbestimmungsrecht und an die Selbstachtung von Frauen glaubt, ist für mich eine Feministin.

Während des Kampfes um das Recht auf Abtreibung in den achtziger Jahren wurde immer mehr als selbstverständlich vorausgesetzt, daß eine Frau nur dann Feministin sein konnte, wenn sie auch für das Recht auf Abtreibung war. Auf das Bild der Frauenbewegung in der Öffentlichkeit wirkte sich das sehr nachteilig aus. Anfang der achtziger Jahre verwehrten Feministinnen einer Gruppe von Abtreibungsgegnerinnen, den *Feminists for Life,* den Zutritt zum Frauenzentrum von Yale.

Wer Abtreibungsgegnerinnen das Recht abspricht, sich als Feministinnen zu bezeichnen, überzeugt niemanden vom Recht auf Abtreibung. Man schreckt vielmehr all die Frauen ab, deren Unterstützung man in anderen Streitfragen dringend braucht.

Das konsequente Abtreibungsverbot der siebziger und achtziger Jahre führte zu Schwarzweißmalerei auf beiden Seiten. Feministinnen sprachen von einem harmlosen Eingriff vergleichbar einer Mandeloperation, einem »Eingriff ohne Narkose«. Sie ignorierten Diskussionen darüber, wann das Leben beginnt, und sprachen lieber von »Embryo« als von »Schwangerschaft«. Allerdings war diese Vereinfachung und Verharmlosung damals notwendig, weil die Abtreibungsgegner mit einer noch eindimensionaleren Sprache operierten.

Doch bei diesem Kampf blieben die realen, sehr widersprüchlichen Gefühle von Frauen in bezug auf die Abtreibung auf der Strecke. Daß der Kampf sich über Jahre hinzog und Feminismus und »Recht auf Abtreibung« allmählich zu Synonymen wurden, erschöpfte den Feminismus. Schließlich gibt es positivere Forderungen des Feminismus als das Recht auf Abtreibung.

Für manche Frauen ist eine Abtreibung nur ein harmloser Eingriff, der ihnen uneingeschränkte Erleichterung verschafft. Aber für andere, darunter selbst Abtreibungsbefürworterinnen, bedeutet eine

Abtreibung auch Verlust und Trauer. Solange das Damoklesschwert des Abtreibungsverbots noch über uns schwebte, wagte das niemand laut zu sagen.
Es fällt mir schwer, öffentlich über meine persönliche Haltung in der Abtreibungsfrage zu sprechen. Wenn ich meinen Feminismus an meiner Lebenspraxis überprüfe, stelle ich fest, daß meine Ansichten zu Verhütungsfragen nicht mit dem übereinstimmen, was von mir als Abtreibungsbefürworterin in der Öffentlichkeit erwartet wird.
Meine Freunde werden gerne bestätigen, daß ich zuweilen ein sehr unordentlicher und nachlässiger Mensch bin. Manchmal steht mein Geschirr die ganze Woche unabgespült in der Küche, oder ich vergesse die Namen guter Freunde und Verwandter und sogar meinen Geburtstag; ich lasse Pässe und Brieftaschen in öffentlichen Transportmitteln liegen und stelle das Schuhputzzeug in den Kühlschrank und die Eier auf die Stereoanlage; ich habe schon Geld, Jobs und Freunde verloren, weil ich zu nachlässig war. Doch in Sachen Verhütung bin ich ganz anders.
Wenn es Zeit für das Kondom oder Diaphragma ist, bin ich auf einmal ganz uncharakteristisch pedantisch und genau. Dieser ebenso starke wie für mich rätselhafte Trieb ist fast schon so etwas wie ein animalischer Instinkt, eine Funktion meines vegetativen Nervensystems. Es ist, als ob ein Teil meines Gehirns zu meinem Körper sagte: Vorsicht! Es geht um Leben und Tod!
Ich bin in einer Zeit aufgewachsen, die eine liberale Einstellung zur Abtreibungsfrage hatte. Meine Eltern und Partner hätten mir sofort geholfen, wenn ich eine Abtreibung gebraucht hätte. Viele Frauen aus meinem Bekanntenkreis haben bereits abgetrieben. Trotzdem hatte ich immer panische Angst davor, das einmal selbst tun zu müssen, und ich war entschlossen, es nie soweit kommen zu lassen.
Zum einen wollte ich mich nie wegen meiner Sexualität schuldig fühlen. Außerdem wollte ich nicht das Gefühl haben, meinen Fortpflanzungsorganen sozusagen ausgeliefert zu sein. Dies hätte

ein für mich als junge Frau sehr wichtiges Gefühl zerstören können: das Gefühl, über mein Schicksal selbst zu bestimmen. Zum Teil spürte ich wohl intuitiv, daß eine Abtreibung für mich weit mehr sein würde als die harmlose Operation, als die sie damals hingestellt wurde. Bei einem gemeinsamen Abendessen hielt sich eine Freundin plötzlich die Hände vors Gesicht und berichtete mit erstickter Stimme von ihrer zweiten Abtreibung. Ich war peinlich berührt und versuchte sie zu trösten. »Ich fühle mich, als hätte ich jemanden umgebracht«, sagte meine Freundin, eine modern denkende, unabhängige Befürworterin des Rechts auf Abtreibung. »Aber es heißt doch, eine Abtreibung sei ein harmloser Eingriff«, sagte ich, »vergleichbar einer Mandeloperation.« »Nein!« entgegnete sie mit einem zynischen Lachen. »Das ist nicht wahr.« »Warum nicht?« »Weil ich bereits eine Mandeloperation hatte.«

Ich werde nie meine persönlichen Ansichten anderen Frauen aufdrängen. Und ich werde mit all meiner Kraft das Recht einer jeden Frau auf Abtreibung verteidigen. Wenn ich in meinem bisherigen Leben schwanger geworden wäre, hätte ich wahrscheinlich selbst abgetrieben. Aber sich mit dem Problem der Abtreibung wirklich auseinandersetzen heißt in meinen Augen, Abtreibung als »notwendiges Übel« zu betrachten. Während des gesamten notwendigen Kampfes um das Recht auf Abtreibung hatte ich immer das Gefühl, einen Teil meiner tiefsten Überzeugungen unterdrücken zu müssen. Jetzt, da zumindest vorerst einige Rechte für einige Frauen gesichert scheinen, möchte ich das folgende sagen.

Für mich sind mit dem Selbstbestimmungsrecht über den eigenen Körper auch bestimmte Pflichten verbunden. Das gilt sowohl für Frauen als auch für Männer. Die Leute, von denen ich wußte, daß sie nur unregelmäßig oder gar keine Verhütungsmittel benutzten, hätten es eigentlich besser wissen müssen. Sie waren gebildete Menschen der Mittel- oder Oberschicht. Aber fast alle Abtreibungen, von denen ich weiß, waren die Folge nachlässiger Verhütung. In einigen Fällen fragten die Männer nicht nach, warteten sie nicht, oder machten sie sich einfach nicht die Mühe, ein Kondom zu benutzen. In anderen Fällen wollten die Frauen ihre Partner nicht mit Bitten belästigen. In wieder anderen Fällen forderten Männer und Frauen aus Abenteuerlust das Schicksal heraus und flirteten mit der Vorstellung, Eltern zu werden. In jedem Fall kamen sie ihrer sexuellen Verantwortung nicht nach. Ein junger Mann antwortete auf die Frage, warum er seine Freundin nicht in die Abtreibungsklinik begleitet habe: »Ich will doch mit dem Tod nichts zu tun haben.«

Angesichts der rechtlichen Situation der siebziger und achtziger Jahre haben wir verharmlost, was eine Abtreibung bedeutet. Der Kampf für die Abtreibung nahm uns so in Anspruch, daß wir die Abtreibungsfrage nur noch vom juristischen Standpunkt aus betrachteten. Die Notwendigkeit, das Recht auf Abtreibung landesweit verteidigen zu müssen, überlagerte das Bedürfnis des einzelnen, sein Verhältnis zur Abtreibungsfrage zu überdenken und danach zu entscheiden, ob er oder sie wirklich eine Abtreibung riskieren wollte. Ich glaube, es war falsch, zu meinen, der Kampf auf nationaler Ebene enthebe einen der Verantwortung, auf privater Ebene eine ungewollte Schwangerschaft unter allen Umständen zu vermeiden.

Verhütung ist nie vollkommen. Wie alle sexuell aktiven Frauen habe auch ich schon Ängste durchlitten. Ich lag aber nicht deshalb wach und betete zu Gott, weil ich Angst hatte, nicht abtreiben zu können. Als Frau aus der Mittelschicht hätte ich in der Stadt, in der ich lebe, in dieser Beziehung keine Probleme gehabt. Nein, ich betete, weil ich nicht vor einer Entscheidung stehen wollte, die in meinen Augen letztlich eine Entscheidung über Leben und Tod ist. Aber wie sagte nicht Catherine MacKinnon: »Warum sollten Frauen nicht auch Entscheidungen über Leben und Tod treffen dürfen?« Abtreibung ist der traurige Preis heterosexueller Unabhängigkeit. Aber ich möchte, wenn ich je eine solche Entscheidung zu treffen habe, darüber sprechen dürfen wie über den Tod von etwas, auch wenn dieses Etwas nur ein Fragment, nur der Fingerabdruck der Menschwerdung ist.

Einige Feministinnen beschreiben Abtreibung heute als Gewalt gegen Frauen und weisen darauf hin, daß die Abtreibungsfabriken in China und Rumänien genausowenig ein Garant für das Recht der Frau auf Selbstbestimmung über ihren Körper sind wie der Anti-Abtreibungs-Fanatismus der Regierungen Reagan und Bush. Sie sagen, daß es in einer Welt, in der Frauen wirklich frei über ihre Sexualität und ihr Schicksal bestimmen könnten, viel seltener zu Abtreibungen kommen würde.

Meiner Meinung nach ist dies eine fruchtbarere Einstellung als die, nach der eine Abtreibung »völlig harmlos« ist. Außerdem können wir die Auseinandersetzung dann dorthin zurückverlegen, wo sie hingehört: in das schwierige Gebiet der Verhütung und der Verantwortung von Mann und Frau für ihre Sexualität. Zu wenige Frauen trauen sich, ihre Vorbehalte gegen Abtreibungen öffentlich auszusprechen, denn sie brechen damit ein ehemals politisch sinnvolles, ja notwendiges feministisches Tabu. Frauen müssen über Abtreibungen als Verlust und Tod sprechen können, ohne sofort als Verräter der Bewegung zu gelten, sonst verlieren wir unsere wichtigste moralische Berechtigung: den Anspruch, die wirklichen Lebenserfahrungen von Frauen widerzuspiegeln.

Schwangerschaften aufgrund des Versagens von Verhütungsmitteln sind der Preis für sexuelle Autonomie. Aber laut einer Studie des Guttmacher Institute sind 48 Prozent der Schwangerschaftsabbrüche die Folge ungeschützten Geschlechtsverkehrs. Müssen wir uns deshalb nicht fragen, warum Männer glauben, sie bräuchten keine Verantwortung für die Verhütung übernehmen, und warum Frauen, sogar gebildete und finanziell unabhängige Frauen, Männern so viel Macht über sich geben?

Die Aids-Gefahr hat uns wieder vor Augen geführt, daß wir bei der Vereinigung mit einem anderen Menschen physisch und geistig Verantwortung für das Leben des anderen übernehmen. Heterosexuelle können hier von Homosexuellen lernen und, sei es für eine Nacht oder für das ganze Leben, die wertvolle Erkenntnis der Verantwortung auf ihr eigenes Sexualleben anwenden. Wir müs-

sen beides tun: das Recht auf Abtreibung verteidigen und Abtreibungen mit allen Mitteln vermeiden.
Es ist Zeit für ein neues Konzept sexueller Befreiung: Freiheit durch Verantwortung. Für mich hängt unser Seelenheil nicht von unserer Keuschheit ab. Viel entscheidender ist, daß wir nach einer erotischen Verbindung das Gefühl haben, Freude geschenkt und so wenig wie möglich zerstört zu haben. Denn höher als die rücksichtslose Jagd nach Lustgewinn steht eine Erotik der Rücksichtnahme, des verantwortlichen Umgangs mit unseren Sexualpartnern, auch wenn wir diese nie wiedersehen, mit uns selbst und mit unserer Fortpflanzungsfähigkeit, durch die wir Leben schaffen, aber auch Tod bringen können.
Wenn der Feminismus in Fragen wie dieser Frauen aufgrund ihrer anderen Meinung ausgrenzt, bedeutet das letztlich, daß Frauen die Achtung voreinander verlorengeht. Ich habe so viele verschiedene engagierte Frauen kennengelernt, bei denen nach Meinung orthodoxer Feministinnen politisch oder privat »etwas nicht stimmt« – Frauen, die gläubige Juden, Christen oder Moslems waren, patriotische Soldatinnen, Anhängerinnen der freien Marktwirtschaft oder konservative Geschäftsfrauen –, daß ich nicht länger glauben kann, meine Art des Feminismus oder die meiner Freunde sei der einzig mögliche Weg für alle.
»Macht heißt loslassen«, sagt Marcia Ann Gillespie von der Frauenzeitschrift *Ms.* Wir müssen den Feminismus wieder als etwas definieren, das Frauen stark macht, aber auf eine Weise, die jede Frau für sich selbst festlegt. Das »Loslassen«, der Verzicht auf einen strengen Forderungskatalog für Feministinnen wird den Feminismus nicht, wie orthodoxe Feministinnen befürchten, völlig zersplittern und handlungsunfähig machen, sondern bereichern und ihm Millionen neuer Anhänger gewinnen. Ein Feminismus, der seinen Namen verdient, ist offen für jede Frau und jeden Mann, dem Frauen etwas bedeuten.

3. TEIL

Opfer-Feminismus und Power-Feminismus

Zwei Traditionen

Wenn der Feminismus in einer Krise steckt, so liegt dies zu einem großen Teil an seinen Inhalten. Waren Frauen im Kampf um ihre Rechte zunächst lange Zeit mit undogmatischem Selbstbewußtsein aufgetreten – eine Haltung, die ich Power-Feminismus nenne –, so erstarkte in den letzten zwanzig Jahren eine Strömung, die Frauen als wehrlose unschuldige Opfer begreift. Diese Strömung nenne ich »Opfer-Feminismus«.

Opfer-Feminismus liegt vor, wenn Frauen versuchen, Macht oder Einfluß zu gewinnen, indem sie sich auf eine Position der Ohnmacht zurückziehen. Der Opfer-Feminismus übernimmt Züge des viktorianischen Frauenbilds, die nicht mehr zeitgemäß sind, praktisch unverändert und macht daraus ein »feministisches« Frauenbild. Der Opfer-Feminismus hat eine wirkliche Befreiung der Frau verzögert, die Selbsterkenntnis der Frauen verhindert und durch seine chauvinistischen und reaktionären Ansichten dafür gesorgt, daß die Kluft zwischen den Geschlechtern weiterhin tief ist. Das Phänomen des Opfer-Feminismus beschränkt sich freilich nicht auf die organisierte Frauenbewegung. Es zeigt sich immer dann, wenn Frauen die Forderung nach Verbesserung ihrer Situation nicht damit begründen, daß sie als Menschen den Männern gleichwertig sind, sondern damit, daß sie etwas Besonderes sind.

Es folgt ein subjektiver Vergleich der beiden Haltungen, die Frauen der Macht gegenüber einnehmen können.

Der Opfer-Feminismus

- setzt Frau mit Ohnmacht gleich; auch die Verantwortung für tatsächlich vorhandene Macht wird geleugnet;
- ist gegenüber Sexualität kritisch oder sogar feindlich eingestellt;
- betrachtet die Fähigkeit, Kinder zu erziehen, als Beweis für die moralische Überlegenheit der Frau über den Mann;
- setzt auf »Einflußnahme« und Überredung statt auf Verhandlungen aus einer Position der Stärke;
- hält die Frau für von Natur aus kooperativ und friedliebend; Konkurrenzdenken liegt ihr angeblich fern;
- glaubt, daß Frauen der Natur näher sind als Männer;
- verherrlicht Intuition, weibliche Rhetorik und weibliche Art des Erkennens, statt darin eine Ergänzung zu Logik, Vernunft und öffentlichem Auftreten zu sehen;
- kritisiert Führung und schätzt Anonymität;
- verlangt Selbstaufopferung und weckt damit Neid auf Frauen, die anerkannt werden und ihr Leben genießen;
- betrachtet Geld als schmutzig;
- stellt die Gemeinschaft über den Einzelnen; tendiert zu Gruppendenken und betrachtet die Erfolge einzelner mit Mißtrauen;
- kritisiert Sexualität und Auftreten anderer Frauen; glaubt sich im Besitz der alleinigen Wahrheit und zeigt entsprechenden missionarischen Eifer;
- schreibt Aggression, Konkurrenzdenken und Gewalt nur den Männern und dem Patriarchat zu, leugnet entsprechende Regungen bei Frauen;
- hat eine fixe Idee von »Reinheit« und »Vollkommenheit« der Frau und ist selbstgerecht;
- hält Frauen als solche für gut, Männer für schlecht;
- glaubt, daß alles begrenzt ist: Hat eine Frau mehr, hat eine andere unweigerlich weniger; Frauen müssen deshalb Gleichheit auf unterster Ebene anstreben; nicht Homosexuelle sollen heiraten dürfen, sondern Heterosexuelle sollen auf die Ehe verzichten; wenn Schönheit zu Ungleichheit führt, verzichtet man

lieber auf sie, statt Schönheit in einem weiteren Sinn zu definieren;
- verlangt von allen Frauen, daß sie seine Meinung teilen;
- denkt negativ und glaubt, daß Sinnlichkeit mit Ernst unvereinbar ist; sieht in übermäßiger Lebenslust eine Bedrohung der weiblichen Revolution.

Der Power-Feminismus dagegen
- befaßt sich eingehend mit der Frage, welche Kräfte dem Kampf der Frauen um Gleichberechtigung entgegenstehen, damit Frauen ihren Einfluß gezielter geltend machen können;
- weiß, daß die Entscheidungen einer Frau viele Menschen in ihrer Umgebung betreffen und die ganze Welt verändern können;
- macht Frauen Mut, ihre individuelle Stimme zu erheben, statt im Kollektiv aufzugehen, denn nur starke Individuen können eine gerechte Gemeinschaft schaffen;
- bekennt sich zur Sexualität; ohne Spaß gedeiht keine Arbeit;
- fordert Macht und den verantwortungsvollen Umgang mit Macht, um die Welt für Frauen und Männer gerechter zu machen;
- weiß, daß Armut kein Verdienst ist; Geld ermöglicht es Frauen, Träume zu verwirklichen und unabhängig zu sein; Geld bedeutet Sicherheit und verändert die Gesellschaft;
- bejaht den Anspruch von Frauen auf Verantwortung und Anerkennung; nur wer Verantwortung trägt, kann Erfolg beanspruchen;
- ermutigt Frauen, die eigenen Bedürfnisse zu erfüllen, um anderen gegenüber entsprechend großzügig sein zu können;
- toleriert die verschiedenen Vorlieben von Frauen in Sachen Sexualität und Auftreten; was eine Frau mit ihrem Körper oder in ihrem Bett anstellt, ist ganz allein ihre Sache;
- erkennt, daß Frauen neben den klassischen weiblichen Tugenden auch Aggressionen haben, daß sie miteinander konkurrie-

ren und wie Männer das Bedürfnis nach Unabhängigkeit und Abgrenzung haben; auch Frauen können egoistisch und gewalttätig sein; Frauen müssen wie Männer lernen, mit solchen Regungen umzugehen;
- erstrebt die Verbindung der besten traditionell weiblichen und der besten traditionell männlichen Fähigkeiten und Zielsetzungen;
- ist bei allen festen Überzeugungen stets kritisch und offen und hinterfragt jede Autorität, auch die eigene;
- verabscheut Sexismus und liebt die Männer trotzdem;
- erkennt, daß Frauen und Männer Stärken und Schwächen haben; seine Kritik richtet sich nicht gegen Männer als solche, sondern gegen die Übermacht der Männer und eine Gesellschaft, die Männer über Frauen stellt;
- glaubt, daß für alle genug da ist; Frauen müssen Gleichheit auf höchster Ebene anstreben; alle Frauen haben wie Stars, Divas und Königinnen ein Recht auf Sinnlichkeit und Schönheit;
- schränkt die Meinungsfreiheit anderer Frauen nicht ein;
- weiß, daß der Kampf für gesellschaftliche Veränderungen nicht das Vergnügen ausschließt.

Der Power-Feminismus kommt mit wenig Ideologie aus. Seine grundlegende Forderung lautet: Mehr für Frauen! Seine wichtigsten Grundsätze sind:
1. Frauen sind so wichtig wie Männer.
2. Frauen haben das Recht, über ihr Leben selbst zu bestimmen.
3. Die Erfahrungen von Frauen sind wichtig.
4. Frauen haben das Recht, offen über ihre Erfahrungen zu sprechen.
5. Frauen müssen bekommen, was ihnen als Frauen so lange vorenthalten wurde: Achtung, Selbstachtung, Berufsausbildung, Sicherheit, Gesundheit, politische Vertretung und Geld.

Anders ausgedrückt, Power-Feminismus ist kein starres Programm oder Glaubensbekenntnis, sondern nur der feste Entschluß, Frauen wichtige Bausteine der Macht wie gute Berufsausbildung oder politische Vertretung zu verschaffen, damit sie sich als mündige Individuen verwirklichen können.

An dieser Stelle sei noch ein Wort darüber gesagt, was Opfer-Feminismus nicht ist. Gegenwärtig herrscht einige Verwirrung über den Begriff des Opfers. Als Anita Hill an die Öffentlichkeit ging, der Skandal von Tailhook aufgedeckt wurde und Bücher wie *Der Mythos Schönheit* oder *Die Männer schlagen zurück* erschienen, wurde kritisiert, die Rolle der Frau »als Opfer von Männern oder Opfer einer gesellschaftlichen (männlichen) Verschwörungstheorie«[1] werde durch solche Veröffentlichungen erst festgeschrieben. Dabei handelt es sich hier doch um Dokumentationen, wie Frauen zu Opfern werden. Solche Dokumentationen beruhen auf der Voraussetzung, daß Frauen nicht von Natur aus Opfer sind; wer dagegen an Frauen begangenes Unrecht aus mangelnder Achtung für die eigenständige Persönlichkeit der Frau vertuscht, behandelt Frauen wie Opfer. Eine öffentliche Diskussion ist notwendig, damit Frauen sich selbst ein Urteil bilden können. Wenn man die Verbreitung von Dokumentationen zum Opferstatus der Frau mit dem Argument kritisiert, sie würden Frauen eine Opferhaltung aufzwingen, bedeutet das schlicht Entmündigung. Ich habe noch nie gehört, man dürfe Männer nicht darüber informieren, wie die amerikanische Bundesbank die Wirtschaft kontrolliert, wie mit Spenden Parteiprogramme beeinflußt werden, wie der Profibasketball durch wirtschaftliche Interessen bestimmt wird oder wie Nixon mit faulen Tricks Wahlkampf geführt hat – nur weil man sie damit in eine Opferhaltung drängen würde. Man erwartet vielmehr, daß Männer sich mit diesen Problemen auseinandersetzen, ja daß sie durch eine entsprechende Aufklärung erst mündig und fähig werden, ihre Interessen angemessen zu vertreten.

Ich stimme auch nicht in den Chor derer mit ein, die weibliches Aufbegehren gegen Benachteiligung als »wehleidig« abtun. Wenn Frauen Vergewaltigung, Nachteile in der Ausbildung oder Gewalt in der Ehe dokumentieren, spricht man heute sofort von »Beschwerdekultur«; wenn sie ihre Eindrücke künstlerisch umsetzen, ist das »eine Fiesta des Weinens«.[2] Wenn Männer dagegen in der Presse Besorgnis über die geringe Anzahl italoamerikanischer Romanschriftsteller äußern oder den Niedergang des Baseball beklagen,[3] ist das nicht »wehleidig«, sondern »kulturkritisch«. Und wenn Männer gegen Ungerechtigkeiten zu Felde ziehen, entsteht keine »Opferkultur«, sondern eine Magna Charta, eine Unabhängigkeitserklärung oder eine Marseillaise.

Nein, wenn man Unrecht dokumentiert und bekämpft, hat das nichts mit Opfer-Feminismus zu tun. Und man kommt um die Erkenntnis, daß Frauen in unserer Gesellschaft zu Opfern gemacht werden, einfach nicht herum: In den USA werden jährlich drei bis vier Millionen Frauen von ihren Männern oder Freunden mißhandelt; Prügel sind die häufigste Ursache für Verletzungen bei Frauen.[4] Ein Drittel aller weiblichen Mordopfer waren mit dem Täter verheiratet oder befreundet.[5] Bis zu 45 Prozent der mißhandelten Frauen werden während der Schwangerschaft geschlagen.[6] Zwischen 22 und 23 Prozent der Frauen, die in der Notaufnahme der Kliniken erscheinen, haben Symptome, die auf Mißhandlungen hindeuten; die Hälfte aller obdachlosen Frauen und Kinder sind auf der Flucht vor häuslicher Gewalt.[7] Jede vierte Frau wird einmal im Leben vergewaltigt,[8] und fast ein Viertel dieser Frauen werden im Mädchenalter von einem Mann aus dem Bekanntenkreis sexuell mißbraucht. Diesen Tatsachen ins Auge zu sehen, ist der erste Schritt in Richtung Veränderung.

Ich betreibe keine »Opferschelte«, wenn ich kampfmüde Frauen vor der Versuchung warne, aus dem Opferstatus innere Stärke und Identität zu ziehen. Als das ehemalige Modell Marla Hansen, der zwei Gewaltverbrecher das Gesicht zerschnitten hatten, sich die Narben entfernen ließ, wurde sie gefragt: »Bedeutet es für Ihr Leben einen Unterschied, wenn Sie jetzt keine Narben mehr haben? War der Eingriff auch psychologischer Art?« Marla antwortete: »Die Narben waren Teil meiner Identität. Viele Leute haben in mir vor allem das Opfer eines Gewaltverbrechens gesehen. Meine Ärztin sagte, ich müsse mich darauf einstellen, daß es damit jetzt vorbei sei. Man verliert etwas und muß es ersetzen.« Der Feminismus ist heute an einem Punkt angelangt, wo er sich entscheiden muß, ob er die Opferrolle beibehalten will oder nicht. Ich werde zeigen, daß es emotional wichtig und historisch notwendig war, den Feminismus als Sprachrohr der unterdrückten Frau zu begreifen. Heute aber müssen wir einen Schritt weitergehen. In der Situation zu Anfang der siebziger Jahre, als den Frauen tatsächlich mehrheitlich ihre Rechte verweigert wurden, und angesichts der unverrückbaren Machtstrukturen der Ära Reagan / Bush haben einige Feministinnen den passiven Opferstatus der Frau besonders betont. Aber die Situation hat sich geändert. Die wichtigsten Anliegen des Opfer-Feminismus sind inzwischen hinfällig.

Macht, hat uns der Umbruch der letzten Jahre gelehrt, ist nicht notwendig auf Männer beschränkt. Wir Frauen können uns mit Leichtigkeit einen Anteil daran verschaffen: durch unsere vielen Wählerstimmen und dadurch, daß jede Frau einen kleinen Geldbetrag für das gemeinsame Ziel spendet. Wir müssen den ohnmächtigen Protest, die Anklagen und die Trauer hinter uns lassen und lernen, unsere gewaltige Macht so einzusetzen, daß wir nie wieder zu Opfern werden.

Obwohl der Power-Feminismus letztlich das Ziel zahlreicher politischer Frauenorganisationen ist, ist er in der Kultur und der öffentlichen Diskussion der USA bisher nur schwach vertreten; der Opfer-Feminismus ist dagegen deutlich überrepräsentiert. Der Power-Feminismus der großen Mehrheit der nichtorganisierten Frauen hat den Opfer-Feminismus vieler Insider-Feministinnen schon weit überholt. Leitbilder und Integrationsfiguren des Power-Feminismus wie Roseanne Barr, Königin Latifah oder Janet Reno werden vom organisierten Feminismus nur selten aufgegriffen. Frauen, die sich mit dem Power-Feminismus dieser Frauen identifizieren, verbinden ihn deshalb nicht mit der organisierten Frauenbewegung. Der Opfer-Feminismus lähmt, weil er zu sehr auf traditionell weibliche Werte setzt. Während einige Kritiker Feministinnen vorwerfen, sie seien zu radikal, und von ihnen verlangen, ihre Ziele zu mäßigen, damit alle Frauen sie bejahen könnten, vertrete ich das Gegenteil: Die Frauen der schweigenden Mehrheit sind in mancher Hinsicht schon viel radikaler als so manche organisierte Feministin. Der Opfer-Feminismus hält mit der Entwicklung der Mehrheit längst nicht mehr Schritt.

Der Seelenmythos des Opfer-Feminismus

»Wenn Politik von Männern und Frauen zusammen betrieben würde, hört man zuweilen, würde es im amerikanischen Kongreß weniger unmoralisch zugehen als heute ... Aber ich glaube, wir dürfen von Frauen nicht mehr verlangen als von Männern; wir sollten dafür sorgen, daß sie gleichberechtigt sind, und nicht verlangen, daß sie über Männer herrschen, oder behaupten, daß sie Männern überlegen seien. Denn dann werden sie Tyrannen wie die Männer, wie Katharina II. ... Statt dessen sollten die jeweiligen Fähigkeiten der Frauen und Männer sich zu einem harmonischen Ganzen verbinden.«

Lucretia Mott, die Vorkämpferin des Power-Feminismus, wäre über das Denken heutiger Feministinnen befremdet oder gar erschreckt. Der Opfer-Feminismus hat inzwischen eine umfangreiche Mythologie entwickelt, um seine Vorstellung vom Wesen der Welt und der Stellung der Frauen in ihr zu stützen. Zugrunde liegt der Mythos einer harmonischen, gewaltfreien und egalitären ursprünglichen Gesellschaft, die Frauen verehrte, »weibliche Eigenschaften« hochhielt und den Krieg nicht kannte. Dieser Mythos, eigentlich nur ein Bild, das den geschichts- und heimatlosen Frauen ein Gefühl ihrer ursprünglichen Würde geben sollte, wurde durch eine zu wörtliche Auslegung zum Mythos von der Überlegenheit der Frau, der anderen Mythen an Chauvinismus nicht nachstand. Er wurde zum Kernstück einer Ideologie, die alles Böse von der Umweltzerstörung über den Verzehr von Fleisch bis zur Kindesmißhandlung dem »Willen zur Macht« zuschreibt, der

ausschließlich bei Männern und im Patriarchat anzutreffen sei. Dagegen sind Frauen friedliebende Wesen, die keiner Kreatur etwas zuleide tun und im Einklang mit der Natur leben. Männer haben Hierarchien geschaffen, die Erbsünde der gesellschaftlichen Organisation; Frauen dagegen streben nicht nach Hierarchie, sie sind egalitäre Wesen, die sich lieber in einem sozialen »Netz« von Beziehungen als auf der »Stufenleiter« der Herrschaftsverhältnisse organisieren. Männer wollen teilen und herrschen, Frauen kommunizieren und einen. Männer sind – vor allem im Westen – individualistische Autokraten, Frauen sind nach Gemeinsamkeit strebende Wesen, die alle Wunden heilen, die der Haß geschlagen hat. Männer degradieren Frauen in Beziehungen zu Objekten, Frauen engagieren sich emotional. Und Männer töten, während Frauen Leben spenden.
Viele in diesem Zusammenhang gemachte Erkenntnisse über den Wettbewerb in unserer Gesellschaft, den schrankenlosen Individualismus und die rücksichtslose Ausbeutung natürlicher Ressourcen sind eine konstruktive Kritik am Lebensstil der westlichen Gesellschaft. Immer mehr Menschen, darunter Philosophen und Staatsmänner, sehen in einer »Ethik der Zuwendung« die notwendige Voraussetzung, um Einsamkeit und Entfremdung zu überwinden und der Menschheit auf lange Sicht das Überleben zu sichern.
Problematisch ist nur, daß die beiden verschiedenen sinnstiftenden Modelle von hierarchischer und egalitärer Gesellschaft als geschlechtsspezifisch angesehen wurden. Während Frauen zu Heiligen gemacht wurden, wurden Männer in die Rolle der Bösewichte gedrängt, die eine Schreckensherrschaft errichtet haben. Da jeder Akt der Machtausübung schon als Kollaboration mit dem Patriarchat galt, blieb das Engagement von Frauengruppen und einzelnen Frauen auf politischer Ebene unwirksam. Weil die gesellschaftlichen Institutionen als männliche Erfindungen galten, war es für anständige Frauen Tabu, nach Mitbestimmung in diesen Institutionen zu streben. Die Vorstellung, Macht sei kein

wertneutrales Instrument zur Durchsetzung unterschiedlicher Ziele, sondern etwas Schlechtes, behinderte zahlreiche junge Aktivistinnen in ihrem Kampf. In feministischen Kreisen wurde das Bild der egalitären, sich aufopfernden Frau gepflegt, und neu hinzukommende Mitglieder waren schnell enttäuscht, wenn man dann doch nicht ohne hierarchische Strukturen auskam. Und alle Gefahr schien von den Männern als Verkörperung »patriarchalischer Werte« auszugehen, während Frauen der bessere Teil der Menschheit waren.

In seiner schlimmsten Spielart ist dieser Mythos von der weiblichen Überlegenheit genauso diskriminierend wie die Rassentheorie des Schwarzen Leonard Jeffries, der die Menschen in gute »Sonnenmenschen« und hellhäutige böse »Eismenschen« einteilte. Aus plumpen Verallgemeinerungen vielfach kulturell bedingter oder spekulativer Unterschiede zwischen den Geschlechtern entstand das falsche Bild eines vollkommenen weiblichen und eines verdorbenen männlichen Prinzips. Diese Einteilung war um so unbefriedigender, als man bei Frauen jede noch so leise Äußerung von Konkurrenzdenken, Aggression, Geltungsbedürfnis oder auch nur das Verlangen, Fleisch zu essen, als negativen Einfluß des Patriarchats erklären mußte.

»Das Organisationsprinzip unserer patriarchalischen Gesellschaft ist der Krieg«, heißt es in einem für diese Sicht typischen Text. »Ihre hierarchischen Strukturen werden bestimmt durch Vereine, Schulen, Gefängnisse, Krankenhäuser, Universitäten, Kirchen und natürlich Regierungen ... Wenn erst die Geburt zum Symbol unseres Kampfes wird, wird die Welt sich ändern. Der Kosmos wird zum lebendigen Organismus, an dem wir alle durch zyklisch wiederkehrende Ver- und Entbindung teilhaben.«[9]

Mit dem Paradigma von der Geburt werden Konflikt und Wettbewerb einfach aus der Welt gezaubert, und Macht existiert auf einmal ohne rivalisierende Programme oder das Ringen um richtige oder falsche Entscheidungen: »Macht ist nicht nur Macht über etwas – die Fähigkeit zu beeinflussen, zu kontrollieren und zu

bestrafen –, Macht ist auch die Kraft in uns, die wir zur Entfaltung unserer Persönlichkeit brauchen, so wie ein Samen die Kraft in sich trägt, Wurzeln zu treiben und zu wachsen. Die innere Kraft ist nicht begrenzt, sie ist im Universum reichlich vorhanden. Wenn ich sie habe, schließt das nicht aus, daß auch du sie hast; im Gegenteil, meine Fähigkeiten und Kenntnisse können deine Fähigkeiten und Kenntnisse vermehren.«[10] Konfliktscheu bestimmt die Entscheidungsfindung: Nach Helen Forsey ist »die weibliche Form der Entscheidungsfindung der allgemeine Konsens: Er vereint, läßt teilhaben, nimmt Anteil, verzichtet auf Herrschaft und spendet Kraft.« Freilich muß Forsey einräumen, daß »viele Leute mit dem Konsens geradezu katastrophale Erfahrungen gemacht haben«.[11] Gegen das weibliche Prinzip steht die kalte Ratio, die »männliche, geradlinige Herangehensweise«[12] oder Adrienne Richs »Todeskultur der Quantifizierung, der Abstraktion und des Willens zur Macht«. Die »zum Leben hin orientierten Menschen, die Frauen«[13] sind der Inbegriff des Natürlichen: »Feminismus und Ökologie sind untrennbar miteinander verbunden und ein und dieselbe Sache.«[14] Nach Sharon Doubiago »denken Frauen seit je wie Berge ... Das verdeutlicht am besten die Erfahrung mit dem eigenen Bauch, der zum Berg heranwächst.«
Solche Mystifizierungen der Frau beruhen auf einer falschen Verallgemeinerung: Da in der von Krieg und Barbarei geprägten Geschichte von jeher die Männer die Macht hatten, werden ihnen zerstörerische Eigenschaften zugeschrieben, während Frauen alle gegenteiligen Fähigkeiten verkörpern; diese Verteufelung des Mannes bedeutet eine Umkehrung jener Ideologie, die in der griechisch-römischen und jüdisch-christlichen Tradition alles Übel den Frauen zuschrieb. Daraus folgt die Forderung nach der Herrschaft der Frau: Statt Männer und Frauen als gleichberechtigt und einander ergänzend zu definieren, tritt an die Stelle patriarchalischer Herrschaft eine »frauenzentrierte« Weltordnung.
Nur Männer machen dieser Ideologie zufolge Angehörige des anderen Geschlechts zum Objekt, Frauen tun das nie. »Wenn ein

Pornograph eine Frau erfindet, gibt er ihr einen Körper ohne Seele.«[15] Männer haben mit der Ausbeutung angefangen, denn sie haben Frauen schon Jahrhunderte bevor sie wußten, daß sie natürliche Väter sind, als Privatbesitz betrachtet.[16] Deshalb kann es in der patriarchalischen Gesellschaft eine »Achtung vor dem anderen« nicht geben.[17]

Gewalt wird als männliches, Gewaltlosigkeit als weibliches Prinzip verabsolutiert. »Die Geschichte des ›männlichen Verhaltens‹, auf Gewalt mit noch mehr Gewalt zu reagieren, führt direkt ins Grab. Das gewaltlose ›weibliche Verhalten‹, Kinder zu gebären, aufzuziehen und zu beschützen, hat während der ganzen Menschheitsgeschichte immer zum Leben hingeführt ... Wir haben die Mittel, männliche Aggression in Schach zu halten und die potentiell gewaltlose Macht der Frauen zu vergrößern.«[18] Die Fähigkeit von Frauen, Kinder zur Welt zu bringen, gilt als Beweis für ihr friedliebendes Wesen; Männer dagegen sind Todesengel: »Die schrecklichste Erfindung der Männer ist der Krieg ... den ich nur als krankhaften Neid auf uns Frauen verstehen kann. Es ist, als wollten die Männer sagen: ›Frauen können Leben zur Welt bringen, aber wir können es vernichten.‹«[19]

Wer den Männern pauschal die Verantwortung für die Gewalt zuschiebt, übersieht dabei freilich, daß Werte wie christliche Nächstenliebe oder Gewaltfreiheit in Theorie und Praxis auch von Männern vertreten wurden. Jesus Christus, Gautama Buddha, Mahatma Gandhi und Martin Luther King setzten sich für die Unterdrückten und Geknechteten ein, Albert Schweitzer und Larry Kramer kämpften für die Kranken, ganz zu schweigen von zahllosen aufopfernden Vätern, Ärzten, Krankenpflegern oder Anwälten, deren Namen die Geschichte vergessen hat, weil Generäle stets mehr Ruhm ernten als namenlose Diener der Menschheit. Sie alle sind keine verkappten Frauen, so wenig wie Jeanne d'Arc ein verkappter Mann war. Sie stehen für die lange, wenngleich unterdrückte Tradition männlicher Fürsorge und Anteilnahme, jener oft vergessenen Eigenschaft des barmherzigen Schöpfergottes.

Ich will die Frauen nicht auffordern, das männliche Verhalten zu übernehmen oder sich der herkömmlichen männlichen Weltsicht anzuschließen, in der statt Geborgenheit, Ganzheitlichkeit und Eintracht Herrschaft und Hierarchie dominieren. Auch wurde die bisherige Geschichte, in der Krieg, Unterdrückung und Gewalt herrschten, zweifellos von Männern gemacht, während Frauen vornehmlich Fürsorge und Pflege walten ließen. Und die Gesellschaft muß lernen, »weibliche Sichtweisen« der Realität und »weibliche Werte« zu verstehen. Aber zugleich müssen Frauen lernen, »männliche« Macht einzusetzen und sich den dialektischen Widersprüchen von Einheit und Selbständigkeit, von Ich und Du, von Friedfertigkeit und Aggression zu stellen. Die herrschenden Machtverhältnisse zu überdenken, für den Zusammenhalt der Gesellschaft zu sorgen und die Zukunft unseres Planeten zu sichern, ist nicht nur die Sache der Frauen, sondern aller Menschen.

Ich sage nicht, Männer und Frauen seien gleich. Wissenschaftlern zufolge sind einige menschliche Verhaltensweisen hormonell bedingt, auch wenn noch eine Menge Unstimmigkeiten geklärt werden müssen. Daß das männliche Hormon Testosteron beispielsweise aggressives Verhalten steuert, ist belegt; doch Studien zufolge nehmen beim Mann die Produktion des Hormons und die Aggressivität mit zunehmendem Alter ab, während bei Frauen beides zunimmt. Andererseits zeigen Studien, daß pflegerische Verantwortung bei Männern ein Verhalten fördert, das nach traditionellem Verständnis typisch weiblich ist.

Ebensowenig zweifle ich an der Notwendigkeit, daß Frauen ihre »Wirklichkeit« ins öffentliche Leben einbringen: Vermittlung und Ausgleich, beides Funktionen, die in der bisherigen Geschichte notgedrungen von Frauen erfüllt wurden, sind für unser aller Überleben notwendig. Aber nur weil Frauen in der Vergangenheit gezwungen waren, diese Funktionen zu erfüllen, sind sie nicht von Natur aus besser als Männer, und Freundlichkeit, ganzheitliches Denken und Fürsorge für andere sind nicht nur Sache der Frauen.

Ich meine vielmehr, die in der Frauenbewegung Mode gewordene Unterscheidung zwischen einem moralisch verwerflichen, sexuell ausbeuterischen, herrschsüchtigen und tyrannischen männlichen Prinzip und einem fürsorglichen, liebevollen, uneigennützigen, intuitiven und friedlichen weiblichen Prinzip ist plumpe Schwarzweißmalerei. Die Geschichte und die gegenwärtige statistische Realität widersprechen dem. Eine solche Unterscheidung reduziert die Menschen auf Klischees und zwängt Frauen in ein neues moralisches Korsett, das sie daran hindert, sich auf die eigene Stärke zu besinnen und nach politischer und wirtschaftlicher Macht zu greifen.

Der Opfer-Feminismus hat eine Kritik der Macht entwickelt, nach der die traditionelle Scheu von Frauen, Autorität oder Macht auszuüben, als progressiv gilt. Demnach gibt es zwei Arten von Macht: eine postpatriarchalische und frauenspezifische Macht, die »persönlich« ist, und im Unterschied dazu die schlechte »Macht über andere«, die unpersönlich und zentralistisch ist. Die persönliche Macht resultiert aus der Entscheidung des Individuums, »einen oder mehrere Aspekte des eigenen Lebens in die Hand zu nehmen«. Sobald eine Frau jedoch ihre Privatsphäre verläßt, um eine Führungsposition in der Wirtschaft, der Politik oder der Armee zu übernehmen, infiziert sie sich mit dem Bazillus der schlechten »Macht über andere«.[20] Die Einteilung in gute und schlechte Macht läßt unberücksichtigt, daß jede Macht, die über bloße Selbstbestimmung hinausgeht, notwendigerweise »Macht über andere« beinhaltet und daß solche Macht sehr viel Verantwortungsgefühl voraussetzt. Frauen wird damit die Möglichkeit genommen, in konkreten Situationen in der öffentlichen Sphäre neue Konzepte von Führung und Hierarchie zu entwickeln. Umgekehrt läßt die Theorie außer acht, daß eine Frau auch in der privaten, »weiblichen« Sphäre der persönlichen Macht Herrschsucht und Machtgier ausleben kann.

Eine ganze Generation junger Frauen hat unter dem Einfluß dieser Theorie das Gefühl, daß es in einer vollkommen von patriarchalischen Strukturen durchsetzten Gesellschaft überhaupt keine Rolle für sie gibt – denn alle erfolgreichen Frauen üben definitionsgemäß die männliche Macht über andere aus. Viele Frauen fürchten sich vor einer Teilnahme am öffentlichen Leben, vor eigenem Geld, politischem Einfluß und einer eigenen Stimme, als bedrohe all dies ihre Unschuld. Dabei verwechseln sie öffentliche Macht, welche die Möglichkeit beinhaltet, anderen zu schaden, mit faktischem Machtmißbrauch. Sie übersehen, was Frauen an Gutem bewirken könnten, wenn sie der »Macht über andere« vorurteilslos begegnen und sie geschickt einsetzen würden.

Die weibliche Scheu, Macht über andere auszuüben, erklärt sich natürlich daraus, daß Frauen im tiefsten Inneren gar nicht so sicher sind, ob ihnen Impulse wie Aggression, Machtgier, Herrschsucht und Gewalttätigkeit wirklich abgehen. Das dürfte wohl auch der Grund sein, warum der Opfer-Feminismus, der so sehr auf die Unschuld der Frau abhebt, Macht für Frauen kategorisch ablehnt. Obwohl sich Vertreterinnen dieser Ideologie auf die Natur berufen, wenn sie die universelle Harmonie der matriarchalischen Gesellschaft beschwören, schrecken sie vor der Tatsache zurück, daß gerade die Natur viele dunkle Seiten hat: den täglichen Kampf um Nahrung, Fortpflanzung und Lebensraum, das ewige Fressen und Gefressenwerden. Die Anhängerinnen des Matriarchats haben sich ein Amazonenreich ausgedacht, in dem es immer wohlerzogen zugeht und in dem sich Konflikte aus der Welt schaffen lassen wie die taktlose Bemerkung eines Gastes, die von der Gastgeberin geschickt überspielt wird. »Gesunde Macht entspringt der Stärke und Sensibilität eines solchen ganzheitlichen Weltverständnisses und führt ganz natürlich zu jenem kooperativen und fürsorglichen Verhalten, das für eine harmonische Existenz notwendig ist ... Konkurrenz gilt als Form der Herrschaft und Aggression.«[21] Ein euphemistischer Sprachgebrauch täuscht darüber hinweg, daß Überredungskunst, Kampf um Einfluß und widersprüchliche Zielsetzungen nichts an sich Schlechtes sind und auch in einer gewaltfreien und egalitären Gesellschaft zum politischen Alltag gehören.

Nicht selten verschließen sich Frauen, wie in den oben zitierten Äußerungen, der Einsicht, daß auch Frauen »Willen zur Macht« besitzen. Oft verwickeln sie sich dabei in Widersprüche: So wird bei der Gegenüberstellung der »guten« weiblichen Macht als einem »Netz, in dessen Zentrum die Frau steht«, und der männlichen Macht als patriarchalischer »Stufenleiter« übersehen, daß die Frau innerhalb der hierarchisch gegliederten Familie Macht über andere ausübt. Ein weiteres Beispiel für die hartnäckige Weigerung von Feministinnen, die Notwendigkeit von Macht für Frauen anzuerkennen, ist der Sprachgebrauch der Frauenorganisation Fund for the Feminist Majority; für ihre geschickten Aktionen zur Einführung der Abtreibungspille RU 486 gebrauchte sie das irreführende Bild eines »Netzes von Einflüssen«, statt die Aktionen als das zu benennen, was sie tatsächlich waren: eine erfolgreiche Kampftaktik. Unlösbare Lebenskonflikte bleiben ausgeblendet: »Bei legaler Abtreibung geht es nicht um die Tötung von Föten, sondern um die Rettung des Lebens von Frauen.«[22]
Wer sich mit Rassismus, Antisemitismus oder Sexismus befaßt hat, den überrascht nicht, daß eine solch einseitige Sicht, verbrämt mit humanitären Zielen, in die Forderung nach Ausrottung der Männerwelt mündet. Sally Miller Gearhart etwa schlägt vor, den Männeranteil an der Gesellschaft auf 10 Prozent zu senken und auf diesem Niveau zu halten: »Das männliche Wesen unserer Spezies ist die Quelle der Gewalt ... Es ist Sache der Frauen, sich auf ihre Verantwortung als Spenderinnen und Erhalterinnen des Lebens zu besinnen.«[23]
So schließt sich im Opfer-Feminismus der Kreis: Indem der weibliche Wille nach Macht und die dunklen Seiten der Frauen geflissentlich übersehen werden, entsteht ein neuer Mythos von guten und bösen Kräften, eine selbstgerechte Ideologie, die »den anderen« – in diesem Fall den Mann – entmenschlicht und seiner Ausbeutung Tür und Tor öffnet. Dabei war doch gerade der Feminismus mit dem Anspruch aufgetreten, solche Herrschaftsverhältnisse aus der Welt zu schaffen. Stimmen wie die von Sally Gearhart sind zwar Extre-

me, doch fügen sie sich in ein Spektrum von Ansichten ein, die auf denselben Voraussetzungen beruhen.

Wenn man Männer wegen Sexismus zur Rechenschaft zieht oder feststellt, daß Gewalt gegen Frauen meist von Männern ausgeht, heißt das entgegen landläufiger Ansicht nicht, daß man Männer pauschal verdammt. Das tut man nur, wenn man aus konkreten Fällen männlicher Gewalt eine gewalttätige Natur des Mannes abzuleiten versucht. Eine solche unreflektierte Haltung hat freilich mit einem Feminismus, der um Menschenrechte kämpft, nicht das geringste zu tun.

Bei Vorträgen habe ich oft erlebt, wie Zuhörerinnen Männer nur deshalb angepöbelt und angegriffen haben, weil sie Männer waren. Ich rufe die Frauen dazu auf, jetzt, da »der Stein ins Rollen gekommen ist« und wir nur nach der Macht zu greifen brauchen, solche für den Opfer-Feminismus typischen Vorurteile zu bekämpfen. Wenn Opfer nicht zu Tätern werden sollen, sind wir moralisch verpflichtet, uns auch den dunklen Seiten zu stellen, die die weibliche Seele ebenso hat wie die männliche.

Zwei Beispiele aus der Praxis

Ich habe in einem Zentrum zur Betreuung vergewaltigter Frauen gearbeitet. Sobald man das Haus betrat, war man deprimiert. Zuerst glaubte ich, die bedrückende Atmosphäre werde durch die Tausende von Vergewaltigungen hervorgerufen, über die dort schon gesprochen wurde. Dann aber kam ich zur Überzeugung, daß es nicht die traumatischen Erlebnisse waren, sondern die Art, wie mit ihnen umgegangen wurde.

Schon rein äußerlich konnte das Gebäude nur trübsinnige Gedanken wecken. Wer die feuchten Betonstufen des verdreckten Treppenhauses hinaufstieg, stieß oben auf Sofas mit zerrissenen Polstern, wackelige Klappstühle und nackte Glühbirnen, die an den Wänden traurige Schatten warfen. Gesichter erschienen in ihrem Licht leichenblaß oder kränklich gelb. Die eine Wand war völlig kahl, nicht einmal ein Kunstdruck oder ein Poster hing dort; auf der pockennarbigen Fläche waren nur die Löcher von Reißnägeln zu sehen. An der anderen Wand hingen an einem Schwarzen Brett als einziger Schmuck die endlosen Manifeste aus dem Kampf gegen die Gewalt: »Jamais encore! Frauen sagen nein zur Vergewaltigung!«

Im sogenannten »Auswein-Zimmer«, wo die Frauen ihren Fall zum ersten Mal einer Beraterin schilderten, hingen verstaubte schwarze Vorhänge, die kein Tageslicht einließen. Auf dem Tisch lag lediglich eine Schachtel Kleenex. Die Räume waren alle in schreienden Farben gestrichen – in grellem Rot und Grün, billigen Restposten aus einem Farbengeschäft, das dem Cousin einer Mitarbeiterin gehörte. Das Zentrum unterhielt einen Telefondienst,

der immer überlastet war. Der Schrank in der kleinen Küche enthielt Trockenmilchpulver, Berge gefriergetrockneten Kaffees und Tassen mit Sprüngen und braunen Rändern.
Man würde vermuten, daß die Tristesse dieser Umgebung auf Geldmangel und personelle Unterbesetzung zurückging. Weit gefehlt! Das Geld hätte durchaus für einen Lampenschirm, eine Reproduktion von Cezannes Äpfeln und zwei Kartons H-Milch gereicht. Aber die schäbige Ausstattung war ein integraler ästhetischer Bestandteil der Opferkultur. Das hier arbeitende Kollektiv hatte feste Vorstellungen von seiner Arbeit. Unzulänglichkeit und Elend gehörten mit dazu; sie brachten zum Ausdruck, wie sehr wir litten, wie arm wir im Vergleich zur übermächtigen Finanzkraft der Opposition waren und wie edel es von uns war, daß wir unter diesen Umständen freiwillig so viel Zeit opferten. Jeder Versuch, das trübsinnige Einerlei aufzuheitern, galt als antifeministisch und stieß auf erbitterten Widerstand.
Man muß die Gesichter der Opfer gesehen haben, die nach den furchtbaren Erlebnissen jetzt auch noch einige Zeit in einer solchen Umgebung verbringen mußten! Freundliches Licht, heißer Kaffee aus einer hübschen Tasse, ein sauberes, weiches Sofa und eine einladende Topfpflanze am Fenster – niemand hätte das nötiger gehabt als diese Frauen, die den Mut hatten, sich vergangene Schrecken noch einmal in Erinnerung zu rufen, um sie zu bewältigen. Dazu kommt, daß Opfer von Vergewaltigungen in ihrem Selbstwertgefühl zutiefst erschüttert sind. Blumen auf dem Tisch oder ein Bild an der Wand hätten ihnen gesagt, daß andere sie immerhin so weit achteten, daß sie etwa auch an ihr Bedürfnis nach Schönheit dachten. Die schäbige Ausstattung paßte bestens zur Erfahrung der Vergewaltigung, die das Opfer zum Nichts degradiert. Wie soll eine Frau an einem Ort, an dem sich niemand wohlfühlen kann, wieder zu sich selbst finden?
Noch schlimmer wirkte sich das hier herrschende politische Bewußtsein auf unsere Arbeit aus. Alle Treffen waren vom »kollektiven Prozeß« bestimmt, einer Konzeption aus der Frühzeit des

Feminismus, mit dem Frauen eine Alternative zu den aggressiven und von hierarchischen Strukturen bestimmten Versammlungen der Männer schaffen wollten. Im »kollektiven Prozeß« muß sich jede Frau zu jeder anstehenden Entscheidung äußern; es gibt weder Vorsitz noch Abstimmung, eine Entscheidung kann nur mit dem Konsens der gesamten Gruppe gefällt werden.
Prioritäten wurden nicht gesetzt, alles hatte die gleiche Bedeutung. Wer etwas sagen wollte, leitete seinen Beitrag mit vielen beschwichtigenden Floskeln ein. »Ich möchte wirklich niemandem auf die Füße treten, und es mag seltsam klingen, wenn ich das jetzt anspreche, aber ...« So zogen sich die Treffen drei bis vier Stunden hin. Viele Frauen, die neu dazukamen und berufliche oder familiäre Pflichten hatten, sprangen bald wieder ab. Die verbleibenden Gruppenmitglieder waren keineswegs repräsentativ für die anderen Frauen. Mütter oder Ehefrauen fehlten fast ganz, Arbeiterinnen und Schwarze waren selten. Wer blieb, verfolgte meist eine feste ideologische Linie, war gebildet und stammte aus der Mittelschicht; gemeinsam war allen der Lebensstil der feministischen Subkultur: gleicher Haarschnitt, gleiche Musik und gleiche Bücher.
Frauen mit »Führungsqualitäten« – ein Wort aus der Welt der Männer, von der die Gruppe sich so entschieden absetzen wollte – übernahmen ganz automatisch mehr Verantwortung. Eine Frau etwa führte Protokoll, leitete oft das Gespräch und hielt Kontakt zur Presse. Obwohl niemand anders diese ziemlich anstrengende Arbeit übernehmen wollte, wurde sie hinter ihrem Rücken heftig kritisiert, nicht wegen mangelnder Führungsqualitäten, sondern weil sie sich angeblich in den Vordergrund drängte. Wenn ihr Name als Sprecherin der Gruppe in der Zeitung stand, erreichte das Ressentiment jedesmal einen Höhepunkt.
Da zu jedem Thema immer alle gehört werden mußten, reagierten wir auf weitschweifige oder nebensächliche Beiträge zunehmend gereizt. Zugleich hatten wir Schuldgefühle, weil wir vom Ideal des Kollektivmitglieds, das wirklich alle Meinungen hören will (einem

Ideal, das in jeder Beziehung dem unerreichbaren Ideal der perfekten Gastgeberin entspricht), noch so weit entfernt waren. Wenn der »Konsens« schließlich erreicht war – meist deshalb, weil wir das höfliche, aber fruchtlose Hin und Her satt hatten –, fühlte sich die Mehrheit von einer Minderheit unterdrückt oder eine Minderheit von der Mehrheit übergangen; kaum waren zwei oder drei Gruppenmitglieder unter sich, rissen sie ihre Gegnerinnen in Stücke. Die zufälligen, aus dem Augenblick geborenen »Bündnisse«, die bei solchen Vivisektionen zustande kamen, hatten selten Bestand. Und jede von uns wußte, daß die Kritik sie als nächste treffen konnte.

Das Klima im Zentrum war schließlich so vergiftet, daß ich mich vor den wöchentlichen Sitzungen zu fürchten begann. Nach den Sitzungen war ich jedesmal so aufgebracht, daß ich einen Streit mit meinem Freund vom Zaun brach, dem ich eigentlich nichts vorzuwerfen hatte. Er war immer freundlich und machte bei der Hausarbeit mit, aber als Rechtsanwalt – als Vertreter der frauenfeindlichen Rechtsprechung, die bei uns im Zentrum angeprangert wurde – war er der willkommene Blitzableiter meiner aufgestauten Wut.

Der psychische Druck am Zentrum gefährdete unsere Arbeit ernsthaft. Die Arbeit mit Frauen und Mädchen, die vergewaltigt oder von Familienangehörigen sexuell mißbraucht worden waren, drohte uns zu erdrücken. Wir wurden täglich mit Fällen unfaßbarer sexueller Gewalt konfrontiert, die von der Öffentlichkeit überhaupt nicht registriert wurden; denn kratzt man an der Fassade der gesellschaftlichen Normalität, kommt eine Hölle zum Vorschein. Wir lernten Fünfjährige kennen, die von ihren Vätern in Bars an angetrunkene Freunde verkauft worden waren. Eine Frau wurde von ihrem Exfreund vergewaltigt, der erfahren hatte, daß er Aids hatte; er wollte sie aus Rache anstecken. Eine geistig zurückgebliebene junge Frau war ihrem Vater, der alle Familienmitglieder einschließlich seiner Söhne vergewaltigt hatte, um Haaresbreite entkommen, und nun mußten wir fürchten, daß er sie totschlagen würde, bevor wir sie auf gerichtlichem Wege seinem Zugriff entziehen konnten. Die Gesetze halfen uns wenig; nur ganz selten gelang es, einen Schuldigen zu überführen.

Wir konnten dieser Situation auf dreierlei Weise begegnen. Erstens konnten wir uns selbst schützen, indem wir einfach unsere Arbeit taten. Man gab dem Opfer bei der Arbeit professionelle Hilfe und menschliche Wärme, ließ das Elend aber nicht an sich heran; von einer ähnlichen Haltung berichtet oft das Pflegepersonal an Krankenhäusern. Allerdings war dies schlecht vereinbar mit unserem Selbstbild als mitleidende und aufopferungsvolle Helferinnen. Zweitens konnten wir mit dem Opfer leiden und es für seinen Mut bewundern, die vergangenen Schrecken noch einmal zu durchleben und innerlich zu bewältigen. Man war dann auf sich und seine Arbeit, auf die schrittweisen Erfolge an den Gerichten stolz, und das machte alles viel leichter. Allerdings paßte ein solcher Stolz auf uns und auf andere Frauen nicht in unser Bild von Weiblichkeit. Die dritte, traditionell feministische Haltung bestand darin, den Opferstatus der Frauen als die wichtigste Quelle unserer Identität, ja sogar unseres Prestiges zu begreifen. Frauenfeinde galten als das Böse schlechthin, alle Männer als potentielle Vergewaltiger. Sexuelle Gewalt war die Conditio sine qua non unserer Existenz, unsere Betroffenheit und Anteilnahme war der Beweis unserer moralischen Überlegenheit über andere Menschen. Diese Haltung überwog.

Aus ihr folgte ein ungeschriebener Verhaltenskodex. Häufiges Lachen war bei uns verpönt, obwohl die Frauen und Mädchen, mit denen wir arbeiteten, selbst oft hysterisch lachten, wenn ihnen in der Bewältigungsphase erst richtig bewußt wurde, daß sie dem Tod nur knapp entgangen waren. Ebenso verpönt war es, liebevoll über einen männlichen Freund zu sprechen, obwohl die vergewaltigten Frauen die Kontaktaufnahme zu Männern, denen sie vertrauten, als wichtigen Schritt auf dem Weg zur seelischen Gesundung ansahen. Wenn wir einen Prozeß gegen einen Vergewaltiger verloren hatten, gehörten Weinen und gegenseitiges Händchenhalten zum guten Ton; Siege dagegen wurden niemals gefeiert. Wer erschöpft zusammenbrach, weil er tagelang ohne Pause Telefonbetreuung gemacht hatte, erntete Bewunderung. Wer Polizisten oder Krankenhauspersonal im Umgang mit vergewaltigten Frauen unterwies, verdiente sich dagegen kaum Respekt; solche Schulungen rochen nach Selbstdarstellung, und bei uns war Selbsterniedrigung gefragt.

Wir sprachen viel über körperliche Folter und ungerechte Gesetze, die Übermacht der Gegner und unsere spärlichen Mittel, und ab und zu gestanden wir anderen, wie sehr uns der tägliche Kleinkrieg aufrieb. Andererseits lehnten wir es ab, eine hauptamtliche Kraft einzustellen; es hätte sich auf die Stimmung der ehrenamtlichen Mitarbeiter negativ auswirken können. Ich erinnere mich nicht, daß wir in den zwei Jahren meiner Mitarbeit am Zentrum einmal einen Sieg gefeiert oder uns herzlich gefreut hätten, einer Frau wieder auf die Beine geholfen zu haben. Kurz, wir gönnten uns nie das Gefühl von Stärke.

Eine Vergewaltigung ist kein Spaß, aber ist es deshalb ein Verbrechen, wenn es manchmal Spaß macht, das herrschende Bewußtsein in bezug auf Vergewaltigungen zu verändern? Bei uns im Zentrum war dieser Gedanke Tabu. Es mag seltsam klingen, aber unsere Arbeit krankte an einem Mangel an Freude.

Was uns so sehr zusetzte, war weniger das Leid der Opfer; ihr robuster Lebenswille machte uns sogar Mut und Hoffnung. Vielmehr litten wir unter der eigenen Opferhaltung, die Lichtjahre von den Einstellungen dieser tapferen Frauen entfernt war. Da wir Rivalitäten und Konflikte bei Wahlen oder Diskussionen nicht offen austragen durften, richteten wir unsere Aggressionen gegen uns selbst und konkurrierten miteinander an Opferbereitschaft. Wir rissen uns um die undankbarsten Aufgaben und die anstrengendsten Zeiten beim Telefondienst. Da wir schließlich alle völlig überanstrengt waren, wurden freiwillige Meldungen immer spärlicher. Anrufe blieben unbeantwortet, und bei der Rechtsberatung entstanden wochenlange Wartezeiten.

Wenn uns die Arbeit zu sehr aufrieb, ließen wir den Ärger aneinander aus. Es kam zu Kränkungen und Vorwürfen. Das Vertrauen in der Gruppe brach zusammen. Nach einem dilettantisch durchgeführten Tribunal, das nur Scherben hinterließ, löste sich unsere engagierte kleine Gruppe, die an überkommenen feministischen Positionen krankte, schließlich auf. Wenn Frauen unsere Nummer wählten, teilte der Anrufbeantworter ihnen mit: »Das Zentrum ist bis auf weiteres geschlossen ...«

Eine ganz andere Bilanz ihrer Arbeit konnte die gewerkschaftliche Organisation Local 34 ziehen.

Die weltbekannte Yale University hängt wie alle Hochschulen wirtschaftlich völlig von der unterbezahlten und unterschätzten »unsichtbaren« Arbeit eines Heers von Büroangestellten und Laborarbeiterinnen ab. Diese Frauen schufteten für durchschnittlich 15000 Dollar im Jahr in der Bibliothek der Universität, reinigten Teströhrchen in den Labors oder sortierten Karteikarten für berühmte Professoren. Lange Zeit nahmen sie ihre Situation ohne organisierte Beschwerden hin; es galt als Privileg, für eine so prominente Einrichtung wie Yale zu arbeiten.

Aber selbst die Beschäftigten solcher Einrichtungen haben schließlich genug, wenn das Geld hinten und vorn nicht mehr reicht. 1981 gründeten die Frauen eine Gewerkschaft. Sie setzten auf basisorientierte Gruppen, schufen mit Hilfe von Familie und Freunden ein großes Organisationskomitee und leiteten Kolleginnen an, eigene Gruppen zu organisieren; in offenen Diskussionsrunden wurden Schwierigkeiten beim Aufbau der Gruppen und die Zielvorstellungen der Mitglieder erörtert. In den Diskussionen nannten die Büroangestellten und technischen Assistentinnen neben mehr Geld und besseren Sozialleistungen immer wieder Anerkennung ihrer Arbeit als vordringliches Ziel bei der Verbesserung ihrer beruflichen Situation. Schlechte Bezahlung und soziale Absicherung hingen nämlich, wie die Frauen herausgefunden hatten, direkt mit der Bewertung ihrer Tätigkeit als Frauenarbeit zusammen. Die mangelnde Anerkennung ihrer Arbeit äußerte sich

zudem in willkürlichen Praktiken bei Einstellungen und Beförderungen, in fehlendem Mitspracherecht bei der Arbeit und in einer herablassenden Haltung der Vorgesetzten.
Die Organisatoren von Local 34 konzentrierten sich auf das Thema Anerkennung der Arbeit und forderten die Beschäftigten auf, zu dokumentieren, wo der Wert ihrer Arbeit unterschätzt und ihre Bedürfnisse am Arbeitsplatz mißachtet würden. Dann stellten sie einen Katalog von Forderungen zusammen, der von der Yale University allerdings kompromißlos abgelehnt wurde. Jetzt wandten die Frauen sich an die Öffentlichkeit. Sie verknüpften ihre persönlichen Beschwerden und die diskriminierende Bezahlung geschickt mit der landesweit erhobenen Forderung nach gleicher Entlohnung von Arbeit mit vergleichbarem Wert und mit der allgemeinen Unterbezahlung von Frauen. Durch einen eintägigen Streik machten sie die Presse auf den Zusammenhang zwischen der Entlohnung der Frauen in Yale und den 59 Cents aufmerksam, die die Frauen landesweit auf jeden von einem Mann verdienten Dollar erhielten.
Am 26. September 1984 traten über 75 Prozent der Angestellten und Arbeiterinnen in den Büros und Labors von Yale in den Ausstand – Bibliothekarinnen, Laborhelferinnen, Krankenschwestern, Telefonistinnen und Sekretärinnen, darunter 16 Prozent Schwarze und Lateinamerikanerinnen.
Die Gewerkschaft verfolgte eine aggressive Taktik mit großer Breitenwirkung. Streikposten vor zentralen Gebäuden der Universität – Verwaltungsgebäude, Bibliothek und Sporthalle – forderten das Publikum auf, die Gebäude nicht zu betreten. Der Rückhalt an der Universität wuchs: Die Fachschaften unterstützten die gewerkschaftlichen Forderungen und riefen zu Verzicht auf die Nutzung bestreikter Einrichtungen auf. Dann holten die Studenten zum Schlag gegen die verwundbarste Stelle der Universität aus: Sie verweigerten aus Protest gegen streikbedingte Ausfälle einen Teil der Studiengebühren und drohten mit weiterem Zahlungsboykott. Unterstützung erhielten die Streikenden von führenden Mitglie-

dern der Frauenorganisation NOW, worauf in den ganzen USA eine heftige Diskussion um die gleiche Bezahlung von Arbeit vergleichbaren Wertes entbrannte.
Die Organisatorinnen wußten, daß sie zunächst das Selbstwertgefühl der Beschäftigten stärken mußten, bevor diese bereit sein würden, für eine Verbesserung ihrer Situation zu kämpfen. Auf Versammlungen der Gewerkschaftsgruppen wurde ihnen der Wert ihrer Arbeit von Mal zu Mal stärker bewußt gemacht. Mehr und mehr traten sie aus der Rolle emsiger Arbeitsbienen ohne Ansprüche heraus. Schließlich wurde ihnen klar, daß es keine Ehre war, für Yale zu arbeiten, wenn das Geld nicht reichte, eine Familie zu ernähren. Sie entdeckten, daß sie ein Anrecht auf mehr Geld hatten.
Eine Gruppe von Frauen, von denen die meisten noch nie gegen ihre Situation aufbegehrt hatten, organisierten zwei Aktionen zivilen Ungehorsams. Eine Frau schilderte später, wie sie am Abend vor der ersten Aktion ihren staunenden Kindern am Bett erklärt habe, daß sie am nächsten Morgen das Gesetz übertreten und man sie vielleicht verhaften würde. 192 Gewerkschaftsmitglieder blokkierten mit Unterstützung von über tausend Sympathisanten den Eingang zum Haus des Universitätspräsidenten. Sie wurden verhaftet und mit Mannschaftswagen abtransportiert. Zwei Wochen später blockierten 434 Mitglieder, diesmal von mehreren tausend Menschen unterstützt, die Universitätsverwaltung. Wieder wurden die Gewerkschafterinnen verhaftet.
Als Yale immer noch nicht einlenken wollte, spielten die Angestellten ihre letzte Karte aus: den totalen Ausstand in allen Bereichen der Universität. Daraufhin nahm die Universitätsleitung die Verhandlungen wieder auf, machte aber keine akzeptablen Angebote. Die Gespräche wurden bald wieder abgebrochen.
Die Universitätsleitung fühlte sich nicht mehr als Herrin der Lage und reagierte übertrieben. Sie schränkte die Freiheiten auf dem Campus ein; Dekane drohten Professoren und Lehrbeauftragten, die den Streik unterstützten, mit Repressalien; den Assistenten

wurde verboten, in Lehrveranstaltungen über die Forderungen der Beschäftigten zu diskutieren; die philosophische Fakultät drohte Teilnehmerinnen am Ausstand mit Gehaltskürzungen und anderen Maßnahmen; die Studenten wurden aufgefordert, Transparente mit Solidaritätsbekundungen von den Fenstern zu nehmen. Angesichts all dieser repressiven Maßnahmen sah sich die Connecticut Civil Liberties Union gezwungen, der Universität eine Rüge zu erteilen, weil sie die freie Meinungsäußerung ihrer Angehörigen auf nicht hinnehmbare Weise eingeschränkt habe.

Der Ausstand traf die Universität hart. Wichtige Aufgaben wie Auswahl und Zulassung der Studenten für das nächste Jahr blieben liegen. Außer der Arbeit in Lehre und Forschung beeinträchtigte der Streik auch die Organisation von Tagungen, die Beschaffung von Geldern, Dienste wie Studienberatung, die Arbeit der Personalstelle und die Funktion von Labors, Museen, Bibliotheken und Studentengruppen – kurz alles, was den Universitätsbetrieb, für den die Eltern eines Studenten jährlich 18000 Dollar zahlten, am Laufen hielt.

Am 18. Januar 1985 erhielt Local 34 einen Vertrag: Vorgesehen waren eine Gehaltserhöhung von 20 bis 25 Prozent über drei Jahre, die Abschaffung diskriminierender Unterschiede in der Einkommensverteilung, bessere Altersversorgung und Krankenversicherung, verbesserter Kündigungsschutz und die Bildung eines Ausschusses, in dem Vertreter von Gewerkschaft und Universitätsleitung Beschwerden wegen falscher Bewertung von Stellen und Unterbezahlung entgegennehmen würden. Die Gewerkschaft hatte gesiegt.

Die Mitglieder hielten nach ihrem großen Erfolg am Konzept der basisnahen Führung fest; die weibliche Mehrheit der Mitglieder spiegelt sich in der weiblichen Mehrheit auf Führungsebene wider. Seit dem Ausstand haben Mitglieder der Gewerkschaft in über zwei Dritteln der Streitfälle bei der Schlichtung recht bekommen.

Neben den materiellen Vorteilen war ein anderer Aspekt dieses

Sieges besonders wichtig: Er hatte das Selbstbewußtsein der betroffenen Frauen entscheidend gestärkt. Die basisorientierte Führung der Gewerkschaft hatte ihnen die Erfahrung vermittelt, daß Führungsqualitäten nicht auf obere Etagen beschränkt sind, sondern daß alle sie entwickeln können. Statt pauschal alle Führung zu verdammen, wurde versucht, Führung gerechter zu verteilen und auszuüben. Die Frauen zogen sich nicht auf eine Opferhaltung zurück, sondern konzentrierten sich auf das gemeinsame Ziel der Verbesserung ihrer Lage. Ideologischer Ballast wurde dabei vermieden. Statt eines aufgezwungenen kollektiven Willens, dem materielle Ziele und jedes Streben nach mehr verpönt sind, lautet der erste Grundsatz von Local 34: Ich bin mehr wert. Der zweite Grundsatz lautet: Wir sind alle mehr wert.
Dieser grundlegende Satz – meine Arbeit ist mehr Geld wert – steigerte das Selbstwertgefühl der Frauen, machte ihnen Mut, Forderungen zu stellen, und gab ihnen ein völlig neues Selbstbewußtsein, das sich auch nach ihrem überwältigenden Sieg gehalten hat.

Im Meinungsstreit der Traditionen

In den Jahren des Gegenschlags kam es im Namen des Feminismus zu Vorfällen, die alle charakteristisch für den Opfer-Feminismus sind. In der Aufsatzsammlung *Pleasure and Danger* erschien eine Hitliste sexueller Praktiken mit einer Bewertung nach ihrer Frauenfreundlichkeit: Penetrationsfreier lesbischer Sex rangierte dabei ganz oben, sadomasochistischer heterosexueller Sex mit Penetration ganz unten. Feministinnen warfen Hillary Rodham Clinton vor, sie habe sich für den Wahlkampf ihres Mannes zu sehr herausgeputzt. Als die Women's Action Coalition (WAC) eine Protestaktion zu einem laufenden Vergewaltigungsprozeß organisierte, wurde als Parole für die Plakate vorgeschlagen: »Sie sind schuldig.« Während einer Diskussion in einer Buchhandlung erklärte eine junge Frau, sie werde so lange auf Sex verzichten, bis Pornographie und Vergewaltigung endgültig aus der Welt geschafft seien. Als ein Sexladen kostenlos Kondome verteilte und über Aids-Vorsorge informierte, kritisierten Frauen die Veranstaltung als verkaufsfördernde Aktion. Zoe Baird, die nach Präsident Clinton erste Justizministerin in der Geschichte der USA hätte werden sollen, geriet unter Beschuß, weil sie ein peruanisches Kindermädchen illegal beschäftigt hatte; auf Vorwürfe, sie habe Sozialabgaben sparen wollen, rechtfertigte sich die Juristin, deren Jahreseinkommen eine halbe Million Dollar beträgt, sie habe damals »als Mutter gedacht, nicht als Kandidatin für einen Ministerposten«. Bei einer Demonstration von Schwulen und Lesben lehnten es Frauen ab, den Bus der WAC von sympathisierenden Männern fahren zu lassen.

In all diesen Fällen zeigt sich eine Haltung, der das viktorianische Frauenbild des Opfer-Feminismus zugrunde liegt: daß Frauen nie von selbst aggressiv handeln; daß sie gegen Frauenfeinde nichts ausrichten und in der Presse nicht gegen sie anschreiben können und daher jede Diskussion mit ihnen abbrechen müssen; daß als anstößig empfundene Formen von Sex Frauen auch dann erniedrigen, wenn sie ihnen Spaß machen; daß Jungfrauen und »anständige« Frauen besser sind als Huren; daß auch die stärksten Frauen, zumal wenn sie Mütter sind, angesichts widriger Umstände machtlos sind; daß man über sexuelle Belästigungen niemals laut spricht; daß es für eine Frau besser ist, moralisch rein und hilflos zu sein, als Kompromisse zu schließen, Macht auszuüben und die Gesellschaft zu verändern; daß selbst auf dem Schulhof Jungen mehr Macht haben als Mädchen, obwohl Mädchen im Alter von neun Jahren größer und geistig weiter sind; und daß ein Männerkörper per definitionem immer bedrohlich ist.
Im Gegensatz dazu gab es in jüngerer Zeit auch ermutigende Beispiele für einen Power-Feminismus. Emily's List unterstützte den Wahlkampf von fünfundfünfzig Kandidatinnen, von denen fünfundzwanzig ein Mandat errangen. Mit der Erkenntnis, daß benachteiligte Gesellschaftsgruppen mit spektakulären Aktionen auf sich aufmerksam machen müssen, besetzten Aktivistinnen der WAC den New Yorker Hauptbahnhof und verteilten an gestreßte Mütter Grußkarten zum Muttertag mit witzigen Gedichten. Bei einer anderen Protestaktion machten Mitglieder der WAC auf unrechtmäßig entlassene Frauen aufmerksam. Die Guerrilla Girls protestierten mit Gorilla-Masken und Miniröcken dagegen, daß im Guggenheim Museum keine Künstlerinnen vertreten sind. In sechzehn Jahren stieg die Zahl der Kleinbetriebe, deren Eigentümer eine Frau ist, von 4,6 Prozent auf 30 Prozent; nach Plänen der amerikanischen Regierung soll der Anteil bis zum Jahr 2000 weiter auf 50 Prozent steigen. Eine feministische Autorin warnte Studentinnen vor einem Leseboykott sexistischer Bücher. Kanadische Frauengruppen produzierten einen TV-Spot zum Thema Verge-

waltigung durch Bekannte und Freunde, und machten Vorschläge, was beide Geschlechter tun können, um gefährliche Situationen zu vermeiden. Die amerikanische Woman's Economic Development Corporation beriet 20 000 Frauen individuell zu Fragen der Unternehmensführung, gewann 1500 Unternehmerinnen für ein Schulungsprogramm zur Leitung des eigenen Unternehmens und ermöglichte 4000 weiteren Frauen, darunter vielen ehemaligen Hausfrauen und Müttern sowie Frauen aus Randgruppen, einen 18wöchigen Kurs, der über die Eröffnung eines eigenen Geschäfts informierte; Schwerpunkt war dabei die Entwicklung von Führungsqualitäten, die bei Frauen traditionell schwach ausgebildet sind. Die Absolventinnen berichteten von Umsatzsteigerungen von bis zu 121 und Gewinnsteigerungen von bis zu 72 Prozent. Die US-amerikanische Organisation berufstätiger Frauen *9 to 5* vertrat und beriet 14 000 Büroangestellte bei Rechtsstreitigkeiten. *Ms.* zeichnete als erste Zeitschrift Zeugenaussagen vergewaltigter bosnischer Frauen auf; Frauengruppen und Juristinnen forderten daraufhin die UNO auf, Vergewaltigungen als Verletzungen von Menschenrechten und Kriegsverbrechen zu ächten. Die Zeitschrift *Newsweek* brachte die Greueltaten an bosnischen Frauen auf der Titelseite. Die American Association of University Women protestierte gegen die Herstellung einer Barbie-Puppe, die »Mathematik ist schwer« sagte; die Herstellerfirma nahm die Puppe vom Markt und teilte mit, die neue Barbie-Puppe sei berufstätig. Eine Gruppe schwarzer Mannequins protestierte gegen ihre Diskriminierung in der Modeindustrie und verlangte eine bessere Repräsentanz schwarzer Frauen in den Medien. Vier Topmodelle brachen das Schweigen über ihre berufsbedingten Eßstörungen und wurden auf der Titelseite der Zeitschrift *People* zitiert. Das Modell Cindy Crawford warnte in der Sendung *House of Style* vor Brustimplantaten, informierte Mädchen über Bulimie und erläuterte ihren Standpunkt als Befürworterin der Abtreibung. Die Zeitschrift *Mirabella* warb für mehr Forschung zu Brustkrebs. Justizministerin Janet Reno setzte sich verstärkt für die gerichtliche Verfolgung von Vätern, die keine Alimente zahlen, und von prügelnden Ehemännern ein. Frauenorganisationen legten mit einer Flut von Forderungen, mehr Frauen ins Kabinett aufzunehmen, das Faxgerät des US-Präsidenten lahm. Der Präsident war verärgert – und berief eine weitere Frau in die Regierung.

Der Power-Feminismus, der in diesen Aktionen von Frauen zum Ausdruck kommt, hat eine lange Tradition. Harriet Tubman leitete im 19. Jahrhundert eine Untergrundorganisation zur Befreiung schwarzer Sklaven. In England waren um die Jahrhundertwende Geschäftsboykotte so wirkungsvoll im Kampf um das Frauenstimmrecht, daß Warenhäuser sich gegenseitig mit Solidaritätsaktionen zugunsten der Frauen überboten. Das Londoner Kaufhaus Harrod's rief einen »Tag des Frauenwahlrechts« aus, und Modehersteller und Möbelmanufakturen beeilten sich, feministische Zeitschriften durch teure Werbeanzeigen zu unterstützen. Auch die mutige Guerillataktik und die kompromißlos harte Linie, mit der der siebzigjährige Kampf um das Stimmrecht schließlich zum Erfolg geführt wurde, ist ein Beispiel für Power-Feminismus.

Heldinnen aus der Frühzeit des Power-Feminismus sind Victoria Woodhull und Madame C. J. Walker. Die schöne, lebenslustige und skandalumwitterte Aktienmaklerin Woodhull trat in der Zeitung, die sie mit ihrer Schwester herausbrachte, für die sexuelle Selbstbestimmung und das Wahlrecht für Frauen ein. 1872, noch vor dem Sieg der Stimmrechtsbewegung, erklärte sie ihre Kandidatur für das Amt der Präsidentin der Vereinigten Staaten. Den heuchlerischen Feminismus des 19. Jahrhunderts geißelte sie mit schonungsloser Offenheit: »Ich behaupte, die sogenannte gesellschaftliche Moral sei eine Mischung aus lauter Unverschämtheiten und ein Skandal für die Zivilisation unseres fortschrittlichen Jahrhunderts. Das System der sozialen Spionage, unter dem wir leben, ist abscheulich. Das wichtigste Axiom einer wahrhaftigen Moral ist, daß jeder sich um seine eigenen Angelegenheiten kümmert und lernt, die Freiheit und Privatsphäre des anderen unbedingt zu respektieren. Die Wurzel des Übels liegt in dem Glauben, die Gesellschaft habe das Recht, ihren Mitgliedern bestimmte Formen der Liebe zu verbieten, sie zu reglementieren und zu gängeln und sich auf alle möglichen Arten einzumischen. Dazu hat sie aber ebensowenig das Recht, wie sie ihnen vorschreiben kann, was sie essen und trinken sollen.«

Sarah Breedlove, die arme Tochter ehemaliger Sklaven, kam in Delta in Louisiana auf einer Baumwollplantage zur Welt. In jungen Jahren schlug sie sich als Wäscherin und dann als Köchin durch. Mit 37, so berichtete sie später, sei ihr im Traum die Formel für ein Haarpräparat erschienen. Sie stellte zunächst Mixturen für Freundinnen her und verteilte kostenlose Proben. Als ihre Produkte sich gut zu verkaufen begannen, entdeckte sie ihr Talent für Marketing und Vertrieb. Bald hatte sie tausend schwarze Frauen dazu ausgebildet, ihre Produkte in eigener Regie zu verkaufen. Sie war überzeugt, den Frauen eine Unabhängigkeit und Aufstiegschancen zu ermöglichen, die ihnen als Schwarzen anderswo vorenthalten blieben: »Ich habe vielen farbigen Frauen … ermöglicht, den Waschzuber gegen eine angenehmere und einträglichere Tätigkeit einzutauschen.« Anfang des 20. Jahrhunderts verdienten nur wenige schwarze Frauen über 1,50 Dollar die Woche.

Schließlich wurde Sarah Breedlove, die inzwischen Madame C. J. Walker hieß, eine der reichsten schwarzen Frauen der USA. Aber mit ihrem Geld befriedigte sie nicht nur ihren persönlichen Ehrgeiz. Sie fühlte sich als Unternehmerin verpflichtet, anderen Frauen die Möglichkeit beruflicher Entfaltung zu verschaffen.

Als sie einmal an der Tagung einer Vereinigung schwarzer Geschäftsleute teilnahm und von den Männern geschnitten wurde, ergriff sie unvermittelt das Wort: »Ihr werdet mir doch nicht die Tür vor der Nase zuschlagen. Ich bin eine Frau von den Baumwollfeldern im Süden … Dort wurde ich zur Wäscherin befördert. Dann wurde ich zur Köchin befördert. Dann bin ich aus eigener Kraft zur Geschäftsfrau geworden, die Haarkosmetika herstellt.

Ich habe auf eigenem Grund und Boden eine Fabrik aufgebaut.« Ab da hörten die Männer ihr ernst zu.

Je erfolgreicher und mächtiger Madame Walker wurde, desto mehr versuchte sie, Macht an die bei ihr angestellten Frauen abzugeben. Sie ermutigte sie, Führungsaufgaben zu übernehmen und ihre Interessen gemeinsam wahrzunehmen. Sie gründete einen nationalen Verband für ihre Mitarbeiterinnen und rief die Mitglieder in einer Rede zur »Pflicht der Frau an der Frau« dazu auf, den eigenen Erfolg für das Fortkommen anderer Frauen zu nutzen. »Ich will zeigen«, sagte sie, »daß Vertreterinnen von Walker mehr tun als nur Geld verdienen.« Sie forderte sie dazu auf, ein Zehntel ihres Gewinns für karitative Zwecke zu spenden: »Wir wollen der ganzen Menschheit nutzen, den Armen und den Reichen, vor allem aber den Schwarzen.« Wenn sie konnte, investierte sie Geld in Projekte für Schwarze. In Indianapolis ließ sie für Schwarze Häuser bauen. »Wenn ich Aufträge an Farbige vergebe«, sagte sie, »können sie neue Leute einstellen. So trage ich zumindest indirekt dazu bei, daß für unsere Jungen und Mädchen mehr Arbeitsplätze geschaffen werden.« Auf dem Höhepunkt ihrer Macht reiste sie nach Washington, um Präsident Woodrow Wilson aufzufordern, Fälle von Lynchjustiz durch die Bundesbehörde verfolgen zu lassen.[24] Als sie starb, flossen Tausende von Dollar ihres Vermögens in den Kampf der National Association for the Advancement of Coloured People (NAACP), die gegen die Lynchjustiz arbeitete.

Am Anfang einer Karriere wie der von Madame Walker steht die Einsicht, daß Frauen Macht gewinnen und sie sinnvoll einsetzen können; daß sie weder besser noch schlechter sind als Männer und daß ihnen als Menschen die gleichen Rechte zustehen; daß Frauen dort, wo das System ungerecht ist, ihre Mittel einsetzen und eine Änderung erzwingen müssen, statt als Opfer um bessere Behandlung zu betteln.

Wenn Camille Paglia behauptet, der Feminismus sei »puritanisch« oder »kenne nur Opfer«, stimmen ihr viele Frauen zu, denn sie wissen nichts über die Geschichte der Frauenbewegung. Den meisten ist nicht ausreichend klar, daß es schon immer zwei gegensätzliche Formen des Feminismus gibt: den sittenstrengen, moralischen und selbstverleugnenden Feminismus und den freidenkerischen, lebensfrohen und selbstbewußten Feminismus.

Der geschichtliche Hintergrund

Ein kurzer Blick zurück in die Geschichte zeigt, warum der Opfer-Feminismus bislang so erfolgreich war.

Frauen waren nicht immer vom öffentlichen Leben ausgeschlossen. Im Westen waren vor der Industriellen Revolution sowohl Männer wie Frauen mit der Produktion von Lebensmitteln und Kleidern für den Hausgebrauch beschäftigt, und die Waren und Dienstleistungen, die Frauen verkauften, hatten einen wichtigen Platz im wirtschaftlichen Leben einer Stadt. Aus dem *Diary of a Colonial Midwife*, dem Tagebuch der Hebamme Martha Ballard, erfährt man beispielsweise, daß Frauen in der Kolonialzeit in Neuengland die verschiedensten wirtschaftlichen Betätigungen ausübten, daß sie Wolle tauschten, Webstühle vermieteten und sich gegenseitig gegen Bezahlung im Haushalt halfen. Martha Ballard, eine in ihrer Stadt angesehene Frau, hatte eine eigene Praxis, betreute die Frauen der ganzen Region, führte ihre Bücher selbst, zog Honorare ein und unterstützte ihren Mann, der im Gefängnis saß. Daß sie in ihrer Gemeinde hoch angesehen war, zeigt, daß es schon damals wirtschaftlich unabhängige Frauen gab, die Berufstätigkeit und Familienpflichten verbanden, ohne daß dies als besonderer Widerspruch empfunden worden wäre.

Während diese Tradition in der Arbeiterschicht, unter Schwarzen und bei den Frauen vieler Einwanderer nie abbrach, änderte sich für die überwiegend weißen Frauen der Mittelschicht im 19. Jahrhundert alles: Mit der aufkommenden Industrialisierung verlagerte sich die bezahlte Arbeit aus dem häuslichen Bereich in Büros und Fabriken und wurde dort als ausschließlich männliche Domäne neu definiert. Die Männer hatten jetzt für ihre nicht mehr arbeitenden Frauen zu sorgen. Der Aufstieg der Mittelschicht bedeutete für diese Frauen die Verdrängung aus dem öffentlichen Leben in den Privatbereich der häuslichen Sphäre.

Eine Ideologie, die die Trennung der Geschlechter betonte, zwang bürgerliche Frauen in ein Leben, das gekennzeichnet war durch wirtschaftliche Abhängigkeit und unbezahlte »gute Werke«. Die Frauen fügten sich, weil ihnen suggeriert wurde, ein behütetes Leben zu Hause sei angenehmer als die harten Kämpfe des Mannes im »feindlichen Leben«. Frauen waren angeblich zu rein und unschuldig, um an der Seite der Männer zu arbeiten, zu kämpfen und sich zu vergnügen. Frauen, die sich in öffentliche Angelegenheiten einmischten, verloren ihre »weibliche Anmut«.[25] Durch eine Propaganda der Schmeichelei wurde den Frauen das Gefühl vermittelt, sie könnten in ihrem Gefängnis stolz auf sich sein: Ihre Qualitäten als Mütter wurden gelobt, ihre sittlichen Tugenden gepriesen. Und immer wieder warnte man sie vor dem Leben der Männer, in dem Konkurrenz, Ruhmsucht, korrupte Politik und Geldgier herrschten. Ihr Ausschluß aus dieser Welt war angeblich ein Zeichen ihrer höheren Natur. 1887 schrieb Senator George C. Vest, man dürfe »die Frau nicht durch das Wahlrecht erniedrigen ... Es würde sie von jenem Sockel stoßen, auf dem sie heute steht, wenn sie das Tun ihres Gatten durch ihre freundliche und liebenswerte Zärtlichkeit zum Guten und Reinen hin beeinflußt.«[26]

Als die Frauen sich Mitte des 19. Jahrhunderts ernsthaft zu organisieren begannen, bildeten sich zwei Strömungen heraus. Während die eine Strömung die freie Entfaltung der Persönlichkeit und das Selbstbestimmungsrecht für Frauen forderte, knüpfte die andere an das Bild vom »guten Geist im Haus« an.

Zum Ideal vom guten Geist im Haus gehören klaglose Selbstaufopferung, die bedingungslose Erfüllung der strengen Normen der »Ehrbarkeit«, die Kontrolle des Verhaltens anderer Frauen, der Glaube, daß eine Frau asexuell und die männliche Sexualität roh sei, die Überzeugung, Geldstreben und Ruhm würden den Menschen verderben, die Vorstellung, sämtliche aggressiven Impulse von Frauen müßten im Keim erstickt werden und die Frau müsse bei Streit die Rolle der Friedensstifterin spielen, und die Überzeugung, die »weibliche Natur« sei grundlegend anders und moralisch besser als die männliche. Diese Ideale klingen vertraut: Sie sind die Grundlage des heutigen Opfer-Feminismus.

Wie kann eine Frau, die diesem Verhaltenskodex gehorcht, nach Macht streben oder Rechte für sich beanspruchen? Sie wird sich nicht in die schmutzige Welt hinauswagen, um dort an Protestmärschen und Kundgebungen teilzunehmen. Sie hat nur indirekte Möglichkeiten der Einflußnahme: Sie kann ihre Kinder mit Liebesentzug unter Druck setzen und sich ihrem Mann im Bett verweigern. Sie kann das Verhalten anderer Frauen kontrollieren, es mißbilligen und diese Frauen schneiden. Ihre Hauptwaffe gegen eine Welt, die ihr mißfällt, ist, einfach nicht mehr darüber zu sprechen. Auch diese Verhaltensmuster kennen wir vom Opfer-Feminismus.

John Stuart Mill schreibt: »Wird einem tatkräftigen Geist die Freiheit verwehrt, strebt er nach Macht; wird ihm die Selbstbestimmung verwehrt, sucht er Bestätigung, indem er Herrschaft über andere zu gewinnen trachtet … Wer seine Angelegenheiten nicht unbehelligt von anderen regeln darf, entschädigt sich damit, daß er sich möglichst in die Angelegenheiten anderer einmischt.«[27] Für eine Frau, die in der Öffentlichkeit gegen ihre soziale Benachteiligung protestieren will, ist es am bequemsten, wenn sie ihren Status als Opfer hervorhebt und wenn sie sich der Erkenntnis verschließt, daß auch sie ein Mensch mit guten und schlechten Eigenschaften ist. Wenn ihr Unrecht widerfährt, so ist das nicht deshalb verwerflich, weil sie ein Mensch ist, sondern weil sie als Frau per definitionem moralisch gut ist.

Diese Strömung innerhalb der Frauenbewegung, die zu verschiedenen Zeiten »familiärer«, »häuslicher«, »mütterlicher« oder »kultureller« Feminismus genannt wurde, baute bei der Forderung nach Teilnahme der Frau am öffentlichen Leben von Anfang an auf das

Klischee der traditionellen weiblichen Tugenden. Für Frances Willard, die Führerin der gemäßigten Women's Christian Temperance Union, könnte der »heilige häusliche Bereich« bewahrt und »die Moral der Nation gebessert werden, wenn Frauen bei Wahlen ihren geistigen und sittlichen Einfluß geltend machen könnten«. Willard verlangte nicht etwa das Selbstbestimmungsrecht für Frauen, sondern die Nutzbarmachung der Weiblichkeit für die menschliche Gesellschaft. Sarah Josepha Hale griff die Anhängerinnen des Frauenwahlrechts an, »welche die wahrhafte Würde der Frau darin sehen, die Arbeit des Mannes zu tun und sich ihm immer mehr anzugleichen. Welch erniedrigender Gedanke! Diese Frauen tun, als gelte es den Wert des Porzellans an seiner Ähnlichkeit mit Eisen zu messen! Erkennen sie denn nicht, daß sie ihr Geschlecht opfern, wenn sie körperliche und geistige Fähigkeiten über sittliche Vortrefflichkeit stellen?«[28]

Von der Mitte des 19. bis zum Anfang des 20. Jahrhunderts zogen Vertreterinnen dieser Strömung gegen das »Laster« zu Feld. Die Women's Christian Temperance Union, entstanden aus kirchlichen Frauengruppen am Anfang des vorigen Jahrhunderts, machte gegen die verheerenden Auswirkungen des Alkohols auf die Familien mobil und setzte später die Prohibition durch. Ihre Aktivistinnen veranstalteten vor Wirtshäusern Gebetsrunden, mobilisierten während des Bürgerkriegs ein Heer freiwilliger Krankenschwestern, propagierten die »soziale Hygiene«, widmeten sich der Errettung gefallener Mädchen, versuchten die »exzessive« sexuelle Lust der Männer auf ihre kindermüden Frauen einzudämmen und führten einen Vernichtungsfeldzug gegen die käufliche Lust.

Dieser Feminismus, entsprungen aus einer »Feminisierung« des kirchlichen Lebens im 19. Jahrhundert, war von Anfang an religiös, emotional und idealistisch ausgerichtet. Bereits 1847 wurde in einem Leserbrief im Bostoner *Harbinger* zur Bildung einer Frauenvereinigung mit den Worten aufgerufen: »Das religiöse Element muß das Fundament einer solchen Organisation bilden …

Laßt uns, im Geiste der Liebe neu getauft, unsere Mission mit der Bereitschaft erfüllen, notfalls ›täglich zu sterben‹. Laßt uns zufrieden Armut, Ächtung und Spott ertragen, freudig Beleidigungen und Anwürfe empfangen und denen, die uns verdammen, mit alles überwindender Liebe begegnen und ihnen großmütig und von ganzem Herzen vergeben …«

In einem anderen Leserbrief heißt es: »Unsere Prüfungen hält das tägliche Leben bereit. Auf Bequemlichkeit zu verzichten, in Armut zu leben, sich einfach zu kleiden, still zuzuhören, sanftmütig zu antworten und geduldig zu warten, das sind unsere Aufgaben.«

Hier klingen die Anweisungen Jesu an seine Jünger im Matthäusevangelium nach: »Steckt nicht Gold, Silber und Kupfermünzen in euren Gürtel … Nehmt euch aber vor den Menschen in acht; denn sie werden euch vor die Gerichte bringen und in ihren Synagogen auspeitschen … Und ihr werdet um meines Namens willen von allen gehaßt werden; wer aber bis zum Ende standhaft bleibt, der wird gerettet« (Mt 10,9 und 10,17–23).

Zwar hat dieser Feminismus bleibende Errungenschaften vorzuweisen, aber er begann, seine Mission zunehmend als die Durchsetzung bestimmter sittlicher Normen zu begreifen. Seine Anhängerinnen waren leicht zu schockieren. 1869 wetterte die Ärztin und Aktivistin Mary Livermore beispielsweise über »leichtfertige Äußerungen« anderer Feministinnen in »Fragen der Ehe und Bekleidung«. Der Feminismus, von dem hier die Rede ist, hat sich zweifellos um die Belange der Opfer männlicher Herrschaft verdient gemacht, aber die Auswüchse sind unübersehbar: Die Betonung von Moral und Opferstatus führte zu Puritanismus und Lustfeindlichkeit.

Eine solche Haltung hat gerade in Zeiten, in denen der Feminismus – und die Frauen – verstärkt unter Beschuß geraten, besondere Konjunktur. Wenn ich in diesem Buch immer wieder einzelne Frauen und Gruppen kritisiere, verdamme ich damit nicht pauschal die Frauenbewegung, denn wir alle pendeln ständig zwischen Opfer-Feminismus und Power-Feminismus hin und her. Ich

glaube allerdings, daß wir uns dieser falschen Haltung gerade heute bewußt werden und sie uns abgewöhnen müssen.
Die andere Strömung des Feminismus tritt für die Rechte der Frauen als Menschen ein; sie traf die Bedürfnisse und Wünsche der Frauen vor rund hundertfünfzig Jahren besser, als dies der heute vorherrschende Feminismus tut. »Welche Rechte werden der Frau vorenthalten?« fragte Lucretia Mott auf der Frauenrechtskonferenz von Seneca Falls 1848. »Sie will als moralisches, verantwortungsbewußtes Wesen anerkannt werden.«[29]
Feministinnen dieser Art nehmen die weibliche Sexualität zur Kenntnis. Mary Wollstonecraft, die auf eigenen Beinen stand und vor der Ehe bereits mit zwei Männern zusammengelebt und ein uneheliches Kind geboren hatte, wandte sich gegen die Vorstellung, Frauen hätten »keine gewöhnlichen Leidenschaften und Begierden«. Victoria Woodhull, Börsenmaklerin und Fürsprecherin der freien Liebe, hielt die sexuelle Selbstbestimmung der Frau für ein unveräußerliches Grundrecht.[30] Um die Jahrhundertwende liefen Feministinnen Sturm gegen Konventionen, die den Frauen die Entdeckung der eigenen Sexualität verwehrten. Emma Brooke und Olive Schreiner verkündeten, die »sexuelle Leidenschaft« sei in Frauen eine ebenso mächtige Kraft wie in Männern.[31] Vera Brittain vertrat die Auffassung, die wahre Monogamie setze »eine ausgearbeitete Technik des Geschlechtsverkehrs ..., die Abschaffung der Zensur und die Tolerierung experimenteller Verbindungen«, ferner Sexualerziehung und allgemeine Offenheit voraus.[32] Für Marie Stopes waren die Männer dazu aufgerufen, sexuelle Techniken zur Steigerung weiblicher Lust zu erlernen.[33] Die Tradition dieser Frauen hat nichts mit dem Klischee der schlampigen Emanze gemein, das Paglia zeichnet.
Geistige Freiheit und das gleiche Recht auf Bildung sind in dieser Tradition leidenschaftlich verfochtene Ziele: Frances Wright, eine Frauenrechtlerin, die in den zwanziger Jahren des 19. Jahrhunderts eine Zeitung herausbrachte, glaubte an das »weitest mögliche Spektrum von Freiheit in jeder Hinsicht und für alle«. Die Leserin-

nen rief sie zu kritischem Denken auf: »Hinterfrage, forsche nach … Wisse, warum du glaubst, und verstehe, was du glaubst.«[34] Lucretia Mott war überzeugt, daß Männer und Frauen nicht nach starren Ideologien, sondern nach eigenem Wahrheitsempfinden handeln sollten. Frauen müßten erst ihr eigenes Ich finden und entwickeln, bevor sie sittlich gefestigt mit anderen in Kontakt treten könnten. Zu dieser weiblichen Ich-Suche verfaßte sie eine Abhandlung mit dem Titel *The Solitude of Self.*

Für diese Feministinnen ist der Verstand durchaus nicht der Gegner, sondern die Ergänzung des Gefühls. Klares Denken und die Veröffentlichung der eigenen Meinung sind nicht das Vorrecht von Männern: Im selben Jahrhundert, in dem Präsident Grover Cleveland konstatierte, einer der charmantesten Reize der Frauen bestehe darin, daß sie Argumenten »eher unzugänglich« seien,[35] tritt Margaret Fuller aus Massachusetts dafür ein, daß junge Frauen »systematisches Denken« lernen. Frauen sollten sich präzise und klar ausdrücken können und damit eine Fähigkeit entwikkeln, an der es ihrem Geschlecht hauptsächlich deshalb so mangle, weil es nie darin gefördert werde, »Empfangenes zu überprüfen und einzuordnen«. Auch Fuller wollte Frauen befähigen, ihre Gedanken in der Öffentlichkeit klar auszudrücken. Die Frauenrechtlerin Angelina Grimké klagte darüber, daß Frauen getrennt von Männern erzogen würden: »Unser Verstand ist verkümmert, unsere Denkfähigkeit völlig unterentwickelt.«[36]

Es ist diesen Frauen wichtig, daß schon Mädchen dazu angehalten werden, die eigene Meinung zu äußern und sie gegen Gruppenzwänge zu behaupten. Da Mädchen bei den Debatten der Jungen nur zuhören, aber nicht mitreden durften, riefen Lucy Stone und Antoinette Brown in Oberlin einen geheimen Debattierklub für Mädchen ins Leben. Schon früh entdeckten Feministinnen, daß Frauen im öffentlichen Leben allein deshalb benachteiligt waren, weil sie es nicht gewohnt waren, öffentlich aufzutreten; sie redeten so leise, daß man sie kaum verstand. Susan B. Anthony machte es sich zur Lebensaufgabe, Frauen dazu auszubilden, daß sie sich

zu jedem Thema einer öffentlichen Versammlung frei äußern konnten.
Ein solcher Power-Feminismus trägt dem Bedürfnis der Frauen nach Anerkennung Rechnung. In einer Erklärung der Frauenrechtskonferenz von Seneca Falls beschweren sich die Frauen unter anderem darüber, daß der Mann »der Frau alle Wege zu Wohlstand und Auszeichnung versperrt, die er für sich selbst als besonders erstrebenswert ansieht«.[37] Ein Aufsatz Lucy Stones sollte anläßlich einer akademischen Feier als Rede gehalten werden; allerdings, so wurde ihr gesagt, müsse der Text von einem männlichen Professor verlesen werden; es schicke sich für eine Frau nicht, »zusammen mit Männern an öffentlichen Veranstaltungen teilzunehmen«.[38] Lucy Stone weigerte sich daraufhin, die Rede fertigzustellen, auch auf das Risiko hin, nicht zur Abschlußprüfung zugelassen zu werden. Nach ihrer Heirat erregte sie weiteren Anstoß, weil sie ihren Namen behielt.
Diese mutigen Individualistinnen traten mit politischen Aktionen für soziale Gerechtigkeit ein. Viele von ihnen kämpften wie die weggelaufene Sklavin Harriet Tubman für die Sklavenbefreiung. Andere hielten überall Vorträge, obwohl öffentliche Auftritte von Frauen damals als ungehörig galten.
Feministinnen dieser Art verlangen das volle Selbstbestimmungsrecht der Frau in allen moralischen Fragen. Männer wie Frauen sind im Sinne des Power-Feminismus zwar nicht identische, aber »sittlich mündige und eigenverantwortliche Wesen, und was ein Mann darf, das darf eine Frau auch«, wie Grimké es ausdrückte. Eine moralische Überlegenheit des weiblichen Geschlechts wird nicht postuliert. »Ich verlange für mein Geschlecht keine Bevorzugung«, sagte Grimké, die eine »Lehre der männlichen und weiblichen Tugenden« entschieden ablehnte.[39] Lucy Stone schrieb: »Wir fordern, daß man uns als erwachsene Menschen mit allen menschlichen Fähigkeiten ansieht, respektiert und behandelt, als sündige Mitmenschen, nicht als kleine Kinder oder schöne Engel, für die Bürgerrechte und soziale Gerechtigkeit nicht gelten.«[40]

Die Vorkämpferinnen der Bewegung schlugen die Männer mit ihren eigenen Waffen. Als Frauen vor dem Weißen Haus für das Stimmrecht demonstrierten, prangte auf ihren Plakaten ein Zitat Präsident Wilsons zur Demokratie: »Wer sich der Staatsgewalt unterwirft, hat ein Recht auf Mitsprache in der Regierung.« Statt die Demokratie als frauenfeindlich zu verwerfen, nehmen Power-Feministinnen die Väter der Demokratie beim Wort.

Die Veranstalterinnen der Konferenz von Seneca Falls entnahmen die Formulierungen für ihr Manifest der amerikanischen Unabhängigkeitserklärung; die Frauenrechtlerin Elizabeth Cady Stanton verfaßte später eine »Frauenbibel«. Eine andere Idee der Frauen war, daß Frauen sich weigern sollten, Steuern zu zahlen, solange sie keine Rechte hätten. Schließlich war die Besteuerung ohne entsprechende politische Vertretung der Grund für den Unabhängigkeitskrieg der USA gewesen. Die Frauen erkannten, daß Geld für die Unabhängigkeit der Frau von entscheidender Bedeutung war. Susan B. Anthony schrieb: »Frauen brauchen eine eigene Brieftasche.« Solange Frauen wirtschaftlich abhängig seien, könnten sie nicht wirklich frei sein.[41]

Solche Frauen warten nicht tatenlos, bis sie gerecht behandelt werden. Margaret Fuller beschloß ihr Buch *Woman in the Nineteenth Century* (1845) mit einem Appell an das weibliche Selbstbewußtsein und einem Aufruf zur Selbsthilfe: Frauen müssen »Selbstvertrauen und Eigeninitiative« entwickeln und Verantwortung übernehmen, wenn sie ihre Stellung verbessern wollen.[42]

Die Power-Feministinnen bezogen Männer immer in ihren Kampf ein. Die Konferenz von Seneca Falls stand schon am zweiten Tag auch Männern offen. Weiße und schwarze Männer nahmen von Anfang an aktiv an der Bewegung teil, sie waren im Kampf um soziale Gerechtigkeit nicht Gegner, sondern Partner der Frauen.

Das Verdienst dieses Feminismus liegt darin, daß er Frauen als mündige Erwachsene und Männer als Menschen statt als Ungeheuer begreift. Seine Schwäche ist, daß er zu einseitig Rechte und

Individualismus der Frauen betont und die Solidarität vernachlässigt. Aus Selbstbestimmung kann leicht Egoismus werden.

Welcher Feminismus ist für uns heute richtig? Wir brauchen einen Feminismus, mit dem wir unsere Forderungen durchsetzen können. Im Umbruch von 1992 zeigte sich wie bereits 1916 in der Endphase des Kampfes um das Frauenwahlrecht, daß Power-Feministinnen Berge versetzen können, während Opfer-Feministinnen auf der Stelle treten.

Als die elitäre National American Women's Suffrage Association Anfang dieses Jahrhunderts das Wahlrecht für Frauen forderte, mischte sie sich nicht in die Parteipolitik ein. Statt dessen lautete die Devise, Frauen könnten »durch moralische Appelle an die Wählerschaft läuternd auf die Regierungen einwirken«. Der Kampf auf politischer Ebene und politischer Druck dagegen galten als nicht damenhaft.[43] Doch obwohl die Opfer-Feministinnen über Jahre ihre persönlichen Beziehungen zu den regierenden Männern einsetzten und diese in aller Höflichkeit von ihren Zielen zu überzeugen versuchten, behandelten die Männer sie weiterhin, wie es ihnen gerade paßte.

Die jüngeren und ungeduldigeren Frauen der militanten Women's Party dagegen hatten ein halbes Jahrhundert Bitten und Appelle satt und besannen sich auf die Macht der Frauen. Ihre Stimmen in den wenigen Bundesstaaten, in denen sie bereits das Wahlrecht hatten, reichten aus, um in der bevorstehenden Präsidentschaftswahl ein entscheidendes Wort mitzureden und die Parteien unter Druck zu setzen.

Als der politische Einfluß der Frauen deutlich wurde, reagierten die Politiker auf einmal schnell. Sie warfen ihre bisherige Rhetorik, mit der sie die Entscheidung für das Frauenstimmrecht drei Generationen lang hinausgezögert hatten, über Bord und handelten. Schlagartig stand das Frauenwahlrecht auf der Tagesordnung ganz oben. Senator Walsh aus Montana erklärte seiner Partei unverblümt, sie müsse das Stimmrecht für Frauen in ihr Programm aufnehmen oder auf die Stimmen der Frauen in einigen Bundesstaaten verzichten; die Frauen hätten die Macht, den Ausgang der Präsidentschaftswahl zu bestimmen. Die Männer lernten rasch. Vier Jahre später hatten die Frauen das Stimmrecht.

Doch der Schock über das entschiedene Auftreten der Frauen saß tief. Eine Frau der Women's Party sagte: »Nachdem wir jahrelang höflich gebeten hatten, waren die Kongreßabgeordneten fassungslos, als dem Protest jetzt politischer Druck folgte ... Alle geheimen Erfolgsrezepte der Frauen sind nichts im Vergleich zu diesem: daß sie ihre ›Freunde‹ nicht mehr bitten, sondern sich einfach holen, was sie wollen.«[44]

So wenig damenhaft diese Strategie sein mochte, sie führte dafür im Gegensatz zur Strategie des Opfer-Feminismus sehr viel schneller zum Ziel.

Warum ist der Opfer-Feminismus so erfolgreich?

Inzwischen sind wir wieder an einer entscheidenden Wende angelangt. Aber noch immer stehen überkommene Vorstellungen, wie Frauen mit der Macht umgehen müssen, dem endgültigen Durchbruch entgegen. Daß der Opfer-Feminismus in den achtziger Jahren so erfolgreich war, hat mehrere Gründe.

Der erste Grund ist historischer Art: Die Männer machten wirksam gegen einen Feminismus mobil, der Rechte forderte. Die Vorstellung, daß Frauen als Menschen die gleichen Rechte zustehen wie Männern, wurde unpopulär, und aus der Forderung nach Gleichberechtigung wurde wieder die Bitte um Gleichberechtigung mit dem Argument der moralischen Überlegenheit der Frau. Ab Mitte der siebziger Jahre erschienen einige Bücher zur Sprache der Frau, zum Organisationsstil der Frau und zum Wertesystem der Frau, darunter Deborah Tannens *Du kannst mich einfach nicht verstehen* und Carol Gilligans *Die andere Stimme des Lebens.* Die im einzelnen verschiedenen, aber thematisch zusammenhängenden Gedanken dieser Bücher wurden unter dem Schlagwort »Feminismus des Unterschieds« bekannt.

Diesem Feminismus liegt ein durchaus vernünftiger Gedanke zugrunde. Für die Opposition sind traditionell weibliche Eigenschaften – wie mütterliches Verhalten, Intuition, Einfühlungsvermögen, Anlehnungsbedürfnis und die Fähigkeit zuzuhören – Schwächen im Gegensatz zu den traditionell männlichen Eigenschaften Selbstbewußtsein, Vernunft und Objektivität. Aus der Sicht des »Feminismus des Unterschieds« sind diese weiblichen Eigenschaften dagegen ein eigenständiges Wertesystem, das dem der Männer gleichwertig ist.

Daß dieser Gedanke so populär wurde, hatte seine Gründe. Der Feminismus der siebziger Jahre propagierte ein Ideal der »Androgynie«, mit dem sich viele Frauen nicht identifizieren konnten. Er reagierte damit auf das Bestreben der Opposition, Frauen mit dem Hinweis auf ihre Andersartigkeit – besonders ihre Rolle als Mütter – aus einflußreichen Positionen fernzuhalten. Feministinnen spielten den Unterschied zwischen den Geschlechtern herunter als Beweis dafür, daß Frauen am Arbeitsplatz das gleiche leisten konnten wie Männer.

Je stärker Frauen mit der männlichen Arbeitswelt in Berührung kamen, desto mehr wurden sie mit den Nachteilen dieser Welt konfrontiert. Die Bedingungen der Arbeit waren mit den Anforderungen der Familie oft unvereinbar, und wer erfolgreich sein wollte, tauschte Lebensqualität für Geld und Status ein. So überrascht es nicht, daß das »Ideal der erfolgreichen Superfrau« viele Frauen abschreckte, weil sie das Gefühl hatten, damit würden traditionelle weibliche Werte wie Mutterschaft, Fürsorge und Familie aufgegeben.

Die Theorien der »Feministinnen des Unterschieds«, ursprünglich als Beschreibungen weiblichen Verhaltens formuliert, wurden schnell zu Vorschriften uminterpretiert und dazu verwendet, den Ausschluß der Frauen aus dem öffentlichen Leben zu rechtfertigen. Statt weibliche Werte in der männlichen Arbeitswelt durchzusetzen, wurde die Kluft zwischen Frauen und öffentlichem Wirken dadurch noch weiter aufgerissen. Da Frauen angesichts des damaligen frauenfeindlichen Klimas nicht mit beruflichen Erfolgen renommieren konnten, erschien der Rückzug in eine »separate Sphäre«, in der alles hochgehalten wurde, was die Opposition verachtete, besonders verlockend. Das Motto war: Wir Frauen haben zwar weder Geld noch Anerkennung, noch eine Vertretung im Kongreß, aber wir sind die »netteren« Menschen.

Die Ideologie der »separaten Sphäre«, die Macht ablehnte und die Rechtlosigkeit der Frau feierte, war eine Folge der Ohnmacht der Frauen und ihrer Unzufriedenheit damit. Sie war gerade deshalb so erfolgreich, weil sie paradoxerweise eine der wenigen Möglichkeiten war, wie Frauen sich Einfluß und Ansehen verschaffen konnten.

Der zweite Grund für den Erfolg des Opfer-Feminismus war psychologischer Art: Frauen haben aufgrund ihrer Sozialisierung regelrecht Angst vor Ausübung »männlicher« Macht. Feministinnen spotten häufig über Männer, die fürchten, »wie Frauen« zu werden, wenn sie »weibliche Fähigkeiten« anerkennen oder im Haushalt »Frauenarbeiten« erledigen. Umgekehrt ist dieselbe irrationale Angst unter Frauen verbreitet: Sie fürchten, wie Männer zu werden, wenn sie Macht ausüben. Weibliche Bedürfnisse nach Liebe und Geborgenheit drohen dabei unbefriedigt zu bleiben. Opfer-Feministinnen schrecken deshalb vor der Macht zurück, statt sie sich zu verschaffen, um sie zur Erfüllung weiblicher Bedürfnisse einzusetzen.

Einschneidende Veränderungen sind immer anstrengend. Streßforscher haben festgestellt, daß freudige Ereignisse wie Eheschließungen oder Beförderungen ebensoviel Streß bedeuten können wie Scheidungen und Todesfälle. Zwischen dem Leben der heutigen Frauen und dem ihrer Mütter und Großmütter liegen Lichtjahre. Vor nicht allzu langer Zeit endeten Frauen, die nach Macht strebten, noch auf dem Scheiterhaufen. Deshalb suchen viele Frauen in der »separaten Sphäre« Geborgenheit.

Wir alle versuchen rasante Entwicklungen, deren Ausgang ungewiß ist, psychisch durch rückwärtsgerichtete Sehnsüchte zu kompensieren. Der »Gegenschlag« ist nicht nur von Männern geführt worden. Die Frauen sehen dem Neuland der Gleichberechtigung selbst mit gemischten Gefühlen entgegen. Wir müssen zugeben, daß viele, manchmal vielleicht sogar alle Frauen gern selbständig und unselbständig zugleich wären. Abhängigkeit, Passivität und Unmündigkeit sind bequem; wer nicht viel wählen kann, hat es einfach, und das Gefühl, als Frau etwas ganz Besonderes zu sein, schmeichelt.

Man könnte die zwiespältige Haltung von Frauen gegenüber dem Neuland der Freiheit auch als »Aussteuersyndrom« bezeichnen. Dieser Begriff erinnert an die weißen Siedlerinnen, die im letzten Jahrhundert in den USA nach Westen zogen, um dort eine neue Existenz aufzubauen. Im Angesicht der vor ihnen liegenden gefährlichen Wildnis wollten sie möglichst viel aus ihrem sittenstrengen, behüteten Dasein ins neue Leben hinüberretten. So schwitzten sie in der Hitze Arizonas in Turnüren und Korsetts, und ihre Planwagen ächzten unter der Last ihrer Aussteuer: des bemalten Porzellans, der handbestickten Bettwäsche, der Polsterdeckchen und des Silberbestecks. In einem Bericht heißt es über diese Trecks: »Die Frauen traten die Reise in langen Kleidern mit engen langen Ärmeln und aufgebauschten Schultern, mehreren Unterröcken und Damenpumphosen an. Unterwegs warfen viele die Scham über Bord und legten die Röcke ab …«

Andere Frauen taten dies nicht. In der fremden Einöde, in der weder Recht noch Gesetz herrschten, klammerten sie sich ängstlich an das Gewohnte der vertrauten Umgebung. Wenn die überladenen Planwagen im Sand steckenblieben, trennten sie sich lieber von Werkzeug und Saatgut als von ihren Turnüren, Nippsachen oder Klavieren. Leider verhinderte diese Haltung nicht nur eine rasche Anpassung an die neuen Verhältnisse: Nur allzuoft brachen Planwagen unter ihrer Last auseinander, bevor das Gelobte Land in Sicht kam.

Die Anziehungskraft des Opfer-Feminismus beruht auf einem weiteren Grund: Frauen werden nicht nur dazu erzogen, sich von der Macht zu distanzieren, sie dürfen nicht einmal zugeben, daß sie Macht wollen. Die normale Aggressivität eines Mädchens, ihr Konkurrenzdenken, ihre persönlichen Träume und ihr frühkindlicher Egozentrismus werden rigoros unterdrückt, bis sich eine Haltung völliger Selbstverleugnung einstellt. Diese Unterdrükkung eines natürlichen Strebens will ich »Syndrom der Machtverweigerung« nennen. Die gesunden egoistischen Regungen sind schließlich nur noch in den Tiefen des Unbewußten vorhanden. Daß sie dort noch schlummern, zeigt die heftige Abwehrhaltung von Frauen, die mit Geschlechtsgenossinnen konfrontiert werden, die diesen Regungen freien Lauf lassen: Sie reagieren mit Empörung und Abscheu, gerade weil sie denselben Trieb in sich spüren. Sie haben ein Wertesystem verinnerlicht, nach dem solche Triebe dem Wesen der Frau völlig fremd sind. Die Tabus des Opfer-Feminismus bezüglich Selbstverwirklichung, Geld, Aggressivität und Macht sind Projektionen unterdrückter Wünsche.
Ähnliche Folgen hat ein weiterer Grund für die Beliebtheit des Opfer-Feminismus: die Tatsache, daß viele Frauen in der Kindheit sexuell mißbraucht wurden. Das Trauma einer solchen Erfahrung kann eine Wut hervorrufen, die für die Frauen selbst so schrecklich ist, daß sie sich von ihren Gefühlen soweit wie möglich distanzieren müssen. Donna Minkowitz zufolge haben die »Opfer von Gewalt zwei Möglichkeiten: Sie können entweder selbst Gewalt ausüben oder mit Andrea Dworkin den entgegengesetzten Weg einschlagen und vergeblich versuchen, den Haß oder das Zerstörungspotential in sich auszulöschen … und sich als die personifizierte Unschuld zu sehen, um jede Identifikation mit dem Gewalttäter im Keim zu ersticken.«[45] Wenn die Opfer männlicher Gewalt alles Böse auf das Patriarchat und auf männliche Verhaltensmuster projizieren, so verbirgt sich dahinter letztlich die unbewußte Angst vor den eigenen gewalttätigen Rachegelüsten.
Eine andere Folge des sexuellen Mißbrauchs von Frauen in der

Kindheit sind heftige Schuldgefühle. »Sogar wenn es regnete«, berichtet ein Opfer, »hatte ich das Gefühl, ich sei daran schuld.« Eine Ideologie, der zufolge Frauen unschuldige Opfer sind, erteilt diesen Frauen die Absolution von aller Schuld.

Das Bestreben, Frauen als unschuldige Opfer zu sehen, hängt auch mit der gängigen Rechtsprechung zusammen, für die Vergewaltigungen ganz verschieden schwer wiegen. Die Vergewaltigung einer Prostituierten ist demnach ein vergleichsweise leichtes Vergehen, dasselbe gilt für die Vergewaltigung einer geschiedenen und berufstätigen Mutter. Ernster liegt der Fall dagegen bei einer Hausfrau, die regelmäßig zur Kirche geht, oder bei einer Nonne.

Die Neigung des Opfer-Feminismus, Frauen von jeder Verantwortung freizusprechen, auch wenn sie verantwortlich sind, ist zugleich eine Gegenreaktion auf die sexistische Tendenz, Frauen für alles Schlimme, das ihnen widerfährt, selbst verantwortlich zu machen. Wenn Frauen vergewaltigt worden sind, macht man ihnen etwa zum Vorwurf, daß sie getrunken oder kurze Röcke getragen haben. Angesichts dieses Vorurteils überrascht es nicht, daß viele Frauen so daran interessiert sind, ihre Unschuld zu beweisen.

Mitte der achtziger Jahre stellte die American Psychiatric Association das Krankheitsbild einer neuen Persönlichkeitsstörung vor; gestört ist die betroffene Person insofern, als sie wegen ihres Geschlechts diskriminiert wird; sie »schlittert in Situationen und Beziehungen hinein, unter denen sie leidet«. Der Wissenschaftlerin Dr. Margaret Jenvold wurde diese Störung attestiert, als sie sich wegen geschlechtlicher Diskriminierung beim National Institute for Mental Health beschwerte.[46]

Der Opfer-Feminismus hatte nicht zuletzt deshalb so großen Erfolg, weil die Frauenbewegung in den USA hauptsächlich von den weißen Frauen der Mittelschicht getragen wird. Der gesellschaftliche Aufstieg für Frauen nicht angelsächsischer Abstammung ist häufig mit der Übernahme der Normen dieser Schicht verbunden. Eigene Traditionen lateinamerikanischen, afroamerikanischen, italienischen oder jüdischen Ursprungs bleiben dabei häufig auf der Strecke. Dabei haben gerade Frauen aus diesen Kulturen ein unverkrampftes Verhältnis im Umgang mit Macht, Stärke und Geld, auch wenn sie dies in der Öffentlichkeit selten zeigen können. Wenn sie nach Aufstieg und persönlichem Einfluß streben, müssen sie sich paradoxerweise dem Ohnmachtsideal des Opfer-Feminismus unterwerfen.

Sackgassen des Opfer-Feminismus

Trotz der vielen Gründe für den Erfolg des Opfer-Feminismus zeigen öffentliche Kontroversen der jüngsten Zeit, daß der Opfer-Feminismus seine Anhänger in eine ganze Reihe von Sackgassen geführt hat.

Sind Männer von Natur aus böse?

Die Anschauung des 19. Jahrhunderts, nach der es weibliche und männliche Tugenden gibt, hatte in unseren Tagen in der Sexualtheorie des Opfer-Feminismus ein Comeback: Die Theorien Catherine MacKinnons und Andrea Dworkins über die Auswirkung sozialer Ungleichheit auf sexuelle Beziehungen leistete einem geistigen Klima Vorschub, in dem sich Frauen überall von sexuellen Zwängen oder Gewalt umgeben sahen, auch dann, wenn diese überhaupt nicht vorhanden waren.

Gary Hart, der Spitzenkandidat der Demokraten, stolperte 1987 über einen Flirt mit dem blonden Gelegenheitsmodell Donna Rice. Die junge Frau war Hart auf eine Jacht gefolgt und wurde dort auf seinem Schoß fotografiert. Aus Verbitterung über die Rückschläge der letzten Jahre reagierten Frauen auf diesen »Fauxpas« mit moralischer Entrüstung. Die New Yorker Autorin Suzannah Lessard erklärte am 18. Mai 1987 in einem Artikel in *Newsweek*, die »feministische Empfindlichkeit« sei inzwischen so groß geworden, daß ein Kandidat, der Affären habe, für viele Frauen

»abstoßend und inakzeptabel« sei, da seine »sittliche Verfassung« Besorgnis errege. Dies sei kein »Moralismus« im Sinne spießbürgerlicher Rechtschaffenheit, vielmehr stehe die »Würde und Gleichberechtigung der Frau« auf dem Prüfstand. Lessard vergleicht Harts Affäre mit dem Autounfall, durch den Edward Kennedy den Tod seiner Geliebten Mary Jo Kopechne verursacht hatte. Auch damals seien Feministinnen höchst beunruhigt gewesen. Sie hätten in der Affäre den Beweis gesehen, daß Kennedy Frauen nicht achte und daß von ihm allenfalls eine opportunistische Behandlung der Frauenfrage zu erwarten sei.

Für Lessard ist Harts Ehebruch ein feministisches Thema: »Wenn ein Mann seine Frau betrügt, glauben viele Frauen, daß er womöglich auch als Politiker ein Betrüger ist.«

Dieser für den Opfer-Feminismus typische Schluß beruht auf Voraussetzungen, die der Sache der Frau eher schaden. Zunächst einmal kann man die auf gegenseitigem Einvernehmen beruhende sexuelle Beziehung zweier erwachsener Menschen, die nicht voneinander abhängig sind, nicht mit einem tödlichen Autounfall vergleichen, der durch Alkohol und rücksichtsloses Fahrverhalten verursacht wurde. Außerdem wissen wir nicht, wie Gary Hart seine Geliebte und seine Frau behandelt hat und was für Probleme und Übereinkünfte es gab. Wir wissen dagegen, daß Rice Hart freiwillig auf die Jacht begleitet hat. An moralischen Maßstäben gemessen, kann man das außereheliche Verhältnis eines verheirateten Mannes nicht mit einem Autounfall vergleichen, bei dem die Beifahrerin ertrinkt.

Ähnliche Vorwürfe erhob 1991 Robin Morgan gegen den damaligen demokratischen Präsidentschaftskandidaten Bill Clinton. Clinton soll Tonbandaufzeichnungen eines privaten Gesprächs zufolge ein Verhältnis mit der blonden Nightclub-Sängerin Gennifer Flowers gehabt haben. Morgan warf Clinton vor, er beleidige dadurch entweder seine Geliebte, seine Ehefrau (deren Treue vorausgesetzt) oder seine Wählerinnen.

Ich persönlich wurde durch die Tonbandaufzeichnungen darin

bestärkt, für Clinton zu stimmen. Meiner Meinung nach respektiert Clinton Frauen mehr als die meisten anderen Politiker. Was immer sein wirkliches Verhältnis zu der Sängerin gewesen ist, er, der mächtige Gouverneur eines Bundesstaates, hört ihr in dem aufgezeichneten Gespräch jedenfalls aufmerksam zu, fragt sie nach Einzelheiten aus ihrem Leben und sagt ohne jedes Pathos: »George Bush weiß nicht, wie schwer einfache Leute es haben.« Das ist sympathisch. Morgan denkt offenbar an eine hintergangene Ehefrau, die schwesterlichen Beistand braucht. Aber Hillary Rodham Clinton sagte, darauf angesprochen, mit der Entschiedenheit der Power-Feministin: »Das geht nur die beiden etwas an.«

Welches Sexualverhalten kritisiert eine Power-Feministin? Sie kritisiert Beziehungen, in denen Männer Frauen kaufen, sie prügeln oder am Arbeitsplatz sexuell belästigen; sie kritisiert auch Sex mit Minderjährigen. Aber außerehelichen Sex, dem beide Partner zustimmen? Warum? Solange beide das Verhältnis wollen, ist Untreue kein Thema für Power-Feministinnen.

Wenn Lessard sagt, ein Politiker, der die Monogamie nicht ernst nehme, nehme auch die Anliegen seiner Wählerinnen nicht ernst, ist dies der gleiche Kurzschluß, der den Opfer-Feminismus in den achtziger Jahren so erfolgreich gemacht hat. In der damaligen politischen Kultur fehlte den Frauen die Unterstützung, um von Politikern verlangen zu können, daß sie ihre Versprechen an die Wählerinnen einlösten. Ihre legitimen Forderungen kamen nicht zum Zug und wurden wie im Fall Gary Hart in moralische Entrüstung über sittliche Verfehlungen umgemünzt. Harts Frau avancierte als gedemütigte Ehefrau zur Heldin des Opfer-Feminismus, die stellvertretend für alle enttäuschten Hoffnungen der Wählerinnen stand. Doch wenn die Wählerinnen ihre vorhandene politische Macht nutzen, dann müssen die Politiker ihre Versprechungen einlösen. Der Power-Feminismus kümmert sich nicht um die Aufrichtigkeit der Motive der Politiker, so lange die Ziele erreicht werden. Wenn Frauen anfangen, ihre politische Macht zu nutzen, werden sie sich immer weniger für die Bettgeschichten von Politikern interessieren, denn dann haben Seitensprünge nicht mehr die symbolische Bedeutung, die sie in Zeiten weiblicher Ohnmacht haben.

Die Reaktionen von Frauen auf solche Affären sind typische Beispiele des oben erwähnten »Aussteuersyndroms«. Ihr Moralismus hat Geschichte: Als Feministinnen im 19. Jahrhundert Prostituierte befreiten und sich für entkräftete Frauen einsetzten, die trotz zahlreicher Geburten von ihren Männern rücksichtslos weiter geschwängert wurden, entwickelten sie eine Ideologie von der triebhaften Natur des Mannes und der Asexualität der Frau; darin spiegelte sich die Auffassung der Opposition wider, nach der Frauen »so rein« sind, daß sie fast keine »sinnlichen Genüsse« kennen und diese auch ablehnen.[47]

Dieser Mythos von der natürlichen Keuschheit der Frau trieb auch in jüngster Zeit Blüten. 1993 veröffentlichte Sally Cline das Buch *Women, Passion and Celibacy,* in dem unter der Flagge der Frauenbewegung erneut das Bild vom asexuellen weiblichen Wesen verbreitet wird. Für die Autorin ist der Verzicht auf die Ehe ein Weg zur Befreiung des weiblichen Geschlechts. Sex ist ein Machtkampf mit der »genitalen Elite«, den Männern, und der weibliche Orgasmus ist ein von Medien verbreitetes Klischee, mit dem Frauen angehalten werden, sich männlicher Lust zu unterwerfen; er ist »eine manipulierte Empfindung; es kostet Frauen harte Arbeit, wenn sie es den Männern gleichtun und männliche Werte hochhalten wollen ... Wie der Militarismus heute und das Tragen von Pelzmänteln gestern sind Geschlechtsverkehr und sexueller Konsum Dinge, an denen eine Frau heute einfach teilzunehmen hat.« Der »genitale Mythos« beherrscht nach Cline zunehmend das weibliche Leben und sorgt dafür, daß das Kräfte-Ungleichgewicht der Geschlechter wieder größer wird.

Ähnlich puritanische Vorstellungen herrschten bei den Studentinnen vor, die 1992 im kalifornischen Berkeley einen nackten Mann im Namen des Feminismus in die Kleider zwangen. Der 22jährige

Student, der sich selbst lapidar »der Nackte« nannte, war stets nur mit Sonnenhut und Sandalen bekleidet über das Universitätsgelände gebummelt. Er hatte nackt studiert, sich nackt in Seminare gesetzt und nackt in der Bibliothek gearbeitet. Er legte sich nackt unter die Bäume auf dem Campus, setzte sich nackt in Straßencafés, betrat nackt das Postamt, reihte sich nackt in die Schlange vor dem Kino ein und legte nackt Prüfungen ab. Die hüllenlose Existenz war ein Protest gegen Materialismus und gesellschaftliche Zwänge, für Natur und Freiheit.
Mehrere Studentinnen versuchten erfolglos ihn dazu zu bewegen, sich anzuziehen. Schließlich beschwerten sie sich bei der Verwaltung; sie fühlten sich von ihm sexuell belästigt. Die Verwaltung griff ein, und der Student hüllte seine Genitalien in ein grellrotes Tuch.
Über diese Episode könnte ich weinen. Der nackte Student war vermutlich der ungefährlichste Mann im Großraum Berkeley, und die Frauen waren in seiner Nähe sicherer als irgendwo sonst. Er trug keine Waffen und war den Blicken aller schutzlos preisgegeben. Mit den Kleidern hatte er die Möglichkeit zu Angriff und Bedrohung abgelegt; seine Nacktheit war für ihn ein äußeres Zeichen der Naturverbundenheit und der Ablehnung einer Welt, die alles verdinglicht. Nackt den Blicken der Frauen ausgesetzt, war er verletzlicher als jede Frau und machte die Erfahrungen einer Frau. Wer hätte friedlicher, aufrichtiger und ungefährlicher sein können? Wünschen wir Frauen uns von Männern nicht genau das? Daß sie uns nackt entgegentreten, als Menschen, ohne trügerische Hülle und schützenden Panzer? Wie können Frauen diese Geste im Namen der Empfindsamkeit zurückweisen?
Es gibt nicht viele Beispiele für die Harmonie zwischen den Geschlechtern. Wenn ich danach suche, denke ich an Nachmittage, an denen sich eine zusammengewürfelte Gruppe von Männern und Frauen auf dem duftenden Rasen des Campus von Berkeley zum gemeinsamen nackten Sonnenbad versammelte. Ich erinnere mich an diese Nachmittage mit großer Dankbarkeit. Die Sonne

wärmte uns, und es war wie eine lang ersehnte Atempause im täglichen Kleinkrieg der Geschlechter. Wir waren Freunde, nicht Raubtier und Beute.

Wenn Frauen fünfzehn Jahre später für einen Mann, der sich auf dem Campus in seiner schönen, starken Männlichkeit schutzlos ihren Blicken preisgibt, keinerlei Sympathie übrig haben und sich über ihn weder amüsieren noch den unverhofft schönen Anblick genießen – denn schön war er – und wenn sie sich statt dessen bedroht fühlen, dann haben wir einige wichtige Theorien des Feminismus viel zu wörtlich genommen.

Die Furcht der Opfer-Feministinnen vor der vitalen weiblichen Sexualität spiegelt sich auch in der Sprache wider: Es existiert ein umfangreiches Vokabular zur Beschreibung sexueller Übergriffe durch den Mann, dagegen keines, mit dem Frauen ihre Lust am Sex mit Männern in Worte fassen können.

In den USA gibt es eine hoch entwickelte Lesbenkultur, die Autorinnen wie Jeanette Winterson und Treffpunkte wie den Clit Club hervorgebracht hat. Es gibt eine erotische Kultur der Heteros, für die Herrschaft und geschlechtsspezifisches Rollenverhalten Tabu sind. Es gibt die erotische Kultur des New Age mit aromatisierten Massageölen und einem Orientkult, der sich in der Pflege des Kamasutra äußert. Ferner gibt es die abgeschmackte erotische Kultur der Heimatschnulze oder die sportliche, aerobic-orientierte erotische Kultur der Frauenmagazine. Die einzig wirklich geistreiche, pikante und subversive Kultur für heterosexuelle Frauen ist leider die Sadomaso-Subkultur der amerikanischen Westküste, in der die Toleranz allerdings härtesten Zerreißproben unterzogen wird. Einer heute aufwachsenden Heterofrau bietet das alles wenig Orientierung zur Entfaltung ihrer Sexualität. Wo sollen Mädchen eine feministische Perspektive für ihr zukünftiges Sexualleben hernehmen?

In der nächsten Phase des Feminismus müssen wir lernen, daß wir Sexualität verweigern, aber auch bejahen können. Frauen müssen anfangen, offen über ihr Sexualleben zu sprechen.

Meine subjektive Wahrheit sieht so aus: Es macht mich krank, von der Opposition vor die Alternative gestellt zu werden, entweder ein Sexualleben zu haben oder ernst genommen zu werden. Und es macht mich krank, wenn das jetzt auch Feministinnen tun. Ich will als denkendes Wesen ernst genommen werden, ohne meine Brüste verstecken zu müssen. Die weibliche Sexualität ist für Frauen kein Hindernis bei der Ausübung politischer Macht, sie muß vielmehr in sie eingebracht werden. Ich will über meine Sexualität, die für mich zu den wichtigsten Dingen des Lebens gehört, offen sprechen können, ohne um meine politische Glaubwürdigkeit fürchten zu müssen. Ich bin mir bewußt, daß Millionen von Frauen erniedrigt werden, und wahrscheinlich bin ich eine statistische Ausnahme. Aber wenn Andrea Dworkin zufolge die männliche Sexualität für die Frau nur Zwang, Entrechtung und Entwürdigung bedeutet, dann widerspricht das meinen persönlichen Erfahrungen. Natürlich habe auch ich mich von Männern auf der Straße sexuell bedroht gefühlt. Natürlich kenne auch ich die Schreckensmeldungen der Massenmedien, und natürlich habe ich bei meiner Arbeit im Zentrum für vergewaltigte Frauen mitbekommen, wieviel sexuelle Gewalt von Männern ausgeht. Aber diese Erfahrungen von Frauen sind nicht die ganze Wahrheit. Millionen Männer vergewaltigen und mißbrauchen Frauen, aber noch viel mehr Männer tun das nicht. Statt Auswüchse zu verallgemeinern und männliche Sexualität als gewalttätig zu definieren, müssen wir begreifen, daß viele Männer nie daran denken würden, Frauen zu vergewaltigen, sie zu nötigen oder zu mißbrauchen.

Ich finde meine sexuellen Erfahrungen in kaum einer feministischen Veröffentlichung zur Sexualität wieder. Vieles, was geschrieben wird, widerspricht ihnen sogar völlig. Warum entwürdigt es eine Frau, wenn ein Mann ihr sagt, daß er mit ihr schlafen will? Warum soll ich nicht von dem absoluten Glücksgefühl sprechen, das ich habe, wenn ich mit einem Mann schlafe? Ich halte das Gerede von der Destruktivität der männlichen Sexualität für Unfug, weil es meinen schönsten körperlichen Erfahrungen wi-

derspricht. Sex mit einem Mann hat mich getröstet, er hat mir neue Kraft gegeben und mir neue Wege gewiesen und war für mich eine Quelle der Vitalität und kreativen Energie.
Zweifellos gibt es unter den Männern gefühllose Bestien. Aber ich habe Glück gehabt und nie mit einem solchen Mann geschlafen. Die Männer, die ich kennengelernt habe, brauchten Einfühlsamkeit und Leidenschaft. Ich habe Männer im Rausch der Zärtlichkeit erlebt und gesehen, wie das Wort »Liebe« eine Erektion auslöste. Auch solche Erfahrungen sind möglich. Sie sind nicht weniger wichtig als die Erfahrungen einer Frau, die nur die schlimme Seite männlicher Sexualität kennt. Man kann mir nicht weismachen, daß alle Männer Verbrecher seien, die ihr Geschlechtsorgan als Waffe einsetzen. Meine schönen Erlebnisse mit ihnen sind nicht bedeutungslos oder abwegig. Auch die männliche Liebe muß von feministischer Seite gewürdigt werden.
Feministinnen müssen zur Kenntnis nehmen, daß eine »radikale« Heterosexualität möglich ist, eine Erotik zwischen Mann und Frau, die nicht Einschränkung, sondern Bestätigung weiblicher Stärke bedeutet. Der Wunsch nach einem Mann, nach seiner Aufmerksamkeit und sexuellen Zuwendung macht eine Frau nicht notwendigerweise zur Sklavin. Ich fühle mich körperlich ganz zum anderen Geschlecht hingezogen. Mit einem Mann im Bett blühe ich auf. Warum auch nicht? Ein Männerkörper gibt mir Geborgenheit, vermittelt mir Wohlbehagen. Wer Männer verteufelt, verteufelt einen Teil von mir.
Wir müssen besser zwischen gewalttätiger Männerherrschaft und Sexismus einerseits und der Mehrheit der Männer andererseits unterscheiden. Opfer-Feministinnen hassen alle Männer. Ich habe in einem Artikel einmal dargelegt, weshalb ich Männer nicht für die Feinde der Frauen halte. Die Zeitschrift *Ms.* hat den Artikel unter dem Titel »Mit dem Feind schlafen« veröffentlicht! Als ich einmal mit meinem profeministischen Freund zu einem Vortrag von Andrea Dworkin ging, fiel ein Mob von Frauen über meinen Freund her und zischte: »Wir wollen hier keine Männer.« Männer,

die an Seminaren für Frauen teilnehmen, bekommen manchmal zu hören: »Das verstehst du nie, du gehörst zu den Unterdrükkern.« Die Theologin Mary Daly beantwortet in Vorlesungen keine Fragen von Männern.

Der Fund for the Feminist Majority verkauft Anstecker mit Sprüchen wie »Adam war ein Rohentwurf« oder »Eine Frau muß doppelt so gut sein wie ein Mann, um als halb so gut zu gelten; zum Glück ist das nicht allzu schwer.« Solche Sprüche waren zu einer bestimmten Zeit subversiv und witzig. Aber das hat sich jetzt geändert. Wenn ein Mann feministische Positionen vertritt, soll er deshalb nicht alle Selbstachtung aufgeben müssen. In der Frauenbewegung erkennt man zunehmend, daß zwischen den Vorurteilen gegenüber Schwulen, Farbigen und Behinderten ein Zusammenhang besteht. Wie können Feministinnen da Vorurteile gegenüber Männern schüren? Sprüche wie die oben zitierten sind im Mund einflußloser Menschen ein Witz; wenn sie von Leuten kommen, die in unserem Land die Macht haben, sind sie Sexismus. Und es gehört zur Aufgabe des Feminismus, ob er nun von Frauen oder Männern vertreten wird, jede Form des Sexismus zu bekämpfen, egal ob männlich oder weiblich. Frauen brauchen Rückzugsmöglichkeiten wie Frauengruppen; wenn aber Separatismus zur öffentlichen Politik wird, ist das nicht besser als Rassismus oder Homophobie. Warum sollen manchmal nicht auch Männer zu den Sitzungen von Frauengruppen zugelassen werden? Wenn sie zuviel Redezeit beanspruchen und die Tagesordnung bestimmen, kann man sie dann nicht einfach in die Schranken weisen? Männer können überzeugte Umweltschützer und Antirassisten sein, warum also nicht auch passionierte Feministen?

Frauen, die behaupten, es gäbe keine männlichen Feministen, kennen ihre eigene Geschichte nicht. Der Reformer William Lloyd Garrison kämpfte im 19. Jahrhundert auch für die Rechte der Frauen. Der Vorkämpfer der Sklavenbefreiung Henry Stanton setzte sich wortreich für das Frauenstimmrecht ein. Ein weiterer

Feminist jener Zeit sagte: »Beweisen Sie mir, meine Herren, daß Ihre Bibel die Sklaverei der Frau, die völlige Unterdrückung der einen Hälfte der Menschheit durch die andere, rechtfertigt ...« Der Geistliche Simon Hosack unterrichtete die spätere Frauenrechtlerin Elizabeth Cady Stanton in Griechisch, während ihr Vater, ein Richter, sie im Recht unterwies. Susan B. Anthonys Vater hielt Mädchen für ebenso wertvoll wie Jungen und unterstützte den Kampf seiner Tochter für das Frauenstimmrecht. Der schwarze Redner und Schriftsteller Frederick Douglass hielt die Befreiung der Frau für einen untrennbaren Bestandteil der Befreiung aller Menschen und half die erste Frauenrechtskonferenz von Seneca Falls organisieren. John Stuart Mill wetterte 1869 in seiner Schrift *On the Subjection of Women* gegen die Benachteiligung der Frau; bei seiner Heirat mit Harriet Taylor protestierte er gegen das Frauen diskriminierende Eherecht.

In unserer Zeit brachte ein Redakteur des *New York Times Magazine* eine Vorausgabe der Frauenzeitschrift *Ms.* heraus. Phil Donahue rührt regelmäßig die Werbetrommel für die Rechte des weiblichen Geschlechts. Der Gynäkologe David Gunn, der für das Selbstbestimmungsrecht von Frauen im Hinterland von Florida gekämpft hatte, fiel der Kugel eines Abtreibungsgegners zum Opfer. In seiner Praxis galt er als »netter und liebevoller Mensch«, der »sich für die Rechte der Frauen aufgeopfert hatte«.[48]

Überall leiden Männer mit, wenn ihre vergewaltigten Frauen und Freundinnen von Alpträumen geschüttelt werden, und versuchen sie zu trösten. Väter zeigen ihren Töchtern, wie man mit einer Drehbank umgeht, andere Väter hüten die Kinder, während die Mutter sich auf eine Prüfung vorbereitet. Es ist schon unglaublich, daß man im Jahr 1993 noch Feministinnen erklären muß, daß Männer auch Menschen sind.

Liebevolle Väter, Brüder, Söhne, Geliebte, Ehemänner und Freunde, alle Männer, denen das Wohl der Frauen in ihrem Leben wichtig ist, sind bewußt oder unbewußt Feministen. Sie haben es nicht verdient, zur Karikatur entstellt oder ignoriert zu werden. Sie verdienen einen Platz neben den Frauen, wenn darüber diskutiert wird, wie man die Kluft zwischen den Geschlechtern überbrükken, wie man Töchtern bessere Bedingungen in der Berufswelt verschaffen und wie man Söhnen das Leben zu Hause attraktiver machen kann.

Das Spektrum der sexuellen Gewalt

Die Debatte der letzten zehn Jahre über die Vergewaltigung durch Freunde oder Bekannte und über sexuelle Belästigungen veranschaulicht, daß der Opfer-Feminismus beim Kampf um soziale Gerechtigkeit über das Ziel hinausschießt und Frauen als ohnmächtiger darstellt, als sie in Wahrheit sind.
Zuvor beherrschte allerdings die Opposition mit der Bagatellisierung solcher Vergewaltigungen die Diskussion. Noch heute werden sie an amerikanischen Universitäten regelmäßig vertuscht. Die Behandlung des Themas durch das *New York Times Magazine* ist für diese Haltung symptomatisch. In einem Artikel wird eine Statistik angezweifelt, nach der in den USA eine von vier Studentinnen von einem Bekannten vergewaltigt wird: Der Erhebung liege eine tendenziöse Definition von Vergewaltigung zugrunde, während die Definition in Wirklichkeit der Rechtsprechung einiger US-Bundesstaaten entsprach. Frauenrechtlerinnen, die gegen diese Art der Vergewaltigung kämpften, mußten sich den Vorwurf gefallen lassen, sie machten Sex zur Verhandlungssache, bei der das Einverständnis mit mündlichem Vertragsabschluß besiegelt werden müsse.
Da Vergewaltigungen von der Justiz häufig bagatellisiert werden, nimmt es nicht Wunder, wenn Feministinnen dazu neigen, kleinere sexuelle Übergriffe in der Öffentlichkeit zu dramatisieren. Sie haben oft das Gefühl, daß sie sonst überhaupt nicht ernst genommen werden, und sind deswegen auch nicht bereit, zwischen verschieden schweren Sexualdelikten zu unterscheiden. In einigen

Fällen hat diese Abneigung der Diskussion über Vergewaltigungen allerdings mehr geschadet als genützt.
Vor einigen Jahren nahm ich an meiner Universität an einer Veranstaltung teil, auf der sich Betroffene öffentlich zu ihren Erfahrungen bei Vergewaltigungen durch Freunde oder Bekannte äußern konnten. Ich war froh, an einer solchen Veranstaltung teilnehmen zu können, die eine abstrakt und emotional geführte Debatte mit konkretem Erfahrungsmaterial füllt. Ich saß mit den anderen auf dem Rasen und hörte mir die Schilderungen von Studentinnen an, die zum Teil brutal, mit vorgehaltener Waffe, von den vermeintlichen Freunden vergewaltigt worden waren. Ich war erschüttert. Am Rand des Rasens standen Studenten, die das Thema gewöhnlich ins Lächerliche ziehen, wenn abstrakt darüber gesprochen wird. Jetzt hörten sie schweigend und betroffen zu.
Doch es gab unter den vielen Schilderungen ein oder zwei, die zu den übrigen nicht so recht passen wollten. Mich beschlich das ungute Gefühl, daß hier etwas nicht stimmte. Ich versuchte es zu ignorieren, aber es gelang mir nicht. An ein oder zwei Berichten war etwas faul.
In einem Fall schilderte eine Frau eine Situation, in der sie aus Scham, Verlegenheit oder Demütigung nicht in der Lage gewesen war, nein zu sagen.
Ich fühlte mit ihr, weil das, was passiert war, auf sie wie eine Vergewaltigung gewirkt hatte. Das Ereignis hatte sie zutiefst erschüttert und ihre Intimsphäre auf brutale Weise verletzt. Es mußte schrecklich sein, sich nicht mit Worten gegen Zudringlichkeiten zur Wehr setzen zu können. Aber es mußte umgekehrt genauso schrecklich sein, mit jemandem zu schlafen und überzeugt zu sein, daß der andere es auch will, und dann plötzlich wegen einer kriminellen Tat angeklagt zu werden. Was die weinende Frau beschrieb, war nicht Vergewaltigung.
Susan Brownmiller schreibt in *Gegen unseren Willen,* Männer seien für das »Nein« einer Frau taub. Umgekehrt muß gesagt werden, daß einige Frauen, aus welchem Grund auch immer, nicht in

der Lage sind, ihr »Nein« vernehmlich zu äußern. Kritikerinnen wie Paglia, die es nicht für dringlich halten, daß Männer lernen, sich dieses Einverständnisses zu versichern, leben in einer Phantasiewelt. Sie verherrlichen eine passive weibliche Sexualität und das alte Klischee romantisch-besinnungsloser Hingabe. Aber was ist denn so unerotisch daran, die Zustimmung des Partners einzuholen? Zu fragen, ob jemand mit mir schlafen will, kann sogar sehr stimulierend sein.

Ein Mann darf nur mit einer Frau schlafen, wenn er sicher weiß, daß sie das auch will; er muß lernen, ihr zuzuhören. Aber genauso müssen Frauen lernen, sich deutlicher zu äußern.

Da den Opfern einer Vergewaltigung vor Gericht, in der Presse und in der Familie oft nicht geglaubt wird, gehen Frauen, die diese Opfer betreuen, aus therapeutischen Gründen von dem Prinzip aus: Eine Vergewaltigung liegt vor, wenn die Betroffene sie als solche empfindet. Dieses Prinzip galt etwa bei uns im Zentrum für vergewaltigte Frauen. Es hatte in der therapeutischen Situation nicht nur seine Berechtigung, es war sogar notwendig. Allerdings muß davor gewarnt werden, das Prinzip auf andere Bereiche wie den politischen oder juristischen zu übertragen. Das hätte für unser Rechtssystem wie für die Beziehung zwischen den Geschlechtern unabsehbare Folgen.

Die Aufmerksamkeit, die dem Thema sexuelle Belästigung und Vergewaltigung in der letzten Zeit zuteil wird, darf uns nicht dazu verführen, das gesamte Spektrum sexueller Übergriffe ohne Rücksicht auf die näheren Umstände über einen Kamm zu scheren. Es geht vielmehr darum, kriminelles von ungeschicktem oder unangemessenem Verhalten zu unterscheiden. In Fairfax County in Maryland beging der 49jährige Lehrer Michael Bullock Selbstmord, weil man ihm sexuelle Belästigung einer Schülerin vorgeworfen hatte. Das Mädchen hatte ihm mit einer scherzhaften Bemerkung auf die Brust geklopft, und er hatte scherzhaft geantwortet, sie sei selbst etwas flachbrüstig.[49] Eine Entgleisung? Vielleicht. In Virginia hatte eine Frau ein sexuelles Verhältnis mit einem verheirateten Priester; als er Schluß machte, warf sie ihm öffentlich sexuellen Mißbrauch vor.[50] Er hat seine Autorität als Seelsorger mißbraucht, natürlich. Aber die Frau war erwachsen, und der Priester war nicht ihr Vorgesetzter. Er war nicht Gott, er vertrat ihn nur. In einem Leitartikel von *Newsweek* beklagte sich eine Kellnerin über das ungehobelte Benehmen der Gäste. Wenn eine Gruppe von Männern spät ins Lokal komme und nach Geschäftsschluß noch ein Dessert bestelle, sei das »eine emotionale Vergewaltigung«. Eine Studentin berichtete in einer Studentenzeitung, sie habe mitbekommen, daß Männer über Computer obszöne Bemerkungen über sie gemacht hätten. So müsse man sich fühlen, meinte sie, »wenn man vergewaltigt wird«. Ein solches Verhalten ist zwar eine sexuelle Belästigung, aber man braucht es nicht mit einer Vergewaltigung zu vergleichen, um deutlich zu machen, daß es beleidigend und erniedrigend ist. Auch wenn dabei Macht im Spiel ist, sind solche Entgleisungen doch eine andere Art der sexuellen Belästigung, als wenn eine Frau als Gegenleistung für ihren Arbeitsplatz sexuelle Übergriffe des Vorgesetzten in Kauf nehmen muß.

Gemeinsam mit einer regionalen Gruppe der National Organisation of Women (NOW) hat das Frauenforschungszentrum des Wellesley College eine Erhebung zu sexuellen Belästigungen an Schulen durchgeführt. 4200 Mädchen der zweiten bis zwölften Klassenstufen beteiligten sich an der Untersuchung. 39 Prozent gaben an, sie seien im letzten Jahr an der Schule täglich sexuell belästigt worden. 29 Prozent sprachen von einer Belästigung einmal in der Woche. 83 Prozent der Mädchen berichteten, sie seien »angefaßt« oder »begrapscht« worden.

Das Ergebnis ist auf den ersten Blick erschreckend. Aber sehen wir es uns genauer an. An nur 4 Prozent der Zwischenfälle waren Lehrer, Hausmeister oder anderes Schulpersonal beteiligt. Die meisten Belästigungen gingen also von gleichgestellten Schülern aus. Als sexuelle Belästigung werden in der Studie auch anzügliche Bemerkungen oder Gesten von Mitschülern gewertet. 89 Prozent der Mädchen berichteten von solchen Belästigungen durch Schüler. Wenn Mädchen angefaßt oder gar bedroht werden, gibt es dafür keine Entschuldigung. Aber was sind anzügliche Bemerkungen oder Gesten? Ich erinnere mich an meine eigene Schulzeit: Wir haben süßen Jungs auch allerhand gesagt und uns von ihnen allerhand sagen lassen müssen. Das konnte gemein, aber auch nett sein. Und es gehörte mit zum Erwachsenwerden.

In Minnesota gibt es vom Kindergarten an aufwärts einen Katalog von Vorschriften, mit dem man sexuelle Belästigungen in den Griff zu bekommen hofft. Zu den indizierten Verhaltensweisen gehören etwa sexuell anzügliche Zettelchen und Briefe, schmutzige Witze, das Ausstreuen entsprechender Gerüchte über Mitschüler, das Begrapschen von Schülern anderen Geschlechts, Hänseleien über die sexuellen Aktivitäten von Mitschülern und der öffentliche Austausch von Zärtlichkeiten.[51] Verstöße können unter Umständen den Schulausschluß bedeuten. Ich frage mich, wie ich mich heute in der Schule verhalten würde. Ich weiß noch, wie ich in der High-School einmal ins Zimmer des Direktors gerufen wurde, weil ich öffentlich mit einem Freund geknutscht hatte (mein Freund wurde nicht zurechtgewiesen). Erste sexuelle Tuchfühlung, Witze und Hänseleien – wenn das schon sexueller Mißbrauch ist, obwohl kein wirtschaftlicher Zwang im Spiel ist, dann werden Mädchen nie zu einer starken, selbstbewußten Einstellung zur Sexualität finden.

Der Studie der NOW und des Frauenforschungszentrums liegt jedenfalls das Bild der hilflosen und ohnmächtigen Frau zugrunde. Danach hat ein Schüler mehr Macht über eine Schülerin als umgekehrt, obwohl er ihr weder kündigen noch ihre Versetzung verhindern, noch ihre Karriere beeinträchtigen kann. Mir wäre es lieber, meine Tochter lernte, auf anzügliche Bemerkungen mit Anzüglichkeiten oder Spott zu reagieren, als daß sie in einer Umgebung aufwachsen müßte, in der sie als so hilflos und zartbesaitet gilt, daß man sie vor männlichen Altersgenossen schützen muß.

Ein Reporter von *Glamour* hat mich in einem Interview einmal zu der Behauptung gedrängt, ich würde es mir kategorisch verbitten, von Männern auf der Straße anzüglich angeblickt zu werden. In diesem Interview merkte ich zum ersten Mal, daß es zwischen meinen Erfahrungen und meinen feministischen Anschauungen eine Kluft gab. Sexistische Verhaltensweisen wie penetrante Blikke sind dann nicht hinnehmbar, wenn sie am Arbeitsplatz zwischen Personen verschiedener Rangordnung erfolgen oder wenn die betroffene Person zu erkennen gibt, daß sie sich belästigt fühlt. Auf der Straße oder dem Pausenhof dagegen ist eine Machthierarchie nicht ohne weiteres erkennbar. Nach meiner Erfahrung kommt es an solchen Orten auf die äußeren Umstände an. Auf der Straße ist entscheidend, wer mich ansieht und wer ich bin; ob ich mich in Gefahr befinde oder mich bedroht fühle, ob mich eine Bemerkung zum Sexobjekt macht oder ob sie bewundernd gemeint ist. Ein Blick kann erniedrigend, aber auch anerkennend sein. Während anzügliche Bemerkungen meist nur unangenehm oder dumm sind, gibt es bei Blicken große Unterschiede: Es ist etwas völlig anderes, ob mich ein freundlicher älterer Herr an der Straßenecke entzückt ansieht oder ob mich ein zwei Meter großer Kerl mit seinen Blicken auszieht.
Ich sehe doch auch Männer an, und alle Frauen, die ich kenne und mag, tun das. Ich weiß, wie es ist, wenn dir irgendwo in der Stadt ein attraktiver fremder Mann begegnet, dich im Vorbeigehen bewundernd anblickt und dir damit den Rest des Tages versüßt. An einige solche Begegnungen kann ich mich noch Jahre später erinnern. Sie sind ein Geschenk, sie sind voller erregender Andeutungen: Was wäre, wenn ...? Dieses körperliche Erkennen zwischen den Geschlechtern ist ein süßes Geheimnis. Es besagt, daß Sex und Erotik ganz einfach sind, solange die Phantasie uns von allen Unterschieden unserer gesellschaftlichen Stellung, Identität und Kultur befreit. Blicke können auch zudringlich und erniedrigend sein, aber wenn dabei keine Machthierarchie im Spiel ist, handelt es sich nicht um sexuelle Übergriffe.

Es nützt der Sache der Frauen nicht, jede Unverschämtheit gleich als »sexuelle Belästigung« zu brandmarken; umgekehrt ist es gefährlich, wirkliche Verbrechen wie die Vergewaltigung durch Freunde oder Bekannte zu verharmlosen, wie etwa Paglia das tut – zumal solche Verbrechen im Zeitalter von Aids tödliche Folgen haben können. Wir brauchen vielmehr ein neues Vokabular, das die großen Unterschiede im Spektrum der Gewalt gegen Frauen ausdrückt und die Erkenntnis vermittelt, daß Ohnmacht und Verletzlichkeit der Frau ebensowenig unveränderliche Gegebenheiten sind wie Autorität und Macht des Mannes. Die Opposition weigert sich, verschieden schwere Arten der Gewalt anzuerkennen, und betrachtet eine Vergewaltigung als einen mißlungenen gemeinsamen Abend. Einige wenige Frauen haben darauf reagiert, indem sie jeden mißlungenen Abend als Vergewaltigung betrachten. Aber wir Frauen sind der Opposition jetzt nicht mehr hilflos ausgeliefert und können uns deshalb den Luxus erlauben, sorgfältig zu unterscheiden. Das Verhältnis zwischen den Geschlechtern muß von einem »vernünftigen weiblichen« Standpunkt aus neu geregelt werden. Deshalb ist es so wichtig, daß sich alle Frauen bei Richtern und Medien Gehör verschaffen, denn die neue Regelung muß aus einer breiten Diskussion hervorgehen, sie darf nicht von extremen Einstellungen diktiert werden.

Die Täterin als Opfer: Jean S. Harris

Jean S. Harris war Schulleiterin an der renommierten Madeira School for Girls in Virginia und sah nicht aus wie eine Mörderin. Die Dame mit dem stets akurat frisierten graublonden Haar und der eleganten weißen Strickjacke hatte seit längerer Zeit eine Liaison mit dem Arzt Herman Tarnower. An einem Abend des Jahres 1980 gab er ihr den Laufpaß, weil er eine Jüngere kennengelernt hatte. Jean Harris rächte sich: Sie zog einen Revolver aus der Handtasche und tötete den Geliebten mit vier Schüssen. Später

versuchte sie den Mord als Unglücksfall während eines mißlungenen Selbstmordversuchs hinzustellen.
Einige Frauen entschuldigten die Tat mit der schweren Stellung älterer Frauen in der Gesellschaft und stilisierten Jean Harris zum »archetypischen weiblichen Opfer«, zu »einer Frau, die einen Schuft zu sehr geliebt« habe.[52] Opfer-Feministinnen, Massenblätter und Jean Harris selbst taten alles, um aus der Mörderin eine Märtyrerin zu machen.
Richter Vito Titone schlug in die gleiche Kerbe: »Wenn es je einen im Affekt begangenen Totschlag gegeben hat, dann diesen ... Sie ist mißhandelt worden. Der Mann hat sich eine jüngere Frau gesucht und sie einfach sitzenlassen.«[53] Zeitungen machten aus dem Verbrechen einen Akt der Selbstaufopferung, den tragischen Unglücksfall eines kleinen Mädchens, das sein Kätzchen beim Schmusen erdrückt hat. Als Ursache der »Tragödie« galt übergroße Liebe. Spätere Schlagzeilen machten die Täterin zur Musterschülerin: »Schulleiterin Harris bekommt eine Eins in Führung im Gefängnis.«[54] Und um das Bild vom unschuldigen Opfer abzurunden, wurde ihre gute Erziehung hervorgehoben. Shana Alexanders Prozeßbericht hatte den Titel: »Ganz die Dame.« Die Zeitschrift *Time* kommentierte die Verurteilung mit der Überschrift: »So behandelt man keine Dame.« Harris selbst gab dem Buch, das sie über Frauen im Gefängnis schrieb, den Titel »Man nennt uns Damen«.
Wie konnte es zu der Vorstellung kommen, Jean Harris sei nicht Täterin, sondern Opfer? Tarnower soll sie geschlagen haben, obwohl sie das bei ihrer Verteidigung nicht geltend machte. Außerdem litt sie am Abend des Mordes unter Medikamentenentzug, und sie war ihrem Geliebten geradezu hörig, gefangen in einem Zustand »herrlicher Obsession«, wie sie es selbst nannte. Aber mit diesen Tatmotiven, mit Eifersucht und Drogen oder Alkohol, begründen auch die meisten Männer einen Mord an der Ehefrau oder Freundin.
Die irrationale Argumentation – wenn man nicht sogar von einem

Aufruf zur Rechtsbeugung sprechen will –, mit der Jean Harris vor Gericht entlastet wurde, sagt viel über die gesellschaftlichen Erwartungen an eine Frau aus. Die Rivalität zwischen ehrbarer Ehefrau und lasterhafter Hure ist alt. In diesem Fall war Harris die typische Ehefrau, ihre Rivalin die Hure. Und wie die Angeklagte im Zeugenstand sagte: »Eine Hure bleibt eine Hure.« Im Unterschied zu ihrer mit einer üppigen Figur ausgestatteten Rivalin galt die matronenhafte Harris als geschlechtslos. Entsprechend verhielt sie sich auch im Gefängnis ganz nach dem traditionellen Bild der netten alten Dame, die Teehauben für Wohltätigkeitsbasare bestickt und Frauen in Armenvierteln Sitte und Anstand beibringt. Sie unterrichtete Mütter und schwangere Mitgefangene zweistündig in Säuglingspflege; ferner spendete sie 100000 Dollar aus dem Erlös ihres ersten Buches für die Ausbildung von Kindern, deren Eltern im Gefängnis saßen, und sie versorgte die Kinder mit selbstgestrickten Pullovern.

Frauen wie Männer zollten Harris dafür Beifall. Eine Frauenzeitschrift stellte rückblickend fest, der Mord an ihrem Arzt sei nicht »die letzte Bestimmung von Frau Harris« gewesen. Als Gouverneur Mario Cuomo sie begnadigte, »gab es Beifall von vielen Menschen, die befanden, ein schreiendes Unrecht sei schließlich wiedergutgemacht worden«.

Hinter diesem Beifall steckte die allgemeine Unfähigkeit, sich vorzustellen, eine Frau mit allen weiblichen Tugenden könnte in der Lage sein, ihren Geliebten aus allernächster Nähe zu erschießen. Selbst wenn sie das getan habe, hieß es, zeige ihr anständiges Benehmen doch, daß sie nicht Täterin, sondern Opfer sei, also könne die normale Rechtsauffassung von Schuld und Strafe nicht gelten. Sogar Gouverneur Cuomos Worte klangen wie ein Muttertagsgruß. »Es gibt keine allgemeingültigen Regeln«, sagte er über seine Entscheidung, Harris zu begnadigen. »Jeder muß seine eigenen Kriterien anwenden. Und man kann Gerechtigkeit nicht definieren. Man definiert sie für sich selbst, im Herzen.«

So schön das klingt, für die Forderung von Frauen nach voller

Gleichberechtigung ist diese Haltung gefährlich. Wenn »gute« Frauen für ihre Verbrechen nicht verantwortlich sind, werden »schlechte« Frauen dafür um so härter bestraft. Die Richter entscheiden damit weiterhin über das soziale Verhalten einer Angeklagten statt über das, was sie getan hat, und der Grundsatz der Gleichheit vor dem Gesetz bleibt auf der Strecke.

Ein ähnlicher Fall war der Prozeß um Lizzi Borden, auf den hier nicht näher eingegangen werden soll. Borden, des Mordes an ihrer Mutter und ihrem Stiefvater angeklagt, wurde von einem Geschworenengericht freigesprochen, obwohl alles gegen sie sprach. Aber sie war eine mustergültige Hausfrau, deshalb konnte sie keine Mörderin sein. Die Geschworenen nahmen lieber einen Justizirrtum in Kauf, als ihr Frauenbild revidieren zu müssen.

Solche Freisprüche und Reinwaschungen haben immer denselben Grund: Weil wir alle zuweilen Mordlust in uns spüren, machen wir Mörderinnen, die so sind wie wir, zu Opfern. Die Vorstellung, daß die liebe Schwester oder Mutter von Zeit zu Zeit hinter ihrer wohlanständigen Fassade Mordabsichten hegen könnte, erschreckt nicht nur die Opposition; auch Schwester oder Mutter selbst erschrecken, daß sie solche Gefühle haben. Außerdem hängen ihr Ansehen und ihre gesellschaftliche Anerkennung davon ab, daß sie diese Erkenntnis verdrängen.

Der Mord an Tarnower brachte in den Frauen eine Saite zum Klingen, weil Frauen wie Männer insgeheim Aggressionen und Rachegelüste gegen das andere Geschlecht hegen. Frauen interessierten sich für den Fall aus Empörung darüber, daß Männer mittleren Alters häufig gleichaltrige Frauen wegen einer jüngeren Frau sitzenlassen. Jean Harris verschaffte dieser Empörung stellvertretend Genugtuung, indem sie ihren Geliebten umbrachte.

Freilich weigern sich Opfer-Feministinnen, solche gewalttätigen Impulse anzuerkennen und dann verantwortlich dafür zu sorgen, daß sie nur im Reich der Phantasie ausgelebt werden. Statt in Jean Harris eine Frau zu sehen, die verglichen mit anderen Mörderinnen vor der Tat ein an Möglichkeiten reiches Leben führte – sie war gebildet und hatte Geld und Freunde –, stilisiert der Opfer-Feminismus sie zu einer unglücklichen Frau von tadellosem Ruf hoch, die das Opfer unglücklicher Umstände wird, eine Reinwaschung, die mit den Fakten nichts zu tun hat, sondern vom Unterbewußtsein diktiert wird. So überrascht es denn auch nicht, daß *Lear's,* eine Zeitschrift für ältere Frauen der gehobenen Mittelschicht, Harris nach der Entlassung aus dem Gefängnis zur freiberuflichen Mitarbeiterin erkor.

Der Opfer-Feminismus bewertet eine »Dame« auf der Anklagebank wohlwollender als eine »Hure«, auch wenn die Dame das schlimmere Verbrechen begangen hat. Deutlich wird dies am Fall Amy Fishers, die nicht auf die Unterstützung der Feministinnen hoffen durfte.

Die 18jährige Amy Fisher aus Long Island trug gewöhnlich kurze Shorts, schminkte sich die Lippen kirschrot und hatte einen dichten braunen Pony. Eines Nachmittags fuhr sie zum Haus ihres Geliebten und schoß dessen Frau aus allernächster Nähe ins Gesicht; die Frau überlebte, behielt aber eine Gesichtslähmung zurück. Amy Fisher war keine »Dame«. Sie war Prostituierte. Sie kontaktierte ihre Kunden über ein tragbares Telefon, fuhr ihren Sportwagen ohne Rücksicht auf Verluste und hatte für einen Geliebten ein Sex-Video produziert. Auf einer Tonbandaufnahme sagte sie: »Ich bin wild ... Ich liebe Sex.« Die Aufnahme kostete sie alle Sympathien des Gerichts. In der Untersuchungshaft soll sie mit dem BH in der Hand barbusig getanzt haben. Amy Fishers Mutter, lange eine Sympathisantin der Frauenbewegung, war überrascht und betroffen, als sich keine Feministin bereit fand, ihre Tochter zu unterstützen.

Jean Harris wie Amy Fisher hatten ein Gewaltverbrechen verübt, das in der Öffentlichkeit jedoch völlig unterschiedlich bewertet wurde. Harris, eine Heldin des Opfer-Feminismus mit der weiblichen Tugend der Selbstverleugnung, wurde begnadigt, während Amy Fisher mit ihren sexuell provozierenden Auftritten zu achtzehn Jahren Haft verurteilt wurde. Ihr Fall erregte nicht weniger

Aufsehen als der Fall Harris – er wurde zu drei erfolgreichen Fernsehsendungen und zum Bestseller verarbeitet –, aber trotzdem bleibt Amy Fisher mangels Reue und Zucht bis auf weiteres hinter Gittern.

Die Schwierigkeit von Feministinnen, Frauen im Guten wie im Schlechten volle Verantwortung für ihr Tun zu übertragen, erinnert an das traditionelle Bild der Opposition, nach dem Frauen Kinder sind, die weder einen Vertrag unterzeichnen noch für sich sorgen, noch vor Gericht Zeugnis ablegen oder eine mündige politische Entscheidung treffen können. Auf der Frauenrechtskonferenz von Seneca Falls wurde unter anderem angeprangert, der Mann verweigere der Frau das Recht, als strafmündige Person behandelt zu werden: »Er hat sie zu einem moralisch nicht verantwortlichen Wesen gemacht; sie kann ungestraft Verbrechen begehen, solange diese in Gegenwart des Gatten geschehen.«[55] Vom Standpunkt des Opfer-Feminismus aus mutet diese Forderung nach Strafmündigkeit seltsam an. Power-Feministinnen dagegen wissen, daß Gerechtigkeit kein sentimentales Pardon ist, sondern ein Gesellschaftsvertrag mit Rechten und Pflichten.

Opfer werden geliebt: Azalea Cooley und Susan Soen

Ein besonders tiefsitzender Reflex bei Frauen ist ihre Bereitschaft, das Leiden anderer Frauen zu honorieren, ihnen aber die Anerkennung für Erfolge zu versagen. Azalea Althea Cooley war schwarz, lesbisch und an den Rollstuhl gefesselt. Im Jahr 1992 wurde sie mit ihrer weißen Lebensgefährtin Susan Soen in Portland im Bundesstaat Oregon zur Zielscheibe einer Serie von Anschlägen, die sich gegen ihre Hautfarbe und ihre sexuelle Andersartigkeit richteten. Die Serie begann im Spätsommer, als Unbekannte an ihre Haustüre ein Hakenkreuz und das Wort »Nigger« schmierten. Sofort nahmen sich mehrere Gruppen von Aktivistinnen der beiden Frauen an. Die alternative Zeitung *Wil-*

lamette Week begründete diese Solidarität so: »Cooley war für die gegen Gewalt kämpfenden Frauen von Portland geradezu ein Musterfall.« Auf den Anschlag folgten weitere. Die Motorhaube des Wagens von Azaleas Freundin wurde mit Säure bespritzt, in den Rasen ihres Hauses wurde ein Kreuz gebrannt.

Die Aktivistinnen machten mobil. Sie bewachten das Haus rund um die Uhr, beschafften eine Therapeutin, die Cooley helfen sollte, mit ihren Ängsten fertig zu werden, organisierten eine Kundgebung, ließen am Haus der Freundinnen eine Alarmanlage installieren und setzten für Hinweise zur Aufklärung der Anschläge eine Belohnung aus. »Zwei Wochen lang«, sagte eine Aktivistin, »drehte sich unser Leben ausschließlich um diese beiden Frauen.«

Schließlich trat die Polizei in Aktion. Beamtinnen überwachten die Wohnung von innen. Als kein weiterer Anschlag erfolgte, wurde die Aktion abgeblasen.

Am 1. November hielt Cooley vor der Versammlung der organisierten Gewaltgegner eine Rede. Die Frauen feierten sie begeistert, anschließend zog Cooley mit fünfhundert Frauen durch die Stadt. Zur gleichen Zeit fand die Polizei im Haus der Freundinnen Streichhölzer, Lampenöl und zwei Handfeuerwaffen.

Mit den Beweisstücken konfrontiert, gestand Cooley, die einundzwanzig Anschläge selbst inszeniert zu haben. Ihre Freundin Soen hatte ihr dabei offensichtlich geholfen. Die organisierten Gewaltgegner waren wie vor den Kopf gestoßen. Zwar hatte es schon vorher Verdachtsmomente gegen Cooley gegeben, aber die Aktivistinnen hatten keinen Verdacht schöpfen wollen: Zu sehr war Cooley das »perfekte Opfer« gewesen. Eine Aktivistin erklärte die Gutgläubigkeit der Gewaltgegner: »Es hätte ja auch alles wahr sein können: der Rassismus, die Homophobie, die Angst vor denen, die anders sind – das gibt es doch alles, das ist doch alles furchtbar real.«

Warum hat Cooley ihre krankhafte Geltungssucht gerade auf diese Weise befriedigt? Die Antwort ist einfach: Weil sie als »vollkommenes Opfer« mit mehr Unterstützung und Zuwendung rechnen konnte, als wenn sie ihre schwierige Lebenssituation erfolgreich gemeistert hätte. Eine Aktivistin berichtete später über eine Sitzung ihrer Frauengruppe, in der Cooley ein Band mit Morddrohungen abgespielt hatte: »Azalea stand plötzlich im Mittelpunkt unserer Aufmerksamkeit.«

Cooley hatte der Frauengruppe außerdem weisgemacht, sie habe wegen eines Gehirntumors nur noch kurze Zeit zu leben. Um glaubhaft zu bleiben, rasierte sie sich Kopf und Augenbrauen. Zweimal täuschte sie im Beisein einer Freundin einen Herzanfall vor. Sie war auch nicht gelähmt. Sie hatte sich in den Rollstuhl gesetzt, weil Metastasen ihres Gehirntumors angeblich ihr Rükkenmark befallen hatten. Je mehr Leiden sie vortäuschte, desto mehr Zuwendung durfte sie sich erhoffen.

Wir müssen uns fragen, ob Azalea Cooley die gleiche Aufmerksamkeit erfahren hätte, wenn sie eine Serie glanzvoller Erfolge vorgezeigt hätte. Daß die Aktivistinnen auf ihre Inszenierungen hereingefallen waren, hing zweifellos mit ihren Erfahrungen zusammen, nach denen brutale, ja tödliche Gewalt gegen Minderheiten an der Tagesordnung sind. Doch hat der Täuschung auch eine in unserer Gesellschaft verbreitete Geisteshaltung Vorschub geleistet, der zufolge Stärken und Erfolge von Frauen gern übersehen werden; dazu kam die allzu große Bereitschaft der feministischen Subkultur - und das soll keine Schmälerung ihrer unleugbaren Verdienste sein! -, Gewaltopfer zu verherrlichen, statt den Akzent auf die erfolgreiche Bekämpfung von Gewalt zu legen.

Anständige Frauen machen sich keine Konkurrenz: Elizabeth Holtzman und Geraldine Ferraro

Bei den Vorwahlen zum New Yorker Senat 1992 lieferte sich Elizabeth Holtzman einen heftigen Schlagabtausch mit Geraldine Ferraro, der Kandidatin, die 1988 beim Rennen um das Amt des Vizepräsidenten landesweit die Vorzeigefrau der Demokraten gewesen war. Die aktive und streitbare Liz Holtzman galt ihren Kritikerinnen als undiplomatisch und aggressiv, für ihre Anhängerinnen war sie dagegen eine Vorkämpferin für die Rechte der Frau. Ferraro war in Frauenfragen allerdings ebenso engagiert aufgetreten und galt zudem als aussichtsreichere Kandidatin für die Senatswahl. Sie wurde von feministischen Aktionsgruppen und zahlreichen prominenten Frauenrechtlerinnen unterstützt. Da sie landesweit einen Namen hatte, war ihr Geschlecht für eine Wahl in den Senat kein Hindernis. Elizabeth Holtzmans Chancen dagegen waren viel geringer.

Als das Rennen um die Nominierung in die heiße Phase trat, zeigten Meinungsumfragen einen Vorsprung für Ferraro von drei zu eins. Holtzman reagierte darauf mit heftigen und – nach Meinung vieler – heimtückischen Attacken gegen die Rivalin. Sie warf Ferraros Mann Verbindungen zur Mafia und dubiose Geschäftspraktiken vor.

Zahlreiche Feministinnen reagierten auf Holtzmans Angriffe entsetzt. Die Anhängerinnen Ferraros liefen gegen Holtzmans Vorwürfe Sturm. In Schlagzeilen geißelte die Presse Holtzmans Kampagne als Rückschlag für den Feminismus. »Es ist eine traurige Ironie«, schrieb Letty Cottin Pogrebin, Mitbegründerin der Zeitschrift *Ms.*, »daß Holtzman in diesem sonst so vielversprechenden Jahr der Frau ihre Tiefschläge nicht gegen andere demokratische Konkurrenten richtet, sondern gegen Ferraro, die einzige andere Frau im Rennen.« Im Jahr 1992, so Pogrebin weiter, müsse die Öffentlichkeit weibliche Kandidaten als Symbole der Veränderung begreifen. »Frauen sind mit dem Versprechen angetreten, es anders und besser zu machen. Liz Holtzman hat mit ihrer Schmutzkampagne die Erwartungen enttäuscht.« »Die Frauenbewegung«, meinte die ehemalige Abgeordnete Bella S. Abzug, »hat lange versucht, deutlich zu machen, daß wir Frauen an die Macht bringen müssen, um etwas zu verändern. Es ist traurig, wenn jetzt antifeministische Vorbilder nachgeahmt werden, wie es meiner Meinung nach bei der Kritik an Ferraro der Fall ist.«[56]

Andere sahen das anders. Für sie war die moralische Integrität der Kandidaten ein legitimes Thema. Ruth Messinger, Präsidentin des Stadtrats von Manhattan, meinte: »Alle Kandidaten in diesem Rennen müssen sich heiklen Fragen stellen. Im Wahlkampf wird alles über die betreffende Person in die Waagschale geworfen, das Gute wie das Schlechte. So ist das Leben.« Wieder andere sahen die Angriffe als völlig normale Strategie einer Kandidatin, die in Meinungsumfragen schlechter wegkommt. »Liz wollte Gerry gleich am Anfang ausschalten«, meinte eine anonyme Wahlhelferin. »Als es nicht klappte, fanden alle sie plötzlich irgendwie abscheulich. Aber sie hat versucht, eine Konkurrentin aus dem Weg zu räumen, und diese Option steht allen Politikern offen, auch wenn viele darin einen Verrat an der feministischen Sache sehen wollen.«[57] Und wiederum andere sahen in den Vorwürfen gegen Holtzman eine doppelte Moral. Wenn ihr Gegner ein Mann gewesen wäre, so meinten sie, hätte man sie noch angefeuert.

Holtzman selbst sagte zu ihrer Verteidigung, eine falsch verstandene weibliche Solidarität sei gefährlich. »Es gibt Unterschiede zwischen Frauen ... Man darf den Kandidatinnen unbequeme Fragen nicht verbieten.« Wahlkämpfe seien »nun einmal politische Auseinandersetzungen«. Zum Vorwurf, sie sei keine Feministin, meinte sie nur: »Das ist doch ein Witz, das ist doch lächerlich ... Niemand hat sich im Namen des Feminismus mehr blaue Flecken und Beulen geholt als ich.«[58]

Holtzman verlor haushoch; sie bekam von den vier Kandidaten am wenigsten Stimmen. Ferraro verlor knapp gegen Bob Abrams, der bei der Wahl dann gegen den republikanischen Gegenkandidaten D'Amato verlor. Viele Frauen waren auf Holtzman wütend. »Weil sie es nicht geschafft hatte, sollte Gerry es auch nicht schaffen«, urteilte Pogrebin. Marie Wilson, die Direktorin der Ms. Foundation, meinte, wenn Holtzman das Rennen aufgegeben hätte, hätte sie sich als »feministische Heldin« gezeigt; statt dessen habe sie sich zum »Werkzeug eines Republikaners« gemacht.[59] In späteren Artikeln machte man Holtzman den Vorwurf, sie habe sich nicht öffentlich zu ihrem Fehler bekannt: »Ob die Veteranin, die seit zwanzig Jahren Politik in New York macht, durch die Niederlage zur inneren Einkehr und zur Selbstkritik angeregt wurde, ist unbekannt.«

Auch ich war enttäuscht, daß keine der beiden Frauen in den Senat gekommen waren. Frustration verführt leicht zur Wut, die sich in diesem Fall gegen eine Frau richtete, die eine andere Frau scharf attackiert hatte. Wir lassen uns schnell zur Verurteilung von Frauen hinreißen, die mit solchen Mitteln um die Macht kämpfen. Und doch müssen wir unsere spontane Reaktion überprüfen. Die USA gehen nicht unter, weil die Chance verpaßt wurde, eine Frau in den Senat zu wählen. Das Land hat durch die harte Auseinandersetzung auch gewonnen: Es hat die Erfahrung gemacht, daß Frauen sehr wohl in der Lage sind, einen harten, engagierten Wahlkampf zu führen. Der kurzfristige Rückschlag ist dafür ein geringer Preis.

Vielleicht war Holtzmans Kritik an ihrer Rivalin hart an der Grenze zur Schmutzkampagne. Vielleicht war sie aber auch ganz normal, denn Abrams hatte gegen Ferraro die gleichen Vorwürfe erhoben, war aber nicht unter Beschuß geraten. Ich möchte keine der beiden Kandidatinnen gegen die andere in Schutz nehmen, glaube aber, daß wir dem Power-Feminismus nicht dienen, wenn wir eine Frau im Senat wollen, sie aber verurteilen, wenn sie darum mit allen erlaubten Mitteln kämpft. Wir bleiben im Opfer-Feminismus stecken, wenn wir die Opposition diktieren lassen, wie eine anständige Frau ihren Wahlkampf zu führen hat. Dann bleibt es bei der Doppelmoral, der zufolge Männer härter kämpfen dürfen – auch gegen Frauen – als Frauen gegen Frauen oder Männer. Holtzman hielt sich für die bessere Kandidatin und glaubte, sie sei es der Welt schuldig, den Kampf mit allen Mitteln zu führen. Ist Feminismus nicht das Recht jeder Frau, alle legitimen Mittel zur Durchsetzung ihrer Ziele zu nutzen? Oder sind wir schon so weit, daß Frauen, die es aufgegeben haben für ihre Ziele zu kämpfen, Heldinnen sind, während Aktivistinnen, die bis zum bitteren Ende

Schläge austeilen und einstecken, keinerlei Respekt verdienen? Was hat das mit Feminismus zu tun, wenn eine Frau der anderen sagt, sie solle das Rennen aufgeben, weil sie sowieso keine Aussicht auf Erfolg habe? Man kann Holtzman schmutzige oder selbstzerstörerische Methoden vorwerfen, aber gewiß nicht Antifeminismus.

Je mehr Frauen für ihre Überzeugungen kämpfen – auch gegeneinander –, desto mehr andere Frauen werden ermutigt, gleichfalls zu kämpfen. Wenn wir uns Zwänge auferlegen und anderen Frauen einen Feminismus vorleben, der nicht die Summe einer Vielzahl widersprüchlicher Ziele, sondern eine von oben diktierte Einheitsvision ist, erreichen wir kurzfristig vielleicht einige beschränkte Ziele, aber die Mehrheit der Frauen wird sich enttäuscht von uns abwenden.

Wir werden scheitern, wenn wir Frauen in der Politik nach einer anderen Moral beurteilen. Es gibt viele Gründe, warum Frauen in der Politik eine Verbesserung bedeuten: weil sie ihre Interessen und damit die Interessen der Hälfte aller Menschen vertreten; weil es Frauen gibt, die sich für diese Aufgabe besonders gut oder besser als manche Männer eignen; oder einfach, weil es in der Politik schon genug Männer gibt. Nur eine Begründung ist sicher falsch: daß Frauen die bessere Politik machen, weil sie bessere Menschen sind.

Warum müssen Frauen vollkommen sein, wenn sie Macht ausüben wollen? Hoffen wir, daß sie die Macht, wenn sie sie erst haben, rücksichtsvoll und zur Verwirklichung von politischer und sozialer Gerechtigkeit einsetzen. Aber unabhängig davon haben sie den gleichen Anspruch auf die Macht wie Männer.

Der Opfer-Feminismus ignoriert, daß bereits kleine Mädchen eine gesunde Aggressivität gegenüber ihrer Umgebung zeigen und mit ihren Geschlechtsgenossinnen konkurrieren, ein Verhalten, das ihnen erst durch die Erziehung ausgetrieben wird. Diese Einsicht ist deshalb so brisant, weil sie die Vorstellung einer universellen »Schwesternschaft« der Frauen in Frage stellt.

Daß unter Frauen oft Konkurrenzdenken herrscht, macht keineswegs unmöglich, daß sie sich zusammenschließen, im Gegenteil, es gibt Zusammenschlüssen erst die richtige Basis. Das Bekenntnis zum Konkurrenzdenken macht Frauen auch nicht zu Männern, sondern zu ehrlichen Frauen.

Sowohl Anhänger des Patriarchats wie Opfer-Feministinnen geißeln die Konkurrenz unter Frauen. Für die Anhänger des Patriarchats sind Frauen gegeneinander boshaft und heimtückisch und zur Zusammenarbeit unfähig. Ein solches Frauenbild nützt all denen, die kein Interesse daran haben, daß die Frauen sich vereinen, weil dadurch ihre eigene Herrschaft ins Wanken geraten würde.

Als Reaktion auf das Negativbild der weiblichen Zerstrittenheit hat der Opfer-Feminismus die Fiktion einer friedvollen Gemeinschaft der Frauen entworfen. Danach müssen Frauen einander Rückhalt geben; die Krallen dürfen sie nicht verwenden. Frauen reagieren deshalb auf die Abneigung gegen andere Frauen häufig mit Schuld- und Schamgefühlen, denn eine solche Abneigung gilt als patriarchalischer Reflex, den man ausmerzen muß.

Aber je mehr Frauen ins öffentliche Leben treten, desto öfter wird es zwischen ihnen zu Konflikten kommen. Diese Konflikte sind heilsam, sie geben Kraft und sind ein Zeichen, daß Frauen in allen Bereichen der Gesellschaft vertreten sind. Frauen, die einen Arbeitsplatz wollen, konkurrieren gegeneinander und empfinden Genugtuung, wenn sie andere ausstechen. Frauen, die andere Frauen führen, kritisieren und einstellen oder entlassen, sind bei ihren Angestellten verständlicherweise nicht immer beliebt. Und Frauen, die in der Abtreibungsdebatte kontroverse Standpunkte vertreten, haben nicht nur zärtliche Gefühle füreinander. Über solche Aggressionen sollten wir nicht erschrecken, wir sollten sie verstehen und respektieren. Es kommt nur darauf an, sie in die richtige Richtung zu lenken.

Aggressivität schadet unserer Weiblichkeit nicht, sie wirkt sich vielmehr positiv aus. Frauen entdecken nach und nach eine alte und besonders schöne Vorstellung aus der Antike, den »Agon«.

Dieses griechische Wort, das etymologisch mit »Agonie« zusammenhängt, bedeutet Wettkampf, die Auseinandersetzung zwischen zwei ebenbürtigen Gegnern. Auch wenn der Agon im Mittelpunkt der männlichen Mythologie steht – von Jakob und dem Engel im Alten Testament bis hin zu Schwarzenegger und dem Roboter im *Terminator II* –, ist er doch keineswegs auf Männer beschränkt.

Für stolze Kriegerinnen gibt es zahlreiche Vorbilder: von Zenobia von Palmyra über die britische Boudicca bis hin zur indischen Göttin Kali. Den wenigen modernen Vorbildern fehlt es dagegen an innerer Kraft und einer Identität, die ganz im Wettstreit mit der Gegnerin aufgeht. Die wenigen Darstellungen gegeneinander kämpfender Frauen sind entweder komisch oder pornographisch, oder sie ziehen die Vorstellung ins Lächerliche, daß Frauen öffentliche Auseinandersetzungen führen: Typisch dafür ist das »Schlamm-Catchen«, Schlammschlachten von Frauen, die im wahrsten Sinne des Wortes vorführen, daß Auseinandersetzungen unter Frauen schmutzig sind.

Doch Frauen erkennen zunehmend, daß Frauen unterschiedlicher Rassen und aus verschiedenen Schichten, seien sie Lesben oder Heterosexuelle, unterschiedliche und widersprüchliche Ziele haben. Wir brauchen keine Angst vor Konflikten und kein schlechtes Gewissen zu haben, wenn wir Konflikte austragen, denn dies bedeutet nicht das Ende jeglicher Solidarität. Insgesamt sind solche Auseinandersetzungen ein Sieg für die Sache der Frau.

Zombie aus Liebe: Hedda Nussbaum und das Syndrom der mißhandelten Frau

Im Jahr 1984 wurde in einer verwahrlosten Wohnung im eleganten New Yorker Stadtviertel Greenwich Village ein totes kleines Mädchen gefunden. Joel Steinberg, der Adoptivvater, hatte die kleine Lisa offenbar seit Jahren mißhandelt, sie schließlich bewußtlos geschlagen und dann sterben lassen. Ihre Adoptivmutter Hedda Nussbaum, ebenfalls von Steinberg mißhandelt, hatte dem Verbrechen tatenlos zugesehen und keine Hilfe gerufen. Als sie verhaftet wurde, hatte sie einen gebrochenen Kiefer, gebrochene Rippen und ein gebrochenes Nasenbein; ihr Körper wies überall Prellungen und Schnittwunden auf. Hedda Nussbaum wurde wegen Beihilfe zum Mord und Verletzung der Fürsorgepflicht verhaftet, aber nie rechtskräftig verurteilt.

Schon ihre Festnahme löste einen Sturm der Entrüstung aus. Wegen ihrer schweren Mißhandlungen ging man davon aus, daß sie das Kind nicht vor dem mißhandelnden Vater habe schützen können. Bald wurden die psychologischen Hintergründe aufgedeckt. Nussbaum, eine Weiße aus der Mittelschicht, die für den renommierten amerikanischen Verlag Random House arbeitete, hatte einer Freundin zufolge ein »nettes Wesen« und eine »empfindsame Seele«, aber nur wenig Selbstbewußtsein. Ihr Freund konnte ihr deshalb einreden, er sei der einzige Mensch, der sie wirklich liebe. Seine Zuneigung wurde für sie lebenswichtig. »Sie hatte schon Angst, eine andere Meinung zu haben als er«, sagte die Freundin.[60] Hedda Nussbaum selbst sagte: »Ich war unsicher und traute mich nicht, eine Gehaltserhöhung oder Beförderung zu verlangen.« Steinberg drängte sie dazu, Forderungen zu stellen, die dann jedesmal erfüllt wurden. Die Erfolge schrieb sie seinen übernatürlichen Kräften zu. »Sie war eine Sklavin«, diagnostizierte ein Arzt. »Sie war dem Mann völlig hörig und hatte weder die Fähigkeit noch den Willen, ihre Tochter zu retten.«[61]

Ihre Anwälte machten die Hörigkeit gegenüber Steinberg geltend. Nussbaum sei weder physisch noch psychisch in der Lage gewesen, ein Verbrechen zu begehen; der Mann habe sie völlig in der Gewalt gehabt. Einige Monate nach der Katastrophe nannte Nussbaum das Verhältnis zu diesem Mann »die beste Beziehung meines Lebens«. Sie habe für das schwerverletzte Kind keine Hilfe gerufen, weil sie an Steinbergs wunderheilende Kräfte geglaubt habe und nicht »unloyal oder mißtrauisch« erscheinen wollte.

Nach der Tat hatte sie stundenlang allein bei dem Mädchen ausgeharrt und, als dieses kein Lebenszeichen von sich gab, die Zeit damit zugebracht, Akten zu ordnen. Bei der polizeilichen Untersuchung deckte sie Steinberg bewußt mit falschen Aussagen.
Nach ihrer Verhaftung wurde sie im Krankenhaus von anderen Frauen mit Sympathiebekundungen überschüttet. An einem dikken Strauß roter Rosen hing ein Zettel mit der Botschaft: »Sie sind eine Ermutigung für mißhandelte Frauen.« Die *New York Times* führte die Welle der Sympathie darauf zurück, daß sich andere Menschen in »Nussbaums unterwürfiger Haltung« wiedererkannt hätten. Nach Gloria Steinem waren wir Frauen deshalb so fasziniert von dem Fall, weil wir in ihm unsere eigene Verletzlichkeit erkannten. Mary Cantwell räumte ein, viele Frauen, sie eingeschlossen, seien »ein wenig wie Hedda«.
Wie Jean Harris versuchte man auch Hedda Nussbaum damit zu entschuldigen, daß der Mann »ihr Gott gewesen« sei.[62] Und auch Hedda Nussbaum fertigte Handarbeiten an: Im Warteraum des Gerichts stickte sie oder war sie mit einer Makramee-Arbeit beschäftigt.
Die Feministinnen waren über ihre Schuld am Tod des Kindes geteilter Meinung. Ann Jones, die Autorin des Buchs *Frauen, die töten,* war von ihrer Unschuld überzeugt. Als Begründung führte sie die psychischen Auswirkungen der Mißhandlungen an, die genauso einer Gehirnwäsche gleichkämen wie das, was Terroristen mit Geiseln machten.
Susan Brownmiller war anderer Meinung: »Die Frauenbewegung sagt: Wer gleichberechtigt ist, muß die gleiche Verantwortung übernehmen ... Hedda Nussbaum hat an ihrer eigenen Zerstörung mitgewirkt und sich selbst die Möglichkeit genommen, das Leben ihres Kindes zu retten ... Einige behaupten, durch die demoralisierenden Mißhandlungen habe sie jede Willenskraft verloren, aber mir genügt das nicht. Frauen können sich aus tragischen Verstrikkungen befreien: Einige haben dabei zu den äußersten Mitteln gegriffen und ihre Peiniger getötet. So hilflos wie Hedda Nuss-

baum sind nur wenige gewesen. Ich halte es für falsch, Hedda Nussbaum nur als Opfer zu sehen. Für mich ist sie für ihr zerstörtes Leben und für den Tod eines unschuldigen Kindes verantwortlich, auch wenn sie es nicht selbst getötet hat.«[63] Anteilnahme, so Brownmiller in einem Artikel für die *New York Times,* sei eine Sache, Identifikation im Namen des Feminismus eine andere. »Frau Nussbaum eine Heldin zu nennen, wie dies die Solidargemeinschaft mißhandelter Frauen getan hat, ist nicht nur eine Verkennung der Tatsachen, sondern ein schlechter Dienst an den Frauen und letztlich an den Menschen.«[64]

Wieder anderer Meinung war Marilyn French. Nussbaum war für sie das Beispiel einer »so vollkommenen Abhängigkeit von einem skrupellosen Mann, als ob sie in die Sklaverei oder Ehe verkauft worden wäre, als ob es Gesetze gäbe, die Joel berechtigten, sie so zu behandeln, oder als ob sie im Assyrerreich des dritten vorchristlichen Jahrhunderts gelebt hätte.«[65]

Hier stellt sich eine grundlegende Frage: Was ist freie Wahl und was Zwang? Wo kann eine Frau frei entscheiden, wo kann sie es nicht? Ich glaube, daß mehrere Faktoren dazu beitragen, die Entscheidungsfreiheit einer Frau wie Hedda Nussbaum zu beeinträchtigen: mangelndes Selbstwertgefühl, Drogenabhängigkeit, fehlende Unterstützung durch öffentliche Einrichtungen, die destruktiven Folgen eines romantischen Liebesideals, psychische Auswirkungen von Mißhandlungen oder einfach nur die Scheu, sich mit zerschlagenem Gesicht auf der Straße zu zeigen. Allerdings müssen wir uns davor hüten, Nussbaum wegen ihres fehlenden Selbstbewußtseins ganz aus der Verantwortung zu entlassen. Sie war im Vergleich zu vielen anderen Frauen noch in einer privilegierten Situation: Sie hatte etwas Geld, sie hatte eine gewisse Glaubwürdigkeit, und sie kam aus der Mittelschicht und hatte eine entsprechende Bildung. Nicht alle Frauen sind Mißhandlungen hilflos ausgeliefert, und ihre Verantwortung gegenüber dem Leben Dritter bleibt bestehen. Man braucht nicht den Stab über Hedda Nussbaum zu brechen, aber man muß sich auch davor

hüten, ihr im Namen des Mitleids jede Eigenverantwortung abzusprechen.
In den vielen Stimmen, die sich zu Hedda Nussbaum bekennen, drückt sich vielleicht die Einsicht aus, daß Frauen eine dunkle Seite haben, die sie nicht zulassen dürfen. Keine Mutter ist vollkommen. Oft geraten elterliche Fürsorgepflicht und eigene psychische und sexuelle Bedürfnisse in Konflikt miteinander wie bei Hedda Nussbaum, die sich zu ihrem Peiniger unwiderstehlich hingezogen fühlte. Für viele Mütter ist die Vorstellung, sie könnten versucht sein, die Bedürfnisse des Kindes den eigenen Bedürfnissen zu opfern, ein Alptraum. So steckt hinter der allgemeinen Bereitschaft, Nussbaum als willenlose, unschuldige Frau darzustellen, sicher auch die Weigerung, solche Versuchungen als Tatsache anzuerkennen.
In der Diskussion um Nussbaums Verantwortung war von einem sogenannten »Syndrom der mißhandelten Frau« die Rede, das bei mißhandelten Frauen zu einer Beeinträchtigung der Zurechnungsfähigkeit führen könne. Das Syndrom, für das es eine Menge einleuchtender Indizien gibt, wurde als Erklärung angeführt, warum mißhandelte Frauen den gewalttätigen Partner nicht verlassen, obwohl er ihr eigenes oder das Leben ihrer Kinder bedroht; andererseits diente es auch zur Verteidigung von Frauen, die ihren Partner getötet hatten. Während die Solidargemeinschaft der Opfer die Anerkennung dieses Syndroms als strafmildernden Umstand als Sieg feiern, melden Kritikerinnen inzwischen Vorbehalte an.
Elizabeth Schneider, Professorin an der Brooklyn Law School, vertrat früher den Standpunkt, mißhandelte Ehefrauen, die ihre Männer töten, seien nicht Täterinnen, sondern Opfer; inzwischen hat sie ihre Meinung geändert. »Die Gerichte und die Gesellschaft sehen in solchen Frauen vor allem die Opfer«, sagte sie in der *New York Times.* »Doch das ist eine zweischneidige Sache: Viele mißhandelte Frauen verlieren das Sorgerecht für die Kinder, weil Richter sie als hilflose und ohnmächtige Opfer sehen, die ihr täg-

liches Leben nicht meistern. Und wenn sie es doch meistern und allem Anschein nach gut zurechtkommen, dann glaubt man ihnen womöglich nicht.« Nan Hunter, Professorin an derselben Hochschule, stimmt zu: »Die Frau als Opfer ist ein kulturell bedingtes Klischee, das Mitleid weckt, ohne die hierarchischen Strukturen zu verändern. Diese sentimentale Sichtweise läßt die äußeren Umstände, durch die Frauen zu Opfern werden, unangetastet.« Für Charlotte Taft, die Gründerin einer Abtreibungsklinik in Dallas, trägt der Feminismus »den Stempel der Opferhaltung: Man leugnet die eigene Verantwortung und schiebt den anderen alle Schuld in die Schuhe. Wir haben darum gebettelt, daß die Männer uns mit ihren Gesetzen beschützen ... Statt zu versuchen, andere Menschen zu verändern, die sich nicht ändern wollen, sollten wir uns selbst verändern.«[66]

Die Rechtstheoretikerin Suzanne Levitt greift einen ähnlichen Aspekt auf. Gilt das Syndrom der mißhandelten Frau vor Gericht als entlastend, so warnt sie, dann entsteht eine Situation, in der Frauen vor Gericht seelische Schäden oder Beeinträchtigungen nachweisen und damit deutlich machen müssen, daß sie vollkommen hilflose Opfer sind. Levitt warnt vor einer Situation, in der Frauen nur dann recht bekommen, wenn sie unzurechnungsfähig sind. Sie spricht sich für eine andere Rechtspraxis aus: Ausschlaggebend für einen Freispruch sollen nicht Unzurechnungsfähigkeit oder fehlende Willensstärke sein, sondern Angemessenheit der Reaktion in einer bestimmten Situation. Mit anderen Worten: Wenn eine Frau bei ihrem Peiniger bleibt oder ihn tötet, ist sie nicht deshalb vermindert schuldfähig, weil sie wahnsinnig oder willensschwach ist, sondern weil sie sich in der Situation einer Geisel befindet und rational abwägen muß, wie sie überleben kann.

In der Gesetzgebung der USA macht sich der Gegensatz zwischen Opfer-Feminismus und Power-Feminismus immer mehr bemerkbar. 1986 faßte der Oberste Gerichtshof einen einstimmigen Beschluß: Danach macht sich nicht nur strafbar, wer als Gegenleistung für einen Arbeitsplatz oder eine Beförderung sexuelle Gefälligkeiten verlangt, sondern auch, wer ein frauenfeindliches Arbeitsklima schafft, das Mißbräuchen Vorschub leistet. Die verschiedenen Gerichte sind allerdings noch geteilter Meinung darüber, wann eine sexuelle Belästigung vorliegt: wenn eine »geistig gesunde Frau« eine Situation als belästigend empfindet oder wenn ein »psychischer Schaden« entstanden ist, der dann nachgewiesen werden muß. Drei Bundesgerichte verlangen den Nachweis einer psychischen Beeinträchtigung; für drei andere gilt als Maßstab die »geistig gesunde Person«, die eine Situation als belästigend empfindet.[67]

Immer mehr Menschen auch außerhalb des Feminismus kommen zu der Einsicht, daß eine Psychologie des Opfers den Frauen mehr schadet als nützt. In dem Buch *No Pity* über die Bewegung für die Rechte der Behinderten heißt es lapidar: »Mitleid unterdrückt.« Die Aktivisten der sehr erfolgreichen Bewegung wenden sich entschieden gegen das Bild vom bemitleidenswerten armen Krüppel. Sie haben deutlich gemacht, daß es statt dessen darauf ankommt, »die Unabhängigkeit von Behinderten zu fördern«, und daß dies, so der Präsident von Easter Seals, James E. Williams, durch Mitleid verhindert wird. Inzwischen bekennen sich Behinderte genauso provokativ und selbstbewußt zu ihrer Behinderung wie Homosexuelle zum »Schwulsein«. Sie zeigen der Welt die Faust, statt sich als Opfer behandeln zu lassen. Die Bewegung legt Wert darauf, daß Behinderte keine »unschuldigen«, auf Fürsorge angewiesenen Kinder sind, die sich nur über ihre Behinderung definieren.

Immer mehr Studien zur Ich-Entwicklung zeigen eines: Wenn man sich selbst vornehmlich als Opfer definiert, führt dies zu einer »Schwächung der Primäridentifikation«, zu einem negativen Selbstbild. Wer sich hauptsächlich als Opfer sieht, ist weniger erfolgreich als derjenige, der selbstbewußt auftritt. Eine Frau, die sich als Opfer begreift, ist deshalb weniger tüchtig und glücklich und hat größere Aussichten, tatsächlich zum Opfer zu werden.

Die Identifikation mit dem Status des Opfers hat vor allem für die psychische Gesundheit negative Folgen. Wer sich vor der Verantwortung drückt, seinen Status als Opfer zu ändern, schädigt nach Frank Riessman, dem Leiter des National Self-Help Clearinghouse, seine Psyche. Ein Mehr an Eigenverantwortung ist dagegen hilfreich: »Es spricht vieles dafür, daß besonders hilfreich ein Denkmodell ist, nach dem Menschen an ihren Problemen zwar keine Schuld tragen, wohl aber für deren Lösung verantwortlich sind.« Die Psychologin Dr. Diane Tice von der Case Western University hat vierhundert Männer und Frauen auf diese Problematik untersucht; ihre Ergebnisse deuten darauf hin, daß die vom Opfer-Feminismus geförderten Verhaltensweisen bei Frauen zu Apathie und Verzweiflung führen. Depressionen lassen sich demnach am effektivsten bekämpfen, indem man das eigene Selbstwertgefühl stärkt und sich an Erfolge erinnert, indem man sich belohnt, etwa mit einem netten Abend im Restaurant, und indem man sich mit anderen vergleicht, denen es schlechter geht.

Der Opfer-Feminismus verhindert, daß Frauen zu solch gesunden Einstellungen finden. Die Bewegung, die für die Opfer eintritt, versperrt zugleich den Opfern den Weg in eine bessere Zukunft.

Die entscheidende Wende

Es stellt sich in zunehmendem Maß heraus, daß das Frauenbild des Opfer-Feminismus falsch ist. Frauen, die Macht und Verantwortung übernehmen, zeigen bisweilen ein Verhalten, das bisher als ausschließlich männlich galt. Dabei entdecken sie in sich eine dunkle Seite, das »unartige Mädchen«.

Sind Frauen wirklich wehrlose Opfer?

In den achtziger Jahren haben 12 Millionen amerikanische Frauen die Grundannahme des Opfer-Feminismus, daß Frauen wehrlos seien, Lügen gestraft. Sie haben sich, für Opfer völlig untypisch, bewaffnet. Frauen sind nicht mehr bereit, tatenlos zuzusehen, wie die Statistik der Gewalt gegen Frauen weiter in die Höhe schnellt. In immer größerer Anzahl lernen sie, sich gegen potentielle Angreifer zur Wehr zu setzen.

Im Jahr 1992 verdankte der Waffenhandel seine Umsatzsteigerung hauptsächlich der weiblichen Kundschaft.[68] In den USA besitzt inzwischen eine von neun Frauen eine legal erworbene Handfeuerwaffe.

Frauen erkennen, daß sie bewaffnet sicherer sind als unbewaffnet. Die Direktorin der Organisation Gun Owners of New Hampshire zitiert das Justizministerium mit einer Studie: Danach konnten sich Frauen in 97 Prozent der Fälle mit einem Messer oder einer Pistole erfolgreich gegen eine versuchte Vergewaltigung zur Wehr setzen.[69] Sie zitiert weiter eine Statistik des Justizministeriums, nach der sich in den USA täglich 950 Menschen, hauptsächlich Frauen, mit einer Feuerwaffe gegen Mord, Verstümmelung oder Vergewaltigung verteidigen. Nach der *Washington Post* kommt das überzeugendste Argument für den Besitz einer Waffe »von Frauen, die ihr Dasein als leichte Beute satt haben«. Laut der Umfrage einer Zeitschrift unter Waffenkäuferinnen begründeten 81 Prozent der Befragten ihren Schritt damit, daß sie sich gegen einen potentiellen Angreifer zur Wehr setzen wollten. 30 Prozent gaben an, sie seien bereits einmal Opfer eines Gewaltverbrechens gewesen, 93 Prozent meinten, sie würden auch dann eine Waffe bei sich tragen, wenn dies verboten sei.

Amerikas bewaffnete Frauen sind weder reiche Exzentrikerinnen noch arme Bewohnerinnen der Slums. Den Statistiken zufolge handelt es sich um völlig durchschnittliche Frauen. »Ich bekomme doch mit«, sagt eine von ihnen, »wie in unserer Gesellschaft Verbrechen an Frauen und Kindern begangen werden. Mich beschützt keiner, wenn ich es nicht selbst tue. Die Vorstellung, die Frau sei für Kinder und Haushalt verantwortlich und der Mann für Frau und Kinder, ist überholt: Die Zeiten, in denen es zu Hause sicher war und der Mann da war, um die Familie zu beschützen, sind vorbei. Jetzt gehen Männer und Frauen zur Arbeit, aber die Frau sorgt für den Haushalt, bringt die Kinder zur Schule und macht dazwischen die Einkäufe. Wo ist der Mann? Er ist nicht da, also sind wir auf uns selbst angewiesen. Wir müssen die Kinder, uns selbst und das Haus schützen. Wir haben keinen natürlichen Schutz wie Stachelschweine oder Stinktiere, deshalb müssen wir Waffen kaufen.«

Eine andere Frau sagt, sie habe ihre Wahl getroffen: »Ich werde kein Opfer sein.« Sie ermuntere Freundinnen dazu, sich ebenfalls zu bewaffnen. »Ich hoffe sehr, daß keine von uns gezwungen wird, die Waffe einzusetzen. Aber sollte das der Fall sein, bin ich froh, wenn ich meinen Freundinnen eine Alternative aufgezeigt habe, wie man nicht zum hilflosen Opfer wird.«

Daß bewaffnete Frauen noch immer auf Vorurteile stoßen, zeigt ein Artikel der Zeitschrift *Women & Guns*. Karen MacNutt klagt darin, die typischen Sicherheitsbelehrungen der Kriminalpolizei dienten eher dazu, die Opferrolle der Frau festzuschreiben. Frauen würde geraten, an den Haustüren zusätzliche Schlösser anzubringen, die Fenster vergittern zu lassen und eine Pfeife mit sich herumzutragen, um im Notfall andere auf sich aufmerksam zu machen. Auf die Frage einer Frau, ob sie eine Feuerwaffe bei sich tragen solle, habe ein Beamter geantwortet: »Sie wollen doch niemanden umbringen, gute Frau.« Ein anderer Beamter meinte: »Pistolen sind kein guter Schutz ... Der Angreifer nimmt ihnen die Waffe wahrscheinlich ab und erschießt Sie, bevor Sie ihn erschießen können.«

Die Einstellung von Frauen zur Gewalt ändert sich. Selbst Frauen, die gegen Gewalt sind, reagieren auf sexuelle Belästigungen und Übergriffe jetzt nicht mehr mit Schuldgefühlen und Selbsthaß; vielmehr richten sie ihre aufgestaute Wut nach außen gegen den Täter. Wir müssen deshalb die Vorstellung von der weiblichen Friedfertigkeit und Versöhnlichkeit überdenken. Sarajevo ist ein Beispiel dafür, daß die Befreiung der Frau auch Aggressionen freisetzen kann.

Die Frauen auf dem Balkan nehmen an den gewaltsamen Auseinandersetzungen der Region zunehmend teil und sind nicht mehr bereit, sich der Rolle zu unterwerfen, die ihnen das Patriarchat zuweist. »Die Frauen haben sich seit Kriegsausbruch verändert«, sagt Jasna Delalic. »Sie haben sich zusammengeschlossen ... Sie wollen nie wieder Sklavinnen sein.«[70]

Sie reagieren auf die Gewalt gegen sie als Frauen und Opfer mit der nüchternen Bereitschaft zu militärischer Vergeltung. »Wir haben dreimal mehr männliche als weibliche Patienten«, berichtet ein Arzt aus Sarajevo. »Die Frauen erholen sich von traumatischen Erlebnissen schneller als die Männer ... Ich habe achtzehn vergewaltigte Frauen zwischen 12 und 47 Jahren behandelt. Nach der Entlassung hat ungefähr ein Drittel von ihnen zur Waffe gegriffen.«

Zu ihrem Dienst mit der Waffe meint die 30jährige Isudina Sisic: »Ich habe mich der Armee unter dem Eindruck der Mißhandlungen, der Morde und der Vergewaltigungen angeschlossen. Das ist meine Rache ... Wenn ich an der Front bin, ist es mir egal, daß ich eine Frau bin ... Ich sehe keinen Unterschied zwischen Mann und Frau. Ich war beim Angriff der Spezialeinheiten am 10. Oktober an der Front dabei ... Ich habe auf sie geschossen. Ob ich jemanden getroffen habe, weiß ich nicht. Es war Nacht. Aber ich wollte jemanden treffen.«
Auch anderswo haben Frauen ihren Wunsch nach Vergeltung in nüchternen Worten ausgedrückt. In New York sagte eine Frau, die in bewußtlosem Zustand von fünf Männern vergewaltigt worden war: »Für das, was sie mir angetan haben, gehören sie alle aufgeknüpft.« Richard Ellis berichtete in der *Sunday Times* über südafrikanische Frauen, die bei einem ehemaligen Soldaten ein Überlebenstraining absolviert haben.[71] Eine Teilnehmerin, die weiße Graphikdesignerin Lynne Carson, die nur 1,52 Meter groß ist, hat kürzlich einem Straßenräuber, der sie mit dem Messer bedrohte, den Arm gebrochen. »Das war ein tolles Gefühl«, sagte sie. »Früher hätte ich für so etwas viel zuviel Angst gehabt.« Die 34jährige Themba Kuluse, eine schwarze südafrikanische Geschäftsfrau und alleinerziehende Mutter, sagte, sie würde jeden erschießen, der es wage, sie anzurühren.

Sind alle Frauen gute Mütter?

Für Opfer-Feministinnen ist die höhere Natur der Frauen in ihrem Status als Mutter begründet. Studien zu Mißhandlungen und Vernachlässigungen von Kindern zeigen allerdings, daß es mit der Mutterliebe unter bestimmten Umständen schnell vorbei sein kann. Wenn Männer sehr viel häufiger als Frauen gegen elterliche Pflichten verstoßen, bedeutet dies keineswegs, daß Frauen ihnen immer nachkommen. In den USA sind Frauen für 49,9 Prozent aller körperlichen Mißhandlungen von Kindern verantwortlich, für 56,8 Prozent der schweren und für 48,5 Prozent der leichten Fälle von Kindesmißhandlung, für 17 Prozent des sexuellen Mißbrauchs oder der sexuellen Ausbeutung von Kindern, für 69,7 Prozent des Mißbrauchs oder der Vernachlässigung von Kindern, für 52,2 Prozent der seelischen Mißhandlungen und für 65,5 Prozent anderer Arten von Mißhandlung. Offensichtlich sind viele Mütter durchaus dazu fähig, Kinder genauso schlecht zu behandeln wie Väter.

Frauen sind nicht automatisch besser als Männer, nur weil sie Kinder gebären können. Auf der anderen Seite können auch Männer, wenn es um die Bedürfnisse ihrer Kinder geht, ein erstaunliches Einfühlungsvermögen entwickeln. Caron Tavris zeigt in *The Mismeasure of Women*, daß alleinerziehende Väter und Männer, die ihre Eltern pflegen, genauso wie Frauen erzieherische und pflegerische Fähigkeiten entwickeln.

Der Opfer-Feminismus sieht in der Mutterliebe eine »natürliche« Veranlagung. Aber wie sieht es in der Natur tatsächlich aus? Natürlich sind Frauen keine Affen, aber trotzdem ist in diesem Zusammenhang interessant, was die Primatenforscherin Jane Goodall, die mit Schimpansen zusammengelebt hat, berichtet; ihr zufolge zeichnen sich nicht alle Schimpansinnen, die in der afrikanischen Wildnis leben, durch besondere mütterliche Eigenschaften aus.

Goodall berichtet etwa von der Schimpansin Pom, einer Rabenmutter, wie sie im Buche steht: Pom zeigte an ihrer Tochter Passion kaum Interesse und legte das Neugeborene schon einen Tag nach der Geburt auf dem Boden ab. Mit zwei Monaten, als das Baby noch gar nicht richtig greifen konnte, setzte sie es sich auf den Rücken. Panisch klammerte es sich dort fest, während die Mutter mit einer Gruppe erwachsener Männchen herumtollte und sich offensichtlich überhaupt nicht für ihr Junges interessierte.[72] Wenn das Baby in einem Platzregen durchnäßt wurde und wimmernd versuchte, unter den schützenden Bauch der Mutter zu kriechen, wurde es jedesmal zurückgescheucht. Als es schließlich laufen lernte, verlor die Schimpansin das Interesse an ihm völlig. Wenn es schrie, machte sie keine Anstalten, zu ihm zu gehen, und schließlich lief sie dem Baby einfach davon, während dieses verzweifelt versuchte, sie einzuholen.

Die Einsicht, daß Mutterschaft und mütterliche Aufopferung keine mystischen Gegebenheiten sind, ist für die Gesellschaft wie für die Frauen heilsam. Wir müssen einsehen, daß Mütter gegen das Versagen ihrer Fähigkeiten nicht gefeit sind. Mit dieser Erkenntnis will ich nicht den Zusammenbruch der Familie heraufbeschwören. Ich rufe vielmehr dazu auf, fürsorgliches Verhalten bei Männern und Frauen als eine tägliche Herausforderung zu begreifen, als eine schwierige Aufgabe, die oft gegen natürliche Neigungen erfüllt werden muß, weil sie zu einem höheren Bereich des Menschseins gehört. Daß die mütterliche Fürsorge nichts Selbstverständliches ist, bedeutet keine Herabsetzung, sondern auf lange Sicht eine Aufwertung des elterlichen Status.

Die Existenz eines »Mutterinstinktes« galt in der sexistischen Gesellschaft lange Zeit als völlig sicher. Deshalb brauchte man sich um Frauen und Kinder nicht besonders zu bemühen: Eine ursprüngliche Kraft, die angeblich allen Säugetieren eigen war, würde alles überwinden, auch wenn es an Geld fehlte oder andere Probleme auftauchten. Die Einsicht, daß eine emotionale Bindung der Mutter an ihr Kind auch beschädigt werden kann, zeigt indes, daß mütterliches Verhalten nichts Gegebenes ist, das die Männer von aller Verantwortung entbindet. Wie die Frauen sind auch sie dazu aufgerufen, aktiv an der Erziehung der Kinder teilzunehmen und für ihr Wohlergehen zu sorgen.

Sind nur Männer zu sexuellem Sadismus fähig?

Einige der Rachephantasien aus der Zeit des Umbruchs kreisen um sexuelle sadistische Praktiken und Verstümmelungen. 1989 veröffentlichte die britische Romanautorin Helen Zahavi den Roman *Dirty Weekend.* Die Heldin des Buches wird von einem Voyeur verfolgt und belästigt und rastet schließlich aus: Sie verführt und tötet systematisch alle Männer, die ihr zu nahe treten. Eine britische Zeitung bot gleich mehrere Psychiater auf, um einer Autorin, die sich so etwas ausdenken konnte, eine Geisteskrankheit zu attestieren.

Der Ausbruch aus der Opferhaltung drückte sich auch in einer Flut von Filmen mit gewalttätigen Frauen aus. Es begann mit der Darstellung einfacher Selbstverteidigung: In *The Burning Bed,* einem Film aus der Mitte der achtziger Jahre, spielte Farah Fawcett die Rächerin in Gestalt einer mißhandelten Ehefrau, die ihren schlafenden Mann im Bett anzündet. Dieselbe Schauspielerin spielte später in *Extremities* das Opfer einer Vergewaltigung, das den Täter überwältigt, fesselt und foltert.

In den neunziger Jahren folgte dann eine weibliche Rachephantasie auf die andere, darunter *Der Feind in meinem Bett, Eine verhängnisvolle Affäre* und *Das Schweigen der Lämmer.* Die Unterhaltungsindustrie, die früher mit brutalen Vergewaltigungsszenen Kasse gemacht hatte, entdeckte als neue Einnahmequelle den weiblichen Sadismus.

Es gibt immer mehr Filme mit scheinbar harmlosen Frauen, die sich als eiskalte Killerinnen entpuppen. Die Ablehnung dieser Filme von feministischer Seite ist typisch für eine bestimmte weibliche Haltung: Man sieht sich selbst in der Defensive, als Opfer der Umstände, während oft das Gegenteil der Fall ist. Filme mit weiblichen Rachephantasien sind inzwischen deshalb der Hit, weil Frauen sie gerne sehen: weil sie die Botschaft enthalten, daß Frauen Demütigungen. Unterbezahlung und Ausnutzung satt haben. Sie machen den weiblichen Überdruß darüber deutlich,

daß zur Unterhaltung der Massen immer nur Frauen zerstückelt werden.
In den im Selbstverlag veröffentlichten amerikanischen Underground-Magazinen erscheinen die Wünsche der Frauen in ihren extremsten Formen. Ein Blick in diese Abgründe zeigt genau jene grausamen Gewaltphantasien gegen männliche Täter, die Feministinnen verabscheut haben, als die Rollen noch umgekehrt waren. Eine beliebte Comicfigur aus dieser Welt ist die lesbische Terroristin Hothead Paisan. »Hast du dir je gewünscht, eine Kalaschnikow dabeizuhaben, wenn dir so ein Idiot etwas über deine Titten hinterhergrölt? Hast du je Lust bekommen, die Frauenabteilung einer Klinik zu stürmen und an den überbezahlten weißen Ärzten einige Totaloperationen vorzunehmen? Die männermordende Hothead Paisan ist eine rasende Großstadtlesbe mit schrecklichen Haaren und einer perversen Vorliebe für Revolver, Granaten, Holzhämmer und scharfe Gegenstände.« In einem anderen Comic kettet sich ein Weißer im Anzug an eine Statue von Christoph Kolumbus und erklärt: »Frauenrecht nur über meine Leiche!« Hothead schreit: »Wie du willst!« und schlägt mit dem Holzhammer zu.
Ein ähnliches Magazin ist *Frighten the Horse.* In »Penisneid II« liest ein Mann Gewaltpornos, bekommt einen Riesenpenis und vergeht sich mit ihm an betrunkenen einsamen Frauen, die er in Bars aufliest. Eine Frau, auf die er bei seinen Streifzügen stößt, verwandelt sich in eine riesige gezähnte Vagina und frißt ihn auf. In einem anderen Comic vergeht sich ein Unhold in einer Seitenstraße an einem Mädchen; da taucht »Charlotte« auf und brüllt: »Laß mein Mädchen in Ruhe, du Schwein! Faß es bloß nicht wieder an, du Drecksack.« Sie tritt dem Unhold in die Genitalien, schlägt ihn bewußtlos und kastriert ihn.
Nancy Fridays *Befreiung zur Lust* enthält eine geballte Ladung weiblicher sadistischer Phantasien. In einem besonders wüsten Kapitel berichtet Friday von einer neuen Gruppe von Frauen, die sich zu sexuellen Gewaltphantasien gegen Männer bekennen, wie

sie vor zwanzig Jahren noch undenkbar gewesen wären: »... Frauen, die in der Phantasie Männer vergewaltigen, waren mir bei meinen Untersuchungen bislang noch nie begegnet.« Viele von ihnen sind Opfer von sexuellem Kindesmißbrauch, und »immer sind es Männer, an denen sich diese Frauen in der Phantasie vergreifen ... [Sie] legen den Männern Fesseln an, lassen sie hungern, behandeln sie wie Säuglinge, treiben es mit mehreren hintereinander und degradieren sie zu ›Sexualobjekten‹. Schließlich kehren sie ihnen den Rücken, um ihnen zu zeigen, was sie in Wahrheit von ihnen halten, und suchen bei anderen Frauen sexuelle Erfüllung. Das ist wirkliche Rache: die endgültige Abwertung oder Eliminierung des Mannes.«[73] Friday fragt zu Recht, ob sich die Frauen nicht allmählich mit der moralischen Dimension solcher Phantasien auseinandersetzen müßten.

Machen nur Männer das andere Geschlecht zum Objekt?

Opfer-Feministinnen werfen Männern vor, sie würden Frauen zu Objekten machen, während dies umgekehrt nicht der Fall sei. Männer seien polygam und unverbesserliche Voyeure, Frauen dagegen seien monogam und gefühlsbetont. Männer ließen eine ältere Frau wegen einer jüngeren rücksichtslos sitzen, während Frauen nie in diese Versuchung kämen. Männer seien Verräter, Frauen dagegen treu.

Feministinnen mögen Männern vorwerfen, was sie wollen, sicher ist dagegen eines: Je mehr Frauen die Macht und die Gelegenheit haben, Männer zum Sexualobjekt zu machen, desto größer ist die Wahrscheinlichkeit, daß einige es tatsächlich auch tun. So wollen Frauen nach einer Studie der Zeitschrift *Glamour* mehr nackte Männer im Kino sehen. In Hollywood sind viele Schauspielerinnen von Cher bis Michelle Pfeiffer mit jüngeren Männern befreundet. Die legendäre Madonna ist bekannt für ihre Streifzüge im Auto, auf denen sie sich nach dunkelhäutigen schönen Jünglingen

aus der Unterschicht umsieht. Der gutaussehende Sabino Guiterrez, ein 33jähriger Ehemann aus dem kalifornischen Pomona, bekam eine Entschädigung zugesprochen, weil ihn seine 39jährige Vorgesetzte Maria Martinez sechs Jahre lang sexuell belästigt hatte. Guiterrez zufolge hatte Martinez ihn in ihr Büro geführt, die Tür verschlossen und sein kleines Mitbringsel aus dem Urlaub entgegengenommen. Mit den Worten »Ich möchte mich ganz herzlich dafür bedanken« sei sie über ihn hergefallen. »Der Kuß«, berichtete der Angestellte, »ging direkt in den Mund.« Zu späteren Übergriffen gehörten »unerwünschte Zärtlichkeiten, Küsse, Berührungen an den Genitalien und Aufforderungen zum Sex.« Als Guiterrez sich verlobte, entzog ihm Martinez seine Führungsaufgaben. »Sie behandelte mich wie einen Straßenkehrer.«
Die Zeitschrift *Penthouse* beschloß, als Zugeständnis an Frauen mehr nackte Männer zu zeigen. In Frauenzeitschriften stellen immer mehr Männer ihre Muskeln zur Schau, und Magazine mit Titeln wie »Nur für Frauen« mit auf Frauen zugeschnittener Pornographie verkaufen sich blendend. Leserinnen schreiben an Herausgeber, sie wollten mehr Erektionen sehen. Im Bericht über den Skandal von Tailhook werden auch Fälle genannt, bei denen Frauen Männer an den Hintern griffen oder ihnen mit dem Ruf »Paketkontrolle!« an die Genitalien faßten. Im gutbesuchten Nachtklub Chippendale's lassen schöne Tänzer vor begeisterten Frauen die Hüllen fallen. In Holland geht das Gerücht, wohlhabende nordeuropäische Geschäftsfrauen hätten aus dem Urlaub in Marokko Lustknaben mitgebracht und sie später, als sie ihrer überdrüssig waren, ohne Winterkleidung auf die Straße gesetzt. In Rio de Janeiro haben innerhalb weniger Monate zehn Frauenklubs eröffnet, in denen sich Männer ausziehen. Die Klubs offerieren »Sexy Boys – eine Schönheits- und Verführungsshow ausschließlich für Frauen« und szenisch dargebotene erotische Phantasien mit »römischen Zenturionen, New Yorker Motorradfahrern, Kavalleristen, Playboys, einem griechischen Gott, Matrosen, Piraten und Cowboys« und »einem Doppelgänger von James Dean«. »Sie

haben mich zerkratzt«, berichtete der Stripper Alexandre Hakan der *New York Times.* »Die Frauen versuchen immer, mir die Unterwäsche vom Leib zu reißen.«[74]

Auf der Hochzeitsparty meiner Schwägerin trat ein junger Stripteasetänzer auf. Die Gäste waren kein dekadenter Jet-set, sondern vornehmlich Studentinnen und Friseusen. Sicher sahen sie ihn mit anderen Augen an, als Männer eine Frau angesehen hätten; außerdem zog er sich nicht ganz aus und ließ sich auch nicht berühren. Trotzdem blickte alles gespannt zur Bühne, als das Licht ausging und die Musik zu spielen begann. Die Stimmung im Raum jedenfalls dürfte der Stimmung sehr ähnlich gewesen sein, die Männer in vergleichbaren Situationen erleben.

Ich weiß aus eigener Erfahrung, daß auch Frauen Männer zu Objekten machen können. Ich weiß heute, daß ich mein Buch *Mythos Schönheit* nicht nur deshalb geschrieben habe, weil ich es als erniedrigend empfinde, als Objekt betrachtet zu werden, sondern weil ich selbst leicht in Versuchung gerate, schöne Männer als Objekte zu behandeln. Als Jugendliche haben meine Freundinnen und ich uns mit Männern vornehmlich dann abgegeben, wenn sie schön waren, Stil hatten, uns zum Lachen brachten oder gute Stimmung verbreiteten. Wir hatten Schwierigkeiten mit der Treue, und alles, was neu war, zog uns an. Und wir sprachen über die körperlichen Eigenschaften von Männern genauso interessiert und detailliert, wie Männer über Frauen sprechen.

Wir musterten sie, trafen unsere Auswahl, malten uns allerhand aus und stellten ihnen nach, wie sie uns nachstellten. Wir tauschten unsere Erfahrungen aus, und immer ging es dabei um Sex; Sex mit schönen Männern, Sex mit erotischen Männern, Sex mit neuen Männern und Sex mit Männern, die Tabu waren. Es war ein richtiges Ritual: Wir feuerten uns gegenseitig an, liehen uns für Verabredungen gegenseitig teure Lidschatten und französische Reizwäsche aus und beschafften uns Massageöle und Badezusätze. Die Gefühle und die Zuneigung unserer Partner verletzten wir dabei mehr als einmal. Unser Opfer-Feminismus machte es uns

schwer, unsere Macht zu erkennen und Männer als vollwertige Menschen zu betrachten. Unser Verhältnis zu Männern war mehr eine Ich-Es- als eine Ich-Du-Beziehung.
Allerdings war dies kein »falsches Bewußtsein« unsererseits, es war einfach menschliche Unreife. Wie Männer mußten auch wir erst lernen, im Sexobjekt den Menschen zu sehen. Auch wir waren hin und her gerissen zwischen egoistischem sinnlichen Genuß und den Verpflichtungen einer dauerhaften Beziehung. Man kann nicht sagen, daß wir die Männer nachgeahmt hätten. Wir waren ganz normale junge Mädchen und hatten das Glück, als erste Generation von Frauen selbst über unsere Sexualität bestimmen zu können. Das bedeutete in unserer Entwicklungsstufe, daß wir uns verhielten wie bisher nur die Männer. Obwohl wir schließlich alle mühsam lernten, jenseits vom oberflächlichen Sex eine feste Bindung mit einem Partner einzugehen, stellten wir fest, daß dieser Lernprozeß sehr schwer war. Noch heute überkommt mich in schwachen Momenten die Sehnsucht, mir von einem hübschen 17jährigen jeden Wunsch von den Augen ablesen zu lassen oder mit einem Surfer auf die Bahamas zu verschwinden. Und zuweilen mache ich mir Sorgen darüber, ob mein Partner immer noch gut aussieht, wenn er älter wird. Die gleichen Phantasien, die Männer über Frauen haben, haben auch Frauen über Männer, wenn sie das Erwachsensein für einen Augenblick vergessen. Die Feministinnen sollten sie nicht nur den Männern ankreiden und damit Gesellschaftspolitik machen. Vielmehr können wir solche Phantasien verstehen, und dieses Verständnis kann dazu beitragen, die Kluft zwischen den Geschlechtern zu überwinden.

Das unartige Mädchen in uns

In der griechisch-römischen, der christlich-abendländischen und der jüdischen Tradition gilt die Frau als Ursache allen Übels, von der griechischen Pandora, deren Neugierde das Schlechte in die

Welt brachte, bis hin zur Eva der Erbsünde. Das Negativbild der Frau hat sich auch in späterer Zeit gehalten, in Form der bösen Stiefmutter des Märchens oder als Femme fatale der Literatur am Ende des 19. Jahrhunderts. Der Feminismus der siebziger Jahre hat gründliche Aufklärungsarbeit geleistet und nachgewiesen, daß viele dieser Negativbilder von der Angst der Männer vor Frauen herrühren. Heute speisen sich die Bilder von Frauen allerdings aus anderen Quellen. Hinter vielen Bildern stehen Rachephantasien und Aggressionen von Frauen.

Wir haben gesehen, daß auch die weibliche Psyche ihre dunkle Seite hat. Wir brauchen nicht die Gewalt zu verherrlichen, wenn wir daraus die richtigen Lehren ziehen wollen. Es gibt im Augenblick den starken Trend, die weibliche Psyche in ihrer moralischen Vielschichtigkeit zu begreifen. In der Frauenkultur taucht überall das »brave Mädchen« auf, das sich in ein verführerisches, unwiderstehliches, gewalttätiges und dämonisches Weib verwandelt. Dieser Topos ist kein Anzeichen für die moralische Degeneration oder Vermännlichung der Frau. Die weibliche Psyche hat dieses Bild lediglich zu ihrer Vervollständigung hervorgebracht. Die herrschende Männerkultur und später der Opfer-Feminismus haben die weibliche Psyche in zwei Teile gespalten. Eine Frau konnte danach nicht zugleich gut und schlecht, egoistisch und selbstlos, aggressiv und liebevoll sein.

Die gesellschaftlichen Zwänge haben sich heute soweit gelockert, daß man jetzt eine Wahrheit über Frauen aussprechen kann, die bisher nie ausgesprochen wurde: Frauen sind gut und schlecht, mütterlich und aggressiv, Schöpferin und Zerstörerin. Kurz, sie sind keine Opfer, keine Heiligen, sondern vitale menschliche Wesen: liebevolle Freunde und gefährliche Feinde.

Seit den Jahren des Umbruchs im Verhältnis der Geschlechter hat das weibliche Böse Hochkonjunktur. Amerikanische Untergrund-Magazine stellen den Opferstatus der Frau hemmungslos auf den Kopf und zeichnen ein provokativ respektloses Bild der Weiblichkeit. In den Bildern dieser Magazine kommt eine andere, die sexuelle Seite der Frau zum Vorschein. Damit wird eine Unzulänglichkeit des Opfer-Feminismus überwunden: Der weibliche Sex wird bejaht und von Vergewaltigung fein säuberlich getrennt. Die Sex-Ikonen dieser Erweckung sind für ihr Liebesleben selbst verantwortlich; sie genießen die Lust hemmungslos und setzen sich gegen Vergewaltiger erbittert zur Wehr.

Ein Symbol der Sexualität des »unartigen Mädchens«, das nicht Opfer sein will, ist Catwoman, die »Katzenfrau«. In dem Film *Batman Returns* spielt Michelle Pfeiffer eine typische unterwürfige Büroangestellte. Sie bewegt sich zunächst in einem Milieu, das Millionen berufstätiger Frauen vertraut ist. Dann stößt ihr tyrannischer Chef sie aus einem Fenster. Ein Heer von Katzen hilft der Halbtoten wieder auf die Beine – Katzen sind im Mittelalter die Vertrauten der Hexen und wurden zusammen mit diesen verbrannt. Pfeiffer wird nun zur maskierten Rächerin der erniedrigten und gedemütigten Büroangestellten. Sie bedient sich der typisch weiblichen Tätigkeit des Nähens zur Herstellung eines ganz untypischen weiblichen Kriegsgewandes: einer zweiten Haut aus schwarzem Latex, die sie zu einer Mischung aus Domina und Superfrau macht. Dieses Gewand ist das perfekte Outfit für ihre neue Rolle als Vorkämpferin der neuen weiblichen Psyche: Es zeigt verführerisch alle Kurven, verbirgt ihre Waffen – einziehbare Krallen, die erotischen Berührungen nicht im Wege stehen – und schützt sie vor Vergewaltigungen. Es verkörpert die weibliche Sehnsucht nach voll ausgelebter Sexualität bei gleichzeitiger Unverletzbarkeit. In einem Szenario, das sich als weiblicher Wunschtraum in einer frauenfeindlichen Realität deuten läßt, tritt Catwoman als Rächerin des Power-Feminismus auf: Sie befreit eine Frau, die gerade von einem Mann vergewaltigt wird, begegnet dem schutzlosen Opfer, das sie mit Dank überschüttet, aber mit einem Gemisch aus Mitleid, Geringschätzung und Spott: »Du machst es ihnen ja auch einfach.«

Zeitgleich mit dem Film kam 1991 ein Comic strip über Catwoman heraus, »Catwoman: Her Sister's Keeper«. Leitmotiv ist die Frau, die ihre Zerrissenheit zwischen Jungfrau und Hure zu überwinden und so die hellen und dunklen Seiten ihres Wesens in Einklang zu bringen sucht. Zu Beginn der Handlung liegt die Prostituierte Selina Kyle halbtot und mit zugeschwollenen Augen und zerrissenen Kleidern in einer Seitenstraße. In einem Krankenhaus wird sie wieder zusammengeflickt, dann kehrt sie zu ihrem Leben unter der Fuchtel des üblen Zuhälters Stan zurück. Ein netter Polizist bringt die heruntergekommene Frau zu einem geheimnisvollen Trainer namens Ted, einer freundlichen, respektvollen Vaterfigur. Ted unterrichtet Selina gründlich im Straßenkampf. (Das Thema der Einführung in die »männlichen« Praktiken der Selbstverteidigung durch einen Sympathisanten kehrt in den Filmen *Nikita* und *Das Schweigen der Lämmer* wieder.) Die Vaterfigur Ted macht deutlich, daß Frauen nicht gegen Männer allgemein kämpfen wollen, sondern sich nach einem beschützenden »Vater« sehnen, der ihnen im Kampf gegen die schlechten Männer beisteht.

Selina ist durch ihre neue Stärke wie verwandelt. Sie schneidet sich die Haare ab und schlüpft in das aufreizende schwarze Lederkostüm von Catwoman. Sie befreit eine andere Prostituierte, die fast noch ein Kind ist, aus den Klauen eines sadistischen Freiers. Später pirscht sie sich mit Maske und Katzenohren an ihren Zuhälter heran, umschlingt ihn mit der Peitsche und schlägt ihm ins Gesicht. »Willst du spielen, Kätzchen?« fragt er. Daraufhin schlägt sie ihn zu Boden und rammt ihm ihren 10-Zentimeter-Absatz in den Nacken: »Tritt die Katze nie wieder, Stan.«

Selinas Schwester, eine Nonne, die ihr wie aus dem Gesicht geschnitten ist, versucht sie aus dem Sündenpfuhl zu erretten. Zuhälter Stan nimmt die Nonne als Geisel, in der Hoffnung, so wieder an die Schwester heranzukommen. Als Stan die Nonne quält, ist das wie ein Exorzismus des passiven Opfers. Die Nonne verzeiht Stan und nimmt alle Schuld auf sich. Stan schafft sie aufs Dach, um sie hinabzustürzen. Dort fährt Catwoman dazwischen. Sie verzeiht nicht so leicht. Mit Peitsche und Schnappmesser tritt sie in Aktion und rettet die Schwester; Stan stürzt in den Tod.

In der vorletzten Szene treten sich die Schwestern gegenüber, die eine als Nonne gewandet, die andere als Domina. »Fühlst du dich wirklich sicherer so?« fragt die Nonne. In der letzten Szene ist die Ordnung wieder hergestellt. Die Nonne hat sich inzwischen der kleinen Hure angenommen, die Catwoman aus den Händen des Sadisten befreit hat. Fürsorglich fordert sie sie auf, sich die Zähne zu putzen und zu Bett zu gehen. Nonne und Hure blicken sehnsuchtsvoll aus dem Fenster. »Ich weiß, Holly; ich vermisse Selina auch. Aber sie kommt nie wieder ... Nie.« Das letzte Bild zeigt, wie Catwoman über der Kirche vor dem erleuchteten Fenster schwebt, allzeit bereit, Frauen in Gefahr aus der Bedrängnis zu helfen.

Ein solches Szenario bringt die Träume von Frauen zum Ausdruck, die eine Opferhaltung ablehnen, ihre aggressive, dunkle Seite bejahen und die »Jungfrau« mit der »Hure« in Einklang bringen wollen, zwei gewaltsam getrennte Elemente derselben weiblichen Psyche.

Warum sich zur dunklen Seite bekennen?

Wir müssen erkennen, daß es für Frauen von Vorteil ist, wenn sie sich zu dieser dunklen Seite bekennen. Auch wir Frauen stehen unser ganzes Leben vor der Wahl zwischen Gut und Böse, zwischen guten und schlechten Neigungen.

Es gibt viele Gründe dafür, auch diese dunkle Seite ins Leben der Frauen zu integrieren. Viele Frauen leiden, weil sie das Gefühl haben, nicht vollkommen zu sein. Wenn aber das Böse und die Gewalt nicht angeboren oder geschlechtsspezifisch sind, dann sind das auch Zuneigung und Liebe nicht. Es ist deshalb eine Leistung, eine gute Mutter, Ehefrau oder Freundin zu sein, statt eine Bürde, der man nicht gewachsen ist. Wenn wir begreifen, daß nicht nur Männer, sondern auch Frauen anderen schaden können, dann können wir Aggressionen zwischen den Geschlechtern abbauen, ohne in unserem Kampf gegen Diskriminierung nachzulassen. Dann können wir diese dunkle Seite einsetzen, ohne daß wir andere damit unnötig verletzen. Denn oft leiden Frauen unter der Überzeugung, daß sie mit selbstbewußtem Auftreten notwendig anderen schaden.

Der sexistischen Gesellschaft paßt es gut ins Konzept, wenn sich Frauen weiterhin für Sklavinnen oder Heilige, unschuldige Opfer oder Dämoninnen halten, die alle Schuld der Welt auf sich geladen haben: Denn keine dieser Rollen bezieht Frauen in die gesellschaftliche Verantwortung ein.

Wenn Opfer-Feministinnen den Frauen den Status der Heiligen oder Märtyrerin zuweisen, dann bedeutet dies, daß Frauen besser sein müssen, um gleiches Recht zu beanspruchen. Wenn wir aber ignorieren, daß auch Frauen sich mitunter bewußt für die Unmoral entscheiden, dann verfehlen wir ein grundlegendes Ziel des Feminismus: klarzumachen, daß wir Frauen in jeder, nicht nur in positiver Hinsicht Menschen sind. Wir müssen mit der Gleichberechtigung auch die volle Verantwortung für unser Tun beanspruchen, denn Menschsein schließt die Freiheit der moralischen Entscheidung ein.

4. TEIL

Auf dem Weg zu einer neuen Psychologie weiblicher Macht

Sind wir bereit?

Hütet euch vor euren Träumen:
Sie könnten wahr werden.
Jiddisches Sprichwort

Heute, am Scheideweg, erkennen wir, daß wir Frauen als Bevölkerungsmehrheit unser Schicksal selbst in die Hand nehmen müssen. Doch bevor wir diese Erkenntnis in Handeln umsetzen können, müssen wir uns mit einigen letzten Hindernissen auseinandersetzen: den weiblichen Ängsten vor der Ausübung der Macht.

Die männliche Psyche hat viele Märchen über die Suche nach der Identität als Mann hervorgebracht. In diesen Märchen erscheinen die Ängste der Männer als Ungeheuer, die es zu bezwingen gilt. Die Kämpfe der sich entwickelnden weiblichen Psyche haben bisher meist im verborgenen stattgefunden, doch sie folgen einem entsprechenden Schema der Suche nach weiblicher Identität. Auf einer der Stationen dieser Suche lernt sie, sich weibliche Macht zu verschaffen, die von weiblichen Ungeheuern oder »freundlichen Drachen«, wie wir sie halb scherzhaft nennen könnten, bewacht wird.

Anders als die feuerspeienden Ungeheuer aus den Erzählungen der Männer sind diese Ungetüme nett und allenfalls auf passive Weise aggressiv. Während sie ihre scharfen Krallen und glänzenden Schuppen pflegen, flüstern sie Frauen, die an ihnen vorbeigehen wollen, unaufhörlich Bemerkungen zu wie: »Wir strengen uns aber mächtig an, nicht wahr? Vielleicht ein bißchen zu sehr? Hm.

Dann mag dich aber keiner mehr. Sei nicht egoistisch! Glaubst du, du bist etwas Besonderes?«

Daß Frauen durch eigene Ängste ebenso konkret an der Ausübung von Macht gehindert werden wie durch äußere Hindernisse, weiß ich aus eigener Erfahrung. Ich entdeckte überrascht, daß auch ich, wenn es darauf ankam, trotz meines relativ starken Selbstbewußtseins und meiner soliden feministischen Erziehung Macht ablehnte und nicht mit ihr umgehen konnte.

Als junges Mädchen hatte ich davon geträumt, meine Ansichten einmal öffentlich zu äußern. Doch als sich dieser Traum erfüllte, stellte ich fest, daß ich genügend typisch mädchenhafte Abwehrhaltungen – wenn auch in abgeschwächter Form – verinnerlicht hatte, um ganz und gar nicht mit meinen neuen Erfahrungen zurechtzukommen. Als ich herumreiste und selbstbewußt verkündete, wie wichtig es sei, die Wahrheit zu sagen und Macht auszuüben, behielt ich meine eigenen zwiespältigen Gefühle für mich. Gloria Steinem hat einmal gesagt, man lehre das, was man selbst noch lernen muß. Mein eigenes Verhältnis zur Macht schärfte meinen Blick für das Verhalten anderer Frauen, und dabei stellte ich fest, daß viele Frauen ähnlich fühlten wie ich und daß keine Gesetze oder beruflichen Erfolge den Frauen die vollkommene Gleichberechtigung oder das vollkommene Glück bringen können, solange es ihnen nicht gelingt, eine neue Psychologie der Macht zu entwickeln.

Wenn ich jetzt berichte, wie die Erfüllung meiner Mädchenträume mich in eine tiefe Krise stürzte, muß ich mich über zwei Tabus hinwegsetzen. Zum einen dürfen Frauen nicht offen darüber sprechen, daß sie Zugang zu Macht oder Geld haben. Zum anderen dürfen Frauen nicht sagen, daß ihre Schönheit oder ihre Sexualität ausschließlich ihnen gehöre. Dadurch sind diese so wichtigen Dinge mit einem Geheimnis umgeben, das andere in die Lage versetzt, sie zu manipulieren.

Ich war 26 Jahre alt, mein erstes Buch erschien; bald darauf kamen die ersten »Drachen« zu mir. Besonders setzten mir zwei Ängste

zu, die viele Frauen kennen: die Angst vor Kritik und die Angst davor, »zuviel« zu haben.
Wie bei den meisten Veröffentlichungen gab es Kritik, und ich mußte mich unter anderem in Rundfunk und Fernsehen mit Vertretern der Unternehmen auseinandersetzen, die ich angegriffen hatte. Viele waren verständlicherweise wütend und verteidigten sich. Auch die Moderatoren der Sendungen äußerten zuweilen Kritik und wurden oft persönlich. Selbst wohlwollend gesinnte Gesprächspartner leiteten ihre Fragen mit aggressiven Formulierungen ein wie »Sind sie nicht ...« oder »Haben Sie nicht ...« Obwohl ich meine Ansichten energisch vertrat und von der Wichtigkeit der Sache überzeugt war, fühlte ich mich nicht so recht wohl in meiner Haut.
Die Interviews wurden in dem üblichen kontroversen Stil geführt, der an traditionellen Maßstäben gemessen sehr unweiblich ist. Ich steckte in einem Dilemma: Ein Teil von mir wollte für Gerechtigkeit kämpfen, ein anderer Teil verlangte nach Harmonie, Liebe und Zugehörigkeit. Die beiden Bedürfnisse ließen sich nicht miteinander vereinbaren. Obwohl ich den Streit mit meinen polemischen Äußerungen selbst eröffnet und damit einem inneren Bedürnis nachgegeben hatte, konnte ich aufgrund meines Wunsches nach Anerkennung überhaupt nicht mit Kritik umgehen. Diese Spannung machte mir schwer zu schaffen.
Natürlich wußte ich, daß die Auseinandersetzung notwendig war. Aber ich hatte keine Vorbilder, an denen ich mich hätte orientieren können und die mir Sicherheit gegeben hätten. Wie die meisten meiner Freundinnen hatte ich nur verschwommene Vorstellungen davon, was es heißt, im Mittelpunkt des öffentlichen Interesses zu stehen. Die meisten anderen von der Öffentlichkeit beachteten Frauen waren Sängerinnen oder Schauspielerinnen – und sie erregten nur selten den Zorn der Menschen. Die Anerkennung, auf die ich so großen Wert legte, blieb mir versagt, und Reaktionen, aus denen eher Respekt als Liebe sprach, registrierte ich wie viele junge Frauen nicht.

Ich war weiterhin von der Richtigkeit meiner Positionen überzeugt. Glücklicherweise hatten mich meine Eltern so erzogen, daß mir meine Überzeugungen weit wichtiger waren als mein Unbehagen; außerdem bekam ich nach und nach auch Briefe von wohlwollend gesinnten Lesern. Aber ich begann die starken Gefühle abzulehnen, die meine Äußerungen hervorgerufen hatten.
Mein Selbstbild war erschüttert. Ich hatte mich immer für warmherzig, freundlich und weiblich gehalten, denn so hatte ich mich im engen Freundeskreis verhalten. Ich erkannte nicht, daß man nicht auf mich persönlich, sondern auf die Kritikerin und die Antagonistin reagierte, die eine Bedrohung für bequeme Ansichten darstellte. Genau das hatte ich zwar von Anfang an sein wollen, aber trotzdem nahm ich die Kritik jetzt sehr persönlich.
Wie die meisten Frauen ertrug ich das Gefühl nicht, auf Herz und Nieren geprüft zu werden. Worte des Lobes glitten an mir ab, während Kritik mich tief traf. Wenn ich glaubte, schlecht gewesen zu sein, meinte ich, ich hätte nicht nur mich selbst, sondern auch andere im Stich gelassen. Hatte ich dagegen meine Sache gut gemacht, konnte ich mich nur kurz an den Ermutigungen erfreuen.
Das ging sogar so weit, daß ich mich nach heftigen Diskussionen zu Hause in den Armen meines Partners ausweinen mußte. Obwohl ich in meinem tiefsten Inneren wußte, daß ich nicht mehr zurück wollte, hatte ich das Gefühl, daß das, was ich erreicht hatte und noch erreichen konnte, die ganze Aufregung nicht wert war.
Dann tauchte ein zweiter, allerdings weniger gefährlicher Drache in meinem Leben auf: die Angst, zuviel zu haben. Sie kam mit dem ersten Scheck für meine Arbeit. Es mag pervers klingen, über die Angst vor Geld zu reden, wenn die meisten Frauen zuwenig Geld haben. Aber wer über Frauen und Macht spricht, muß auch über diese Angst sprechen, denn sie ist unter Frauen in ganz unterschiedlichen finanziellen Verhältnissen verbreitet.
Da ich aus einer Familie stamme, die kulturell der Mittelschicht angehörte, aber ständig pleite war, hatte ich als Mädchen eine

gesunde Einstellung zum Geld: Ich wünschte mir, welches zu haben, war aber von diesem Wunsch nicht besessen.

Auf dem College war ich dem kombinierten Einfluß der für die obere Mittelschicht typischen weiblichen Scheu vor Geldangelegenheiten und linker, vom Opfer-Feminismus inspirierter Schuldgefühle ausgesetzt. Viele meiner Kommilitoninnen hielten Geld für unanständig und ihre Väter für »Kapitalistenschweine« (aber die Väter durften ihr mangelndes Engagement in Nicaragua ausgleichen, indem sie die Winterferien der Kinder auf den Bermudas bezahlten). Als ich später jenen ersten Scheck in den Händen hielt – der Betrag war verglichen mit dem, was meine männlichen Kommilitonen verdienten, nicht einmal besonders hoch –, war ich wie gelähmt vor Angst.

Das Geld erschütterte mein Selbstbild. Wenn ich nicht mehr zu den Unterprivilegierten zählte, hatte ich auch meine Rechtschaffenheit eingebüßt. Der Scheck schien meine Weiblichkeit zu mindern, er haftete mir wie ein Stigma der Männlichkeit an.

Meine Reaktion war, daß ich von Geldangelegenheiten noch weniger wissen wollte als zu Collegezeiten. Wie viele Frauen ließ ich mich von Zahlen verwirren, und es war mir peinlich, über mein Einkommen zu reden. Immer wenn ich mich mit meiner Steuerberaterin unterhielt, geriet ich in Verlegenheit. Ich hielt es für unpassend, auch nur irgend etwas von diesen Dingen zu verstehen.

Mein Unbehagen steigerte sich noch durch das Gefühl, meine Prominenz könnte irgendwie Menschen verletzen, die mir nahestanden. Bisher hatte ich immer offen über alles gesprochen, was ich erlebte, und nun erzählte ich immer weniger über die Reisen, Vorträge und anderen Dinge, die mein Leben veränderten. Wenn ein Zitat von mir abgedruckt wurde, hatte ich einigen Freunden – besonders Freundinnen – gegenüber ein unbehagliches Gefühl. Ich glaubte, egoistisch oder unhöflich gewesen zu sein, weil ich mich »vorgedrängt« hatte. Je erfolgreicher ich war, desto stiller wurde ich in ihrer Gegenwart, denn ich befürchtete, daß mein Erfolg unser Verhältnis bedrohen könnte. Durch meinen Rück-

zug schienen mir die Erfolge freilich weniger großartig, weil ich sie nicht mit anderen teilen konnte.
Schließlich wurden meine Ängste so groß, daß ich Psychotherapeuten aufsuchte, wie die Weisen unserer Zeit genannt werden, und sie um Rat fragte.
Eine Psychotherapeutin sagte: »Das Unbehagen gehört dazu, Sie müssen sich damit abfinden.« Nein, dachte ich, ich wußte nicht, daß es so schlimm sein würde. »Wenn Sie nicht damit zurechtkommen«, sagte sie, »ziehen Sie sich aus der Öffentlichkeit zurück. So einfach ist das.«
Ein anderer Psychotherapeut hieb in die gleiche Kerbe. »Hören Sie doch mit dem Schreiben auf«, sagte er. »Das kann ich nicht«, erwiderte ich. »Dann schreiben Sie unter einem Pseudonym.« »Das kann ich auch nicht«, sagte ich und war noch unglücklicher. »Dann schreiben Sie unter Ihrem eigenen Namen, aber vermeiden Sie kontroverse Themen. Mildern Sie ihren Ton.« Ich war so frustriert, daß ich beinahe losgeheult hätte. Trotz meiner Unsicherheit wußte ich, die Wahrheit zu sagen und dies unter eigenem Namen zu tun war von grundlegender Bedeutung für das, was ich für meine Lebensaufgabe hielt. Die Wahrheit zu verwässern war pervers, völlig sinnlos.
In meiner Verwirrung suchte ich einmal sogar bei einer ganz anderen Dimension Rat. Meine Mutter kannte eine Frau, die Karten legte. »Naomi muß sich von dem kleinen Mädchen in sich lösen, das nach Anerkennung verlangt«, sagte die Frau. Vielen Dank, Kosmos, dachte ich verärgert. Ich wußte, was ich wollte. Aber ich hatte keine Ahnung, wie ich es bewerkstelligen sollte.
Was wollte ich von den Psychotherapeuten? Ich wollte nicht hören, ich solle mich zurückziehen und aufgeben. Ich wollte zum Weitermachen ermutigt werden. Ich wollte nicht auf den Widerspruch der Kritiker verzichten, nur weil ich sie aus Höflichkeit nicht verärgern wollte. Ich brauchte Unterstützung, damit ihre Kritik mich nicht mehr so verletzte. Ich brauchte die Erlaubnis, ein ungezogenes Mädchen zu sein, um meiner Berufung folgen zu kön-

nen. Eine Autoritätsperson sollte mir sagen, daß es richtig war, Leute zu verärgern, daß Veränderungen nun einmal Spannungen erzeugten und daß man die Wahrheit sagen mußte, ohne sich um die Kritiker zu scheren. Zwar sagten meine Familie und einige gute Freunde mir das laut und deutlich, aber ich hatte zu wenige weibliche Vorbilder, die bestätigen konnten, daß der Rat vernünftig war. Eines Tages las ich dann aber etwas, das mir die Angst nahm, einen Essay von Audre Lorde. Als bei ihr Brustkrebs diagnostiziert wurde, schrieb sie: »Ich werde sterben. Mein Schweigen hat mich nicht geschützt. Auch dich wird Schweigen nicht schützen ... Wann hast du zum letzten Mal deine Worte hinuntergeschluckt?« Ich erkannte: Mein Schweigen würde mich tatsächlich nicht schützen. Was konnte mir schlimmstenfalls passieren, wenn ich weiterhin meine Wahrheit verkündete? Ich lebte nicht in einem faschistischen Staat, deshalb war es unwahrscheinlich, daß mir etwas Schlimmes passieren würde. Weder würde ich in einer Gefängniszelle von Männern vergewaltigt werden wie eine politische Dissidentin, noch würde ich zu nächtlicher Stunde heimlich beseitigt werden. Meine schlimmste Folter war psychischer Natur, sie existierte nur in meinem Kopf. Audre Lordes Worte lösten in mir einen Lernprozeß aus, der mich zweifellos mein ganzes Leben beschäftigen wird: Ich mußte lernen, mich zu meiner Macht zu bekennen und sie zu nutzen.

Bald hatte ich immer häufiger Gelegenheit, über meine Einstellung zur Macht nachzudenken. Eine junge Studentin suchte mich auf und stellte beiläufig fest: »Du hast doch so viel Einfluß ...« Mein erster Impuls war, zynisch zu lachen und ihr darzulegen, weshalb das nicht stimmte. Aber als ich gerade dieser so tiefverwurzelten Abwehrhaltung nachgeben wollte, die geradezu zu den guten Manieren einer Frau gehört, wurde mir klar, daß sie aus ihrer Sicht recht hatte. Wenn ich der Verantwortung, die sie mir zuschrieb, aus dem Weg ging, drückte ich mich vor meiner Verpflichtung ihr und mir selbst gegenüber – auch wenn ein solches Verhalten gesellschaftlich sanktioniert war. Ich erinnerte mich

vage daran, wie überlegen und einflußreich ältere Frauen auf mich als Jugendliche gewirkt hatten. Auch ich hatte mir damals gewünscht, sie möchten mich an ihrer Macht teilhaben lassen und sie für mich einsetzen. Ich konnte dieser Studentin also tatsächlich etwas geben.
Eine weitere Gelegenheit eröffnete sich, als ich eine Frau einstellte, die mir bei meiner Arbeit helfen sollte. Ich hatte mir zwar ein möglichst gleichberechtigtes, auf gegenseitiger Achtung gründendes Arbeitsverhältnis gewünscht – ob ich innerlich bereits soweit war, sei einmal dahingestellt –, aber allein dadurch, daß ich sie für ihre Arbeit bezahlte, hatte ich Macht über sie. Ihr Wohlergehen hing davon ab, wie verantwortungsvoll ich mit meiner Macht umzugehen verstand. Wenn ich die Macht nicht verantwortungsvoll nutzte, schadete ich nicht nur mir selbst, sondern auch ihr.
Bald darauf hörte ich zufällig von einer Zeremonie amerikanischer Indianerinnen. Sie stellen sich mit einem Seil im Kreis auf, dann wird das Seil in Stücke geschnitten. Dahinter steht die Vorstellung, daß alle Seelen an einem Seil hängen und durch die Meinungen anderer Menschen buchstäblich hin- und hergezogen werden. Bei dieser Zeremonie, die besonders für Frauen wichtig ist, wird das Seil im Innern verankert, so daß die Frauen nicht mehr durch die Kritik und die Erwartungen der anderen aus dem Gleichgewicht gebracht werden können. Diese Metapher führte mir vor Augen, was ich noch lernen mußte.
Schließlich muß ich mich noch bei Anita Hill bedanken, die mir half, meine Angst vor Geld zu überwinden. Am Tag nach den Anhörungen war ich so wütend, daß ich eine große Summe von meinem Konto an eine Frauenorganisation überwies. Ich wollte zeigen, daß zumindest einige andere Frauen auch empört waren. Eigenartigerweise erfüllte mich der Scheck mit Euphorie, er vermittelte mir ein angenehmes Gefühl von Macht. Nach einiger Zeit zweigte ich regelmäßig ein Zehntel meines Einkommens ab, und ich stellte fest, daß ich mich immer mehr berechtigt fühlte, Geld zu verdienen. Bald kannte ich mich in Geldangelegenheiten recht gut

aus; ich legte meine Einnahmen gewinnbringend an und verhandelte sogar über mehr Geld. Geld war kein selbstsüchtiger, unmoralischer Luxus mehr, der mich zum Teil eines oppressiven Systems machte, sondern ein Mittel, um Veränderungen herbeizuführen.
So änderte sich nach und nach meine Einstellung, und ich begann den Kampf zu genießen. Ich war glücklich, als Silikonimplantate verboten wurden, denn ich hatte mich zusammen mit vielen anderen Frauen für dieses Verbot eingesetzt. Ich faßte neuen Mut, als mir eine Frau sagte, ich hätte ihr mit meinen Schriften geholfen. Ich genoß es, öffentlich meine Meinung zu sagen. Ich fühlte mich großartig als Lehrerin junger Frauen, denen ich meine Erfahrungen zu vermitteln suchte. Ich war hoch erfreut, wenn ich einen Scheck an eine Organisation schicken konnte oder zur Ausbildung eines Familienmitglieds finanziell beitragen konnte. Ich fand wieder zu mir selbst zurück, und meine Freundschaften festigten sich.
In meinen Vorträgen sagte ich den jungen Frauen etwas, was mir in jungen Jahren niemand gesagt hatte: daß es wirklich Spaß macht, mit Macht und Geld umzugehen, wenn man damit wichtige Ziele verfolgt, und daß die Macht sie nicht in männliche Ungeheuer oder Außenseiterinnen verwandeln würde. Sie dürften nicht nur mehr verlangen, sie müßten es sogar; es sei politisch notwendig.

Der richtige Umgang mit der Macht

Ich stellte fest, daß andere Frauen in meiner Umgebung, darunter auch sehr reiche Frauen, ebensowenig mit Macht umgehen konnten wie ich. Dazu fallen mir mehrere Begebenheiten ein. Ich erinnere mich noch an eine junge Fernsehproduzentin, die gerade eine Gehaltsaufbesserung von 30 Prozent erhalten hatte. Ganz aufgelöst saß sie mir gegenüber und redete davon, wie sie die Produktionsfirma bitten würde, ihr wieder weniger zu bezahlen, damit sie nicht so viel koste. Eine andere Frau, eine bekannte Autorin, deren Frauenbiographien in den Vereinigten Staaten sehr populär

sind, rief ihren Agenten an und bat ihn – während der Verhandlungen über ein neues Buch –, nicht zuzulassen, daß die Angebote noch höher stiegen.
Eine Sekretärin, die Bürobedarf eingekauft hatte, hatte Hemmungen, alle Quittungen einzureichen, da sie nicht als »kleinlich« gelten wollte. Eine Floristin führte ein 30minütiges Ferngespräch, um einem Kunden – völlig überflüssigerweise – zu erklären, warum er im voraus bezahlen müsse. Eine Studie kam zu dem Ergebnis, daß Frauen regelmäßig zu wenig für ihre Arbeit verlangen. Eine Agentur gab inoffiziell zu, daß Arbeitgeber dieselbe Stelle höher dotiert ausschreiben, wenn sie keine Bewerbungen von Frauen wünschen. Generationen von College-Absolventinnen entscheiden sich für ein geisteswissenschaftliches Studium, nach dessen Abschluß ihnen nur schlechtbezahlte Stellen offenstehen; 80 bis 90 Prozent der Studenten der Naturwissenschaften, der Ingenieurwissenschaften und der Mathematik sind männlichen Geschlechts. Wenn Oberschülerinnen aus der Arbeiterschicht gefragt werden, welchen Beruf sie einmal ergreifen wollen, nennen die meisten schlechtbezahlte Berufe im Dienstleistungssektor und Pflegeberufe; nicht einmal 4 Prozent nennen höherbezahlte Berufe.
Ich hörte jetzt genauer hin, wenn eine Frau über Geld sprach. Folgende Äußerungen waren typisch: »Ach, entscheiden Sie, wieviel Sie mir zahlen wollen.« »Ich sagte ihm, ich würde in seinem Büro jede Arbeit machen.« »Ich verlange jetzt fast nichts von meinen Klienten, damit ich die Praxis aufbauen kann.« »Das macht zweihundert Dollar, einverstanden? Ich kann Ihnen auch etwas nachlassen.«
Sogar meine Freundinnen waren im Umgang mit Geld und Macht wenig selbstbewußt. Obwohl wir aus ganz unterschiedlichen Schichten stammen (etwa auch aus der Oberschicht), konnte keine von uns die Börsenkurse lesen, eine Pressekonferenz abhalten, einen Vertrag richtig interpretieren, ein Gehalt aushandeln oder grundlegende Rechte als Konsumentin wahrnehmen. Frauen und Männer derselben Schicht scheinen in Geldangelegenheiten zwei

verschiedene Sprachen gelernt zu haben: eine, die befähigt, damit umzugehen, und eine, die dazu untauglich macht. Das zeigte sich beispielsweise daran, daß alle meine männlichen Freunde ein Gehaltsangebot lediglich als Verhandlungsbasis verstanden und selbst ein Gegenangebot unterbreiteten. Im Gegensatz dazu gingen meine Freundinnen – obwohl sie genauso alt waren und denselben Hintergrund hatten – davon aus, daß für die Arbeit eben nicht mehr bezahlt wurde.

Im Freundeskreis diskutierten wir über unsere Unfähigkeit, Macht zu gebrauchen, und wir beschlossen, uns gegenseitig dabei zu helfen, mehr Geld für unsere Arbeit zu bekommen. Die in ganz unterschiedlichen Bereichen tätigen Frauen dieser nicht repräsentativen Auswahl, darunter eine Babysitterin, eine Lehrerin und eine freie Autorin, waren ebenso überrascht wie ich, als sie auf Anfrage mehr Geld erhielten. Zwar bekamen sie nicht immer das, was sie gefordert hatten, aber es war doch fast immer mehr als das, womit sie sich sonst zufriedengegeben hätten. »Wenn du zum ersten Mal mehr Geld verlangst«, sagte eine, »neigst du als Frau dazu, damit herauszuplatzen oder heftig zu werden, damit du es schnell hinter dir hast. Hinterher bist du dann unglücklich. Aber beim zweiten Mal bist du schon viel lockerer, und bald macht es dir gar nichts mehr aus.«

Je mehr mir bewußt wurde, wie unterschiedlich Frauen und Männer den Wert ihrer Arbeit beurteilen, desto mehr hatte ich den Eindruck, als seien die beiden Geschlechter in ganz verschiedenen Wirtschaftssystemen tätig. Viele Männer vor allem der Oberschicht halten sich für einzigartige und unersetzliche Führungskräfte einer expandierenden Wirtschaft und wollen deshalb auch möglichst viel verdienen. Im Gegensatz dazu neigen Frauen aus allen gesellschaftlichen Schichten dazu, sich selbst als billige Arbeitskräfte einer darniederliegenden Wirtschaft zu sehen. Da ihnen gesagt wird, sie seien wenig wert und ersetzbar, glauben sie, daß sie am besten fahren, wenn sie möglichst wenig fordern – natürlich bei größtmöglicher Leistung – und so Mitbewerberinnen ausschalten.

Ich habe erlebt, daß Frauen beinahe erleichtert sind, wenn ihnen ein niedriges Gehalt angeboten wird, weil sie dann meinen, ihr Arbeitsplatz sei sicher; umgekehrt habe ich erlebt, wie Frauen absolut hysterisch werden, wenn ihnen ein hohes Gehalt angeboten wird, weil sie dann instinktiv glauben, das sei »zuviel« und sie würden wie jeder andere Luxus überflüssig, sobald es hart auf hart gehe. Dazu kommt die ewige Dankbarkeit der Frauen. Frauen sind immer glücklich über das Erreichte; sie denken nicht daran, daß sie es verdient haben und daß sie noch mehr verdienen.

Allmählich erkannte ich, daß die weibliche Einstellung zum Geld ein viel größeres Hindernis für die Gleichberechtigung der Frau ist, als ich bisher für möglich gehalten hatte. Frauen mit höherem Einkommen und Bildungsstand sind davon sogar noch mehr betroffen als ärmere Frauen, aber im Vergleich zur Mehrheit der Männer leiden alle Frauen darunter.

Männer bekommen mehr, aber nicht nur, weil sie das System gemacht haben, sondern weil sie mehr verlangen. Frauen werden zwar auch direkt unterdrückt, aber vor allem fordern sie nicht, was ihnen zusteht. Wir könnten einiges erreichen, wenn wir es erst fordern würden.

Ich erkannte, daß ein gewisses Maß an finanzieller Autonomie mich von der wirtschaftlichen Angst befreite, die mich verfolgte, soweit ich zurückdenken konnte. Ich sah nun, wie sehr diese Angst mein Leben beherrscht hatte. Einflußreiche frauenfeindliche Männer konnten mich nicht mehr so leicht einschüchtern. Ich gewann den Eindruck, daß sie sich nur deshalb stark und überlegen fühlten, weil sie glaubten, sie verdienten weit mehr Geld als die Frau, die ihnen gegenübersaß. Mir wurde bewußt, daß es für die Gleichberechtigung der Frauen sehr viel wichtiger ist, den Frauen die Angst vor dem Geld zu nehmen, als die ideologischen und gesellschaftlichen Probleme zu lösen, denen im organisierten Feminismus häufig Vorrang eingeräumt wird.

Diese Erkenntnis ist gar nicht so neu: Bereits Virginia Woolf hat einmal geschrieben, Frauen benötigten 500 Pfund im Jahr, um frei zu sein. Doch seit 1920 sind noch immer keine entscheidenden Fortschritte erzielt worden. Ähnliche Störungen prägen das Verhältnis von Frauen zum Essen und zur Sexualität. Das macht Sinn, denn auch diese an sich wichtigen Dinge gelten als verbotener Luxus, als Hinweis auf ein verbotenes Selbstwertgefühl.

Essen, Sexualität und Geld sind mit vielerlei Tabus belegt, denn sie machen abhängig und selbstsüchtig. Viele Frauen akzeptieren und verstärken diese Tabus noch, weil sie – vielleicht unbewußt – meinen, sie müßten im Zustand der Entsagung verharren und ihre Lust künstlich in Zaum halten. Sie sagen, sie hätten Angst, nicht mehr mit dem Essen aufhören zu können, wenn sie sich selbst erst einmal die Erlaubnis dazu gegeben hätten. Deshalb kommt es so häufig zu Freßorgien, die Frauen für kurze Zeit ein Gefühl des Überflusses vermitteln und auf die dann später, sozusagen als verdiente Strafe, Hungerkuren folgen. Auch beim Geldausgeben verhalten Frauen sich häufig »bulimisch«: Sie geben geradezu zwanghaft viel Geld aus, hassen sich dann dafür und empfinden die Einschränkungen durch die Schulden als gerechte Strafe. Das Geldausgeben erfüllt sie nach eigener Aussage oft mit einem Gefühl von Macht, die nachfolgende Phase der Entbehrung bringt sie wieder zur Besinnung.

Frauen stehen nicht nur dem eigenen Geld, sondern auch dem Geld anderer Frauen ambivalent gegenüber. Seien wir aufrichtig: Männer sind nicht die einzigen, die über Geld, Lust und Sexualität von Frauen bestimmen wollen. Auch Frauen haben davor Angst. Eine Frau mit Geld erzeugt bei beiden Geschlechtern das Bedürfnis, dieses Geld mit den verschiedensten Auflagen unschädlich zu machen. Das Geld einer Frau bedroht ebenso wie die freie Sexualität einer Frau den Status quo: Nur wenige fühlen sich bei der Vorstellung wohl, daß eine Frau über diese »Quellen der Macht« verfügen kann. Die Männer lehnen finanziell unabhängige Frauen ab, und auch in die Bewunderung der Frauen mischen sich häufig starke Ressentiments.

Warum ist das Bedürfnis von Frauen nach Kontrolle über Geld, Essen und Sexualität anderer Frauen so irrational stark? Die Gründe dafür sind in der Kindheit zu suchen. Die Kindererziehung liegt zumeist in den Händen der Mütter, und wir haben gelernt, daß Frauen für die Erziehung und Pflege von Kindern verantwortlich sind. Unsere Angst vor finanziell unabhängigen Frauen wurzelt in dem kindlichen Bedürfnis, über die betreuende Person zu bestimmen, und der Angst des Kindes, sie zu verlieren. Wenn die Mutter Geld und Sex-Appeal hat, könnte sie ja einfach weggehen und die ganze Nacht im Ritz tanzen. Wir haben Angst, von ihr abhängig zu sein, wenn sie nicht ihrerseits von einer Person oder Sache abhängig ist.

Das Verlangen nach Kontrolle zeigt, wie trügerisch die Prämisse des Opfer-Feminismus ist: Wenn Frauen wirklich so selbstlos und fürsorglich sind, warum fühlen sich dann alle so bemüßigt zu kontrollieren, daß sie ihr Geld tatsächlich für das Wohl anderer und nicht für ihr eigenes ausgeben? Was fürchten wir denn, daß sie mit dem Geld tun könnten? Der Power-Feminismus dagegen tritt, wie wir gesehen haben, für Toleranz ein; wir dürfen dem Verlangen, anderen Frauen vorzuschreiben, was sie mit ihrem Geld, ihrer Sexualität und ihrer Macht zu tun haben, nicht nachgeben.

Doch weder der Feminismus noch die Gesellschaft insgesamt bieten der Frau einen kulturellen Rahmen, in dem das Streben nach Geld ein legitimes weibliches Verlangen ist. Während die meisten Frauen »mehr Geld« als wichtigstes Ziel ansehen, lehnen organisierte Feministinnen häufig jene kapitalistischen Fertigkeiten ab, die den Frauen am ehesten Macht verschaffen könnten. Akademisch gebildete Feministinnen marxistischer Überzeugung nutzen ihre Kenntnisse, um den Kapitalismus heftig anzugreifen, im allgemeinen aber nicht, um Möglichkeiten aufzuzeigen, wie Frauen die Mechanismen des Kapitals zu ihrem Vorteil nutzen können. Es klingt ironisch, daß nach dem Zusammenbruch des Kommunismus in Osteuropa die letzten Marxistinnen in der amerikanischen Frauenbewegung zu finden sind.

Organisierte Feministinnen fühlen sich offensichtlich wohler dabei, auf die wirtschaftliche Ausbeutung der Frau hinzuweisen und auf Gesetze zu dringen, die Frauen eine bessere Bezahlung sichern – sie führen Kampagnen durch, in denen sie die gleiche Bezahlung von Frauen fordern –, als Frauen Wege zu zeigen, wie sie selbst Gewinne erzielen können. Kurz, sie haben noch nicht den Schritt vom Bitten zum Nehmen getan.

In den siebziger Jahren eröffneten Feministinnen eine Bank für Frauen, die später wieder geschlossen wurde. Viele Kleinbetriebe von Feministinnen dagegen florieren, und einige Organisationen, wie die Ms. Foundation, bieten Programme an, in denen wohlhabende Frauen besser mit ihrem Vermögen umgehen lernen und finanzschwache Frauen Hilfe zur Gründung von Kleinunternehmen erhalten.

Diese Bemühungen dauern an, obwohl Frauen immer noch Skrupel davor haben, große Summen für große Veränderungen einzusetzen. Die Ms. Foundation versucht, 10 Millionen Dollar Stiftungsgeld zusammenzubringen, trotz des Widerstands einiger Ausschußmitglieder, die befürchten, daß die Stiftung durch die finanzielle Absicherung ihren Basis-Charakter verliert; immer wieder sind Mitglieder empört, wenn die Stiftung finanzschwache Aktivisten aus der Arbeiterschicht komfortabel unterbringt und gut verköstigt. Ich selbst habe meine Studentinnen früher davor gewarnt, etwas nur des Geldes wegen zu tun. Um die Bibel des Feminismus, Shulamith Firestones *Frauenbefreiung und sexuelle Revolution,* ist achtzehn Jahre nach ihrem Erscheinen ein heftiger Tantiemenstreit entbrannt, weil die Autorin ihre Rechte an ihre Frauengruppe abgetreten hat. In der Einleitung zu dem von Robin Morgan herausgegebenen Buch *Sisterhood is Powerful* findet sich folgende Verzichtserklärung: »Das durch den Verkauf dieses Buches erzielte Geld geht an eine Straueninitiative, die sich für Abtreibung und Tagesstätten einsetzt, ferner an Verteidigungs- und Kautionsfonds etc.« Eine junge Feministin ergriff einmal meine Hände und sagte, sie repektiere mich deshalb ganz besonders, weil ich eine Arbeit tue, mit der ich nichts verdiene; sie war sicher enttäuscht, als ich ihr versicherte, es gehe mir finanziell gut. Von einer feministischen Organisation weiß ich, daß sie Schecks, auch über höhere Beträge, erst Wochen nach deren Eingang einlöst. Die Angst der Frauen und Feministinnen vor Geld wurzelt im viktorianischen Feminismus, der von in kirchlichen Gruppen organisierten Frauen der Mittelschicht ins Leben gerufen wurde und Geld als »schnöden Mammon« verachtete. Die Angst zeigt, wie stark religiöse Frauengruppen mit ihrem Armuts-Schwur politische Frauenorganisationen beeinflußt haben.

Ganz anders klingt dagegen, was Amy Haydn-Rod sagt, eine 19jährige Mathematikstudentin, die ganztags in einem Buchladen arbeitet und auf Junggesellen-Parties tanzen muß, um ihren Abschluß an einem staatlichen College zu finanzieren. »Als meine Mutter sich von meinem Vater scheiden ließ, hatte sie keinen Beruf, keine Ausbildung. Sie war fünfzehn Jahre lang nur daheim. Jetzt mußte sie umziehen und von Sozialhilfe leben. Sie begann in einem Lebensmittelgeschäft zu arbeiten. Sie verdient auch heute nicht mehr als 14000 bis 15000 Dollar im Jahr, und davon muß sie noch meine Schwester großziehen. Wie hat mich das beeinflußt? Ich glaube, der Kapitalismus ist an sich etwas Gutes. Aber keiner darf aufgrund künstlicher Barrieren wie Gesellschaftsschicht, Hautfarbe und Geschlecht davon ausgeschlossen werden. Ich habe viele Freunde und Freundinnen aus der oberen Mittelschicht. Und ich habe jetzt eine genauere Vorstellung davon, was noch getan werden muß. Man muß ins Zentrum der Macht und des Geldes vordringen, in die Klubs der Männer, und es von innen zugänglich machen.«

Die Einstellung der organisierten Feministinnen zum Geld ist immer weniger zeitgemäß. Führende Bürgerrechtler setzten mit großem Erfolg auf wirtschaftliche Macht, suchen öffentlich-private Partnerschaften, führen Schulungen für Kleinunternehmer und andere Programme durch. Schwarzenführer aus Los Angeles, die sich um Kapital für ihre Gemeinden bemühen, haben erkannt, daß

der Kampf gegen den Rassismus auf wirtschaftlicher Ebene geführt werden muß: »Es reicht nicht, im Bus vorn zu sitzen. Wir können den Rassismus erst dann wirkungsvoll bekämpfen, wenn wir die Busgesellschaft besitzen.«
Warum sollten also Frauen als einzige Gruppe in den USA nicht für Geld kämpfen? Warum sollten sie auch in geschäftlichen Angelegenheiten eine Opferhaltung einnehmen? Viele Frauen würden, wenn sie nur die Chance bekämen, mit Geld genauso kreativ umgehen wie mit Kuchenteig oder Häkelgarn.
Finanzielle Eigenständigkeit und Unabhängigkeit sind ebenso wichtig für die Gleichberechtigung der Frau wie das Recht auf den eigenen Körper. Ist es nicht geradezu ungehörig, wenn wohlhabende Frauen der Mittelschicht ihr Geld lieber für wohltätige Zwecke spenden, als finanzschwachen Frauen der Arbeiterschicht damit zu ermöglichen, was diese so unbedingt wollen: nämlich selbst Geld zu verdienen? Wird hier wirklich progressive Politik für Frauen gemacht – oder handelt es sich lediglich um milde Gaben für die Armen, wie sie die wohlhabenderen Frauen im 19. Jahrhundert auszuteilen pflegten? Viele Frauen setzen den organisierten Feminismus mit Selbstverleugnung statt mit Gelderwerb gleich. Aber könnten sich nicht Millionen von Frauen besser mit einer Bewegung identifizieren, die für das kämpft, was sie mehr als alles andere brauchen (vom Recht auf Selbstbestimmung über ihren Körper abgesehen): für Geld und damit für wirkliche Macht, Selbständigkeit und die Möglichkeit der Selbstverwirklichung?
Mit ihrer ablehnenden Einstellung zum Geld leisten solche feministischen Ideologien den Frauen einen schlechten Dienst. Mit mehr Geld könnten sich viele Frauen Dinge auf der feministischen »Wunschliste« erfüllen, die jetzt von der Willkür des Gesetzgebers und der wechselhaften öffentlichen Meinung abhängig sind. Frauenfeindschaft würde es zwar auch dann noch geben, wenn Frauen genausoviel Geld hätten wie Männer, aber sie hätte keinen großen Einfluß mehr. Auch wenn es immer noch einige gäbe, die Frauen unterdrücken wollten – sie könnten es sich nicht mehr leisten.

Ich fragte Frauen, wie sie über Macht, Autorität und Herrschaft denken, und stellte fest, daß die ambivalenten Gefühle vieler Frauen gegenüber der Macht die Ängste vieler Männer vor Frauen mit Macht widerspiegelten. Die Einstellung der Frauen waren in mancherlei Hinsicht sogar noch dogmatischer und extremer als die der Männer.

Wenn Frauen über solche Themen sprachen, veränderte sich ihre Körpersprache. Wenn ich sagte, sie sollten sich in einer Führungsposition vorstellen, wichen sie fast immer körperlich vor mir zurück: Sie zuckten mit den Schultern, als wollten sie eine Last abschütteln, senkten den Blick, verschränkten die Arme, schlugen die Beine übereinander und rückten vom Tisch ab. Sie schienen körperlich demonstrieren zu müssen, daß sie es ablehnten, Macht zu übernehmen.

Wenn sie aber indirekt dazu ermutigt wurden, von Ereignissen zu sprechen, in denen sie etwas durchgesetzt oder über widrige Umstände triumphiert hatten, wenn sie gleichsam die »Erlaubnis« bekamen, darüber zu sprechen, weil andere Frauen wie ich auch darüber sprachen, veränderte sich ihre Körpersprache genau ins Gegenteil: Sie setzten sich aufrecht hin, hoben das Kinn und sahen ihrem Gegenüber in die Augen. Ihre Stimmen wurden merklich fester und lauter.

Und noch etwas anderes Überraschendes geschah: Unabhängig von Gesellschaftsschicht, Hautfarbe und persönlichen Lebensumständen reagierten die Frauen fast immer kokett, mit einer geradezu erotischen Ausstrahlung. Sie erröteten tief, ihr Atem beschleunigte sich, und sie lachten lebhaft, sinnlich und klangvoll. Lange Zeit galten nur hilflose Frauen als erotisch. Aber diese Reaktionen zeigen, daß Macht, von der man sagt, daß sie Männern erotische Ausstrahlung verleiht, auf Frauen dieselbe Wirkung hat.

Ich bin keine Sozialwissenschaftlerin, aber nachdem ich diese Reaktion so oft erlebt habe, drängen sich mir drei Schlußfolgerungen auf. Erstens existiert offenbar ein Tabu, das es unmöglich macht, in der »Sprache der Frau« offen über Macht und Leistung zu reden. Da Frauen, wenn sie sich »sicher« fühlen, bereitwillig, ja sogar begierig über ihre Stärken und Erfolge sprechen, ist diese Zurückhaltung offensichtlich nicht darauf zurückzuführen, daß sie diese Themen ablehnen. Vielmehr scheinen Frauen das Gefühl zu haben, daß sie nicht darüber sprechen dürfen.

Zweitens wird der Machtanspruch der Frauen nicht nur von den Männern unterdrückt, sondern auch von den Frauen selbst. Frauen sind so erzogen, daß sie Angst davor haben, andere Frauen »zu überflügeln«. Ihr Machtanspruch hängt stark davon ab, wieviel Macht andere Frauen ihnen zugestehen. Wenn die weibliche Subkultur zuläßt, daß Frauen selbstbewußt handeln, tun sie dies auch; wenn Selbstbewußtsein jedoch bestraft wird, schrecken die meisten Frauen davor zurück.

Die geschilderte erotische Reaktion auf die gesellschaftliche Erlaubnis, nach Macht zu streben und darüber zu reden, läßt drittens den Schluß zu, daß die Macht der Frauen nicht jene harte, männliche Kraft ist, als die sie Opfer-Feminismus und Opposition gern hinstellen. Wenn Autorinnen wie Tannen, Baker Miller oder Gilligan (etwa in Gilligans erstem Buch *Die andere Stimme. Lebenskonflikte und Moral der Frau*) behaupten, Frauen seien mehr an menschlichen Beziehungen als an Anerkennung, Status und Individuation interessiert, ist das voreilig. Frauen erkennen trotz aller Tabus und Verbote die Ausübung von Macht als das, was sie im Idealfall sein kann: eine überaus angenehme Erfahrung, etwas zutiefst Weibliches und faszinierend Erotisches.

Tannen, Gilligan und Baker Miller haben überzeugend dargelegt, daß Frauen großen Wert auf menschliche Beziehungen und Intimität legen und daß sie Konkurrenzdenken, Leistung und »männliche« Formen der Macht ablehnen. Doch ich bin überzeugt, daß die Autorinnen eine unterdrückte, verbotene Seite der weiblichen Psyche übersehen haben. Ich glaube, daß einige ihrer Theorien ein Verhalten psychologisch erklären, das letztlich von der Gesell-

schaft bestimmt wird und sich in dem Maß verändert, wie sich das Verhältnis der Frauen zu Macht verändert. Die Schlußfolgerungen von Tannen, Baker Miller und Gilligan werden dadurch verfälscht, daß Mädchen und Frauen gerne über ihren Wunsch nach Intimität und Beziehungen reden, nicht aber über Phantasien, die Wut, Konkurrenzkampf, Sieg, Ruhm, Reichtum, Macht und Herrschaft zum Inhalt haben – wie ausgeprägt diese Phantasien auch sein mögen. Die Autorinnen beschränken sich darauf, freundschaftliches und rücksichtsvolles Verhalten von Mädchen zu beschreiben, während sie Konkurrenzdenken, Aggressivität und Stolz über Erfolge unerwähnt lassen – Verhaltensweisen, die, wie ich glaube, zumindest ebenso häufig zu beobachten sind (nur Gilligan spricht in ihrem zweiten Buch offener über Konflikte). Ich meine, hinter der an der Oberfläche so selbstverständlich erscheinenden Harmonie und Freundschaft verbergen sich Unterdrükkung, Grausamkeit und Mißtrauen. Mädchen lernen etwas, das nicht in der Natur des Menschen liegt: Macht abzugeben und den eigenen Willen zu unterdrücken. Gilligan beschreibt in ihrem zweiten Buch zwar, wie Mädchen dagegen ankämpfen, »nett« sein zu müssen, aber gleichzeitig präsentiert sie dem Leser ein »harmonisches« Bild von Mädchen, die sich nicht davor fürchten, »auszusprechen, was ihrer Ansicht nach schlecht oder falsch ist«.[1] Im schlimmsten Fall ist ihr Verhalten »störend und widerspenstig«; Mädchen sind »ehrlich, selbstbewußt, sich ihrer Beobachtungen und Urteile sicher, hartnäckig, entschlossen ...« Gilligan ist immer noch der Ansicht, der stärkste weibliche Trieb sei der Wunsch nach Beziehungen. Sie erkennt zwar die Willensstärke der Mädchen, sieht darin aber nicht Machtwillen, sondern lediglich den Wunsch nach »authentischeren« Beziehungen.
Auch ich glaube, daß junge Mädchen ein großes Bedürfnis nach Intimität und Beziehungen haben. Aber die genannten Autorinnen liefern keine Erklärung für den anderen starken Trieb der Mädchen: den Wunsch, die Welt zu regieren. Ich respektiere ihre Beobachtungen, aber sie stimmen nicht mit meinen Erinnerungen

an meine eigene Kindheit überein. Ich bin überzeugt, daß Mädchen nicht nur Beziehungen, sondern auch Macht, Selbständigkeit und Herrschaft wollen. Woher kommt denn die Faszination der Macht, die sich in den Phantasien von Mädchen und erwachsenen Frauen zeigt? Wenn ich Frauen bat, mir ihre kindlichen Machtphantasien zu schildern, entdeckte ich wahre Schätze – oder ich öffnete die Büchse der Pandora, je nach Perspektive. Ihre Phantasien waren keineswegs so harmlos wie die von Feministinnen beschriebenen Gefühle netter, selbstbewußter Mädchen, die großen Wert auf »authentische Beziehungen« legen.

Ich befragte ganz unterschiedliche Frauen nach ihren Mädchenphantasien. Sie alle hatten davon geträumt, Königinnen und Kaiserinnen zu sein; sich grausam an Gegnern zu rächen; auf der Titelseite einer Zeitschrift von begeisterten Fans angebetet zu werden; den Nobelpreis zu erhalten; auf den Schultern ihrer Verehrer herumgetragen zu werden; Symphonien zu dirigieren; wichtige gerichtliche Entscheidungen zu fällen; vergrabene Schätze zu entdecken; Rivalen zu beschämen; Feinde zu foltern, bis sie ihre Vergehen bereuten; über Kolonien zu herrschen; gegen Alligatoren zu kämpfen und von der Königin zum Ritter geschlagen zu werden. Nirgends tauchte die Angst auf, daß durch solche Erfolge andere verletzt oder ausgeschlossen werden könnten. Es ging auch nicht darum, die eigene Identität aus den Gefühlen anderer abzuleiten (mit Ausnahme des Gefühls der Ehrfurcht vielleicht). Die Phantasien zeigten nicht, daß die klassische Definition des »Selbst« nicht auf die weibliche Entwicklung anwendbar wäre, sondern nur, daß Frauen ihre Wünsche verdrängen.

Die Frauen bestätigten meine eigenen Erinnerungen. Sie widersprachen jenen feministischen Theorien, die behaupten, daß Mädchen nicht das gleiche Bedürfnis nach Selbständigkeit haben wie Jungen, daß sie vor Hierarchien zurückschrecken und daß sie ihre Identität nicht von den Gefühlen der Menschen ihrer Umgebung abtrennen können. Ich stellte fest, daß die Phantasien gesunder Mädchen von Selbständigkeit, Anerkennung, Leistung, Herrschaft und Konflikt handeln und daß die Mädchen erst später lernen, solche Phantasien zu verdrängen, weil sie als schlecht und unnormal gelten.

Die folgenden Erinnerungen stammen von einer 31jährigen Akademikerin indianisch-marokkanischer Abstammung.

»Wenn ich Streit mit meiner Mutter hatte, stellte ich mir vor, wie ich mich an ihr rächen würde. Es würde sich herausstellen, daß ich im Recht war und sie im Unrecht, und sie würde ganz kleinlaut werden.

Ich stellte mir auch vor, daß meine Feinde in der Schule bestraft und in Verliese geworfen würden. Davon träumten auch viele meiner Freundinnen, die wie ich in der Schule Außenseiterinnen waren.

Ich träumte oft, ich sei berühmt, eine weltberühmte Chirurgin, Schauspielerin oder Sängerin, ein Fotomodell oder eine Forscherin. Die Menschen würden mich anerkennen und mir applaudieren. Sie würden neidisch sein, und es würde ihnen leid tun, daß sie so gemein zu mir gewesen waren.

In meinen Phantasien handelte ich entschlossen und mutig. Ich hielt Züge an, rettete Menschenleben, war Spionin und verriet Geheimnisse. Geheimnisse gaben mir ein Gefühl von Macht. Ich allein kannte sie, und niemand war schlau genug, sie zu erraten. Dann verriet ich sie, und alle staunten über meine Intelligenz.

Wenn ich davon träumte, berühmt zu sein, wollte ich letztlich anders sein. Die Menschen sollten anerkennen, daß ich es zu mehr gebracht hatte als alle anderen. Oder zumindest, daß ich anders war als alle anderen.

Wir spielten auch mit Puppen. Eine von uns war die Königin, die anderen waren Dienerinnen. Wir waren unglaublich gemein zu den Dienerinnen. Wie wechselten uns ab, aber ich hatte eine Freundin, die immer Königin sein wollte. Damit kam sie nicht durch, denn niemand wollte Dienerin sein. Immer wollten alle Königin sein.«

Während Tannen meint, daß sich das Interesse der Mädchen an

Geheimnissen mit ihrem Wunsch nach Intimität erklären läßt, ging es dieser Frau um Macht. Ihre Erinnerungen deuten darauf hin, daß viele Mädchen, die an ihrem Streben nach Selbständigkeit und Macht und sogar an dem ungehörigen Wunsch zu herrschen und zu bestrafen festhalten wollen, gegen ihren Willen gezwungen werden, sich in die Gruppe »egalitär« denkender, beziehungszentrierter Mädchen einzufügen.

Aus den genannten Arbeiten geht nicht hervor, welchen Beruf die Eltern der befragten Mädchen hatten und welcher Elternteil primär für die Betreuung der Kinder zuständig war. Die Vorstellung, Mädchen legten mehr Wert auf »Beziehungen« als auf Unabhängigkeit, stützt sich auf eine These von Nancy Chodorow: Da Mädchen von ihren Müttern betreut werden, leiten sie ihre Identität aus der Intimität ab, während Jungen ihre Identität in der Selbständigkeit finden.

Inzwischen sind solche Theorien durch veränderte Regelungen bei der Kinderbetreuung bereits wieder überholt. Die Mütter der Frauen, die am bereitwilligsten über ihre Kindheitsphantasien sprachen, waren alle berufstätig gewesen, und die Väter hatten, sofern sie in der Familie lebten, die Kinder zumindest teilweise mitbetreut. So hatte ich es auch in meiner Familie erlebt, ich hatte nicht gelernt, daß sich Beruf und Familie gegenseitig ausschließen oder daß weibliche Eigenständigkeit gefährlich ist. Mein Vater wechselte meine Windeln und war außerdem Lehrer; meine Mutter fütterte mich und schrieb daneben hinter verschlossener Tür ihre Doktorarbeit; sie war deshalb nicht weniger liebevoll. Das Gefühl, daß Beruf und Familie nicht miteinander vereinbar waren, wurde mir erst später, außerhalb meiner Familie, vermittelt.

Ich glaube, daß der Machtwille bei allen gesunden Mädchen anfangs mindestens ebenso ausgeprägt ist wie der Wunsch nach Intimität (obwohl er natürlich vom jeweiligen Temperament abhängt). Der Machtwille bleibt eher erhalten, wenn das Kind von beiden Elternteilen, von Vater und Mutter, betreut wird oder wenn die Mutter ihre Autorität für genauso wichtig hält wie ihre versorgende Tätigkeit als Mutter. Ich glaube, daß Führungsqualitäten, Kreativität, Genialität, eigenständiges Denken und Standhaftigkeit ebenso wie Aggressivität und Grausamkeit von diesem Machtwillen herrühren. Meiner Meinung nach lernen Mädchen im Verlauf ihrer Sozialisation in gleichgeschlechtlichen Spielgruppen und durch Nachahmung von Frauen in ihrer Umgebung, diese Seite ihres Wesens zu unterdrücken. Die Unterdrückung des Machtwillens erzeugt bei vielen erwachsenen Frauen ambivalente Gefühle. Einerseits wollen sie über Macht verfügen, weil das natürliche Verlangen danach so lange unterdrückt wurde, andererseits haben sie insgeheim Angst, daß sie, wenn sie erst einmal die Möglichkeit haben, über das Ziel hinausschießen und ihre Macht mißbrauchen könnten. Um diesen blinden Fleck in der weiblichen Psyche ranken sich Ideologien, die behaupten, Frauen hätten keinen Willen zur Macht. Wenn Frauen sagen, sie würden großen Wert auf Beziehungen und Zusammenarbeit legen, Konkurrenzkampf und Herrschaft aber ablehnen, sprechen sie eine gesellschaftlich sanktionierte Geschichte aus, die nur die halbe Wahrheit wiedergibt. Wenn es erlaubt wäre, würden sie auch mit der anderen Hälfte herausrücken, wie es Frauen tun, denen die Opferhaltung nicht in Fleisch und Blut übergegangen ist.

Wenn meine Annahmen stimmen, ergeben sich daraus wichtige Folgerungen. Viele Feministinnen vertreten die Theorie, der Wille zur Macht sei eine typisch männliche Eigenschaft und Frauen würden sich selbst Gewalt antun, wenn sie sich in der Öffentlichkeit wie Männer verhalten wollten. Ist der Wille zur Macht aber auch den Frauen angeboren, dann ist der Umgang mit der Macht für Frauen nur deshalb problematisch, weil die Macht von Männern geprägt ist, nicht aber, weil Macht grundsätzlich von Frauen abgelehnt würde. Frauen fühlen sich in der männlich dominierten Arbeitswelt vor allem deshalb unwohl, weil sie nicht über ausreichend Macht verfügen, ihren Arbeitsplatz in einer für sie angenehmen Art und Weise zu gestalten. Wenn Frauen erst genügend Macht haben, werden sie sie vermutlich auf andere Art und Weise und für andere Ziele einsetzen als die Männer. Auf jeden Fall dürfen wir nicht sagen, der Unterschied zwischen Frauen und Männern bestehe darin, daß Frauen Macht ablehnten; Macht zieht Frauen genauso an wie Männer, allerdings im Verborgenen.

Junge Frauen und Macht

Ich habe immer wieder die Erfahrung gemacht, daß gerade junge Frauen im Umgang mit Macht die größten Schwierigkeiten haben. Carol Gilligan spricht in ihrem Buch *Meeting at the Crossroads* von einer inneren Stimme, die, tief im Unbewußten verankert, junge Frauen in Konflikte stürzt. Ich merkte, wie schwer diese innere Stimme jungen Frauen zusetzt, wenn sie über Macht reden. Ob diese Stimme sich nun aus bestimmten Überzeugungen zusammensetzt oder aus dem Glauben an die eigenen Fähigkeiten oder der Vision eines Zieles besteht – immer haben die Frauen Angst, auf sie zu hören. Offenbar fürchten sie die harte Strafe, die sie ihrer Ansicht nach dann unweigerlich treffen muß. Im Gegensatz zu jungen Männern fühlen sie sich mehr dazu verurteilt als dazu berufen, Großes zu vollbringen.

Die Erfahrungen anderer Frauen bestätigten meine eigenen: Die größten Hindernisse für das Streben nach Macht und Einfluß waren die Angst vor Kritik und die Angst vor dem »Zuviel«. Die Frauen beschrieben, wie Kritik sie geradezu körperlich schmerzt und handlungsunfähig macht. Viele schilderten mir eine Erfahrung, die auch ich gemacht hatte: daß es sich nicht lohne, nach Erfolg oder einer Führungsposition zu streben, weil doch ihr Machtstreben unweigerlich bestraft würde. Sie meinten, eine Führungsposition sei gefährlich und mache verletzlich. Je prominenter, anerkannter und mächtiger sie seien, desto weniger hätten sie die Situation unter Kontrolle.

Viele der von mir befragten Frauen kannten Geschichten, die in ihren Gruppen die Runde gemacht hatten und allen als warnendes

Beispiel dienen sollten. Sie handelten von Frauen, die sich Gehör verschafft und Führung übernommen hatten, dafür aus der Gesellschaft ausgestoßen und öffentlich lächerlich gemacht worden waren. In einigen Fällen waren diese Frauen sogar bedroht und angegriffen worden.

Solche Geschichten dämpften die Hoffnungen auf Erfolg. Berufsberater erzählen mir frustriert, Stipendien würden fast ausschließlich an junge Männer vergeben, weil junge Frauen mit vergleichbarer Qualifikation von ihrer Erfolglosigkeit überzeugt seien.

Fast ausnahmslos sprachen die von mir befragten jungen Frauen das Problem an, wie die Medien über bekannte Frauen berichten. Sie klagten darüber, daß einflußreiche Frauen von den Medien ignoriert und daß dadurch den Frauen notwendige Vorbilder vorenthalten würden; Frauen, die in die Schlagzeilen gerieten, müßten ein wahres Spießrutenlaufen mitmachen. Der Weg zur Macht stellt sich als erniedrigend und qualvoll dar. Die Berichterstattung in den Medien warnt die jungen Frauen vor Erfolgen, davor, andere zu überflügeln und sich ins Scheinwerferlicht der Öffentlichkeit zu begeben. Die Frauen sagten, in den Medien werde der Eindruck erweckt, daß Erfolge für Frauen eher etwas Peinliches als etwas Schönes seien. Während die Frauen sich noch vorstellen konnten, daß Schauspielerinnen und Fotomodelle Macht und Anerkennung genossen, glaubten sie nicht, daß die Ausübung von Macht in anderen Positionen so viel Spaß machen konnte, daß sie die Peinlichkeit der öffentlichen Untersuchung überwog. Tatsächlich verwirrte viele Frauen meine Frage, ob ihnen noch niemand gesagt habe, daß die Ausübung von Macht auch Frauen Spaß machen könne. Dieser Gedanke war vollkommen neu für sie. Da wirkliche Vorbilder fehlen, die zeigen, daß weibliche Macht etwas Schönes sein kann, empfinden viele Frauen ihren Ehrgeiz als eine Form von Masochismus.

Wenn Frauen ihre ambivalenten Gefühle gegenüber der Macht beschreiben, wählen sie häufig Bilder von hohen Gipfeln und Bilder vom Fliegen. Die Frauen schildern, daß sie sich gleichzeitig nach Höhe sehnen und vor ihr Angst haben. Wenn Jungen vom Fliegen träumen, malen sie unbesiegbare Raketen und Kampfflugzeuge; Mädchen sehen sich als schwache und verletzliche Vögel. Wenn sie von ihrer Sehnsucht nach dem Fliegen reden, sprechen sie gleichzeitig davon, daß sie »abgeschossen werden« könnten, eine Formulierung, die ich immer wieder hörte. Die Sehnsucht, ihre Schwingen in großer Höhe zu erproben, war genauso groß wie die Angst, daß sie von dort wie Ikarus abstürzen könnten.

Das folgende typische Gespräch fand in einem Lokal an der Hauptstraße von Geneseo (New York) statt, einem kleinen Ort mit einer staatlichen Universität. Die Gesprächsteilnehmerinnen gehören der Frauengruppe der Universität an und sind durchweg intelligent, engagiert und ehrgeizig. Fast alle entstammen der weißen Arbeiter- oder Mittelschicht und müßten in einigen Jahren eigentlich zur Führungsschicht gehören. Männer mit vergleichbaren Fähigkeiten werden wichtige Positionen in Wirtschaft und Gesellschaft besetzen, der Politik neue Impulse geben und in den Medien präsent sein. Doch aus dem Gespräch mit den Frauen geht hervor, wie wenig gesellschaftliche Unterstützung sie bei ihrer Karriere erhalten und wie wenig hilfreich eine bestimmte Form des Opfer-Feminismus für die Einstellung der Frauen zur Macht ist.

NAOMI: Was werdet ihr tun, wenn ihr euren Abschluß gemacht habt? Wie wollt ihr eurer künftigen Verantwortung in führenden Positionen gerecht werden?

NICOLE: In einer Führungsposition hast du ständig das Gefühl, dich rechtfertigen zu müssen. Wer Erfolg hat, wird ständig von anderen beurteilt. Du stehst ganz allein da. Ich lehne Hierarchie ab. Ich will Menschen um mich. Irgendwie habe ich das Gefühl, wer erfolgreich sein will, muß andere treten.

NAOMI: Stell dir vor, du wärst Präsidentin der Vereinigten Staaten. Wie wäre das?

NOEL: Clinton ist ganz allein, wenn er für irgend etwas Rede und Antwort stehen muß.

COREY: Er bekommt alle Schuld.

NAOMI: Warum macht euch das Angst?

COREY: Weil es schlimm ist. Du ziehst alle Kritik und Aufmerksamkeit auf dich, das tut weh.

NAOMI: Was ist am schlimmsten, wenn man Erfolg hat?

NICOLE: Daß alle dich wieder in deine Schranken weisen wollen. Was du im Wahlkampf durchmachst, ist so schmerzhaft. Frauen werden dazu erzogen, es anderen recht zu machen. Wer ein öffentliches Amt bekleidet, kann es nicht allen recht machen.

JESSICA: Daß du abgelehnt wirst.

LAURA: Ich habe mich entschlossen, für ein Amt zu kandidieren. Am wichtigsten war der Sieg – am schlimmsten ist eine Niederlage.

NAOMI: Weshalb macht dir eine Niederlage Angst?

COREY: Weil einer Frau ein Stigma anhaftet, das einer Frau anhaftet, wenn sie verliert. Die Niederlage fällt nicht allein auf dich zurück, sondern auch auf alle anderen.

NOEL: Ich habe immer hohe Erwartungen an mich selbst. Ich muß mir und auch allen anderen immerzu beweisen, daß ich als Frau etwas trotzdem kann.

NAOMI: Wenn du für ein Amt kandidierst, bist du also ganz auf dich allein gestellt, und das ist dir unangenehm. Wer ist der gleichen Ansicht?

JENNA: Ich hätte Probleme damit, weil ich Leute mit Ideen um mich herum brauche.

NAOMI: Der Präsident hat doch solche Leute.

JENNA: Schon. Aber vor dem Mikrofon steht er dann allein.

NAOMI: Was ist daran so schlimm?

JENNA: Wie du heute abend. Stell dir vor, du hättest eine der Fragen nicht beantworten können? Wenn ich eine Frage über meine feministische Position nicht beantworten kann, bin ich nicht glaubwürdig.

NAOMI: Aber der Präsident hat doch auch oft keine Antwort parat. Du fürchtest dich also davor, nicht mehr glaubwürdig zu sein?

JENNA: Ja. Das wäre nicht nur für mich persönlich schlimm, sondern auch für die Sache, für die ich kämpfe.

NAOMI: Kennst du eine Frau, die Macht auf eine Weise ausgeübt hat, die dir imponiert?

JENNA: Ja, aber nur in meiner Familie, niemand in der Politik. Wenn ich Macht hätte, wollte ich eigene Ideen verwirklichen. Dazu müßte ich aber rücksichtslos zu anderen sein.

NAOMI: Warum glaubst du, daß du, wenn du dich durchsetzen willst, rücksichtslos zu anderen sein mußt?

JENNA: Weil jedesmal andere meine Ideen kritisierten und mich gar nicht mehr zu Wort kommen ließen. Ich merke immer, damit werde ich nicht fertig.

NICOLE: Ja, genau.

KIRSTEN: Ja. Als ich einmal in meinem Geschichtsbuch blätterte, fiel mir auf, daß so wenige Frauen erwähnt werden. Fast keine! Es gibt einfach keine Vorbilder. Wenn wir aber keine Vorbilder haben, die zeigen, daß auch Frauen in Machtpositionen kommen können, wie sollen wir es da überhaupt versuchen?

JENNA: Ich kann den Präsidenten nicht wie ein Mann anschauen und mir denken, was der kann, kann ich auch. In meiner Familie haben Frauen in bestimmten Bereichen das Sagen, und sie machen ihre Sache wirklich gut. Ich weiß, daß ich auch Großes vollbringen kann, aber ich habe keine Vorbilder, an denen ich mich orientieren könnte. Jungen Frauen wird nicht gezeigt, wie sie etwas Großes machen können. Wenn Frauen Macht haben, werden sie immer stark kritisiert. Zum Beispiel Hillary Clinton …

JENNA: Oder Zoe Baird …

TAMI: Oder Geraldine Ferraro …

COREY: Nur weil sie geweint hat. Das ist angeblich schlecht für unser Land.

MOIRA: Es ist ein doppeltes Problem. Wenn du redest, hast du Angst, jemandem über den Mund zu fahren. Wenn du Macht hast, hast du Angst, daß andere dir über den Mund fahren.

COREY: Selbst wenn du ganz oben bist, bestimmen immer noch andere über dich. Durch ihre Urteile.

NAOMI: Also können über den, der weniger Macht hat, andere auch weniger bestimmen? Verstehe ich dich richtig?

JENNA: Ja.

NAOMI: Stell dir vor, du stehst am Rednerpult des Präsidenten. Würdest du gern dort stehen?

JENNA: Nein!

NAOMI: Weshalb nicht?

JENNA: Ich möchte irgendwo sein, wo ich weniger Macht habe.

NAOMI: Warum?

JENNA: Weil ich die Situation mit weniger Macht besser im Griff habe.

NAOMI: Kannst du dir nicht auch vorstellen, über so viel Macht zu verfügen, daß du die Forderungen der Frauen politisch umsetzen könntest?

COREY: Nein, unmöglich.

NAOMI: Wollt ihr nicht die Abtreibungsgesetze ändern?

NOEL: Damit veränderst du nicht das System. Du hättest nur eine Stelle innerhalb des Systems verändert. Ich will, daß sich das ganze System ändert. Ich will diese kapitalistische, patriarchalische Pseudo-Demokratie abschaffen.

NAOMI: Wie willst du eine »Pseudo-Demokratie« ohne demokratische Mittel abschaffen?

NOEL: Es hat bereits Veränderungen gegeben. Aber diese Veränderungen gehen nicht von Einzelpersonen aus.

NAOMI: In diesem Staat wurde die Frauenbewegung doch auch von vier Frauen angeführt.

JILL (geduldig): Im Feminismus gibt es eine Bewegung, deren Motto lautet: Arbeite nicht mit dem System zusammen, sondern zerstöre es.

NAOMI: Welche Bewegung meinst du?

JILL, COREY, NICOLE: Radikale Feministinnen, Marxistinnen, Separatistinnen, militante Feministinnen.

NAOMI: Die Weigerung, Veränderungen innerhalb des Systems herbeizuführen, und die Ablehnung der Macht gehören nicht zum Gedankengut der ersten Phase des Feminismus. Haben solche Gedanken eure Vorstellungen von Macht während des Studiums beeinflußt?

JENNA, NICOLE: Ja.

NICOLE: Du meinst, daß wir nicht mit dem System zusammenarbeiten wollen? Ja.

KIRSTEN: Die Vorstellung, außerhalb des Systems zu stehen, gibt mir ein Gefühl von Macht.

JENNA: Es existiert dieses Bild der wahren, unverfälschten Feministin. Du kannst nicht wirklich Feministin sein, wenn du mit Männern schläfst oder mit dem System zusammenarbeitest. Zumindest scheint es so. Dann verkaufst du dich.

NICOLE: Die feministische Kultur vermittelt mir das Gefühl, daß ich das System – ebenso wie Hierarchie – unbedingt ablehnen muß. Sie hat Probleme mit der Gegenwart, weil wir einen Präsidenten haben und gewisse Strukturen vorgegeben sind. Ich finde, daß Meinungsvielfalt im Feminismus keinen Platz hat. Man muß dem Ideal der richtigen Feministin gerecht werden.

NAOMI: Wie sieht dieses Ideal aus?

NICOLE: Man muß materiellen Gewinn und Hierarchien ablehnen.

JENNA: Der Grund dafür ist, daß das System sexistisch und rassistisch ist. Radikale Feministinnen sagen, daß du dir als Feministin nicht bestimmte Dinge herauspicken kannst, du mußt alles ablehnen.

NAOMI: Heißt das auch, daß man sein Geld nicht für Veränderungen einsetzen darf?

KIRSTEN: Für sie ist der Kapitalismus ein System innerhalb des Systems.

NICOLE: Ja, das stimmt, und genau das mag ich nicht. Ich will nicht auf eine Konferenz gehen und das Gefühl haben, daß ich zu einer Randgruppe innerhalb des Feminismus gehöre, weil ich heterosexuell bin. Ich will meine Doktorarbeit fertigstellen und Geld verdienen. Damit ich es für Frauen einsetzen kann.

NAOMI: Mir fällt auf, daß bei den Frauen, die in der nächsten Generation Führungspositionen besetzen werden – also bei euch und euren Kommilitoninnen – die Führungsqualitäten nicht besonders gefördert werden. Viele Frauen auf dem Campus haben nur wenig Selbstvertrauen, weil sie keine anderen Frauen in Machtpositionen als Vorbilder haben. Wer gefördert wird und etwa Kurse in Frauenforschung belegt, will auf einmal nichts mit Wahlen, Geld und Massenmedien zu tun haben. Könnte es sein, daß hier wichtige Theorien auf wenig hilfreiche Weise interpretiert werden?

NOEL: Ja, sie sind fast schon ein Hindernis.

COREY: Was ändert sich, wenn wir herumsitzen und miteinander reden? Wenn wir alle Angst vor Geld haben, weil uns das lange genug eingetrichtert wurde – Angst, uns zu verkaufen –, und wenn wir Angst vor den Massenmedien haben, dann passiert nie etwas.

SERENA: Das eigentliche Problem ist die Sprache der sechziger Jahre.

JILL: Unsere ganze Generation schreckt davor zurück, in die Politik zu gehen. Wir wollen nichts damit zu tun haben.

NAOMI: Was haltet ihr von erfolgreichen Frauen? Mögt ihr sie?

DINA: Ja. Ich respektiere sie. Aber sie haben eine so große Verantwortung. Was ist, wenn sie scheitern? Sie führen einen aussichtslosen Kampf.

NAOMI: Wie meinst du das?

JENNA: Für Frauen gelten ganz andere Regeln. Wenn eine Frau oben ist und andere über sie richten, ist zuerst von ihr als Frau die Rede.

SERENA: Denkt doch nur an Hillary Rodham Clinton. Sie mußte im Fernsehen über Kochrezepte sprechen.

NAOMI: Ja, das ist schlimm. Aber inzwischen setzt sie sich für eine Verbesserung der Gesundheitsvorsorge für arme Frauen ein.

KIRSTEN: Aber wenn du versuchst, in eine leitende Position zu gelangen, führst du einen fortwährenden Kampf, der keinerlei Erfüllung bringt. Die Kritik ist mörderisch, und das ist die Sache doch nicht wert.
NAOMI: Hat euch noch niemand gesagt, daß es auch Frauen sehr viel Befriedigung verschaffen kann, Macht auszuüben und Veränderungen herbeizuführen?
KIRSTEN (nachdrücklich): Das habe ich noch nie gehört.
[Sieben weitere Frauen nicken zustimmend.]
SERENA: Die Vorstellung, daß Macht Spaß macht, ist mir absolut fremd.
NOEL: Bisher hat noch niemand alles gegeneinander aufgewogen und dann festgestellt: Was du erreichen kannst, hat mehr Gewicht als der Ärger, den du damit hast.
SERENA: Nichts ändert sich. Wir sehen keine Erfolge.
NAOMI: Und die junge Frau, die eben erst im All war?
JILL: Solche Erfolge gelten als patriarchalisch.
ANNA: Sie sollte lieber etwas für andere Frauen tun.
NAOMI: Aber das hat sie doch! Sie hat gesagt, sie will unterrichten und damit ein Beispiel für andere junge Frauen in den Naturwissenschaften und im Ingenieurwesen sein.
ANNA: Davon haben wir nichts gehört. Wir erfahren viel weniger über unsere Siege als über die der Männer.
JILL: Wir haben niemanden, der uns den nächsten Schritt zeigen könnte.
NAOMI: Meiner Ansicht nach brauchen wir ganz dringend ein Netzwerk von Mentorinnen. Wenn ihr direkte Vorbilder und Betreuerinnen hättet – wenn Jill zum Beispiel von einer Ärztin an einem großen Lehrkrankenhaus betreut würde –, würdet ihr dann anders über die Ausübung von Macht denken und ein anderes Verhältnis zur Gesellschaft haben?
ALLE: Ja! Absolut!
NOEL: An die wenigen Frauen, die es zu etwas gebracht haben, kommst du nicht heran. Wenn sich die Mentorinnen-Idee durch-

setzen würde, wäre das ausgesprochen hilfreich und ermutigend. Du wüßtest endlich jemanden, der deine Schwierigkeiten kennt.
JILL: Wir lehnen ja Macht ab, weil niemand uns sagt, wie wir Macht erlangen oder einsetzen können. Wir hören nur, daß sie den ganzen Ärger nicht wert ist.

Aus diesem Gespräch geht hervor, daß die für Führungspositionen qualifizierten Frauen der nächsten Generation viel mehr brauchen als Gesetze zur Gleichstellung der Frau. Sie brauchen Mentorinnen und Vorbilder; sie brauchen Kontakt zu erfolgreichen Frauen und müssen lernen, mit der Macht umzugehen. Kurz gesagt, sie müssen vom Opfer-Feminismus zum Power-Feminismus geführt werden. Vor allem aber müssen sie ihre Ängste ablegen, denn sie sind der Grund dafür, daß Erfolg und Leistung ihnen nicht der Mühe wert erscheinen.

Mehr als ein persönliches Problem

Die Ängste, die den Gesprächsteilnehmerinnen aus Geneseo und mir zugesetzt haben, haben auch die Geschichte der Frau insgesamt mitbestimmt.
Seit Einführung des Wahlrechts für Frauen stellen Frauen auch die Mehrheit der potentiellen Wähler, doch erst 1992 haben sie begonnen, ihre politische Macht zu nutzen. Warum so spät?
Historiker können nicht erkären, weshalb der Feminismus zerfiel, als die Frauen das Wahlrecht gewonnen hatten, und weshalb dann wieder siebzig Jahre vergehen mußten, bis sie begannen, das Wahlrecht für ihre eigenen Interessen zu nutzen. Shulamith Firestone sagt, die Frauen seien des Kampfes müde gewesen. Für Susan Kingsley Kent ist der Zerfall des britischen Feminismus auf drei Dinge zurückzuführen: die Wirtschaftskrise und das Aufkommen des Faschismus, die Reaktion gegen den Feminismus und die zunehmende Zersplitterung innerhalb der Bewegung. Die Frauen

hätten klein beigegeben, als Presse und Regierung nach 1918 zum ideologischen Gegenschlag ausholten und die Feministinnen attackierten.

Aber ist das nicht höchst merkwürdig? Würden die Schwarzen in Südafrika das Wahlrecht erhalten und dann siebzig Jahre nur weiße Politiker wählen, die sich wenig für die Belange der Schwarzen interessieren, würde man doch auch nach dem Grund fragen und irgendein falsches Bewußtsein verantwortlich machen. »Warum«, fragte Winifred Holtby in den dreißiger Jahren, »lehnen oft gerade die Frauen die Frauenbewegungen der letzten hundertfünfzig Jahre ab, die ihnen doch zumindest die Grundlagen politischer, wirtschaftlicher und moralischer Gleichberechtigung verdanken?« Holtbys Feststellung, moderne junge Frauen wüßten erstaunlich wenig über das Leben vor dem Krieg und wiesen den Feminismus und alles, was sie damit verbinden, entschieden zurück, gilt auch heute noch. In den dreißiger Jahren wurden laut Holtby Frauen in Zeitschriftenartikeln aufgefordert, ihren Arbeitsplatz Männern zur Verfügung zu stellen. Mit Erfolg: »Die meisten Frauen protestierten nicht und gaben das, was sie erreicht hatten, wieder auf. Sie ließen die alten starren Beschränkungen wieder zu, weil sie glaubten, sie wären dazu verpflichtet.«

Mit anderen Worten: In den dreißiger Jahren bewirkte Kritik von außen, daß die Frauen sich nach ersten Erfolgen nicht an die politische Macht heranwagten. Das gleiche wiederholte sich in den achtziger Jahren. Wieder ließen sich die Frauen nach ersten Erfolgen durch Kritik von der politischen Macht abschrecken. Zwar standen ihnen beide Male durchaus reale politische Feinde gegenüber, aber sie hatten offenbar auch nicht die Kraft, ihre Errungenschaften zu verteidigen, und nicht den Willen, sich gegen die Kritik zu wehren.

Wir müssen uns darum fragen, weshalb Unterdrückung die Frauen mit Tatkraft erfüllt, während die Kritik, die der Erfolg nach sich zieht, sie lähmt. Warum brach die Frauenbewegung in den dreißiger Jahren zusammen, kurz nachdem die Frauen das Wahlrecht erhalten hatten? Warum scheiterte die Frauenbewegung in den achtziger Jahren, nachdem Gesetze zur Gleichstellung der Frau erlassen worden waren?

Psychologen sprechen von einer »negativen therapeutischen Reaktion«, wenn Patienten nach bedeutenden Fortschritten plötzlich größere Probleme haben als vor der Therapie.[2] Eine solche Reaktion »setzt dann ein, wenn der Patient auf dem Weg ist, die Verantwortung für das eigene Leben wieder zu übernehmen. Er hat erkannt, daß er sich aus seiner hilflosen Situation befreien und wieder wirkungsvoll handeln kann, bekommt dann aber Angst vor den Folgen dieser Möglichkeit... Er schreckt zurück und weigert sich, den eingeschlagenen Weg weiterzugehen.«[3]

Was Baker Miller zufolge so häufig bei Frauen in Therapie der Fall ist, läßt sich auch auf die Geschichte der Frau insgesamt übertragen. Wenn Frauen erste Erfolge haben, passiert folgendes: Zuerst reagiert die Opposition und schlägt zurück; es folgt eine Phase der Desorientierung nicht nur einzelner Frauen, sondern der Frauen insgesamt, und dies führt wie bei mir und meinen Gesprächspartnerinnen dazu, daß die Frauen weiteren Fortschritten ambivalent gegenüberstehen oder sich sogar ganz zurückziehen.

Frauen können ihre politischen Siege möglicherweise deshalb nicht nutzen, weil sie, nachdem sie bisher immer von anderen bestimmt worden sind, sich nicht mehr vorstellen können, das Schicksal ihres Landes selbst zu bestimmen. Dieser Gedanke ist ein großes Trauma, das die weibliche Identität zerstört und die politischen Wünsche der Frauen ins Gegenteil verkehrt.

Warum haben Frauen Angst vor der Macht?

Warum ist die Macht für Frauen ein solches Trauma? Als Mädchen fürchten wir uns nicht vor der Macht. Am Beginn unserer Sozialisation sind wir beinahe ausnahmslos kleine Power-Feministinnen. Aber zugleich mit der Sozialisation durch Gleichaltrige, die im Alter von sechs Jahren anfängt und in der Adoleszenz besondere Wichtigkeit erlangt, wird uns neben vielen anderen Dingen die Angst vor der Macht beigebracht.

Die ersten Wunden – das Gefühl, ausgeschlossen und unbedeutend zu sein – fügen uns nicht die Institutionen der Männer zu (sie kommen erst später), sondern andere kleine Mädchen. Als Erwachsene versuchen wir, den Schmerz dieser Wunden in Zusammenschlüssen mit Frauen zu lindern, allerdings vergebens. Wir versuchen nicht, eine Welt zu schaffen, in der Frauen erfolgreich sind (das können wir uns gar nicht vorstellen), sondern eine Welt, in der sich niemand ausgeschlossen fühlt.

Baker Miller und Tannen sind der Ansicht, daß das Verhältnis von Mädchen untereinander weniger durch Statusdenken als durch Beziehungsdenken geprägt ist. In Mädchengruppen werden viele wunderbare Dinge vermittelt. Tannen weist darauf hin, daß in solchen Gruppen wichtige typisch weibliche Gefühle, Fähigkeiten und Eigenschaften wie Intimität, Sensibilität, Mitgefühl und Kommunikationsfähigkeit erprobt werden. Aber die Sozialisation fordert einen Preis.

Bereits im Alter von sechs oder sieben Jahren ahnen Mädchen, daß ihnen ein eingeschränktes Leben beschieden ist. In Mädchengruppen wird jeder Überschuß an Energie gebremst und der Wille zur Macht in neue, gesellschaftlich akzeptierte Richtungen gelenkt. Gilligan vertritt die Auffassung, daß der Wille zur Macht den Mädchen in der Adoleszenz abhanden kommt. Ich glaube, daß dies bereits früher beginnt und daß bereits unter sechsjährigen Mädchen die Strukturen eines komplexen Unterdrückungssystems vorhanden sind und die Persönlichkeit vieler Mädchen einer inneren Zensur unterworfen ist.

Wenn ich mit einigen Thesen der genannten Autorinnen nicht übereinstimme, heißt das nicht, daß ich die Sozialisation des Mannes für besser halte oder typisch weibliche Fähigkeiten und Eigenschaften nicht zu schätzen wüßte. Wie die Autorinnen betonen, verhindern beide Sozialisationsformen, daß die Menschen zu einem inneren Gleichgewicht finden und das Yin und das Yang – das passive und das aktive Prinzip – harmonisch miteinander verbinden können. Ich warne jedoch vor der unzulässigen Vereinfachung, den Frauen Machtwillen und die Fähigkeit zum Umgang mit der Macht einfach abzusprechen. »Patriarchalische« Attribute wie Aggressivität, Konkurrenzdenken, territoriales Denken, Logik, Ehrgeiz, Kraft, Herrschaftsanspruch und der Wunsch nach Anerkennung und Erfolg sind von Anfang an tief im Innern des weiblichen Bewußtseins verankert und werden erst später umgelenkt. Diese Attribute machen die Frauen freilich nicht zu Männern; sie machen sie zusammen mit den »weiblichen« Eigenschaften, die von Feministinnen so oft betont worden sind, erst zu richtigen Frauen.

Die Eigenschaften, die zum Umgang mit Macht befähigen, haben bei Frauen möglicherweise eine eigene, »weibliche« Ausprägung. Aber animalische und destruktive Elemente gehören genauso zum Wesen der Frau wie Güte und Fürsorge. Wir können uns erst dann wirklich kennenlernen, wenn wir unsere Natur nicht verleugnen. Beobachten wir die Sozialisation von Mädchen in gleichgeschlechtlichen Gruppen, so stellen wir fest, daß dabei sieben Ängste vor der Macht vermittelt werden: die Angst, eine Führungsrolle zu übernehmen; die Angst vor Egoismus; die Angst vor Spott; die Angst, ausgeschlossen zu werden; die Angst, wir könnten »zuviel« haben; die Angst, andere Frauen könnten »zuviel« haben, und schließlich die Angst vor Konflikten.

Die Angst vor Führung und Egoismus

Aus der Studie *All That She Can Be* von Dr. Carol J. Eagle und Dr. Carol Colman über Mädchengruppen geht hervor (ohne daß die Autorinnen dies beabsichtigt hätten), wie Mädchen lernen, daß es weder richtig noch bewundernswert ist, wenn Frauen Führungspositionen innehaben, und daß Frauen ein »Diva-Verhalten« mit einem schmerzlichen Verlust an Privatsphäre bezahlen müssen.

Die Angst, eine Führungsrolle zu übernehmen, rührt daher, daß sich Mädchen weniger aufgrund gemeinsamer Ziele als aufgrund gemeinsamer Gefühle zusammenschließen. »Mädchenfreundschaften«, schreiben Eagle und Colman, »beruhen weniger darauf, daß man irgendwohin geht oder irgend etwas tut, als darauf, daß man Gedanken und Gefühle miteinander teilt. In solchen Freundschaften lernen die Mädchen den vertrauten Umgang mit anderen Menschen und die Fürsorge für andere Menschen.«[4] Mädchen machen nicht die unpersönlichen und bis zu einem gewissen Grad austauschbaren Erfahrungen, wie Jungen sie in der Sportgruppe machen, sondern setzen organisatorische und kämpferische Energien in sozialen Gruppen ein.

Für viele Feministinnen gibt es zwei getrennte Welten: die der Männer, in der ein unbarmherziger Konkurrenzkampf herrscht, und die der Frauen, die von Gleichberechtigung und Fürsorge geprägt ist. Aber im Mannschaftssport der Männer findet man oft viel Zusammenhalt und Teamgeist, während es umgekehrt in Frauengruppen die schlimmsten versteckten Aggressionen und das schlimmste Konkurrenzdenken geben kann.

Jungen lernen durch den Sport, daß man gewinnen kann und was man dabei empfindet. Mannschaftsführer werden am Anfang vielleicht von den anderen beneidet, aber wenn sie ihre Mannschaft zum Erfolg führen, freut sich das ganze Team über den gemeinsamen Sieg. Jungen lernen, ihre Anführer zu unterstützen, wenn sie ihre Sache gut machen, und sich mit ihrer Stärke zu identifizieren. Selbst Jungen, die schlechte Sportler sind, können für eine bestimmte Sportmannschaft schwärmen, sich leidenschaftlich mit ihr identifizieren und auf diese Weise immer wieder »siegen«.

Für Mädchen, die keinen Mannschaftssport betreiben, heißt Gemeinschaft nicht Teamarbeit, sondern Nähe. Wer führt, braucht keine bestimmten Fähigkeiten, sondern muß beliebt sein. Mädchen erfahren in ihren Gruppen, was Liebe bedeutet, nicht aber, was es heißt, zu siegen. Sie wollen in ihren Gruppen keinen Pokal erringen, sondern einfach nur dazugehören.

Im Gegensatz zu den Sportmannschaften der Jungen beruht die Organisationsstruktur von Mädchengruppen auf subjektiven und undemokratischen Prinzipien. Wer die »Staatsformen« beschreiben wollte, die Mädchen auf dem Schulhof lernen, würde feststellen, daß die Skala von einer »Oligarchie der Beliebtheit« bis zu einem Persönlichkeitskult reichte, der fast schon einer Diktatur gleichkommt.

Im Gegensatz zur objektiven Leistung der Mannschaftsführer bei den Jungen, die auch von weniger sportlichen Jungen anerkannt wird (wenn auch zuweilen nur widerwillig), werden die Anführerinnen von Mädchengruppen aufgrund unverdienter Attribute wie Charisma, Aussehen, Kleidung und Beliebtheit ausgewählt. Mädchen lernen, daß oft nur subjektive, zweifelhafte und persönliche Gründe für die Wahl der Anführerin ausschlaggebend sind; sie machen nicht die Erfahrung, wie wichtig gute Führung für Erfolg und Zusammenhalt einer Gruppe ist. Aus solchen Auswahlprinzipien aber können keine gültigen Regeln für soziale Organisationsstrukturen abgeleitet werden, die allen gerecht werden. Die Ablehnung von Führungsqualitäten und von herausragenden Leistungen anderer ist deshalb durch die soziale Struktur der Mädchengruppen geradezu vorprogrammiert.

Die frühe Erfahrung mit den Organisationsformen ihrer Gruppen weckt in den Frauen den Eindruck, ihre Anführerinnen würden »zuviel« bekommen. Sie erfahren nicht, daß eine Frau aufgrund ihrer Verdienste ganz legitim zur Anführerin wird und daß im Prinzip jede Frau das werden kann. Statt dessen halten sie wie selbstverständlich nach einer Autoritätsperson Ausschau, der sie ihre Macht abgeben und die sie dann dafür hassen können. Konkurrenzkampf und Konflikte zwischen Mädchen degradieren zu sozialen oder verbalen Machtspielen, und die Mädchen wachsen ohne ein Vokabular auf, mit dem sie ihren natürlichen Gefühlen angemessenen Ausdruck verleihen könnten.
Wenn Frauen sportlich aktiv sind und ihre Aggressionen und Rivalitäten ausleben dürfen, kommen diese »unweiblichen« Gefühle schnell wieder zum Vorschein. Es ist kein Zufall, daß gerade der aufblühende Frauensport die Voraussetzungen für die gegenwärtige Erneuerung einer Sprache weiblicher Macht geschaffen hat.
Ein Beispiel dafür ist Cindy Watters. Ihre Mutter ist Grundschullehrerin, ihr Vater Vertreter. Cindy ist 22 Jahre alt und Präsidentin der Studentenschaft an der Yakima University. Bei ihrer Wahl setzte sie sich gegen drei Männer durch. Sie ist Basketballspielerin und glaubt, daß sie durch ihre sportlichen Aktivitäten gelernt hat, sich durchzusetzen.
CINDY: Durch den Sport habe ich gelernt, Führung zu übernehmen. Ich trat nur gegen Mädchen an. Ich konnte neue Ideen ausprobieren. Der Sport gab mir Selbstvertrauen, weil ich wußte, daß ich gut war. Sport ist für Frauen ganz wichtig. Du lernst, daß es nichts Anstößiges ist, zu gewinnen und sich mit anderen zu messen. Du kämpfst auch gegen dich selbst. Wenn du dich wirklich anstrengst, hast du Erfolg. Du kannst mit Herausforderungen umgehen, weil du schon viele gemeistert hast.
Ich glaube, daß es Mädchen guttut, sich offen und nicht versteckt mit anderen zu messen. Bei Frauen, die keinen Sport treiben, wird das Konkurrenzdenken unterdrückt und auf andere Dinge umgelenkt. Du willst schöner oder schlanker als andere Mädchen sein.

Nicht deine Fähigkeiten oder Kenntnisse zählen, sondern dein Aussehen, dein Make-up, deine Kleider, deine Freunde.

NAOMI: Einige sagen, Konkurrenzdenken sei ein typisch männliches Verhalten.

CINDY: Ich glaube, daß es allen Menschen angeboren ist. Keiner verliert gern. Frauen verhalten sich im Wettbewerb vielleicht anders, aber Konkurrenzdenken macht sie nicht zu Männern, sondern zu vollwertigen Mitgliedern der Gesellschaft.

Ich bin fest davon überzeugt, daß mich der Sport darauf vorbereitet hat, zu führen. Wenn ich mit anderen Frauen trainiere, sage ich mir: ›Du tust das nicht nur für gute sportliche Leistungen. Es hilft dir auch, als Frau in der Gesellschaft zu bestehen‹. Seien wir ehrlich: Als Frau kannst du in dieser Gesellschaft im Sport nicht das große Geld verdienen. Aber du kannst einen finanziellen Nutzen aus dem ziehen, was du im Sport lernst. Du lernst, dich mit anderen zu messen und deine Führungsqualitäten zu erproben. Und du erfährst, was es heißt, Mitglied eines Teams zu sein. Du lernst, nach einer Niederlage wieder auf die Beine zu kommen. Du lernst, daß man hart trainieren muß. Du entwickelst eine bestimmte Arbeitsmoral, denn auf dem Spielfeld zählen Talent und harte Arbeit. Wenn du dann siegst, hast du hart dafür gearbeitet; du hast den Sieg deshalb verdient. Niemand kann dir den Sieg streitig machen.

NAOMI: Glaubst du, daß Frauen lernen müssen, Niederlagen nicht persönlich zu nehmen?

CINDY: Ich glaube, manchmal ist das schon schwer. Wir Frauen sind nun einmal emotional. Aber du lernst, daß eine Niederlage nicht gleich das Ende der Welt bedeutet. Und dir bleibt immer die Hoffnung auf weitere Spiele, weitere Chancen. Du lernst, Niederlagen nicht so wichtig zu nehmen, denn wenn du das machst, kannst du nicht gewinnen. Aber du kannst aus den Niederlagen lernen.

Du weißt, wie man siegt, und du weißt, wie es ist, zu einem Team zu gehören. Wenn du dich um eine Stelle bewirbst, ist das nichts Neues für dich.

Die unterschiedliche Erziehung von Jungen und Mädchen macht Frauen vielleicht zu besseren Eltern und aufmerksameren Freundinnen und Partnerinnen, aber sie ist auch der Grund, weshalb Frauen im Kampf um die eigenen berechtigten Ansprüche und um gemeinsame Belange oft so schlecht sind.
Bis vor kurzem entschied die Heirat und nicht die eigene Leistung über den sozialen Status einer Frau; Frauen erlebten, daß andere aufgrund ihrer Schönheit oder sexuellen Anziehungskraft gesellschaftlich aufstiegen. Diese falsche Vorstellung von weiblichen Verdiensten wird heute dadurch am Leben erhalten, daß die Medien die Erfolge von Frauen ihrem Aussehen, ihrem Ehemann, einem Verwandten oder einem Förderer zuschreiben.
Schließlich glauben Frauen nicht mehr daran, daß ihre eigenen Führungsqualitäten oder die Leistungen anderer Frauen Bewunderung verdienen. Da Ruhm und Ehre, die Männer zu immer neuen Leistungen antreiben, Frauen nicht zuteil werden, tun Frauen sich schwer, sich gemeinsam hinter eine Frau zu stellen oder sich für gemeinsame Ziele zusammenzuschließen.

Die Angst vor Spott und Konflikten und die Angst, ausgeschlossen zu werden

Da Mädchen sozial in Gruppen organisiert sind, muß ein Mädchen, das unkonventionell denkt und von den Normen der Gruppe abweicht, befürchten, ausgeschlossen zu werden.
Dazu Colman und Eagle in einer längeren Passage: »Meist gibt es ein oder zwei Gruppen, die gerade besonders ›in‹ sind. Diesen Gruppen gehören Mädchen an, die beliebt sind und den Ton angeben. Beliebte Mädchen sind zwar nur eine kleine Minderheit, aber trotzdem wünscht sich die Mehrheit der Mädchen, diesem ›exklusiven Club‹ anzugehören, und ist traurig, wenn das nicht der Fall ist.
Die Mädchen, die den Ton angeben, sind nicht unbedingt die nettesten und nicht einmal die, denen die größte Sympathie entgegengebracht wird. Obwohl alle anderen diese Mädchen bewun-

dern, wissen sie, daß sie nicht unbedingt nur gute Eigenschaften haben. Die Mehrheit der Mädchen gehören anderen Gruppen an, denn es ist aus der Sicht der Mädchen besser, irgendeiner als gar keiner Gruppe anzugehören. Eine größere Minderheit von Mädchen sind Außenseiterinnen. Aus irgendeinem Grund gehören sie zu keiner Gruppe, auch wenn sie das unbedingt wollen.
Mädchen können äußerst grausam sein, wenn es darum geht, andere auszuschließen, die sie für eine Belastung der Gruppe halten. Da sie selbst noch auf der Suche nach der eigenen Identität sind, fürchten sie, an Ansehen zu verlieren, wenn sie sich mit weniger beliebten Mädchen abgeben. Mädchen werden ausgeschlossen, weil sie als unreif gelten, weil sie falsche Sachen sagen oder weil sie die falschen Kleider tragen ... Die Welt der heranwachsenden Mädchen ist nicht leicht zu durchschauen, und Eltern werden wahrscheinlich nie wirklich begreifen, warum einige Mädchen ›in‹ sind und andere nicht ... Dabei kann sich so etwas schnell ändern. Mädchen, die heute ›in‹ sind, sind morgen schon wieder ›out‹.«

Tannen führt eine Studie von Marjorie Harness Goodwin an, die beschreibt, wie ein Mädchen, dessen Verhalten auf starke Mißbilligung stieß, eineinhalb Monate lang geächtet wurde. Dies ist das wirkungsvollste Mittel, gesellschaftlich unangemessenes Verhalten zu bestrafen.[5]

Da unkonventionelles Verhalten mit sozialer Ächtung bestraft werden kann, fühlen sich Mädchen nur dann sicher, wenn sie sich der Meinung der anderen anschließen. Wenn sie eine unpopuläre Ansicht vertreten, den Status quo in Frage stellen oder an etwas glauben, das alle anderen ablehnen, erfahren sie von anderen Mädchen nur wenig Unterstützung – es sei denn, sie haben Glück und gehören einer Gruppe von Rebellinnen an.

Heranwachsende Mädchen sind sich laut Tannen des eigenen Status noch nicht sicher und fürchten, daß sie, wenn sie sich den Wünschen der Gruppenführerin oder eines anderen beliebten Mädchens widersetzen, aus der Gruppe ausgeschlossen werden.

So lernen Frauen schon als Mädchen, daß man ihnen nicht hilft, weil sie recht haben, sondern weil sie nett sind.

Die Angst, wir selbst oder andere Frauen könnten »zuviel« haben

Colman und Eagle beschreiben den Machtkampf einer Jugendlichen: »Das aggressive Mädchen fühlt sich bedroht, wenn ein anderes Mädchen die Macht an sich reißen will oder wenn die Mädchen der Gruppe jemand anders finden, den sie bewundern und dem sie sich anschließen wollen. In einigen Fällen versucht sie vielleicht, die Oberhand zu behalten, indem sie noch dominanter und aggressiver wird; durch dieses Verhalten entfremdet sie sich jedoch meist die Mädchen, deshalb muß sie schließlich klein beigeben. Manchmal unterdrückt sie auch ihre eigenen Gefühle und wird passiv.«[6]

Status ist in diesem Zusammenhang etwas sehr Unsicheres. Er beruht nicht auf bestimmten Fähigkeiten oder auf Achtung, sondern auf willkürlich veränderbaren Loyalitäten. Ein neues Mädchen in der Gruppe kann die bisherige Konstellation bedrohen oder ein Gewinn für die gesamte Gruppe sein. Das beliebte Mädchen darf nicht offen um den Erhalt seiner Position kämpfen, es muß seine Wünsche unterdrücken. Aber wenn ein Mädchen oder eine Frau den eigenen Willen unterdrückt, will sie nicht, daß andere ihren Willen durchsetzen und damit womöglich auch noch erfolgreich sind. Deshalb hat sie Angst, daß andere Frauen »zuviel« haben könnten.

Frauen lernen, daß sie sich in ihrem eigenen Interesse fügen müssen, daß Beziehungen intensiv und romantisch und nicht kameradschaftlich und pragmatisch sind. »Mädchen ziehen enge Beziehungen mit einigen ausgewählten Freundinnen lockeren Beziehungen mit vielen Freundinnen vor. Deshalb erscheinen ihre Beziehungen Außenstehenden hermetisch abgeschlossen, während sie in Wirklichkeit neue Freundinnen erst besser kennenlernen wollen, ehe sie sie in ihren Kreis aufnehmen. Vielleicht befürchten sie auch, daß die Neuen ihnen ihre Freundinnen wegnehmen oder das Beziehungsgefüge innerhalb der Gruppe zu ihrem Nachteil verändern.«[7] Hier sind die Gründe dafür zu suchen, weshalb Freundschaften zwischen Frauen so engagiert und zugleich so wechselhaft sind und weshalb sich Frauen so schwer damit tun, unpersönliche Bindungen zu knüpfen, wie sie etwa für politische Koalitionen wichtig sind.

Tannen und Baker Miller plädieren für ein Umdenken der Menschen, weg von der Konkurrenz und hin zur Beziehung. Sie haben in vielem recht, idealisieren allerdings häufig die weibliche Psyche. Aus dem verständlichen Wunsch heraus, traditionelle Qualitäten der Frau hochzuhalten, gehen sie oft zu weit und zählen auch Dinge dazu, die in Wirklichkeit eher der Unterdrückung der Frauen zuzuschreiben sind. Und wie viele andere feministische Theoretikerinnen treten auch sie nicht dafür ein, daß Frauen im wirklichen Leben Macht ausüben.

Laut Tannen konzentrieren sich Frauen auf Intimität und Männer auf Unabhängigkeit: »Es scheint, als fließe ihr Blut in verschiedene Richtungen.«[8] Mädchen ziehen Betätigungen vor, bei denen es keine Gewinner und Verlierer gibt, denn »sie wollen gar nicht im Mittelpunkt stehen, deshalb fordern sie einander nicht direkt heraus.« Tannen erläutert an einem Beispiel, wie Mädchen dem Konflikt aus dem Weg gehen und die Harmonie durch Kompromisse aufrechterhalten.[9] Ein anderes Beispiel zeigt, wie Mädchen »gleichberechtigt« miteinander spielen, wodurch die Macht der Gruppe und nicht die Macht der einzelnen vergrößert wird. Im Gegensatz dazu sind Jungen ständig in »rituelle Kämpfe« verwikkelt, in denen Äußerungen fallen wie »Jetzt schlag ich ihm aufs Auge« oder »Jetzt gebe ich ihm eins auf die Nase«. In einem weiteren Beispiel sitzen zwei Mädchen ruhig da und reden vertraulich miteinander, während zwei Jungen herumtollen und raufen.

Tannen hat meiner Ansicht nach insofern recht, als es immer noch viele Mädchen gibt, die nett miteinander spielen; emanzipiertere Mädchen sind nach wie vor in der Minderzahl. Ich meine aber, das von Tannen beschriebene Verhalten hängt davon ab, wie konventionell Mädchen erzogen werden. Dies soll das folgende Beispiel zweier Schwestern im Alter von vier beziehungsweise sechsdreiviertel Jahren veranschaulichen, die bei einem liebevollen Vater und einer starken Mutter in Virginia aufwachsen. Sie leben auf einem Bauernhof auf dem Land, unter Künstlern; Fernsehen gibt es nicht. Ich nenne die ältere Ann, ihre kleine Schwester Sara.

»Was würdest du tun, wenn du einen Zauberstab hättest?« frage ich Ann.

»Ich würde böse Menschen in Frösche verwandeln.«

»Was noch?«

»Ich würde etwas tun, damit es ihnen wieder bessergeht.«

Während Ann spricht, lehnen sie und ihre kleine Schwester an einer Wand. Arme und Beine sind ständig in Bewegung, und sie haben ständig auf vertraute und spielerische Weise Körperkontakt. Sie spielen oft miteinander und sind gute Freundinnen. Während Ann spricht, versucht Sara, ihr rasch einige Male auf den Kopf zu hauen. Als Ann nicht reagiert, bohrt Sara der Schwester den Zeigefinger in die Hüfte.

Ann fragt mich: »Weißt du, wie ›Brennessel‹ geht?«

»Nein.

Ann packt den Arm ihrer Schwester kurz über dem Handgelenk, schließt die Hände fest um den Arm und dreht sie heftig in entgegengesetzte Richtungen.

Sara schreit und reißt sich los. Dann sagt sie, sie will auch mal. Sie ergreift ihrerseits den Arm der älteren Schwester und dreht so heftig, wie sie nur kann. Ihr Gesicht verzerrt sich vor Anstrengung und wird rot; sie hängt praktisch mit ihrem ganzen Gewicht am Arm ihrer Schwester. Doch das tut Ann nicht weh, und sie sieht ihr bewußt gelangweilt zu.

»Tut sie dir nicht weh?« frage ich. Ann macht ein ungläubiges Gesicht. Frustriert dreht Sara noch fester. Plötzlich fällt ihr etwas ein, und ihre Miene hellt sich auf.

»Warte nur, bis ich sieben bin«, ruft sie. »Dann tut es dir weh.«
Ich folge den beiden ins Wohnzimmer. Ann hüpft wie ein Frosch auf dem Boden herum, dicht gefolgt von Sara, die ihr mit den Händen auf den Rücken schlägt. Dann legt sich Ann unter das Klavier und streckt die Arme nach Sara aus. Sara kniet nieder, lehnt sich vor und tut so, als wolle sie Ann einen Kuß geben. Als ihre Lippen Anns Gesicht schon fast berühren, bläst sie ihr plötzlich kräftig ins Gesicht. Ann zwickt Sara in die Nase. Dann fällt den beiden ein neues Spiel ein, und sie kriechen unter dem Klavier hervor. Sara spielt nun eine Katze. Wieder tut sie so, als wolle sie Ann küssen, schleckt dann aber ihre Wangen ab, bis Ann mit den Fäusten auf sie eintrommelt. Dieses Spiel wiederholen sie fünf- oder sechsmal.
Schließlich sagt Ann: »Wenn du mich noch einmal abschleckst, werde ich zu einer ganz großen Katze und fresse dich und deine Freundinnen.«
Sara lacht, legt die Hände um Anns Hals und schüttelt sie vor und zurück. Dann umarmt sie sie und schleckt wieder ihre Wangen ab. Ann miaut und ist jetzt wie angedroht eine große Katze. Sie krümmt ihre Finger zu Krallen und bohrt sie ihrer Schwester mehrmals in die Brust, bis sie beide hinfallen. Dann schlägt sie Sara auf den Hintern.
Sara umarmt sie und sagt ganz ruhig: »Auf die Plätze, fertig, los!« Beide wissen, was das heißt. Sie schlagen und hämmern aufeinander ein und zerren und ziehen einander an beiden Armen.
Ann warnt Sara: »Ich werde jetzt eine immer größere Katze ... immer größer ...«
Sara lehnt sich unbeeindruckt wieder vor und schleckt Ann demonstrativ ab. Ann springt auf, kreischt und jault und stürzt sich auf ihre Schwester. In heller Aufregung tut sie, als wolle sie ihre Schwester mit den Krallen zerreißen. Dann steht sie auf, klopft sich die Knie ab und läßt ihre Schwester am Boden liegen. Über die Schulter sagt sie ruhig: »Ich habe dich gefressen.«
Wir dürfen über das aggressive Verhalten der Mädchen nicht er-

schrecken; sie werden deshalb später nicht zu »Männern« oder gar Mörderinnen. Vielmehr sollten wir uns daran erinnern, daß wir auch einmal so gespielt haben, bevor wir uns das Raufen in Gesellschaft anderer braver Mädchen abgewöhnen mußten. Die Interaktion zwischen Ann und Sara bestand aus einem steten Wechsel von Intimität und Aggressivität. Beide griffen das Territorium der Schwester immer wieder an und verteidigten das eigene. Die intime Bindung zwischen den beiden blieb dabei immer bestehen – tatsächlich war die Aggression Teil der Bindung, wie das laut Tannen auch bei Jungen häufig der Fall ist. Jedes Mädchen genoß die eigene Stärke und die Stärke der provozierten Schwester.

Die weibliche Sozialisation, die Frauen zur Aufgabe ihrer Aggressivität zwingt, hat aber bereits Spuren hinterlassen. Im Gespräch mit einer erwachsenen Person schwächt Ann ihre Auskunft, daß sie mit einem Zauberstab gemeine Menschen in Frösche verwandeln würde, bereitwillig wieder ab: »Ich würde etwas tun, damit es ihnen wieder bessergeht.« Der Sozialisationsprozeß hat seine eigenen Rituale: Gewalttätige Spiele wie »Brennessel« gehören ebenso dazu wie vorenthaltene Küsse. Ich kenne diese Rituale noch aus meiner eigenen Kindheit. Wenn keine Erwachsenen in der Nähe waren und wir Mädchen unsere Phantasien ausleben konnten, setzte ein spielerischer Kampf ein, wie er für Jungenfreundschaften typisch ist. Anns und Saras Aggressionen und ihre leidenschaftlichen, ja sinnlichen Umarmungen waren extremer und ungehemmter, als ihre spätere Sozialisation zulassen wird.

Beide Mädchen lebten die Rivalität mit der Schwester, ihre Zuneigung, ihren Wunsch, die Schwester zu vernichten, und den Wunsch, mit ihr zu verschmelzen, offen aus. Ein solcher spielerischer Überlebenskampf ähnelt den aggressiven Territorialkämpfen, die nach Ansicht orthodoxer Feministinnen eher typisch für Jungen sind. Kleine Mädchen wissen – wenn auch nur unbewußt –, daß sie selbst klein und andere groß sind und daß sie lernen müssen, ihre wachsenden Kräfte gezielt einzusetzen. Sie wissen, daß sie zu ihrer Selbstverwirklichung und emotionalen Befriedigung mehr brauchen als Zusammenschluß und Bindung; auch Separation und Kampf sind wichtig. Sie müssen andere überlisten und ihre Grenzen verteidigen, wenn sie ihren noch starken und ungebrochenen Willen entwickeln und die Ziele ihrer Begierden erreichen wollen.

Orthodoxe Feministinnen haben eine andere Perspektive. Jean Baker Miller glaubt, ein wichtiger Aspekt der weiblichen Psychologie sei, daß »Frauen den kooperativen Charakter der menschlichen Existenz klarer erkennen«.[10] »Die Sorge für andere ist ein Grundprinzip im Leben der Frauen.«[11] Weiter schreibt sie: »Frauen werden dazu ermutigt, sozial nützliche Menschen zu sein ... Frauen entwickeln daher eine psychische Struktur, für die der Begriff ›Ego‹ in seiner gewöhnlichen Bedeutung möglicherweise nicht zutrifft.«[12] Die psychische Entwicklung des Mannes führt sie dagegen auf »Kriegsspiele, Eroberung und Zerstörung« zurück.[13] »Viele Frauen«, schreibt Baker Miller, »erleben die drohende Zerstörung von Bindungen nicht nur als den Verlust von Beziehungen, sondern als etwas, was dem totalen Verlust des Selbst gleichkommt.« Dies könne zwar zu Depressionen führen, doch stelle diese Eigenschaft Frauen in einer Gesellschaft, die Zugehörigkeit höher bewerte als Selbsterhöhung, über die Männer. »Frauen kommen mit fortschrittlichen, auf Beziehungen ausgerichteten Lebensweisen besser zurecht als Männer, während sie den gefährlichen Verhaltensweisen der Gegenwart weniger verhaftet sind.«[14] Baker Miller lehnt einen Begriff wie »Autonomie« ab, weil er die Entwicklung des Mannes und nicht die der Frau charakterisiere. Für Frauen sei Autonomie eine Gefahr, weil ein autonomes Individuum »dafür mit der Aufgabe von Zugehörigkeit bezahlen muß«.

Die Autorinnen widersprechen entschieden männlichen Psychologen, die weibliche »Abhängigkeit« als Schwäche interpretieren. Statt dessen argumentieren sie, daß alle voneinander abhängig seien und daß es eine Form von Stärke sei, damit zurechtzukommen. Obwohl sie darauf hinweisen, daß Extreme selbstzerstörerisch sein können, neigen sie dazu, alle weiblichen Eigenschaften gleichermaßen zu verherrlichen. Ich glaube, daß einige dieser Eigenschaften authentisch und gesund sind, während andere von außen auferlegt sind und für die politische und geistige Stärke der Frauen verheerende Folgen haben.

Denn sind diese Eigenschaften für die Durchsetzung politischer Ziele geeignet? Tannen schreibt, daß das Bestreben, andere zu überflügeln, sich abzusetzen und zu kämpfen, die für Frauen so wichtigen persönlichen Beziehungen bedrohe. Die Angst vor diesem Verlust ist sicher der Grund dafür, weshalb Frauen sich in der Gesellschaft nicht das holen, was sie zusätzlich zu ihren Beziehungen brauchen. Das Gefühl, nicht mit etwas prahlen zu dürfen, kann Frauen davon abhalten, eine Gehaltserhöhung oder eine höhere Stelle zu fordern.[15] Wenn die Mehrheit der Frauen, die eigenständig gehandelt haben, sagen, sie hätten später darunter gelitten,[16] so tun andere Frauen sich schwer, die Verantwortung einer Führungsposition zu übernehmen, die sehr einsam sein kann. Im Gegensatz zu Männern fehlt Frauen das Vokabular der selbstbewußten Selbstdarstellung. Wenn Frauen durch »Gespräche über Probleme« Kontakt miteinander herstellen, ist daran grundsätzlich nichts auszusetzen. Aber wenn Gespräche über Erfolge tabu sind, fehlt den Frauen die Möglichkeit, ihre Fähigkeiten oder ihr Können einander so darzustellen, daß eine Konsolidierung der gemeinsamen politischen oder wirtschaftlichen Macht möglich wird. Was ist so wunderbar am Egalitarismus von Frauengruppen, wenn er nur dem Status quo der Frauen gilt und nicht gleiche Möglichkeiten für alle zum Ziel hat? Macht es die Frauen wirklich stark, wenn sie nach Gleichheit auf der untersten Ebene streben?

Tannen zitiert das Beispiel einer Studentin, die »ihr Wissen für sich behielt. Sie wirkte in Gesprächen und schriftlichen Äußerungen uninformiert und desinteressiert, weil sie ihre Kommilitoninnen mit ihrem Wissen nicht beleidigen wollte.« Ein Student dagegen »sprach und schrieb mit Sachverstand und offensichtlichem Selbstvertrauen, weil ihm daran lag, die anderen zu überzeugen.

Während es der Frau egal war, ob sie andere überzeugte, war es dem Mann egal, ob er andere kränkte.«[17] Tannen warnt vor Werturteilen: »Würde man das Selbstverständnis dieser Frau ›abhängig‹ nennen, wäre das eine negative – und wie ich meine typisch männliche – Beurteilung ihres Verhaltens.«
Ich finde jedoch als Frau und als Mensch, daß das Verhalten einer Frau, die sich aus Furcht, sie könnte andere durch ihr Wissen kränken, nicht zu ihrem Wissen bekennt, verurteilt werden muß. Ein solches Verhalten zeugt nicht von Mitgefühl oder Sensibilität, sondern von einer geradezu tragischen Selbstzerstörung.
Einige der von den zitierten Autorinnen herausgearbeiteten Unterschiede zwischen Männern und Frauen sind meines Erachtens auf politische Faktoren und nicht auf die Psyche der Frau zurückzuführen. In Gilligans erstem Buch diskutieren ein Mädchen und ein Junge über die moralische Frage, ob ein Mann, der kein Geld hat, ein Medikament aus der Apotheke stehlen darf, um seiner kranken Frau das Leben zu retten. Während der Junge von abstrakten gesellschaftlichen Normen und Gesetzen spricht, denkt das Mädchen an die Folgen, die der Diebstahl für das Verhältnis zwischen dem Mann und seiner Frau haben könnte. Außerdem sagt sie, der Apotheker sollte dem Mann das Medikament geben, der Mann könne ja später dafür bezahlen. Mit Hilfe solcher und ähnlicher Beispiele stellt Gilligan eine umfassende Theorie über die Unterschiede zwischen weiblicher und männlicher Moral auf.
Doch in diesem konkreten Fall ist die unterschiedliche Einstellung vielleicht nur darauf zurückzuführen, daß der Junge und das Mädchen unterschiedliche Vorstellungen von ihrem späteren Leben haben. Abstraktes Denken ist für Rechtsanwälte, Richter und andere Berufe notwendig, in denen gesellschaftlich relevante und mehr oder weniger allgemeingültige Entscheidungen getroffen werden müssen. Spontanes, situationsbezogenes und »beziehungszentriertes« Denken dagegen ist für alle die wichtig, die für andere sorgen und nur Entscheidungen auf der Ebene persönli-

cher Beziehungen treffen müssen. So wie prinzipielle Entscheidungen nicht für die Erziehung von Kindern geeignet sind, sind ausschließlich situationsbezogene Entscheidungen nicht für die Gesetzgebung geeignet. Der Junge und das Mädchen argumentieren wahrscheinlich nicht deshalb verschieden, weil sich Jungen und Mädchen moralisch grundsätzlich anders verhalten, sondern weil sie unterschiedlich erzogen worden sind. Jungen werden dazu ermutigt sich vorzustellen, daß sie eines Tages selbst Gesetze verfassen, während bei Mädchen Denkweisen gefördert werden, die für Menschen angemessen sind, deren Einfluß nicht über den Bereich persönlicher Beziehungen hinausgeht.

Tannen meint, das Interesse der Männer für Politik, Nachrichten und Sport sei darauf zurückzuführen, daß Statusdenken für sie so wichtig sei, während das Desinteresse der Frauen für diese Themen und ihr Interesse für »Klatsch« über Beziehungen etwas mit ihrer Fixierung auf Bindungen zu tun habe. Ich schlage eine andere Interpretation vor. Der Unterschied geht meines Erachtens schlichtweg darauf zurück, daß die Frauen das öffentliche, von Männern bestimmte Leben langweilig finden und die Männer umgekehrt den von Frauen bestimmten »privaten Bereich.« Die öffentliche Aufmerksamkeit für das Jahr der Frau macht deutlich, daß Frauen, wenn sie in die Politik, Nachrichten und den Sport miteinbezogen werden, an »Statusgesprächen« äußerst interessiert sind. Die gleiche Verlagerung der Interessen kann bei Männern beobachtet werden, die sich mit Kindererziehung beschäftigen. Letztlich interessieren sich die Menschen für das, was sie als »ihre Welt« zugewiesen bekommen.

Im großen und ganzen stimme ich Baker Miller zu, wenn sie sich dagegen wehrt, daß der intensive Wunsch nach Bindungen bei Frauen falsch oder rückständig sei. Aber nicht jede Form dieses Wunsches ist gleichermaßen berechtigt oder für Frauen förderlich. Wenn Frauen an die Macht kommen, müssen sie erkennen lernen, welche Bindungen wirklich wichtig sind. Die von mir befragten jungen Frauen stimmten mir zu, daß das Problem nicht unsere

Bindungen an uns liebe Menschen sind. Das Problem ist vielmehr, daß wir selbst Menschen, die uns gar nichts bedeuten, nur ungern verärgern. Die Frauen müssen unterscheiden lernen, zwischen Menschen, zu denen sie die Bindung um jeden Preis aufrechterhalten müssen, und anderen, die sie durchaus provozieren, ja sogar in die Knie zwingen dürfen.

Folgendes Beispiel zeigt, wie das weibliche Bedürfnis nach Zugehörigkeit benutzt wird, Konflikte aus dem Weg zu räumen. Ich habe mit einem Universitätsstipendium studiert, das nur selten an Frauen vergeben wird; in den letzten siebzehn Jahren waren weniger als ein Viertel der Stipendiaten Frauen. Als wieder einmal nur ein Bruchteil der Stipendien an Frauen ging, rief ich den Vorsitzenden der Auswahlkommission an und machte ihn auf dieses Problem aufmerksam. Er plauderte freundlich mit mir und nannte viele Gründe, weshalb er nichts dagegen tun könne. Ich verabredete mich mit ihm zum Frühstück, um über Lösungsmöglichkeiten zu sprechen. Wir trafen uns, aber das freundschaftliche Gespräch brachte uns nicht weiter, und mir wurde klar, daß er sich nicht mehr mit dem Problem befassen wollte. Schließlich teilte ich ihm mit, daß ich, falls die ungleiche Behandlung bestehenbliebe, öffentlich darüber berichten würde.

Die bis dahin freundliche, wenn auch etwas gelangweilte Miene des Mannes änderte sich schlagartig. Er straffte sich und sagte schroff: »Warum drohen Sie mir jetzt auf einmal, wo wir doch in aller Ruhe miteinander sprechen könnten?«

In diesem Moment wurden mir mehrere Dinge gleichzeitig klar: Wir konnten nur deshalb »in aller Ruhe« miteinander sprechen, weil er mich beschwichtigen wollte. Ich hatte recht, ihm meine Ansichten zu unterbreiten, und ich hatte meine Macht, die Öffentlichkeit zu unterrichten, richtig eingesetzt. Zugleich aber hatte ich das Gefühl, unhöflich und kindisch gewesen zu sein. Denn er gab mir zu verstehen, daß meine Forderung, so berechtigt sie auch sein mochte, das freundliche Verhältnis zerstörte, das er so vernünftig zwischen uns herzustellen versucht hatte.

Ich glaube, daß viele, die Forderungen von Frauen abwehren wollen, die Angst der Frauen vor der Zerstörung von Beziehungen und vor Kritik kennen und schamlos ausnutzen. In diesem Fall ließ ich mich aber nicht beirren. Ich hatte bereits gelernt, daß ich meinen Gesprächspartner in einer solchen Situation verärgern durfte. Ich erkannte, daß es für Frauen besonders dann schwer ist, sich zu ihrer Macht zu bekennen – selbst wenn sie legitimen, gewaltlosen und egalitären Zielen dient –, wenn andere die Macht fürchten. Wir können damit zurechtkommen, daß andere Menschen uns respektieren, aber nicht damit, daß sie uns fürchten.

Baker Miller und andere Autorinnen tun jedoch so, als ob Frauen keinerlei Machtkonflikten ausgesetzt wären, bei denen es um Erfolg und Mißerfolg geht. Baker Miller schreibt, Frauen könnten »die eigene Entwicklung und die Fürsorge für andere« besser zusammen verwirklichen als Männer; sie hoffe, daß Frauen in Zukunft häufiger Gelegenheit zu beidem bekommen würden. Sie fordert die Frauen zu »mehr Wirksamkeit« auf, indem sie fragt: »Wie bekommen wir die dafür notwendige Macht, wenn wir die Macht über andere und die Macht, andere zu unterdrücken, nicht wollen?«[18] Ihrer Meinung nach »besteht ein großer Unterschied zwischen der Fähigkeit, andere zu beeinflussen, und der Macht, andere zu kontrollieren und einzuschränken«. Frauen brauchen Macht, »um sich weiterzuentwickeln, nicht um die Entwicklung anderer zu hemmen.«

Auch ich sehne mich natürlich nach einer Welt, in der Macht nicht Herrschaft bedeutet und in der niemand andere einschränken und unterdrücken will. Aber die an die Macht der Frauen geknüpften Bedingungen verhindern, daß Frauen lernen, mit Macht angemessen umzugehen und sich auch außerhalb des persönlichen Bereichs zu behaupten. Wenn die Frauen die ihnen zustehende Macht nutzen, sind Kriege vielleicht weniger grausam. Vielleicht ändert sich aber auch nichts. Wenn eine Frau eine Wahl gewinnt, bedeutet das notwendigerweise, daß sie ihren Gegner »ausgeschaltet« hat. Wenn Frauen Gesetze erlassen und die Regierungsverantwortung übernehmen, mag die von ihnen geschaffene Gesellschaft noch so viel gerechter sein als unsere heutige, aber mit jeder Entscheidung werden die Interessen anderer Gruppen eingeschränkt.

Den Frauen ist nicht geholfen, wenn man ihnen nicht klar sagt, was Macht ist. Erst wenn die Frauen die Wahrheit über die Macht kennen und annehmen, können sie Macht ausüben, ob nun zum Guten oder zum Schlechten.

Die Rückbesinnung auf das »unartige Mädchen«

Wie bereits erwähnt, glaube ich, daß in den meisten Frauen, wie zwiespältig sie der Macht auch gegenüberstehen, eine Power-Feministin schlummert, die aufgeweckt werden kann.

Neuen Theorien zufolge hilft es erwachsenen Frauen, die im Kindesalter mißbraucht worden sind, wenn sie sich an das »innere Kind« erinnern. Dieses Kind ist gut, es hat das Leid nicht verdient, das ihm zugefügt wurde, und die erwachsene Frau bemitleidet es. Aber das Kind ist nicht nur unschuldiges Opfer, es hat noch eine ganze Reihe anderer Eigenschaften.

Erinnern wir uns an die Zeit, als wir noch nicht in Gruppen mit anderen Mädchen »Einkaufen« spielten oder Abzählreime aufsagten. Hinter diesem Kind, das es gewohnt ist, sich in Gesellschaft anderer nach bestimmten Mustern zu verhalten, verbirgt sich ein anderes, früheres, dessen Energie nicht ohne Kampf zu gesittetem Spiel umgelenkt werden kann.

Dieses andere Mädchen ist zwischen eineinhalb und fünf Jahren alt. Es sprüht vor Leben und kann nicht stillhalten. Es stellt alles auf den Kopf und genießt, was es anrichtet. Es ißt leidenschaftlich gern und wünscht sich, sein Hunger würde niemals nachlassen. Wenn etwas glitzert, greift es danach. Wenn es nicht weitergehen will, bleibt es einfach stehen und hockt sich hin. Ist es müde, legt es sich mit dem Gesicht nach unten auf den Boden. Wenn es nicht aufgehoben und in die Arme genommen werden will, windet es sich wie eine Schlange, schreit wie am Spieß und versucht mit Händen und Füßen, freizukommen. Wenn ein älteres Kind ihm sein Spielzeug wegnehmen will, drückt es das Spielzeug an sich, heult oder rennt weg. Manchmal starrt es seine Hände oder Füße lange im Spiegel an, weil es ihm wie ein Wunder vorkommt, daß es so ist und nicht anders. Wenn Mutter oder Vater es füttern wollen, reißt es ihnen den Löffel aus der Hand. Es will nicht, daß andere ihm helfen, auch wenn sie es besser können.

Sobald es sprechen kann, kann es auch widersprechen. Mit zwei Jahren weiß es, was »mein« bedeutet. Mit etwa drei Jahren sagt es: »Du kannst mich nicht dazu zwingen!« Mit fünf Jahren sagt es zu Erwachsenen: »Du kannst nicht über mich bestimmen.« Seine Sexualität gehört nur ihm allein. Es sucht das größtmögliche Vergnügen aus allem zu gewinnen. Es ist sinnlich, egozentrisch, wild, gierig, größenwahnsinnig und überzeugt, daß es alles haben kann. In den wenigen Jahren zwischen dem Erwachen des Bewußtseins und der Unterdrückung all dieser ungezogenen Eigenschaften sind seine Träume lebhafter und seine Welt mehr von Leidenschaft, Phantasie und Ekstase geprägt als zu irgendeinem späteren Zeitpunkt seines Lebens. Es hat keine Manieren, es ist ein ganz ungezogenes Kind.

Dieses Mädchen mit seiner Ungezogenheit ist die andere, nicht beachtete Seite des weiblichen Bewußtseins. Seine schlechtesten Eigenschaften sind sein Narzißmus und seine Zerstörungswut, seine besten Eigenschaften seine Kreativität, seine ursprüngliche Selbstachtung und seine Rebellion gegen Ungerechtigkeit. Wenn wir wieder stark werden wollen, müssen wir nach diesem Mädchen suchen, auch wenn wir eigentlich nichts mit ihm zu tun haben wollen. Wenn wir beim Sex, in Momenten der Gefahr oder im Theater für einen Augenblick aus der uns vertrauten Welt gerissen werden und die uns anerzogene Freundlichkeit uns verläßt, sind wir diesem Mädchen ganz nahe, diesem wilden, fremden und und zugleich vertrauten Geschöpf, das wir schon ganz vergessen hatten und das wir gleich wieder vergessen, wenn wir in die Normalität zurückkehren.

Orthodoxe Feministinnen preisen die Bereitschaft der Frauen, den eigenen Willen im Interesse des Gemeinwohls zu unterdrücken. Aber wir alle waren als kleine Mädchen unverbesserliche und zügellose Größenwahnsinnige, sobald wir die Möglichkeit dazu erhielten. Bevor sich die kleinen Mädchen mit weniger zufriedengeben, träumen sie von der absoluten Herrschaft.

Hier ein Beispiel, wie der Machtwille kleiner Mädchen übersehen wird: Männer und Jungen bauen groß, heißt es, Frauen und Mädchen bauen Zuhause. Der Psychologe Erik H. Erikson stellte fest, daß kleine Mädchen mit Bauklötzchen kleine, sichere Häuser bauten. Er dachte nicht daran, daß die Mädchen gegenüber der kleinen Puppenfamilie, die sie mit sich herumschleppen, gigantische Naturkräfte sind.

Viele Feministinnen lästern über die phallisch protzige Architektur der Männer und werten sie als Manifestation der pathologischen Psyche des Mannes. Frauen repräsentieren demgegenüber die Natur. Würden sie bauen, kämen niedrige und runde, an ökologischen Maßgaben orientierte Hütten dabei heraus.

Viele Feministinnen stimmen darin überein, daß Frauen ihre Umgebung nicht verändern oder beherrschen wollen. Evelyn Fox Keller sagt, der Wunsch, die Geheimnisse der Natur wissenschaftlich zu ergründen, sei typisch für den Mann. Ich bin jedoch nicht davon überzeugt, daß der Wunsch, die Umgebung zu formen, zu verändern und sogar zu beherrschen, wirklich auf ein defektes Gen der Männer zurückzuführen ist. Vielmehr glaube ich, daß er menschlich ist. Und wenn Frauen glauben, daß sie nicht einmal im Traum etwas Großes bauen würden, liegt das daran, daß sie nie dazu ermutigt worden sind.

Als ich ein kleines Mädchen war, war meine Sozialisation noch unvollständig. Ich errichtete große, protzige und vulgäre Bauwerke. In meiner Vorstellung wurden Bauklötzchen zu hochragenden Bastionen, Zinnen, Aussichtstürmen, Geschossen, Strebepfeilern,

Kuppeln, Wandelgängen und hohen Türmen. Ich versah meine Burgen sogar mit einem Graben und einer Zugbrücke, die ich nach Belieben hochziehen und herunterlassen konnte.

Zeigte ich männliche Neigungen zu Herrschaft und Separation statt weibliches Streben nach Kooperation und Harmonie? Wollte ich ein Mann sein? Nein, ganz und gar nicht. Ich wollte ein Mädchen sein. *Aber ich wollte ein großes Mädchen sein.*

Mein eigenes, angeblich unnatürliches Verlangen nach Macht fand ich in den Phantasien anderer Frauen und Mädchen wieder. Die elementarsten Wünsche der Frauen spiegeln sich nicht in ihrem Verhalten, sondern in den Büchern, die sie lesen. Daß viele der von orthodoxen Feministinnen aufgezählten weiblichen Eigenschaften anerzogen und nicht ursprünglich sind, zeigen die Bücher, die Mädchen am liebsten lesen und die nicht von egalitären Beziehungen und friedlichen Spielen handeln, sondern von Autonomie, Separation, Macht, Schmeichelei und Herrschaft. Einige der beliebtesten Machtphantasien von Mädchen seien im folgenden aufgezählt.

Die Prinzessin

Es ist kein Zufall, daß Schönheitswettbewerbe wie die Krönung einer Königin ablaufen. Konkurrenzneid und egoistische Tendenzen der Mädchen können durch solche Wettbewerbe in harmlose Bahnen gelenkt werden. Der Wunschvorstellung, von königlicher Abstammung zu sein, ist weit verbreitet.

Viele Frauen erinnern sich, daß sie in ihrer Kindheit überzeugt waren, Prinzessinnen zu sein, und daß sie sich bald in ihrer ganzen königlichen Pracht zu erkennen geben würden, um die, die sie verachtet hatten, zu demütigen. Dieser Wunschtraum von Herrschaft besonders über den Vater und andere erwachsene Männer klingt etwa in der Redewendung »Papis kleine Prinzessin« an.

Das Prinzessinnen-Thema ist Gegenstand von Romanen wie Frances Hodgson Burnetts *Sarah, die kleine Prinzessin.* Diese rührselige viktorianische Erzählung handelt von dem reichen Mädchen

Sarah und spielt in einer vornehmen Londoner Mädchenschule. Sarah wird von ihrem Vater vergöttert. Als er stirbt, sinkt sie in den Stand einer Küchenmagd hinab. Sie muß die anderen Mädchen bedienen, die sie zuvor beneidet haben und die sie nun grausam behandeln. Sie befindet sich auf dem tiefsten Punkt der Armut und Erniedrigung, aber es gibt ein noch ärmeres Mädchen, das Sarah bewundert und ihre Dienerin sein will.
Der wohlhabende Freund ihres Vaters findet heraus, in welchen Umständen Sarah lebt; er gibt sich nicht zu erkennen, schickt Sarah jedoch einen dunkelhäutigen ostindischen Matrosen – das Buch spielt zur Kolonialzeit –, der zu allen Opfern bereit ist, um ihre Wünsche zu erfüllen. Schließlich tritt der anonyme Schutzpatron ins Rampenlicht; das ungerechte Verhalten der grausamen Lehrerinnen wird offenkundig, und die Klassenkameradinnen, die Sarah so schlecht behandelt haben, erblassen vor Neid.
Die auf dem Höhepunkt der Viktorianischen Epoche vorherrschenden Einstellungen zu den Eingeborenen der Kolonien, zur sozialen Schicht und zum Reichtum verbinden sich in dieser Geschichte zu einer Machtphantasie. »Natürlicher« Adel versetzt eine siebenjährige Engländerin in die Lage, nicht nur über ein anderes, in der sozialen Hierarchie tiefer stehendes Mädchen, sondern auch über einen erwachsenen Diener wohlwollend-diktatorisch zu herrschen.
Auf ein kleines Mädchen wirkt eine solche Machtfülle in Verbindung mit Reichtum, dadurch ermöglichter Rache und dem Leben an der Spitze der Schulmädchen-Hierarchie äußerst verführerisch. Das Buch wird seit über hundert Jahren immer wieder neu aufgelegt.
Auch für Frauen, die keine »Schönheitsköniginnen« sind, gibt es in unserer Kultur eine Situation, in der sie sich als Königinnen darstellen können: die Hochzeit. Hier darf die unterdrückte königliche Natur der Frau für einen Tag sichtbar werden in glitzerndem Schmuck, in der Schleppe, dem Schleier, den Brautjungfern und dem großen Augenblick, wenn sie mit ihrem Hofstaat in die

Kirche einzieht – durch all dies wird, freilich innerhalb der sicheren Grenzen der Konvention, für einen Tag wieder jene verschüttete psychische Dimension lebendig, in der Frauen geborene Herrscherinnen sind. Und aus genau diesem Grund – ob bewußt oder unbewußt – lieben die meisten Frauen die Prachtentfaltung der Hochzeit.

Die allmächtige Exzentrikerin

Die bei jungen Mädchen beliebtesten Romanheldinnen zeigen keineswegs eine »größere Fähigkeit, die Bedürfnisse anderer zu erkennen«, wie Baker Miller mit Blick auf die weibliche Psyche feststellt. Diese Heldinnen sind auch nicht gewillt, ihre Originalität oder ihre Fähigkeiten zum Nutzen der Gruppe aufzugeben. Nein, sie sind höchst eigensinnige kleine Mädchen mit geradezu übermenschlichem Mut, die bewußt und sogar mit einer gewissen Schadenfreude gegen sämtliche Verhaltensregeln für brave Mädchen verstoßen.

Madeleine, die Heldin eines französischen Kinderbuches, lebt in einer Klosterschule, in der die braven Mädchen nur in geordneten Zweierreihen gehen dürfen. Die Mädchen verrichten ihre Gebete, essen ihre Brote auf, putzen die Zähne und gehen ins Bett. Nicht jedoch unsere Madeleine: Obwohl sie das kleinste Mädchen ist, hat sie mehr Mut als die anderen. Sie tritt einem Tiger gegenüber, balanciert über eine Brücke und fällt in die Seine. Sie ist ganz anders als die furchtsamen und braven Mitschülerinnen, die sich wie Marionetten bewegen. Sie verbündet sich nicht mit den anderen und geht keine Kompromisse ein. Sie ist der Prototyp der kleinen Kämpferin, wie sie sich immer wieder unter braven Schulmädchen findet.

Heloise, die Heldin eines amerikanischen Kinderbuches, ist ähnlich exzentrisch. Sie lebt im Hotel Plaza als allmächtige Herrscherin einer Welt des Luxus; Eltern hat sie nicht. Sie rutscht die Treppengeländer hinunter, fährt mit dem Lift auf und ab, ruft den Zimmerkellner und hat unzählige erwachsene Diener. Sie verfügt nach Belieben über Geld und weist die Verkäufer bei jedem Kauf gelassen an: »Schicken Sie mir die Rechnung.«

Pippi Langstrumpf, die skandinavische Kinderbuch-Heldin, ist noch exzentrischer und einsamer. Sie lebt ganz allein in einem Baumhaus, ist übernatürlich stark und vollkommen selbständig. Sie tut alles das, was ein kleines Mädchen nicht tun darf. Wie Madeleine und Heloise strebt auch Pippi Langstrumpf immer nach oben – ohne Angst, »abgeschossen« zu werden, wie die Frauen, von denen weiter oben die Rede war. Heloise fährt mit dem Lift nach oben, Madeleine klettert auf Brücken, Pippi Langstrumpf spaziert an der Decke entlang und klettert auf hohe Bäume. Auch sie verfügt über mysteriöse Geldquellen – diesmal in Form goldener Zaubermünzen.

Pippi besitzt ein Pferd als Verkörperung ihrer Macht. Das Pferd lebt auf der Veranda ihres Hauses (als Symbol der Wildheit des kleinen Mädchens). Pippi ist zu Heimlichkeiten, Streit und Rache fähig: Sie nimmt Landstreicher gefangen und zwingt sie, »schottisch« zu tanzen, bis sie völlig erschöpft sind; Polizisten, die ausfallend werden, verbannt sie zur Strafe auf Bäume. Sie verkörpert die Integration zweier Prinzipien, die im späteren Mädchenleben getrennt werden: Ihre Mutter ist ein Engel, ihr Vater ein Kannibalenhäuptling.

Die Pferdenärrin

Im Alter zwischen neun und fünfzehn Jahren erkennen die Mädchen, daß sie ihr Verlangen nach Herrschaft und Macht fast nirgends befriedigen können, ohne anzuecken. In dieser Phase beginnen sie, sich mit Pferden zu beschäftigen.

Die enge Beziehung junger Mädchen zu Pferden wurde verschiedentlich als Ausdruck pubertärer weiblicher Verehrung von männlicher Sexualität und Aggression interpretiert. Das ist Unfug: Die Mädchen verehren ihre eigene Sexualität und Aggression, Teile ihrer Identität, von der sie sich in diesem Alter außerhalb des Pferdestalls lossagen müssen.

Wenn ein Mädchen auf ein Pferd steigt, beherrscht es ein Tier, das eine Vierteltonne wiegt und das Kind mit seinem Gewicht töten könnte. Das Mädchen nimmt die Schnelligkeit und Wildheit des Tieres in sich auf; indem es mit ihm eins wird, gewinnt es seine Willenskraft noch einmal für kurze Zeit zurück, ehe es sie endgültig verliert.

Wenn wir Wildheit und Machtwillen kleiner Mädchen erst erkennen, bekommen sogar harmlose, »brave« Betätigungen eine ganz andere Dimension, etwa das Spielen mit den in den Vereinigten Staaten so beliebten bunten Plastikpferden, deren Mähne aus seidigem Kunsthaar in allen Farben des Regenbogens schillert. Der ganze Firlefanz und die kitschigen Farben sind gewissermaßen nur ein Vorwand, um die Erwachsenen zu beruhigen. Wäre das Spielzeug ein Hase, es ließe sich nicht annähernd so gut verkaufen. Die Mädchen lieben Pferde, weil sie wissen, wie groß und stark Pferde sind. Mit ihrem Spielzeugpferd betreten sie eine Phantasiewelt, in der sie größer sind und schneller laufen und höher springen können als jeder Erwachsene.

Die Spielzeugproduzenten wissen, daß kleine Mädchen vor allem lange Haare attraktiv finden, und vermuten dahinter ein rein kosmetisches Interesse. Doch in Wirklichkeit steckt dahinter, angesichts des Mangels an Symbolen weiblicher Macht, etwas ganz anderes: Wie die Angehörigen eines Naturvolkes wissen die Mädchen, daß lange Haare animalische Kräfte haben.

Die Bewahrerin großer Geheimnisse

Eine weitere im Mädchenalter verbreitete Wunschvorstellung ist das geheime Wissen über ein Phantasieland. Dieses Wissen gibt dem Mädchen Macht über das Leben anderer Menschen. In Hodgson Burnetts zweitem Kinderbuchklassiker *Der geheime Garten* hat die Heldin den Schlüssel zu einem geheimen Garten, in dem Abenteuer stattfinden, die den Augen der Erwachsenen verborgen bleiben. Im Garten herrscht das kleine Mädchen, es rettet den Garten und den kleinen Jungen, der dort lebt. In dem

Buch *Harriet the Spy* weiß die achtjährige Harriet Einzelheiten über ein Verbrechen, das eine ganze Familie von Erwachsenen belasten würde. Bei der Aufklärung des Falles setzt sie Hilfsmittel der Spionage wie unsichtbare Tinte ein. Im Verlauf der Handlung wird erzählerische Spannung dadurch erzeugt, daß die Erwachsenen gegenüber der Macht des Kindes blind sind. Auch die vielgelesenen Bücher von Nancy Drew zeigen einen vergleichbaren Aufbau. Die Pointe solcher Geschichten besteht oft darin, daß der böse Gegenspieler das kleine Mädchen unterschätzt, weil es so harmlos aussieht. Unterschwellig kommt ein Gefühl zum Ausdruck, das in den Herzen aller kleinen Mädchen vorhanden ist: Sie empfinden sich als geradezu allmächtig, erkennen jedoch zugleich, daß man sie kaum wahrnimmt oder beachtet. Wenn die anderen nur wüßten! In geheimen Phantasiewelten können sie ihre Machtwünsche ausleben, ohne Konsequenzen oder Strafen fürchten zu müssen.

Die Hüterin des Schatzes

Junge Mädchen durchlaufen eine Phase, in der sie unbedingt Geld verdienen und sparen wollen. Auch dahinter steht ihr Machtwille. Beliebte Mädchenbücher beschreiben in allen Einzelheiten die kleinen Geschäfte und Unternehmungen von Mädchen oder wie Mädchen durch harte Arbeit helfen müssen, die Familie zu versorgen. Geschichten, in denen Mädchen Geld für sich selbst verdienen, vermitteln den Leserinnen ein Gefühl von Selbständigkeit und Unabhängigkeit; Geschichten, in denen Mädchen zum Familieneinkommen beitragen, verschaffen den Leserinnen ein Gefühl der Selbstachtung und Wichtigkeit. In Louisa May Alcott's Mädchenbuch *Little Women* lautet der erste Satz: »Ohne Geschenke ist Weihnachten nicht Weihnachten.« Ein Höhepunkt der Handlung ist erreicht, als Jo, eine der Heldinnen des Buches, ihre erste Kurzgeschichte veröffentlicht und erkennt, daß sie mit ihrer Schriftstellerei Geld verdienen kann. Sie feiert den Erfolg so ausgelassen, als habe sie soeben eine schwere Prüfung bestanden, und sie steigt im Ansehen der Familie, denn jetzt ist sie »Herr im Hause«. Der Gelderwerb drückt genau wie bei Jungen den Wunsch aus, sich von der Kindheit zu trennen und sich in der Welt zu bewähren, jenes Streben nach »Autonomie« also, das viele Feministinnen für so bedenklich halten.

Das Fotomodell

Im Jugendalter sind Mädchen von Fotomodellen und deren Berufsbild fasziniert. Dabei steht nicht die Schönheit des Modells im Vordergrund ihres Interesses, vielmehr ist ein Fotomodell ein Symbol absoluter weiblicher Macht.

Wenn ein Fotomodell für die Aufnahmen vorbereitet wird, steht es im Mittelpunkt der Aufmerksamkeit von Profis. Es wird von Männern und Frauen hergerichtet, dann betrachtet der Fotograf es aufmerksam und versucht, die richtige Einstellung zu finden. Das Bild des Modells erscheint auf den Titelseiten von Magazinen, wo auch Staatsmänner abgebildet werden. Obwohl es noch jung ist, verdient es sehr viel Geld. Jede Einzelheit im Leben dieser jungen Frau ist auch für andere Frauen wichtig: was sie ißt, wie lange sie im Bett bleibt, wieviel sie trinkt. Sie hat einen regelrechten Hofstaat, als Mannequin schreitet sie über den Köpfen der Zuschauer auf und ab. Mädchen wollen nicht Modelle sein, um anderen zu gefallen, sondern um Macht zu besitzen. Für die meisten Mädchen ist das Image des Fotomodells das Höchste, was sie sich in bezug auf Anerkennung und Herrschaft der Frau vorstellen können.

Hinter all diesen Vorstellungen und Geschichten verbirgt sich das hungrige, leidenschaftliche, selbstbewußte und ungezähmte Kind, die »gute dunkle« Seite des Kindes. Je mehr Frauen Macht gewinnen, desto öfter wird ihre Sozialisation mit ihrem Willen in Konflikt geraten. Würden Frauen das »unartige Mädchen« in ihrem Innern wieder hervorholen, wäre dies ein großer Schritt nach vorn – die Rückkehr zu ihrem ursprünglichen, selbstverständlichen Verhältnis zur Macht.

In Konfliktsituationen zwischen Sozialisation und Machtanspruch können die Instinkte des »unartigen Mädchens« erwachsenen Frauen weiterhelfen. Wir tun gut daran, uns an das aufsässige Mädchen in uns zu erinnern und ihm zu seinem Recht zu verhelfen.

Neue psychologische Strategien

Wenn Frauen die ihnen zustehende Macht ergreifen wollen, müssen sie organisieren lernen. Unsere Gegner spotten, Frauen könnten nicht zusammenarbeiten. Wir versuchen stets, uns gegen diesen Vorwurf zu verteidigen, obwohl wir wissen, daß er ein Körnchen Wahrheit enthält. Frauenorganisationen scheitern oft an einer ganz bestimmten weiblichen Eigenart.

In der Mädchenzeit werden soziale Organisationen als eng geknüpfte »Beziehungsnetze« verstanden. Eine solche Vorstellung erschwert die organisatorische Arbeit von Frauen. Denn innerhalb solch enger Beziehungen interpretieren Frauen andersartige Auffassungen anderer Frauen schnell als »Verrat« statt nur als Meinungsverschiedenheit. Aus diesem Grund lehnen viele Frauen auch den Feminismus und die Führerinnen der Frauenbewegung ab.

Da aus der Sicht der Mädchen Zusammenschlüsse auf enger Eingliederung beruhen, reagieren sie später als Frauen oftmals bitter auf Feministinnen, die öffentlich in Erscheinung treten. Wir lehnen Feministinnen entweder ab, weil sie zwar »wie wir« sind, wir jedoch nicht zum inneren Kreis gehören, oder weil sie nicht »wie wir« sind und wir uns mit ihnen auf einer persönlichen Ebene nicht identifizieren können. Wenn Frauen über ihre problematischen Empfindungen für die Frauenbewegung sprechen, wählen sie als Beispiele häufig Gruppen von Frauen, die anders sind als sie selbst, die aber ihrer Meinung nach das »Erscheinungsbild des Feminismus« prägen: Lesben, Establishment, Radikale, Mütter, al-

leinstehende Frauen, Arbeiterinnen, Yuppie-Frauen und andere mehr.
Der Feminismus wird also dadurch behindert, daß Frauen das Gefühl haben, die Gruppe, die den Feminismus in der Öffentlichkeit repräsentiert, sei nicht ihre Gruppe. Dies gilt selbst dann, wenn Übereinstimmung über das Ziel besteht. Da sich Mädchen eher mit Blick auf Beziehungen organisieren als mit konkreten Zielen, spielt in ihren Augen die Persönlichkeit der anderen Beteiligten eine größere Rolle als die politische Sache. Es fällt Frauen schwer, Gleichberechtigung mit der Einstellung eines Sportteams anzustreben und einzusehen, daß man dieselben Ziele verfolgen kann, auch wenn die Teammitglieder verschieden sind.

Problematische Schwesternschaft

Der Feminismus hat sich seit seinen ersten Ansätzen im 19. Jahrhundert an der utopischen, idealisierten Vorstellung einer »Schwesternschaft« orientiert, die alle Frauen vereint. Der Grundgedanke der »Schwesternschaft« wurde in der jüngsten Phase des Feminismus wiederbelebt und ist nach wie vor die vorherrschende Metapher für die feministische Gemeinschaft.
Doch dieses Modell engen weiblichen Zusammenhalts ist für die anstehende Aufgabe ungeeignet; es taugt nicht mehr für das Ziel, die Frauen an die Macht zu bringen. Das Modell beruht auf der Hoffnung, daß Frauen durch die Bande persönlicher Liebe und gemeinsamen Leidens zusammengehalten werden. Doch diese Bande sind höchst »feminin« und außerdem viel zu schwach. Glücklicherweise sind wir viel zu verschieden und viel zu viele, und unsere Beziehungen zueinander sind notwendig viel zu komplex und unpersönlich geworden, als daß dieses Modell weiblicher Verbundenheit noch funktionieren könnte.
Doch woher kommt dieses Ideal politischer Vereinigung? Es wurde nach dem langen Winterschlaf des Feminismus in den späten

sechziger Jahren wiedererweckt. Die Feministinnen trafen sich in »Selbsterfahrungsgruppen« zu therapeutischen Sitzungen. Das Gespräch über die gemeinsame Erfahrung der Unterdrückung hielt die Gruppe zusammen.

Diese Strategie ging damals insofern auf, als sie den teilnehmenden Frauen ermöglichte, ihre private Existenz in politischen Begriffen zu definieren und durch enge Beziehungen zu anderen Frauen der Isolation des vorstädtischen Mittelschicht-Haushalts zu entkommen. Aber heute funktioniert die Strategie nicht mehr.

Ein Problem, das sich aus dem Beziehungsverständnis der Mädchen für die Frauenpolitik ergibt, ist die mangelnde Vielfalt. Eine typische Szene auf dem Campus einer Universität: Eine Gruppe weißer Frauen sitzt im Kreis auf dem Boden; die Stimmung ist schlecht, weil sie als Weiße unter sich sind. »Wir wollen Vielfalt in unserer Gruppe, aber die farbigen Frauen wollen sich uns nicht anschließen.« Eine Gruppe farbiger Frauen sitzt in einem anderen Gebäude; sie sind gereizt. »Die Weißen wollen, daß wir auf sie zugehen und sie bei uns aufnehmen. Wir sollen ihnen etwas beibringen. Aber wir haben genug davon, uns dauernd erklären zu müssen. Wir brauchen einen Ort, an dem wir unter uns bleiben können.«

Statt andere Vorstellungen zu respektieren, meinen die weißen Frauen aufgrund ihres Beziehungsverständnisses, alle müßten sich zuerst zusammensetzen, »alles durchdiskutieren« und »klären«, ehe man sich zu gemeinsamen Aktionen zusammenfinden kann.

Für antirassistische weiße Frauen ist diese Zurückweisung so schlimm wie die Zurückweisung eines Geliebten. Hören wir ihnen denn nicht zu? fragen sie. Versuchen wir denn nicht, uns mit den Problemen zu beschäftigen? Doch in den Ohren der schwarzen Frauen klingt das, als glaubten die weißen Frauen, einzig durch ihre guten Absichten würde der Rassismus über Nacht verschwinden. Weiße Frauen wollen von schwarzen Frauen Vertrauen und Liebe, doch klingt dabei oft die Hoffnung an, sie würden gleichsam durch Zauberwort vom Vorwurf des Rassismus freigespro-

chen. Die Annahme »egalitärer« Beziehungen aller Frauen täuscht über die Ungerechtigkeit des Rassismus hinweg.
Würden wir lernen, »Achtung« anstelle von »Vertrautheit« und »Teamwork« anstelle von »Schwesternschaft« zu setzen, könnten diese Spannungen die organisatorische Arbeit der Frauen nicht in dem Maß lähmen, wie das jetzt der Fall ist. Der Feminismus will eine einzige große Gemeinde sein, in der sich alle Frauen an der Hand halten, auch wenn sie gar nicht an einer Freundschaft interessiert sind. Doch je größer die Gemeinde ist, desto geringer ist ihre Flexibilität und desto anfälliger wird sie für jede zufällige Einwirkung.

Eine neue Form der Beziehung zwischen Frauen: die Power-Gruppe

Frauengruppen scheitern heute, weil sie am Konsens orientiert sind; weil sie einen Gesprächsstil pflegen, der das Leiden in den Mittelpunkt stellt statt das Handeln; weil sie glauben, sich persönlich mögen und alle Meinungsverschiedenheiten bereinigen zu müssen, statt konstruktiv damit umzugehen; weil sie nie gelernt haben, daß man sich zusammenschließen kann, um Macht und Vergnügen zu teilen. Frauen neigen zu der Vorstellung, daß eine Gruppe sich irgendwie aufopfern müsse, statt Ressourcen und Chancen für ihre Mitglieder zu erschließen und diese Arbeit gern zu tun. In der jetzt beginnenden neuen Phase des Feminismus müssen wir zu einer Haltung finden, in der wir stark genug sind, die Frauen der Welt mit ihren unterschiedlichen Zielen in Koalitionen zu vereinen.
Ich empfehle eine neue Form der sozialen Organisation von Frauen als Ersatz für die mit Bewußtseinsbildung beschäftigten Gruppen: die »Power-Gruppe«. Wer diesen Begriff zu bedrohlich findet, mag von »Ressourcen-Gruppe« sprechen: In die Gruppe werden die gemeinsamen Ressourcen eingebracht.

Zusammenschlüsse von Frauen haben eine lange Geschichte: Aus den Frauenklubs gingen die Aktionen hervor, die den Frauen das Wahlrecht verschafften. Frauen erschrecken häufig bei dem Gedanken an Vereinigungen, die auf die Konsolidierung von Macht gerichtet sind, weil sich darin Elitedenken und Exklusivität auszudrücken scheinen. Tatsache ist freilich, daß die Frauen unterschiedliche Prioritäten, Hintergründe und Interessen haben. Die »Power-Gruppe« ist ein Weg, mit Vielfalt umzugehen, und sie ermöglicht zugleich, eine neue Psychologie der Macht zu entwickeln und den entscheidenden Schritt zur Konsolidierung weiblicher Macht zu tun. Bevor ich mich der Beschreibung der »Power-Gruppe« für Frauen zuwende, müssen wir uns vor Augen führen, wie Männer ihre Macht festigen.

Feministinnen beschreiben die »Machtspiele« der Männer als extrem wettbewerbsorientiert und individualistisch. Beziehungen zwischen Männern seien zynisch und inhaltsleer, weil sie auf dem Austausch von Macht beruhte. Baker Miller schreibt: »Männer gehen zu bestimmten Zeiten Verbindungen auf der Grundlage einer genauen Kalkulation der Macht ein, die sie einbringen können. Viele Männer kennen und antizipieren dieses Verhalten und sind in diesem Spiel gut geübt. Frauen dürfen daran bezeichnenderweise nicht teilnehmen. Und was noch wichtiger ist: Viele Frauen wollen gar nicht daran teilnehmen.«

Trotzdem ist die Macht der Männer an der Spitze der sozialen Hierarchie keineswegs zersplittert, vielmehr wird sie bemerkenswert kollegial gehandhabt. Es gibt eine Reihe formeller und informeller Klubs, in denen die mächtigsten Männer eine Art kollektiver, geschlossener Bewirtschaftung der Macht betreiben.

Die Männer und Frauen in meinem Bekanntenkreis, die um dreißig Jahre alt sind, die gleiche gute Ausbildung genossen haben und vergleichbare berufliche Ziele verfolgen, entwickeln sich verschieden; die Männer haben bessere Jobs und Chancen und verdienen mehr Geld als die Frauen. Das ist natürlich teilweise der Diskriminierung der Frauen zuzuschreiben, teilweise aber auch der Tatsache, daß Männer im Gegensatz zu Frauen durch ein Netz ehemaliger Mitschüler oder Kommilitonen unterstützt und gefördert werden. Der wichtigste Grund ist jedoch, daß die Männer ihre Macht bündeln, während die Frauen dazu noch nicht imstande sind.

Das Verhalten mächtiger Männer ist im allgemeinen nicht individualistisch und auch nicht übertrieben wettbewerbsorientiert – diese Beschreibung trifft eher für die wenigen mächtigen Frauen zu. Sie verstehen nicht, was die unterschwellige Dynamik der Kultur, in der sie leben, wirklich kennzeichnet. Wie gehen die Männer an der Spitze denn mit ihrer Macht um? Sie verteilen sie an ihre Freunde.

An erster Stelle verbinden sie sich natürlich in den »richtigen« Schulen. Aber damit endet bereits die Ähnlichkeit mit einer herrschenden Elite. Im Alltag verbringen die Männer den Rest ihres Berufslebens nämlich damit, ihre Macht in die jungen Männer ihres beruflichen Umfeldes zu investieren. Sie beschäftigen sich damit, ihre Freunde der Öffentlichkeit vorzustellen, sie zu interviewen und weiterzuempfehlen. Das Ergebnis nennen sie dann »Leistung«.

Sie häufen Macht nicht an, sondern wählen eine Gruppe von Männern aus, mit denen sie gut auskommen, und nützen jede Chance, die Mitglieder dieser Gruppe zu fördern. Dieses Verhalten wirkt verblüffend »erzieherisch« und »fürsorglich«. Früher oder später zahlt sich die Förderung aus. In der Zwischenzeit spielen sie Basketball, essen auf Spesen und unterhalten sich über Belanglosigkeiten. Die Gespräche drehen sich zum großen Teil um andere Menschen ihres Berufes; dabei wird auch entschieden, wer in ihre Kreise aufgenommen wird und wer draußen bleiben muß.

Solchen Gesprächen liegt unbewußt die Ansicht zugrunde, daß andere Männer potentielle Mitglieder des Machtklubs sind, andere Frauen jedoch nicht. »Er denkt vernünftig« oder »Er ist es wert, daß man in ihn investiert« heißt es über einen Mann, der »wie sie selbst« ist. Über Frauen wird ganz anders geredet: »Sie ist entscheidungsschwach, wenn es hart auf hart geht. Sie ist zu sehr mit ihrem Baby beschäftigt. Sie muß ständig überwacht werden.« Mächtige Männer erzählen sich gegenseitig von der Kompetenz bestimmter anderer Männer und der Unzulänglichkeit bestimmter Frauen. Solche sprachlichen Muster bleiben nicht bewußt sexistischen Männern zweifellos völlig verborgen. Durch die Gespräche rechtfertigen die Männer im Lauf der Jahre vor sich selbst, daß sie, wenn sie die Spitze erreicht haben, die Beute unter ihren männlichen Freunden verteilen.

Wenn Frauen versuchen, ähnliche Beziehungsnetze und Klubs aufzubauen, ist ihnen oft unwohl dabei. Der Gedanke, andere als Mittel zum Zweck und nicht als Zweck an sich zu sehen, ist ihnen fremd. Sie haben dann das Gefühl, daß sie andere hinterlistig für ihre Zwecke »gebrauchen«. Und sie verkennen allzuleicht, welches Maß an wirklichen Gefühlen Männer in ihre Verbindungen im Dienst der Macht und wieviel Zuneigung sie in ihre Schützlinge investieren. Frauen unterschätzen das Gefühl emotionaler Geborgenheit, das mächtige Männer empfinden, wenn sie ihre Macht auf diese Weise pflegen und wenn sie sich in anderen Männern wiedererkennen, die Ressourcen in gemeinsame Unternehmungen einbringen.

Bei Diskussionen mit meiner Freundin Amruta über die Schwierigkeiten von Frauen im Umgang mit der Macht beschlossen wir, eine für uns neue Form feministischer Organisation auszuprobieren. Es entstand die »Power-Gruppe«. Durch die Struktur der Gruppe versuchten wir jene psychologischen Fallstricke zu vermeiden, denen Frauen im Umfeld der Macht begegnen. Wir wollten Frauen einen Weg zur Macht aufzeigen, der zu ihrer Psyche paßt.

Einmal im Monat trifft sich eine Gruppe von zwanzig bis dreißig Frauen. Diese Frauen können aus jedem beliebigen Bereich der Gesellschaft stammen; es ist jedoch wahrscheinlich, daß sie einen Beruf, eine religiöse Ausrichtung oder andere übergreifende Interessen gemeinsam haben. Die Versammlung findet im Rahmen des nach Auffassung der Opfer-Feministinnen frivolsten aller gesellschaftlichen Ereignisse statt: einer Party. Essen und Wein stehen bereit, Musik spielt. Die Frauen unterhalten sich, stellen Kontakte her, lassen sich durch den Raum treiben und sind glücklich, anderen Frauen zu begegnen, die sie mögen, ohne daß sie Übereinstimmung mit dem »Kollektiv« vortäuschen müssen. Dann, in einem bestimmten Augenblick, sagt jede Anwesende, was sie gerade macht und zu welchen Ressourcen, Kontakten oder Informationen sie Zugang hat. Sie erklärt der Gruppe auch, welche Ressourcen, Kontakte oder Informationen sie braucht. Jede Frau erhält eine Liste mit den Telefonnummern der anderen; jede kann jede anrufen und eine Bitte äußern, ein Projekt vorschlagen, Informationen austauschen oder ein Geschäft anbieten. Und jede kann ablehnen. So kann jede Frau nehmen, was sie braucht, ohne der Geschäftsordnung einer allmächtigen »Gruppe« folgen zu müssen.

Zur Zeit nimmt die Neigung der Frauen wieder deutlich zu, sich Gruppen von zwanzig oder mehr Personen anzuschließen. Ihr Hunger nach Gesellschaft im Gefolge der neuen Phase des Feminismus zeigt sich in zahlreichen Buchklubs, Kochklubs, Gesprächskreisen, Müttergruppen und Frauengruppen in Kirchen und Synagogen. Jede dieser Gruppen läßt sich leicht in eine »Power-Gruppe« umwandeln.

Die Gruppe kann nach dem Rotationsprinzip auch für neue Mitglieder geöffnet werden, so daß ständig neue Frauen in die »Ressourcen-Börse« aufgenommen werden, während andere wieder ausscheiden. Die Gruppe fordert ihre Mitglieder auf, über Erfolge und positive Wirkungen zu berichten, die sich aus der Gruppenmitgliedschaft ergeben haben. Die Berichte stärken das Gefühl der Effektivität in der Gruppe; gleichzeitig lernen die Frauen, über Erfolge zu sprechen und an den Erfolgen anderer Frauen Anteil zu nehmen. Ein weiteres Ziel der Gruppe sollte sein, Frauen psychologische Unterstützung zu bieten, wenn sie Gehaltserhöhungen fordern. Die Gruppe muß – schon um der eigenen psychischen Verfassung willen – jüngere Frauen fördern, sie bei der Jobsuche wie auch bei der Wiederaufnahme einer Berufstätigkeit unterstützen, ihre Fähigkeiten weitervermitteln und ihnen helfen, ihre Bedürfnisse zu artikulieren. Eine Gruppe kann sich auch bei spezifischen Problemen in Branchen und Berufen einsetzen, in denen hauptsächlich Frauen arbeiten. Dazu gehören auch die Erziehung der Kinder und die Tätigkeit als Hausfrau. Die Gruppe kann Dozenten einladen; sie kann Beiträge erheben, die an Frauenorganisationen auf einer höheren politischen Ebene abgeführt werden. Sie kann jedoch auch jede ideologische Fixierung ablehnen und sich auf die zwanglose, auf die jeweiligen Bedürfnisse bezogene Vermittlung von Ressourcen und Macht beschränken. Die Gruppe sollte klarstellen, daß sie für Dissens und Meinungsverschiedenheiten offen ist und daß eine abweichende Meinung ebenso willkommen ist wie Zustimmung. In ökonomischer Hinsicht kann die Bildung eines Investmentklubs für die Gruppe vorteilhaft sein, selbst wenn nur wenige Börsenwerte vorhanden sind. Die Frauen lernen dabei, über Geld zu sprechen. Mit Blick auf die zukünftige Entwicklung der Gruppe empfehle ich, eine möglichst große Vielfalt anzustreben und den »Aufstieg« junger und talentierter, aber mittelloser Frauen zu fördern.

Das klingt einfach, vielleicht zu einfach. Aber unsere Erfahrungen zeigen, daß sich auf diese Weise Macht in einem Umfang gewinnen läßt, der unvorstellbar ist, solange wir allein handeln. Viele von uns haben Zugang zu Gütern, Dienstleistungen oder Informationen, die uns selbst im Augenblick vielleicht nicht viel nützen, die aber für andere von entscheidender Bedeutung sein können. Frauen unserer Gruppe bekamen auf einmal Jobs, Wohnungen oder Auftragsarbeiten; sie verglichen Gehälter oder informierten einander über für bestimmte Stellen »übliche« Gehälter. Sie suchten nach Investoren, fungierten als Babysitter, vergaben Autorenaufträge und organisierten Wohltätigkeitsveranstaltungen. Sie entwickelten ein Programm, in dessen Rahmen Frauen Schulen besuchten und Schülerinnen über ihre Berufe informierten. Viele der in unserer Gruppe vermittelten Chancen waren der Tatsache zu verdanken, daß sich die Gruppe aus Angehörigen vor allem der Mittelschicht oder noch privilegierteren Schichten zusammensetzte. Doch das meiste können auch Gruppen anderer sozialer Zusammensetzung erreichen.

Denn viele Frauen haben, unabhängig von ihrer finanziellen Situation oder ihren Beziehungen, Zugang zu einem Gut, das im heutigen Wirtschaftsleben immer wertvoller wird: zu Informationen. Männer tauschen Informationen wie Briefmarken, und sie können Frauen diskriminieren, weil sie zu Recht annehmen, daß diese weder über Kontakte noch über stabile Informationsquellen verfügen. Schließen sich die Frauen jedoch zu Power-Gruppen zusammen, weiß ein Mann, der eine Frau bewußt benachteiligt, nicht mehr, über welche Informationen oder Beziehungen sie verfügt.

Obwohl es die Power-Gruppe noch nicht lange gibt, kann sie bereits viele der psychologischen Probleme lösen, die Frauen im Umgang mit der Macht haben. Sie trägt dazu bei, daß Feminismus erstens Spaß macht und zweitens sogar lukrativ ist. Drittens zwingt die Arbeitsweise der Gruppe die Frauen buchstäblich dazu, ihre Macht zu gebrauchen, eine Bestandsaufnahme ihrer Fähigkeiten und Ressourcen zu machen und sich auf Möglichkeiten des Handelns zu konzentrieren statt auf erlittenes Unrecht. »Gespräche über Probleme« sind nicht verboten, sind aber nicht das Wichtigste. Im Mittelpunkt stehen vielmehr »Gespräche über Möglichkeiten«, und mit der Veränderung des Diskussionsgegenstandes scheint sich auch das Verhalten der Frauen in der Gruppe zu verändern. In unserer Gruppe hatten selbst »mächtige« Frauen zunächst Schwierigkeiten damit, auszusprechen, was sie tun und über welche Ressourcen sie verfügen. Aber je öfter die Darstellung der eigenen Macht wiederholt wurde, desto selbstverständlicher erschien sie. Zuletzt wurde sie sogar als angenehm empfunden, und wir genossen es, anderen Frauen zuzuhören,

wenn sie ihre Zugangsmöglichkeiten, Ressourcen und Fähigkeiten beschrieben.
Viertens vergrößert die Power-Gruppe das Umfeld oder »Netzwerk« – ein Begriff, den ich verabscheue – der beteiligten Frauen um das Dreißigfache oder mehr. Fünftens trägt sie dazu bei, daß ein Gemeinschaftsgefühl entsteht. Die Frauen glauben nicht mehr, daß sie einander herzlos und geldgierig »ausnutzen«. Sechstens und damit zusammenhängend kommen durch die Power-Gruppe neue, echte Freundschaften ohne hintergründige Absichten zustande. Siebtens mildert die Gruppe die Ängste der Frauen, wenn sie nach Macht streben, weil ihnen klarwird, daß sie damit einen Beitrag für die Gemeinschaft leisten. Außerdem hilft sie den Frauen, die Lektionen zu vergessen, die ihnen als Mädchen eingetrichtert wurden: Die Frauen in der Gruppe können sich auch über die Erfolge anderer Frauen freuen, denn jede Ausweitung der Chancen kommt letztlich der Gemeinschaft zugute. Achtens fühlen sich die Frauen durch die Power-Gruppe viel stärker, weil die Gruppe ihnen eine neue Sicht eröffnet. Auf jeder Stufe der Erfolgsleiter können sich Frauen aufs neue verunsichert fühlen, denn immer wieder steht ein Mann über ihnen, der sie oft völlig in der Hand hat. Aber wenn Frauen sich mit anderen Frauen zusammenschließen und dann erleben, was für Schwierigkeiten junge Frauen haben, die noch ganz am Anfang stehen, erkennen sie, wie stark die Gruppe sie macht. Neuntens verändert die Power-Gruppe die Art und Weise, wie Frauen einander wahrnehmen: Andere Frauen leisten Hilfe und vermitteln Macht, genau wie bei den Männern. Andere Frauen sind nicht bedrohliche Gegner (oder sentimentale »Schwestern«), sondern Mitkämpferinnen im Rahmen einer gemeinsamen Strategie.
Wenn Frauen über das ganze soziale Spektrum hinweg solche Gruppen bilden, entsteht relativ mühelos eine alternative Machtstruktur, die der entsprechenden Machtstruktur der Männer ebenbürtig ist – wenn nicht in bezug auf die Mittel, so doch wenigstens in bezug auf die Mitgliederzahlen.

Wir müssen den sentimentalen Gedanken der »Schwesternschaft« durch ein pragmatischeres Modell ersetzen. Die Organisationen der amerikanischen Einwanderer bieten ein Beispiel, an dem wir uns orientieren können. Einwanderer schließen sich zusammen, weil es ihren Interessen dienlich ist, ihre Organisationen basieren auf dem Prinzip des gegenseitigen Nutzens. Das altruistische Element der Einwandererorganisationen beruht dabei mehr auf einer Art Ehrgefühl und dem Verantwortungsbewußtsein für das eigene soziale und kulturelle Erbe als auf den mystischen, »natürlichen« Banden gemeinsamer Abstammung oder gemeinsam erfahrener Unterdrückung.

Das Modell dieser Organisationen könnte manche Risse kitten, die sich im Feminismus entlang der verschiedenen sozialen Schichten aufgetan haben. Die Einwanderer finden nicht, daß alle auf derselben ökonomischen Ebene stehen müssen, um zusammenzuarbeiten. Sie bündeln ihre Ressourcen und machen sie anderen zugänglich, weil ihr gemeinsames Ziel darin besteht, ihren Status als Gruppe zu heben und ihre Ressourcen zu mehren. Sie erwarten nicht, daß alle dasselbe glauben; sie erwarten lediglich, daß die Mitglieder die Organisation an ihrem Erfolg beteiligen.

Nach dem Modell der »Power-Gruppe« wäre der Feminismus nicht Selbstaufopferung, sondern Ausdruck von Eigeninteressen; dadurch wäre auch den Bedürfnissen der Frauen nach Beziehungen und zugleich Unabhängigkeit gedient. Frauen schließen sich in solchen Power-Gruppen aus mehreren Gründen zusammen: erstens, um mehr Geld zu verdienen und bessere Chancen zu haben; zweitens, um eine Art Schuld gegenüber den Frauen abzutragen, durch deren Arbeit in der Vergangenheit ihr heutiger Lebensstil möglich wurde – ein Aspekt, der den altruistischen Neigungen der Frauen entspricht. Drittens bietet das Modell den Frauen die Möglichkeit, wie die Mitglieder einer Einwanderergruppe stolz auf ihre Identität und ihr Erbe zu sein – das Gefühl, das das Verlangen der Frauen nach Gemeinschaft befriedigt, ohne sie einem Zustimmungszwang zu unterwerfen.

Das »Einwanderermodell« beruht auf pragmatischem Denken, Verantwortungsbewußtsein und gegenseitiger Achtung. Wer eine andere Meinung äußert, macht sich deshalb nicht wie im Modell der »Schwesternschaft« des persönlichen Verrats schuldig. Die Verbindung mit anderen Frauen ist durch klare Abmachungen geregelt, und Enttäuschungen sind nur möglich, wenn sich die Partnerinnen nicht an die Regeln halten. Die Erfüllung der Abmachungen aber erzeugt eine Art Ehrgefühl – was Frauen im Umgang mit Männern und anderen Frauen häufig vorenthalten wird.

Auf diese Weise können wir die aus unserer Mädchenzeit herrührende Vorstellung eines Kreises von »Schwestern« neu definieren und als Geflecht flexibler, klar unterscheidbarer, jedoch ineinandergreifender Kreise verstehen. Jeder Kreis stärkt die anderen, so daß sich ein Netzwerk weiblicher Macht bildet, das eines Tages die ganze Welt umspannen kann.

Was wir jetzt tun können

Zur Verwirklichung der Gleichberechtigung brauchen wir natürlich viel mehr als eine alternative weibliche Machtstruktur. Aber wir haben dargelegt, welche Wege für Frauen in Frage kommen und auf welchen Wegen Frauen mit ihrer Macht das 21. Jahrhundert verändern können. Für Frauen am besten geeignet sind ergebnisorientierte und sowenig wie möglich durch Ideologien belastete Vorgehensweisen.

Erfolge des Power-Feminismus

Der Feminismus muß wirtschaftliche Aktivitäten sehr viel stärker einbeziehen. Während es marxistische Feministinnen verächtlich ablehnen, den Kapitalismus für den Machterwerb zu nutzen, sind die Frauen der Dritten Welt eifrig bemüht, Kleinbetriebe zu gründen. Die Mehrheit der armen Frauen der Welt besteht aus Bäuerinnen, Handarbeiterinnen und Händlerinnen.[19] Der Power-Feminismus schlägt dann Wurzeln, wenn Frauen Geld in die Unabhängigkeit anderer Frauen investieren. Women's World Banking (WWB) ist eine internationale Gruppe weiblicher Bankiers. Den Mitgliedern war nach der Frauenkonferenz der Vereinten Nationen von 1975 bewußt geworden, daß die weltweite Diskriminierung von Frauen dadurch festgeschrieben wird, daß man ihnen den Zugang zu den zentralen wirtschaftlichen Betätigungsfeldern verweigert. Women's World Banking brachte fast 6 Millionen Dollar zusammen, um Unternehmerinnnen zu zinsgünstigen Krediten zu

verhelfen, dabei bürgt das WWB für 25 Prozent der Kreditsumme. Das WWB gründete ein Institut für Management-Training, in dem Frauen lernen, wie sie kleine Unternehmen gründen, internationale Geschäfte abwickeln und Finanzmittel auftreiben können.
Das WWB hat in zehn Jahren fast 45000 Kredite vergeben. Die Rückzahlungsquote lag bei 99 Prozent – ein besseres Ergebnis, als die meisten in den Entwicklungsländern tätigen Geschäftsbanken erzielen konnten. Die Mitglieder des WWB, die diese Kredite jeweils auf lokaler Ebene vergeben, sind Frauen mit demselben kulturellen Hintergrund wie die Kreditnehmerinnen. Sie können die jungen Unternehmerinnen von der Buchhaltung bis zum Marketing beraten. Das Programm bildet mittellose Frauen darin aus, ihren Lebensunterhalt selbst zu verdienen, und bietet ein globales Netzwerk für Unternehmerinnen.
Wir müssen aus diesen internationalen Erfahrungen lernen. Die geschäftlichen Unternehmungen von Frauen müssen zu den Bausteinen ihrer Macht im 21. Jahrhundert werden. Laut Wendy Reid Crisp, der Direktorin der National Association for Female Executives (NAFE), gibt es in Amerika sechshundert Wirtschaftsorganisationen von Frauen – zuständig für Frauen im Film bis zu Frauen in der Baubranche. Hillary Rodham Clinton wies 1989 in einem Interview auf den Unterschied zwischen NAFE und »der organisierten Frauenbewegung« hin. Die Ziele der »Association« seien praktische Lösungen, keine Rhetorik, betonte sie, und häufig seien bei den Versammlungen auch Männer anwesend: »Wer will schon ständig mit geballter Faust herumlaufen?«[20]
Die erfolgreiche Emily's List darf nur eine Vorbotin jener Macht sein, die politische Frauenlobbies künftig entfalten werden. In gleicher Weise dürfen auch die Mitglieder einer Vereinigung wie WWB nur als in die Zukunft weisende Vorläufer dessen gelten, was einmal sein wird.
Wenn Frauen über Geld verfügen, muß auch die Opposition zuhören. Wenn wir Eigenkapital besitzen, besitzen wir auch Einfluß – als Sponsorinnen, Aktionärinnen und Absolventinnen der Universitä-

ten. Die einzige Sprache, die in der gegenwärtigen Gesellschaft verstanden wird, ist die des Geldes, der Wählerstimmen und der öffentlichen Skandale.

Konkrete Maßnahmen ohne ideologischen Ballast

Im Power-Feminismus bleibt die Macht in den Händen der Frauen; dieser Feminismus konzentriert sich auf den Aufbau von »Bausteinen der Macht«, die ideologisch sowenig wie möglich belastet sind. Grundlegende Bausteine sind natürlich Geld, Gesundheit, Chancengleichheit, Bildung, politische Repräsentation und Sicherheit. Der Power-Feminismus vermeidet es, den Frauen vorzuschreiben, was sie zu tun haben und wie sie beispielsweise eine bestimmte Chance, verfügbare Geldmittel oder politische Einflußmöglichkeiten nutzen sollen.

Als großer Erfolg des Umbruchs im Verhältnis der Geschlechter darf die Initiative zur Bekämpfung des Brustkrebs von 1992 gelten, in deren Verlauf die National Breast Cancer Coalition (NBCC) mit einem umfassenden, von ideologischem Ballast befreiten Appell alle formulierten legislativen Ziele erreichte.

Im Oktober 1991 startete die Breast Cancer Coalition eine große Kampagne, in der dazu aufgerufen wurde, Briefe an den amerikanischen Kongreß zu schreiben. Ziel waren 175000 Briefe aus 50 Staaten der USA oder mindestens 1 Brief für jede diagnostizierte Brustkrebs-Erkrankung. Auf welch breite Unterstützung jenseits aller Ideologien der Aufruf stieß, bewiesen die 600000 Briefe, die dem Kongreß zugestellt wurden. Das Ergebnis übertraf alle Erwartungen.

Im Februar 1992 führte das Forschungsteam der NBCC öffentliche Anhörungen durch. Im März 1992 teilte NBCC dem Kongreß mit, daß der sofortige Einstieg in die Suche nach einem Heilmittel 300 Millionen Dollar kosten würde. Im Mai 1992 koordinierte die NBCC 38 Veranstaltungen in 31 US-Staaten im Zusammenhang mit dem Muttertag, um das Problembewußtsein der Öffentlichkeit zu stärken. Über 30 Zeitschriften, Radiosender, landesweite Fernsehanstalten und viele lokale Medien berichteten über die Veranstaltungen. Als der damalige US-Präsident Bush sein Veto gegen die Zuweisung der Gelder an die National Institutes of Health einlegte, verlangte die NBCC statt dessen 1 Prozent des Verteidigungshaushalts. Zahlreiche Busse mit empörten Frauen fuhren nach Washington, Frauen nutzten den Telefondienst der NBCC und wandten sich per Fax oder Telefon an ihre Abgeordneten. Als das gewonnene Terrain in letzter Minute wieder bedroht schien, organisierte die NBCC vor dem Tagungsraum des zuständigen Ausschusses rund um die Uhr eine Mahnwache.

Die Strategie der »ideologischen Zurückhaltung« zahlte sich aus. Die NBCC erhielt die nötigen Finanzmittel, die sich auf mehr als das Doppelte der Zuweisungen für 1991 in Höhe von 132 Millionen Dollar und mehr als das Dreifache der 90 Millionen Dollar für 1990 beliefen. Ferner konnte die NBCC 1992 zwei Gesetzesinitiativen zur Krebsforschung und zu verbesserten Behandlungsmethoden durchsetzen. Kurz, die NBCC erreichte alle ihre Ziele. Frauen hatten ihre Muskeln spielen lassen, und man hatte ihnen nichts verweigern können.

Auch ein anderer Erfolg konnte ohne den Einsatz von Ideologien erzielt werden. Im April 1993 sponserte die Ms. Foundation einen Aktionstag, an dem Eltern ihre Töchter zur Arbeit mitnehmen sollten, um ihnen beruflichen Ehrgeiz und Selbstbewußtsein zu vermitteln. Der Aktionstag erwies sich als außerordentlich erfolgreich und bekam mehr positive Berichterstattung in den Medien als jedes andere feministische Projekt seit Beginn der neuen Phase des Feminismus. Eine Million Eltern beteiligten sich an dem Aktionstag.

Dies ist ein gelungenes Beispiel für Power-Feminismus. Selbstbewußtsein ist eine Voraussetzung jener Macht, mit der Frauen und Mädchen ihre Ziele verwirklichen können. Außerdem wurde niemand als Opfer hingestellt. Die Mütter konnten sich endlich ein-

mal in einer Rolle zeigen, in der sie nicht als Unterdrückte erschienen, die Väter konnten beweisen, daß sie sich an der Erziehung ihrer Töchter beteiligten. Der Aktionstag begeisterte alle.
Welche Lehre können wir aus diesen Beispielen ziehen? Wir müssen Frauen konkret an die Macht heranführen, statt sie mit Ideologien zu versorgen, wir brauchen mehr Präsenz in den Medien, und wir brauchen mehr Selbstvertrauen. Dann werden die Unabhängigkeit der Frauen und die Schlagkraft des gesamten Feminismus wachsen.

Was Frauen haben

Anna Quindlen hat den Status der Frauen einmal als ein Glas beschrieben, das entweder halb voll oder halb leer sei. Betrachten wir die Ressourcen, über die Frauen bereits verfügen, so erkennen wir, daß wir uns mit einem halbvollen Glas getrost auf den Weg machen können.

Die Macht, Abgeordnete zu wählen

Die Zahl der Frauen in den gesetzgebenden Körperschaften ist von 424 im Jahr 1973 auf 1516 im Jahr 1993 gestiegen. 16,9 Prozent der Senatoren sind Frauen, ihr Anteil an den Mitgliedern des Repräsentantenhauses beläuft sich auf 21,7 Prozent.
Im Jahr 1992 kandidierten 2373 Frauen für einen Sitz in einer gesetzgebenden Körperschaft, 1373 erreichten das Ziel.[21] Wie schon weiter oben angeführt, können Frauen ihren politischen Einfluß um ein Vielfaches wirkungsvoller einsetzen, wenn sie in größerer Zahl auch nur kleine Summen für den Wahlkampf weiblicher Kandidaten spenden.
Man wird einwenden, Frauen hätten kein Geld. Aber das stimmt nicht mehr ganz. Nach der Volkszählung von 1991 gibt es in Amerika über 2 Millionen Frauen, die über ein Jahreseinkommen von mehr als 50000 Dollar verfügen. Den Daten zufolge haben Frauen

aller Rassen in den oberen Segmenten des Arbeitsmarktes rapide Fortschritte erzielt. Heute sind in Management- und anderen qualifizierten Berufen mehr Frauen tätig als in Büro- oder Verwaltungsberufen. 7 Prozent der Hispanoamerikanerinnen, 7,4 Prozent der schwarzen Frauen und 11,9 Prozent der weißen Frauen arbeiten heute als Managerinnen oder Führungskräfte. Der Anteil der weißen Frauen hat sich seit 1980 um 7,7 Prozent erhöht. Der Vormarsch der Frauen in die besserbezahlten Tätigkeiten trug dazu bei, daß sich die geschlechtsspezifischen Gehaltsunterschiede verringerten. Amerikanische Frauen erhalten heute rund 75 Prozent des Gehalts der Männer in vergleichbaren Beschäftigungen.

Die Zahl der Mitglieder der National Association of Black Women Attorneys wuchs bis heute von unter 1000 im Jahr 1972 auf über 17000.[22]

Aber das Vorhandensein von Geld garantiert noch nicht, daß die Frauen dieses Geld auch für ihre Ziele einsetzen. Frauen mit geringerem Einkommen spenden Erhebungen zufolge mehr an politische Organisationen als Frauen mit höheren Einkommen. Der Einsatz von Geld für politische Zwecke verlangt eine neue Einstellung zum Geld. Frauen und Männer spenden aus unterschiedlichen Gründen: Männer spenden, um ihren Namen auf einer Gedenktafel verewigt zu sehen oder um sich mit anderen Männern zu messen; Frauen wollen wissen, wofür ihre Spenden verwendet werden.

Ich glaube, daß Frauen auch Geldausgaben gewissermaßen »personalieren« wollen. Viele Frauen haben mir gesagt, daß es ihnen abstrakt und unpersönlich erscheint, etwa jedes Vierteljahr einen Scheck an NOW zu schicken. Die unpersönliche Formulierung der Zahlungsaufforderung trägt dazu bei, daß sie sich eher hilflos als stark vorkommen.

Wahlkampfkomitees und Frauenorganisationen können hier die stärkende Wirkung einer Power-Gruppe entfalten, indem sie Versammlungen abhalten, bei denen die Spenderinnen – welcher Summe auch immer – die Kandidatinnen persönlich kennenlernen und außerdem Kontakt zu anderen Frauen zum Austausch von Ressourcen und Verbindungen aufnehmen können. Auf diese Weise erzielen die Organisationen Einnahmen, und jede neue Initiative ist ein Zugewinn für die Machtbasis der Frauen. Wenn Frauen Geld spenden – eine Handlung, die bei vielen Unsicherheit und Ängste vor der Armut auslöst –, bekommen sie dafür im Gegenzug etwas Greifbares zurück. Spenden wird zu einer guten Investition.

Die Macht des »Cross-Targeting«

Vorweg eine kleine Allegorie, die aus zwei Szenen besteht. In der ersten Szene sitzt eine Gruppe von Menschen an einem reichgedeckten Tisch, doch keiner kann die Arme beugen, sie können also nichts essen. Das ist die Hölle. In einer zweiten Szene sitzen Menschen an einem ähnlichen Tisch; auch sie können die Arme nicht beugen, aber sie helfen sich gegenseitig beim Essen. Das ist der Himmel.

Diese kleine Allegorie enthält eine Lehre. Frauen haben oft Schwierigkeiten, für ihre eigenen Interessen zu kämpfen, während sie im Kampf für Kinder, Gemeinden, Ehegatten oder die Umwelt kein Hindernis scheuen. Außerdem müssen sie, wie bereits dargelegt, mit wirtschaftlichen Sanktionen rechnen, wenn sie es wagen, sich für ihre Rechte einzusetzen.

Eine Lösung dieses Problems ist in der allegorischen Szene angedeutet. Ich nenne diesen Ansatz nach einem Begriff aus dem Management »Cross-Targeting«.

Im Cross-Targeting vereinbaren Frauen oder Gruppen von Frauen, füreinander gegen alle Arten von Belästigungen oder ungerechtfertigte Entlassungen einzutreten, gegen die sich die Betroffenen selbst nicht wehren können. Wenn die Mitarbeiterinnen von Politikern in Washington es nicht wagen, laut dagegen zu protestieren, daß sie bei der Arbeit sexuell belästigt werden, kann ihre Power-Gruppe einer anderen Power-Gruppe, beispielsweise den Künstlerinnen in New York, einen entsprechenden Hinweis geben, und diese Power-Gruppe prangert den Mißstand dann öffentlich und lautstark an. Die Frauengruppe in Washington kann sich bei der Frauengruppe in New York mit einer entsprechenden Aktion revanchieren. Wenn Ärztinnen in einem Krankenhaus darum kämpfen, daß ihre Kinder während ihrer Dienstzeiten betreut werden, können sich die Ärztinnen eines anderen Krankenhauses für sie einsetzen. Wenn einer Professorin die Berufung auf einen Lehrstuhl verweigert wird, können die Power-Gruppen der Studentinnen ihre Studiengebühren so lange auf ein Treuhandkonto überweisen, bis die Universität sich eines anderen besinnt. Wenn eine Fluggesellschaft ungerechte Vorschriften über das Körpergewicht ihrer weiblichen Beschäftigten einführt, kann die Power-Gruppe einer anderen Fluggesellschaft die Angelegenheit durch die Presse an die Öffentlichkeit bringen.

Solche »Hilfeleistungen« durch Cross-Targeting sind für die Frauen, die diese Aktionen durchführen, weit weniger bedrohlich als Aktionen in ihrem eigenen Umfeld. Zugleich wird der Opposition verdeutlicht, daß man Frauen ernst nehmen muß, weil man nie weiß, wer zu ihrer Unterstützung bereitsteht.

Die Macht der Verbraucherinnen

Werbung und Medien sind Bereiche, in denen die Frauen scheinbar hilflos ausgeliefert sind. Ich behaupte jedoch – und kann mich dabei auf entsprechende Daten stützen –, daß Werbung und Medien den Frauen in Wirklichkeit dienen und daß sie in vielem von ihnen beherrscht werden. Über 85 Prozent aller Konsumausgaben werden von Frauen getätigt, die Werbebranche ist stärker auf ein gutes Meinungsbild der 25- bis 40jährigen Frauen angewiesen als auf die Meinung jeder anderen Bevölkerungsgruppe. Als Konsumentinnen verfügen Frauen über eine gewaltige Macht. Protestiert beispielsweise eine Frau in einem Leserbrief an ein Magazin gegen bestimmte Anzeigen oder gegen die Art und Weise, in der Frauen dargestellt werden, wird ihrem Brief ein Gewicht beigemessen, als repräsentiere er die Meinung von 10000 Leserinnen.

Frauen haben Dutzende bislang ungenutzer Möglichkeiten, ihren Einfluß als Konsumentinnen geltend zu machen, um ihre politischen und wirtschaftlichen Interessen zu fördern. Eine Möglichkeit besteht darin, PR-Leute und auf die Zielgruppe Frau orientierte Medien zu zwingen, den Feminismus ausgewogener darzustellen.

Frauenorganisationen sind die einzigen großen Lobby-Gruppen, die keine kontinuierliche, aktive Medienarbeit betreiben. Selbst die Katholische Kirche hat eigene PR-Leute. Der moderne Power-Feminismus muß sich die Prämisse zu eigen machen, daß die Menschen am Ende des 20. Jahrhunderts zumindest in der Ersten Welt nicht mehr primär durch Gesetze und militärische Gewalt kontrolliert werden, sondern durch Bilder und Einstellungen.

Die Schwulen- und Lesbenbewegung wandte vor kurzem eine halbe Million Dollar für eine einjährige Kampagne auf, um die Vorurteile der Öffentlichkeit gegenüber Homosexuellen abzubauen. Der Feminismus braucht eine ähnlich umfassende PR-Kampagne. Wenn der Feminismus erfolgreich für die Produktwerbung eingesetzt wurde, muß er doch auch erfolgreich für sich selbst werben können.

Die Leserinnen von Frauenmagazinen könnten mobilisiert werden, die Frauenpresse wieder stärker zu kontrollieren. Durch den Einfluß der Leserschaft können die Auftraggeber der Mode-, Kosmetik- und sonstigen Anzeigen, deren Umsätze vom Wohlwollen der Frauen abhängig sind, gezwungen werden, einen Beitrag zur politischen Macht der Frauen und zur Verbesserung der öffentlichen Meinung über den Feminismus zu leisten.

Viele werbetreibende Unternehmen bemühen sich gegenwärtig um weibliches Wohlwollen. Sie unterstützen beispielsweise Programme gegen Brustkrebs oder fördern Maßnahmen gegen die Gewalt. Wenn sich die Frauen ihrer wahren Macht als Konsumentinnen bewußt werden und erkennen, daß die Beziehungen zwischen Werbetreibenden und Konsumenten wie die Beziehung zwischen den Medien und ihren Konsumenten von ihnen, den

Konsumentinnen, bestimmt werden, können sie diese Bemühungen als kleine Unterstützung ihrer Forderungen begreifen.

Leserinnen von Zeitschriften könnten die Veröffentlichung einer aufwendigen Anzeigenserie verlangen, in der alle möglichen Frauen, darunter Hausfrauen, Studentinnen, Modelle, Lehrerinnen, Filmstars und Wissenschaftlerinnen sich zum Feminismus bekennen. Die Kampagne könnte unter dem Motto stehen: »Was mir der Feminismus bedeutet.« Ziel könnte sein, den Feminismus so weit zu definieren, das er alle Frauen und Männer einschließt, die sich in irgendeiner Weise für Frauenrechte einsetzen. Wenn die Frauen dies fordern, werden sie bei den Zeitschriften auf viel Sympathie stoßen: Die meisten Frauen, die Frauenmagazine leiten, sind Feministinnen. Sie warten geradezu darauf, daß sie von ihren Leserinnen gedrängt werden, ernsthafter über Frauenfragen zu berichten und sich deutlicher für die Verbesserung der Stellung der Frau einzusetzen, als ihnen die Auftraggeber der Anzeigen bisher erlauben.

Auf den Bildern solcher Kampagnen sollten Frauen aller Rassen und sozialen Schichten gezeigt werden, zum Beispiel eine Hausfrau, die sagt: »Das Recht, einen Scheck einzulösen, ein Auto zu fahren, eine Abgeordnete zu wählen: Das bedeutet Feminismus für mich.« Oder eine Großmutter, die sagt: »Meine Enkelin wird Zahnärztin: Das bedeutet Feminismus für mich.« Für eine alleinstehende, berufstätige Mutter wäre Feminismus etwa »das Recht, selbst einen Kredit aufzunehmen«, für einen Teenager »das Recht, zu tragen, was ich will«, für ein Lesbenpaar »das Recht zu lieben, wen ich will« und für eine Fabrikarbeiterin »das Recht, nicht zwischen Kindern und Beruf wählen zu müssen«. Auch berühmte Frauen könnten sich in die Kampagne einbringen. Unter den Bildern könnte folgender Text stehen: »Das Wahlrecht, das Recht, ein Auto zu fahren und das Recht auf Ausbildung, auf Arbeit, auf Familienplanung, auf ordentliche Gesundheitsfürsorge und auf Mitbestimmung, all diese Rechte wurden euch nicht in die Wiege gelegt. Die amerikanische Frauenbewegung hat sie euch verschafft. Feminismus ist wahre Demokratie. Wenn euch an diesen Rechten liegt, laßt auch andere daran teilhaben. Bekennt euch zum Feminismus, erhebt eure Stimme, wenn ihr unterdrückt werdet, gebt eure Stimme den Rechten der Frau, spendet für Frauenorganisationen.«

Eine solche Anzeigenkampagne wird die starren Definitionen des Feminismus aufbrechen, auch wenn manche Feministinnen darüber spotten, weil sie ihnen zu einfach, direkt und banal erscheint. *Die Anzeigenkampagne muß deutlich machen, daß der Feminismus gegen Sexismus ist, nicht gegen die Männer.* Durch die Kampagne wird der Begriff neu definiert, so daß er die vielen Spielarten einschließen kann, die unter den Frauen gegenwärtig verbreitet sind.

Ein Schönheitsideal entsteht, wenn eine ausreichende Anzahl bestimmter Bilder als »schön« vorgestellt und von einer ausreichenden Anzahl Menschen als schön erkannt wird; verschiedene Bilder von Schönheit ermöglichen verschiedenen Menschen, sich selbst als schön wahrzunehmen. In gleicher Weise ermöglichen verschiedene positive Vorstellungen des Feminismus verschiedenen Frauen, sich mit zumindest einer Variante zu identifizieren. Die Frauen können sich nun zum Feminismus bekennen, weil genügend andere Menschen die Anzeigenserie gesehen haben und damit sichergestellt ist, daß sich die Bedeutung des Wortes verändert hat.

Die Macht über die Medien

Frauen sind bei weitem der größte Teil des Publikums, das von den Medien umworben wird. Zwar ist es wichtig, die Frauenpresse zu gewinnen, für den Machtzuwachs der Frauen sind jedoch die anderen Medien ausschlaggebend. Es muß gelingen, durch eine entsprechende Kampagne angemessenen Raum in den Medien zu erhalten. Eine Bewegung, die die Rechte der Leserinnen artikuliert, kann zahlreiche Aktionen einleiten und eine allgemeine Berichterstattung über die Welt der Frau erzwingen.

So könnte man beispielsweise auf dem New Yorker Times Square

eine große Anzeigentafel aufstellen, auf der für alle sichtbar aufgelistet wird, wieviel Platz bestimmte Zeitungen und Magazine Frauenthemen einräumen.
Eine weitere Möglichkeit bestünde darin, ein elektronisches Kommunikationssystem aufzubauen. Frauen könnten ihre Namen gegen eine Gebühr auf eine Liste setzen lassen und erhielten damit das Recht, auf bestimmte Darstellungen von Frauen oder Frauenthemen in den Medien telefonisch zu reagieren. Die Auswertung ihrer Reaktionen könnte den entsprechenden Medien wöchentlich zugestellt werden.
Wenn in einer Zeitung wie der *New York Times* weiterhin nur ein geringer Prozentsatz der Beiträge von Frauen stammt, könnten Leserinnen eine Briefkampagne starten. Doch sie sollten sich nicht nur beschweren; vielmehr sollten sie den Anzeigenkunden der betreffenden Zeitung mit einem Boykott ihrer Produkte drohen, wenn die Zeitung ihre diskriminierende Einseitigkeit - die einer Zensur gleichkommt - nicht korrigiert.

Die Macht von Ehrungen und Auszeichnungen

Frauen haben deshalb kein Verhältnis zur Macht, weil ihnen der Zugang zur Macht bislang verwehrt wurde. Zur Macht gehört das Prestige, das Ehrungen und Preise verleihen. Wenn die Opposition den Frauen den Zugang zu prestigeträchtigen Ehrungen verweigert, müssen wir selbst eine solche Auszeichnung schaffen.
Auszeichnungen bewirken Anerkennung, Anerkennung spornt zu neuen Leistungen an. Als eine Künstlerin aus Portland im Bundesstaat Oregon beim Bergsteigen ums Leben kam, stifteten ihre Freunde einen nach ihr benannten Preis für junge Künstler. Mit diesem Preis werden vornehmlich, aber nicht ausschließlich, Frauen ausgezeichnet. Er ist mit 2000 Dollar dotiert, doch das Preisgeld ist weniger wichtig als die Ermutigung durch die Anerkennung.
Ich fragte die erste Preisträgerin Christine Bourdette, was es ihr bedeutete, einen Preis verliehen zu bekommen, der nach einer Künstlerin benannt und für andere Künstlerinnen bestimmt ist.

»Der Preis hebt das Selbstbewußtsein enorm«, sagte sie. »Das Geld ist schnell verbraucht, aber die Anerkennung bleibt. Daß der Preis auch in Zukunft verliehen wird, gibt mir das Gefühl, Teil eines größeren Zusammenhangs zu sein. Einer der Kuratoren fragte mich: ›Glauben Sie, daß Ihr Name in die Geschichte eingehen wird?‹ Ich dachte, typisch Mann, sich darüber Gedanken zu machen!« Und lachend fügte sie hinzu: »Aber heute denke ich darüber anders.« Ich fragte sie, ob diese Dinge ihrer Meinung nach wichtig für die weibliche Psyche seien. »Wir sind doch immer mit uns unzufrieden, wenn wir keinen Erfolg haben, und fragen uns schließlich, was soll das alles? Deshalb ist eine Preisverleihung wirklich eine große Ehre. Man hat das Gefühl, ausgewählt worden zu sein. Mir kam es vor, als hätte mir jemand eine Fackel weitergereicht, als sei ich in einen Kreis auserwählter Personen aufgenommen worden, die zu mir sagen: Wir zeichnen dich aus und nehmen dich in unseren Kreis auf.«

Die Macht der Spenden für wohltätige Zwecke

Frauen spenden mehr für wohltätige Zwecke als Männer. Den statistischen Daten der Wohlfahrtsorganisation von United Way zufolge stammt knapp über die Hälfte der Spendeneinnahmen von Frauen, obwohl ihr Einkommen um ein Viertel unter dem der Männer liegt. Trotzdem kommen weniger als 5 Prozent der Spendeneinnahmen Frauen zugute.

Im Jahre 1990 überwies United Way der Young Men's Christian Association (YMCA) 39 Millionen Dollar mehr als der Young Women's Christian Association (YWCA). Die Pfadfinder erhielten 32 Millionen Dollar mehr als die Pfadfinderinnen. Von den 3,25 Milliarden Dollar, die 1990 als Stipendien von verschiedenen Stiftungen ausgezahlt wurden, waren nur 5 Prozent für Programme vorgesehen, die sich an Mädchen und Frauen richteten. Von den Stipendien für Frauen gingen nur 4 Prozent an Farbige, obwohl sie mit dreifach höherer Wahrscheinlichkeit als weiße Frauen mittellos sind. Selbst Organisationen, die bei ihren Finanzzuweisungen Männer und Frauen angeblich gleich behandeln, geben den Löwenanteil an die Männer. Die Nutznießer des Programms »Big Brother/Big Sister« beispielsweise sind zu 75 Prozent Jungen. Obwohl in den Vereinigten Staaten Gewalt in der Ehe das häufigste Verbrechen ist, weist United Way den Frauenhäusern nur 0,5 Prozent der zu verteilenden Mittel zu. (In den Vereinigten Staaten gibt es fünfmal so viele Tierheime wie Frauenhäuser.) Insgesamt erhalten Frauen und Mädchen nur 4 Cents von jedem für Wohlfahrtszwecke abgegebenen Dollar.

Der Fund for a Feminist Majority schlägt vor, Frauen sollten gegen diese Benachteiligung mit Briefen und Anfragen protestieren; als schärfste Waffe könnten Frauen verlangen, daß ihre eigenen Spenden nur zweckgebunden verwendet werden. Doch all diese Ratschläge sind noch viel zu brav. Sie bleiben dem Denken in »getrennten Sphären« verhaftet: Da nicht in Frage gestellt wird, daß Frauen spenden, bleibt uns nur die Hoffnung, wenigstens wünschen zu dürfen, wofür wir unsere Spenden verwendet sehen wollen – wobei mir natürlich klar ist, daß meine kleine Spende von 20 Dollar nur ein Tropfen auf den heißen Stein sein kann und ich niemals ein konkretes Ergebnis sehen werde, ob ich nun einen Verwendungszweck angebe oder nicht.

Aber drehen wir das Problem doch einfach um: Was wäre, wenn Frauen Spenden so lange verweigerten, bis die Spenden Frauen zugute kommen? Solange Frauen daran nicht einmal zu denken wagen, nimmt die Gesellschaft ihre Spenden als selbstverständlich entgegen.

Einzeln können Frauen mit ihren Spenden nur einen Bruchteil dessen erreichen, was sie erreichen könnten, wenn sie sich mit anderen Frauen zusammentun. Warum gehen wir nicht aufs Ganze und überweisen alles auf ein Treuhandkonto? Wir könnten sagen, welche Organisationen unsere Spenden bekommen sollen, sobald sie nachweisen, daß sie Frauen bei der Verteilung der Gelder nicht diskriminieren.

Eine solche Regelung würde den Frauen vollständige Kontrolle über ihre Spenden verschaffen, zugleich würde dadurch die für wohltätige Zwecke einsetzbare Macht der Frauen demonstriert. Die Wohlfahrtsorganisationen müßten innerhalb eines Jahres den entsprechenden Nachweis erbringen, wenn sie nicht Gefahr laufen wollten, die Hälfte ihres Spendenaufkommens zu verlieren. In einem einzigen Jahr könnten die Frauen ihre Ressourcen vervielfachen, denn ihre Spenden würden in verstärktem Maß etwa Frauenhäusern, der Gesundheitsforschung, der Kinderstationen und Ausbildungsprogrammen zugute kommen. Und dafür müßten die Frauen weder eine Wahl gewinnen noch eine Leitungsfunktion übernehmen oder auch nur einen Cent mehr spenden als jetzt.

Die Macht durch Öffentlichkeit

Fehlverhalten öffentlich aufzuzeigen kann in hohem Maß motivierend wirken. Frauen aller Einkommensschichten können Beispiele für Repressalien von Menschen aufzeigen, von denen sie nicht physisch oder finanziell abhängig sind. Je mehr solche Fälle wir – innerhalb der Grenzen von Ehrlichkeit und Fairness – »offenlegen«, desto sicherer werden wir uns fühlen. Durch das Offenlegen werden aus drückenden Geheimnissen, die wir bisher wahren mußten, Aktivposten für unser Handeln.

Die Macht der modernen Informationstechnologien

Die Frauen haben noch nicht damit begonnen, die Macht der großen Informationstechnologien für ihre eigenen politischen Ziele zu nutzen. Es könnte ein Netz von Computern eingerichtet werden, in dem jeder Fall von sexueller Belästigung gespeichert wird. Damit könnte man beispielsweise feststellen, ob in einer bestimmten Institution verschiedene, unabhängig voneinander gemeldete Fälle mit demselben Namen verbunden sind. Das System würde dann seine Informationen zur Überprüfung an einen unabhängigen Dritten weiterleiten. Ein solches Verfahren bietet den Opfern der Belästigungen Schutz und verhindert zugleich, daß Unschuldige zu Unrecht als Täter verfolgt werden.

Eine weitere Möglichkeit für einen kostengünstigen Einsatz neuer Technologien könnte eine nationale Datenbank für Mentorinnen und ihre Schützlinge sein. Die Frauen könnten sich bei diesem System mit detaillierten Angaben über ihren bisherigen Werdegang registrieren lassen. Die Nutzung der Datenbank erfolgt unter der Maßgabe, daß die Nutzerin später, wenn sie auf ihrer Karriereleiter ein paar Stufen höher gerückt ist, selbst als Mentorin einer jüngeren Frau tätig wird.

Die Macht der Selbstverteidigung, die öffentlich wird

Wenn eine Frau mit Gewalt konfrontiert wird, ist sie auf sich gestellt. Der Feminismus hat sich vor allem auf die Bewältigung der Folgen konzentriert – durch Zentren für die Opfer von Vergewaltigungen und Fortbildungen für die Beamten der Polizei und der Rechtsprechung. Die Pflege der Opfer ist eine den Frauen vertraute Rolle.

Aber warum sollten wir nicht vorbeugend tätig werden? Warum sollte nicht öffentlich bekanntgemacht werden, daß von neun Frauen eine bewaffnet ist? Ich möchte keine Schußwaffe tragen und propagiere auch nicht die Erleichterung des Waffenerwerbs. Ich bin damit zufrieden, wenn diese Tatsache öffentlich bekannt ist. Denn dann muß jeder Angreifer damit rechnen, daß sein Opfer bewaffnet ist.

Was hindert uns daran, aus jeder Gemeinde hundert Frauen auszuwählen, ihnen einen zweiwöchigen Kurs in Selbstverteidigung zu ermöglichen und diese Aktion über die Medien zu verbreiten? Überall in unseren Städten könnten Ankündigungen folgender Art öffentlich ausgehängt werden: »Hundert Frauen dieser Stadt sind in Kampftechniken ausgebildet, darunter Krankenschwestern, Studentinnen, Hausfrauen, Prostituierte und Mütter. Die nächste Frau, die überfallen wird, könnte eine von ihnen sein.« Und was sollte uns daran hindern, solche Ankündigungen auszuhängen, auch wenn es keinen Kurs gegeben hat?

Die Macht etablierter Netzwerke

Die Ms. Foundation hat den richtigen Ansatz für einen flexiblen Feminismus der neunziger Jahre entwickelt. Die Stiftung versucht nicht, Frauen für den Feminismus zu gewinnen, sondern umgekehrt die wichtigsten Erscheinungen der heutigen Frauenkultur für den Feminismus zu erschließen. Frauen versammeln und organisieren sich zum Beispiel in allen möglichen Organisationen, in studentischen Vereinigungen, bei den Pfadfinderinnen, in religiösen Organisationen, in Diätklubs oder Gesundheitsklubs. Einige studentische Vereinigungen bieten Kurse an, in denen die Frauen lernen, sich gegen Vergewaltigungen zu schützen; Gesundheitsklubs haben Initiativen gegen Brustkrebs finanziert. Solche Maßnahmen können nur ein Anfang sein. All diese Organisationen sollten von ihren Mitgliedern gedrängt werden, ihr übliches Programm um politische und ökonomische Angebote für Mädchen und Frauen zu erweitern. So kann sich der Feminismus auf natürliche Weise aus den Überzeugungen und Interessen bereits bestehender Organisationen heraus entwickeln, statt seine Organisation auf eine Ideologie zu gründen, zu der alle bekehrt werden müssen.

Die Macht der Studiengebühren

An den Universitäten könnten Treuhandeinrichtungen sofort wirksam werden. Hochschulen mit gemischter Studentenschaft haben kein besonderes Interesse daran, die Belange der Frauen zu fördern, denn nach ihrem Kalkül werden Frauen im späteren Berufsleben weniger für die Hochschule spenden als die ehemaligen männlichen Studenten. Jede Hochschulverwaltung würde jedoch aufschrecken, wenn die Studentinnen ihre Studiengebühren nicht mehr direkt an die Hochschule, sondern auf Treuhandkonten überwiesen. Bedingung für die Freigabe der Gelder könnte sein, daß Frauen als Lehrstuhlinhaber angemessen vertreten sind, daß die Studienplätze nach dem Gleichheitsprinzip verteilt und daß wirksame Beschwerdeprozeduren bei sexuellen Übergriffen eingeführt werden. Ich habe schon mehr als einmal erlebt, daß Hochschulpräsidenten blaß wurden, wenn sie solche Vorschläge hörten.

Im März 1991 gab es in den Vereinigten Staaten 10707000 Frauen mit einer abgeschlossenen vierjährigen College-Ausbildung. Die Zahl der Voll- und Teilzeitstudentinnen lag 1991 bei 7752000; damit übersteigt die Zahl der Frauen um 1347000 die der Männer (6405000). Trotzdem erhalten Frauen nach Daten der Association of American Colleges weniger finanzielle Unterstützung als Männer. Das gilt sowohl für das Studium vor der ersten Prüfung als auch für das postgraduale Studium. Auch nach einer Untersuchung des Bildungsministeriums werden Studentinnen durch Stipendien und Darlehen weniger gefördert als männliche Studenten.

Der Status quo könnte durch Lösungen wie Treuhandkonten kräftig aufgemischt werden, die Interessen der Studentinnen würden endlich in angemessener Weise berücksichtigt. Wenn auf dem Campus eine Vergewaltigung nicht aufgedeckt wird, könnten die Studentinnen ihre Eltern veranlassen, der Hochschule mit der Zurückhaltung ihrer Beiträge zu drohen. Eine Drohung kostet nichts, aber die Wirkung wird unübersehbar sein. Viele Eltern leisten finanzielle Beiträge, die weit über ihren Verhältnisse liegen, um ihren Töchtern eine Ausbildung zu ermöglichen. Wenn ihnen durch entsprechende Beispiele klargemacht wird, daß ihre Töchter keine angemessene Gegenleistung für das finanzielle Opfer erhalten – weil eine Hochschule ihnen etwa nicht ermöglicht, sich für Führungspositionen zu qualifizieren, oder keine Sicherheitsmaßnahmen für junge Frauen ergreift –, wird der Zorn der Eltern auch die bornierteste Hochschulverwaltung erschüttern. Die genannten Beispiele sind nur einige Vorschläge, die zeigen sollen, wieviel Schlagkraft wir Frauen entwickeln können, wenn wir aktiv nach Veränderungen streben, statt uns nur als Opfer zu begreifen. Der Ansatz ist nicht neu, und auch die Beispiele können nur ein Anfang sein. Sie zeigen jedoch, daß Frauen ihre Stellung verbessern können, wenn sie ihr Selbstverständnis ändern, wenn sie sich nicht mehr damit begnügen, brav zu sein, sich gekränkt zu fühlen oder um Gerechtigkeit zu bitten, sondern versuchen, sich durchzusetzen und selbst über ihr Leben zu bestimmen.

Psychologische Strategien

Wenn wir den Power-Feminismus handlungsfähig machen wollen, müssen wir anders miteinander umgehen. Der Power-Feminismus kann nicht funktionieren, solange wir unser Verhalten gegenüber uns selbst und gegenüber anderen nicht nach den folgenden Grundsätzen neu gestalten:

- Wir müssen Verallgemeinerungen über Männer vermeiden, die implizieren, daß ihr Wesen als Männer die nicht veränderbare Ursache des Problems ist.

- Wir dürfen die Kluft zwischen den Geschlechtern nicht vergrößern, wenn die Chance besteht, sie zu verkleinern.

- Wir dürfen nicht unüberlegt etwas über Männer sagen, das wir umgekehrt als sexistisch empfinden würden. Auf jeden Fall sollten wir erklären können, warum eine solche Bemerkung aufgrund der bestehenden Ungleichheit anders zu bewerten ist, wenn das tatsächlich zutrifft.

- Wir müssen unterscheiden zwischen den Männern, die wir lieben und die auf unserer Seite stehen, und dem Machtsystem der Männer, gegen dessen Diskriminierungen wir uns zur Wehr setzen. Man muß nicht Männer hassen, um den Sexismus zu bekämpfen, und umgekehrt darf der Kampf gegen den Sexismus nicht zum Haß auf Männer führen.

- Wir müssen dem Gedanken widerstehen, daß die sexuelle Identität unveränderlich ist und daß die sexuellen Präferenzen einer Frau legitimer sind als die einer anderen.

- Wir müssen der Vorstellung widerstehen, daß es eine absolute Wahrheit oder allgemeingültige Aussagen über den Feminismus gibt oder daß der Einsatz einer bestimmten Frau für die Sache der Frauen von vornherein wertvoller ist als der Einsatz einer anderen Frau.

- Wir müssen unser Engagement für Aktionen zugunsten von Frauen vom jeweiligen Ziel abhängig machen, nicht davon, ob wir die anderen Beteiligten mögen und uns mit ihnen persönlich verstehen.

- Wir müssen klar unterscheiden zwischen dem Recht, sich eine eigene Meinung über das Verhalten einer anderen Frau zu bilden, und dem Recht, sie zu verurteilen.

- Wir müssen Selbstkritik üben, wenn wir uns an »Weibergeschwätz« beteiligen, in dem wir uns gegenseitig bemitleiden.

- Wir müssen erreichen, daß das Gespräch zwischen Frauen über ihre Fähigkeiten und Leistungen gesellschaftlich anerkannt wird.

- Wir müssen die Frauen drängen, über finanzielle Fragen offen zu sprechen, und dafür sorgen, daß das Gespräch über Geld gesellschaftlich akzeptabel wird.

- Wir müssen uns daran erinnern, daß wir als Mädchen mächtig sein wollten und von großen Taten träumten.

- Wir müssen unsere Scheu im Umgang mit Macht kritisch hinterfragen oder uns zu unseren Führungsqualitäten bekennen.

- Wir müssen uns darin üben, Gehaltserhöhungen zu fordern, und auch unsere Freundinnen dazu ermutigen.

- Wir müssen unser Verhalten in finanziellen Angelegenheiten überprüfen und die Empfindung vieler Frauen in Frage stellen, daß man sich mit Geld die Finger schmutzig macht und sich männlich verhält.

- Wir müssen durch Kurse an den höheren Schulen Mädchen aller Schichten beibringen, wie man debattiert, Spenden sammelt, eine Pressekonferenz organisiert, eine Kampagne durchführt, Verträge liest, über Mietverträge und Gehälter verhandelt und ein Budget verwaltet.

- Wir müssen, wenn wir älter sind, vorsichtig sein mit Bemerkungen derart, daß junge Frauen zuviel verlangen oder es zu leicht haben. Als jüngere Frauen müssen wir den Frauen gebührende Achtung erweisen, die uns den Weg geebnet haben.

- Wir müssen die innere Unruhe hinterfragen, die sich instinktiv beim Anblick einer Frau einstellt, die »zuviel« hat. Wir dürfen nicht aus Gewohnheit zusammen mit anderen Frauen über erfolgreiche Frauen herziehen.

- Wir müssen unser Recht auf eine »dunkle Seite« anmelden und dafür die Verantwortung übernehmen. Wir müssen anerkennen, daß die Neigung zu Aggression, Rache, Herrschaft und Grausamkeit den Frauen ebenso angeboren ist wie den Männern.

- Wir dürfen nicht verlangen (wie es auch die Männer tun), daß eine Politikerin in allem doppelt so gut sein muß wie eine »normale« Frau.

- Wir müssen unseren Töchtern ermöglichen, daß sie in einigen Bereichen »unartige Mädchen« bleiben.

- Wir müssen Meinungsverschiedenheiten zwischen Frauen begrüßen. Wir müssen die Diskussionsfreude stärken und Rituale (entsprechend dem männlichen Handschlag) einführen, durch die Frauen bei Streitigkeiten nicht Versöhnung, sondern gegenseitige Achtung bekunden.

- Wir müssen versuchen, uns die Macht, die wir anstreben, konkret vorzustellen, und uns ausmalen, was schlimmstenfalls passieren kann, wenn wir sie erringen. Wird sie uns zerstören? Oder werden wir überleben und sie sogar genießen?

- Wir müssen klar unterscheiden zwischen persönlichen, emotionalen Beziehungen, die es zu erhalten gilt, und Beziehungen, die aufgrund von Geschäfts- oder politischen Interessen oder einfach um der Gerechtigkeit willen abgebrochen oder neu ausgehandelt werden müssen.

- Wir müssen uns unsere eigenen Vorbilder schaffen, reale oder mythische Frauen, die Widerspruch geäußert, Kontroversen ausgelöst, sich in Führungspositionen bewährt und Macht ausgeübt haben. Dafür sind Geschichtsbücher und Biographien hilfreich; sie zeigen uns, daß unsere Forderung nach Macht keineswegs neu ist.

- Wir müssen die Vorstellung aufgeben, daß der Kampf um Gleichberechtigung zwangsläufig eine furchtbare Sache sein muß. Wir sollten jede Gelegenheit nutzen, den Kampf spielerisch, witzig, erotisch und unterhaltsam zu gestalten.

Schluß

Viele Historiker stimmen darin überein, daß die Frauen die Chancen nicht genutzt haben, die sich nach dem Unabhängigkeitskrieg, nach dem Bürgerkrieg und nach dem Ersten Weltkrieg für sie eröffneten. Heute haben wir wieder ein solche Chance.

Der Feminismus ist für mich im Grunde eine konsequente Erweiterung der Demokratie. Wenn der Power-Feminismus Demokratie und Kapitalismus dazu benutzt, um Macht für Frauen zu gewinnen, ist das weder egoistisch, noch kommt es einem »Ausverkauf der Ideale« gleich, es ist weder eine Nachahmung der Männer noch die Aufgabe »radikaler« Ziele. Das Wort »radikal« kommt vom lateinischen Wort für »Wurzel«. Nichts ist radikaler, als an den Wurzeln, am Ursprung der Macht anzusetzen.

Wenn wir der Macht unserer Vorstellungen, unseres Geldes oder unserer Worte mißtrauen, überlassen wir denen den Sieg, die sich eine schweigende Mehrheit wünschen. Die Frauen haben durch ihre große Zahl und mit ihrem wenigen Geld bereits »gewonnen«. Aber sind wir psychisch vorbereitet, das noch in dieser Generation zu erkennen? Werden wir uns der Verantwortung stellen, die bislang verborgenen Perspektiven der Frauen in die Politik des 21. Jahrhunderts einzubringen, Perspektiven, die diese Politik zum Wohl der Menschen so dringend braucht?

Wir haben einen Punkt erreicht, an dem die Ungleichheit der Geschlechter, jener entscheidende Antrieb des Feminismus, endgültig zur Vergangenheit werden kann, wenn wir bereit sind, uns von ihr zu verabschieden.

Die Arbeiterin Charlotte Woodward hat vor hundertvierzig Jahren über ihre Zeit geschrieben: »Ich glaube nicht, daß es Frauen gab, die in ihrer Seele nicht den Flügelschlag der Rebellion verspürten.« Diese Worte passen auch heute wieder.

Wir können noch einmal hundertvierzig Jahre auf die nächste Chance warten. Wir können aber auch fragen: Wann, wenn nicht jetzt?

Anmerkungen

Einleitung

1 Eloise Salholz, »Did America Get it?«, in: *Newsweek* (28. Dezember 1992), S. 20 – 22; Jill Abramson, »Reversal of Fortune: Image of Anita Hill Brighter in Hindsight, Galvanizes Campaigns«, in: *The Wall Street Journal* (5. Oktober 1992), S. 1.
2 Jane Gross und Patricia Ireland, »Does NOW's New President Speak For Today's Women«, in: *The New York Times* (1. März 1992).
3 Claudia Wallis, »Onward, Women!«, in: *Time* (4. Dezember 1989).
4 Fund for the Feminist Majority, »Empowering Women in Business«, *The Empowering Women Series*, Nr. 1, Arlington 1991, S. 8.
5 *The Guardian* (17. August 1992).
6 *The Observer* (4. April 1992).
7 *The Guardian* (17. März 1991).
8 *The Guardian* (9. Januar 1992).
9 *Sydney Morning Herald* (14. Mai 1993).
10 *Ms. Magazine* (März/April 1993).
11 *The Guardian* (23. Mai 1993).
12 *The Observer* (23. Mai 1993).
13 *The Guardian* (31. Dezember 1991).

Teil 1

1 T. Phelps und H. Winternitz, *Capitol Games: The Inside Story of Clarence Thomas, Anita Hill and a Supreme Court Nomination*, New York 1992, S. 221.
2 Ebenda, S. 264.
3 Ebenda, S. 422.
4 *Feminist Majority Report*, Bd. 4, Nr. 4 (Dezember 1992).
5 Jean Baker Miller, *Toward a New Psychology of Women*, Boston 1986, S. XVI.

6 David Brock, *The Real Anita Hill*, New York 1993, S.285.
7 Ebenda, S.40.
8 Ebenda, S.375.
9 Ebenda, S.136.
10 *Feminist Majority Report*, Bd. 4, Nr. 4, Dezember 1992, S.30.
11 »The Feminization of Power«, The Fund for the Feminist Majority, S. 2.
12 Zahlen des *British Film Institute* vom März 1993.
13 *The Guardian* (12. März 1993).
14 »The Feminization of Power«, a.a.O., S.31.
15 Lynn Darling, »Sex and the Single Guy«, in: *Esquire* (Juni 1993), S. 97, 99.
16 Peter H. Engels, »Letters to the Editor«, in: *Vanity Fair*, Juni 1993, S.28.
17 *The Guardian* (7. Juli 1992).
18 »Trend in Female Employment By Newspaper Department«, in: American Newspaper Publishers Association, *Survey of Employment of Women and Minorities in US Daily Newspapers*, 1992, S.13.
19 George Lardner, Jr., »Justice System Lax in Cases of Rape, Senate Report Says«, in: *The Washington Post* (28. Mai 1993), S.1.
20 *The New York Times* (7. März 1992), S.8.
21 *The New York Times* (24. April 1992), S.a8.
22 *The New York Times* (3. März 1992), S.a15.
23 Guy Gugliotta und Eleanor Randolph, »A Mentor, Role Model and Heroine of Feminist Lawyers«, in: *The Washington Post* (15. Juni 1993).
24 Transkript der Erklärung des Präsidenten und der Ansprache von Richterin Ruth Bader Ginsburg, in: *The New York Times* (15. Juni 1993), S.a24.
25 »New Milestone for Women in Combat«, in: *USA Today* (17. Juni 1993).
26 Tamara Henry, »Civil Rights Crusader Begins New Mission«, in: *USA Today* (17. Juni 1993), S.4d.
27 »Garzarelli's Latest No-Nonsense Move«, *USA Today* (26. März 1993).
28 *The Guardian* (12. Februar 1993).
29 *The Guardian* (17. Dezember 1990).
30 *The New York Times* (27. Februar 1992), S.a1.
31 James F. Clarity, »Irish Begin to Liberalize Laws on Sex and Family«, in: *The New York Times* (16. Juni 1993), S.a10.

32 *Sydney Morning Herald* (4., 14. und 19. Mai 1993).
33 *Sydney Morning Herald* (16. März 1993).
34 *The New York Times* (2. Februar 1992), S.a18.
35 Clyde H. Farnsworth, »Canada's Tories Name a Woman as New Premiere«, in: *The New York Times* (14. Juni 1993), S.a1.
36 Charles Truehart, »Woman Set To Succeed Mulroney«, in: *The Washington Post* (14. Juni 1993), S.1.
37 John Murray Brown, »Woman Gets Call to Lead in Turkey«, in: *The Washington Post* (15. Juni 1993), S.a15.
38 »Woman Tipped to Become Turkey's Next Prime Minister«, in: *The Washington Post* (14. Juni 1993), S.a15.
39 *The Guardian* (20. April 1993).
40 *The Guardian* (26. Oktober 1992).

Teil 2

1 Lillian Faderman, *Köstlicher als die Liebe der Männer: Romantische Freundschaft und Liebe zwischen Frauen von der Renaissance bis heute,* Zürich 1990, S.352.
2 Ebenda, S.353.
3 Ebenda, S.354.
4 Ebenda, S.357.
5 Jane Gross, *The New York Times Magazine* (1. März 1992).
6 Lynn Martin, »Still a Boys' Club«, in: *The New York Times* (23. Januar 1993).
7 *The Guardian* (5. August 1992).
8 *The Guardian* (23. Mai 1991).
9 Linda Ellerbee, »The News, As If All People Mattered«, in: *Women, Men and Media* (September 1992), S.15.
10 *Women, Men and Media Survey,* Unabridged Communications, 5. April 1992.
11 *Women, Men and Media Study,* Unabridged Communications, 30. September 1992.
12 Junior Bridge, »Year of the Women ... Not!«, in: *Women, Men and Media Survey*, Unabridged Communications, 30. Oktober 1992.
13 Toni L. Kamins, »Women in Radio: Shut Up, Shut Out«, in: *Extra,* Sonderausgabe 1992.
14 *Mail on Sunday* (7. Juni 1992).
15 Lesley Abdela im *Guardian* (20. November 1992).

16 *The Guardian* (2. Juli 1992).
17 *The Report of the Hansard Society Commission on Women on Top*, London 1990.
18 *Euromonitor Book Survey* (Juli 1992).
19 Dale Spender, *The Writing or the Sex*, Oxford und New York 1989, S. 45.
20 *The Guardian* (30. Mai 1991).
21 Bericht der American Association of University Women, S. 24.
22 *The Prince of Tides*, *Wayne's World* und *A League of Their Own*.
23 David Toussaint, »Breaking Through – Not«, in: *Working Woman* (April 1993).
24 Rosalind Coward, *Our Treacherous Hearts: Why Women Let Men Get Their Way*, London 1992, S. 12.
25 Ebenda, S. 12.
26 John Carmody, »The TV Column«, in: *The Washington Post* (15. April 1993), S. c6.
27 Howard Kurtz, »What's Wrong With Newspapers?«, in: *The Washington Post Magazine* (18. April 1993), S. 11.
28 *Elle* (Oktober 1992).
29 »Portland Hot Line Shelters Vary in Calls on Super Bowl Sunday«, in: *The Oregonian* (1. Februar 1993), S. a1.
30 Ken Ringle, »Wife-Beating Claims Called Out Of Bounds; Experts Dispute Feminists' Report of Sugar Bowl Battering Surge«, in: *The Washington Post* (31. Januar 1993), S. a1 – a16.
31 Isabel Wilkerson, »Foes of Pornography and Bigotry Join Forces«, in: *The New York Times* (12. März 1993).
32 *The New York Times* (1. März 1992).
33 Dennis Kelly, »College Teachers Aren't As Liberal«, in: *USA Today* (8. März 1993).
34 Justin McKellar, »Surface Under Attack«, in: *Queen's Journal* (19. März 1993).
35 Donna Minkowitz, »Lesbians Without a Movement«, in: *The Advocate* (26. Juni 1993).
36 Minette Martin in *The Daily Telegraph* (18. September 1992).
37 Jeffery Schmalz, »Poll Finds an Even Split on Homosexuality Question«, in: *The New York Times* (5. März 1993).

Teil 3

1 Cathy Young »Victimhood ist Powerful«, in: *Reason* (Oktober 1992), S. 19 – 23.
2 Robert Hughes, »A Fiesta of Whinig«, in: *Time* (22. März 1993).
3 Richard Ford, »Stop Blaming Baseball«, in: *The New York Times Sunday Magazine* (4. April 1993), S. 37.
4 *US Surgeon General.*
5 Bericht des FBI.
6 Bericht des American College of Obstetrics und Gynecology.
7 Bericht des US Department of Housing and Urban Development.
8 Bericht des FBI.
9 Starhawk, »Feminist, Earth-based Spirituality and Ecofeminism«, in: Judith Plant, Hg., *Healing the Wounds: The Promise of Ecofeminism,* Philadelphia 1989, S. 175.
10 Ebenda, S. 177.
11 Caroline Estes, »Consensus and Community«, in: Plant, a. a. O., S. 227.
12 Charlene Spretnak, »Toward an Ecofeminist Spirituality«, in: Plant, a. a. O., S. 131.
13 Ynestra King, »The Ecology of Feminism and the Feminism of Ecology«, in: Plant, a. a. O., S. 19.
14 Sharon Doubiago, »Mama Coyote Talks to the Boys«, in: Plant, a. a. O., S. 42.
15 Susan Griffin, »Split Culture«, in: Plant, a. a. O., S. 11.
16 Mab Segrest, »Feminism and Disobedience: Conversations with Barbara Deming«, in: Pam McAlister, Hg., *Reweaving the Web of Life: Feminism and Nonviolence,* Philadelphia 1982, S. 51.
17 Judith Plant, »Towards a New World«, in: Plant, a. a. O., S. 2.
18 Marion Bromley, »Feminism and Nonviolent Revolution«, in: McAlister, a. a. O., S. 154.
19 Mab Segrest, a. a. O., S. 52.
20 Priscilla Prutzman, »Assertiveness, Nonviolence and Feminism«, in: McAlister, a. a. O., S. 381.
21 Charlene Spretnak, »Toward an Ecofeminist Spirituality«, in: Plant, a. a. O., S. 131.
22 Leah Fritz, »Abortion: A Woman's Right to Live«, in: McAlister, a. a. O., S. 398.
23 Sally Miller Gearhart, *The Future – If There Is One – is Female,* S. 267.
24 A'Lelia Perry Bundles, *Madame C. Walker, Entrepreneur,* New York 1991.

25 Miriam Gurko, *The Ladies of Seneca Falls,* New York 1976, S. 188.
26 Ebenda, S. 256.
27 Ebenda, S. 274.
28 Ebenda, S. 267.
29 Ebenda, S. 6.
30 Carol Dyhouse, *Feminism and the Family in England, 1880 – 1939,* London 1989, S. 157.
31 Ebenda, S. 171.
32 Ebenda, S. 177.
33 Ebenda, S. 184.
34 Gurko, a. a. O., S. 32.
35 Ebenda, S. 300.
36 Ebenda, S. 40.
37 Ebenda, S. 308.
38 Ebenda, S. 133.
39 Ebenda, S. 42.
40 Ebenda, S. 138.
41 Ebenda, S. 174.
42 Ebenda, S. 79.
43 Aileen S. Kraditor, *The Ideas of the Woman Suffrage Movement, 1880 – 1920,* New York 1981, S. 232.
44 Ebenda, S. 242.
45 Minkowitz, »My Father, Myself«, *The Village Voice* (6. April 1993), S. 17.
46 Alisa Solomon, »Girl Crazy? Psychiatry tries to Make PMS a Mental Illness«, in: *The Village Voice* (6. April 1993), S. 33.
47 Lynda Nead, *Myths of Sexuality: Representations of Women in Victorian Britain,* Oxford 1988, S. 19.
48 Paul Gray, »Thou Shalt Not Kill«, in: *Time* (22. März 1993), S. 44 – 45.
49 Richard Cohen, »The Wide Net of Sexual Harrassement«, in: *The Washington Post* (15. Juni 1993), S. a21.
50 Laurie Goodsetin, »Women's Anger Reaches Beyond Amorous Priest«, in: *The Washington Post* (31. Mai 1993), S. a1.
51 »Kindergarten Cops«, in: *Harper's Magazine* (Juni 1993).
52 Deborah Solomon, »The Uses of Adversity«, in: *Women's Review of Books,* Bd. 9, Nr. 8, (Mai 1992), S. 12.
53 *The Washington Post* (30. Dezember 1992), S. 15.
54 *People* (11. Mai 1992).
55 Gurko, a. a. O., S. 308.

56 Alison Mitchell, »Holtzman Draws Criticism From Feminists Over Ads«, in: *The New York Times* (27. August 1992), S. 4.
57 Catherine S. Manegold, »Holtzman and Ferraro Fought Double Standard as Well as Each Other«, in: *The New York Times* (16. September 1992), S.36.
58 Todd S. Purdum, »The Feminist Paradox: Holtzman-Ferraro Battle Testes Idea of Women in Politics«, in: *The New York Times* (30. August 1992), S.33.
59 James C. McKinley, Jr., »Holtzman, After The Flood: Trying to Heal the Wounds from her Own Attack«, in: *The New York Times* (7. März 1993), S.43f.
60 Barbara Whitaker, »Nussbaum's Struggle to Regain«, in: *New York Newsday* (24. Oktober 1988).
61 Barbara Kantrowitz, »A Tale of Abuse«, in: *Newsweek* (12. Dezember 1988).
62 Murray Kempton, »A Tormented Soul Confronts Reality«, in: *New York Newsday* (2. Dezember 1988).
63 Nadine Brozan, »Unresolved Issue: Is Nussbaum Culpable?«, in: *The New York Times* (24. Januar 1989), S. B1.
64 Susan Brownmiller, »Hedda Nussbaum, Hardly a Heroine«, in: *The New York Times,* (2. Februar 1989).
65 *Ms.* (April 1989), Bd.17, S.60.
66 Tamar Levin, »Feminists Wonder If It Was Progress to Become ›Victims‹«, in: *The New York Times* (10. Mai 1992), S. 6
67 Linda Greenhouse, »Justices to Decide if Psychological Injury is Needed to Prove Sex Harassment«, in: *The New York Times* (2. März 1993), S.a17.
68 Peggy Tartaro, »Fish on Bicycles«, in: *Women & Guns* (September 1991), S.50.
69 *Women & Guns* (März 1992), S.4.
70 Chuck Sudetic, »In Sarajevo, War Also Means Battle for Sexes«, in: *The New York Times* (6. Juni 1993), S.12.
71 *Sunday Times* (7. März 1993), S.1.
72 Jane Goodall, *In the Shadow of Man,* Boston 1971, S.148.
73 Nancy Friday, *Befreiung zur Lust: Frauen und ihre sexuellen Phantasien,* München 1992, S.170.
74 *The New York Times* (21. Februar 1993), S.3.

Teil 4

1 Carol Gilligan und Lyn Mikel Brown, *Meeting at the Crossroads: Women's Psychology and Girls' Development,* Cambridge (Mass.) 1992, S. 52.
2 Jean Baker Miller, *Toward a Psychology of Women,* Boston 1986, S. 93.
3 Ebenda, S. 93.
4 Carol J. Eagle und Carol Colman, *All That She Can Be: Helping Your Daughter Achieve Her Full Potential and Maintain Her Self-Esteem During the Critical Years of Adolescence,* 1993, S. 141.
5 Tannen, *You Just Don't Understand: Women and Men in Conversation,* New York 1990, S. 108.
6 Eagle und Colman, a. a. O., S. 149.
7 Ebenda, S. 142f.
8 Tannen, a. a. O., S. 26.
9 Ebenda, S. 45.
10 Miller, S. 41.
11 Ebenda, S. 61.
12 Ebenda, S. 73.
13 Ebenda, S. 78.
14 Ebenda, S. 86.
15 Tannen, a. a. O., S. 223.
16 Ebenda, S. 178.
17 Ebenda, S. 131.
18 Miller, a. a. O., S. 96.
19 Sharon Capeling-Alekija, *Unifem Annual Report 1991,* New York 1991, S. 3.
20 Claudia Wallis, »Onward Women«, in: *Time* (4. Dezember 1989), S. 4.
21 Center for American Women and Politics.
22 »Empowering Women in Philantropy«, The Fund for the Feminist Majority.

Bibliographie

Alcott, Louisa M., Little Women. New York 1871.

Andersen, Margaret und Collins, Patricia Hill, *Race, Class, and Gender. An Anthology.* Belmont, Calif. 1992.

Anderson, Bonnie S. und Zinsser, Judith P., *Eine eigene Geschichte. Frauen in Europa.* Zürich 1992.

Anzaldua, Gloria, Hg., *Making Face, Making Soul (Haciendo Caras). Creative and Critical Perspectives by Women of Color.* San Francisco 1990.

Aufderheide, Patricia, *Beyond P.C. Toward a Politics of Understanding.* St. Paul 1992.

Barnett, Rosalind C., *Women in Management Today.* Wellesley, Mass. 1992.

Belenky, Mary Field et al., Hgg., *Das andere Denken. Persönlichkeit, Moral und Intellekt der Frau.* Frankfurt 1991.

Bem, Sandra Lipsitz, *The Lenses of Gender. Transforming the Debate on Sexual Inequality.* New Haven 1993.

Berman, Paul, Hg., *Debating P.C. The Controversy over Political Correctness on College Campuses.* New York 1992.

Berry, Mary Frances, *The Politics of Parenthood. Childcare, Women's Rights, and the Myth of the Good Mother.* New York 1993.

Breitman, George, Hg., *Malcolm X Speaks. Selected Speeches and Statements.* New York 1965.

Bright, Susie, *Susie Sexpert's Lesbian Sex World.* Pittsburgh 1991.

Brock, David, *The Real Anita Hill. The Untold Story.* New York 1993.

Brownmiller, Susan, *Gegen unseren Willen. Vergewaltigung und Männerherrschaft.* 8. Aufl., Frankfurt 1991.

Capeling-Alekija, Sharon, *Unifem Annual Report 1991.* New York 1991.

Card, Emily, *The Ms. Money Book. Strategies for Prospering in the Coming Decade.* New York 1990.

Chesler, Ellen, *Woman of Valor. Margaret Sanger and the Birth Control Movement in America.* New York 1992.

Chesler, Phyllis und Goodman, Emily Jane, *Women, Money, and Power.* New York 1977.
Cohen, Marcia, *The Sisterhood. The Inside Story of The Women's Movement and the Leaders Who Made It Happen.* New York 1988.
Collins, Patricia Hill, *Black Feminist Thought. Knowledge, Consciousness, and the Politics of Empowerment.* New York 1991.
Davis, Angela Y., *Women, Race, and Class.* New York 1983.
Davis, Flora, *Moving the Mountain. The Women's Movement in America Since 1960.* New York 1981.
Debold, Elizabeth und Wilson, Marie, *Mother-Daughter Revolution. From Betrayal to Power.* New York 1993.
Demac, Donna A., *Liberty Denied. The Current Rise of Censorship in America.* New Brunswick 1990.
Deutsch, Helene, *Psychologie der Frau.* Bern 1948.
Dinnerstein, Dorothy, *Das Arrangement der Geschlechter.* Stuttgart 1979.
Drugs Play Major Role in Female Jail Population Increase, hrsg. von Bureau of Justice Statistics. Washington 1992.
Dworkin, Andrea, *Erbarmen.* Berlin 1992.
– *Intercourse.* New York 1987.
– *Woman Hating. A Radical Look at Sexuality.* Dutton 1974.
Dyhouse, Carol, *Feminism and the Family in England. 1880 – 1939.* Oxford 1989.
D'Souza, Dinesh, *Illiberal Education. The Politics of Race and Sex on Campus.* New York 1992.
Echols, Alice, Daring to Be Bad. Radical Feminism in America. 1967 – 1975. Minneapolis 1989.
Ehrenreich, Barbara, *Die Herzen der Männer. Auf der Suche nach einer neuen Rolle.* Hamburg 1984.
– und English, Deirdre, *For Her Own Good. 150 Years of the Experts' Advice to Women.* New York 1979.
– Hess, Elizabeth und Jacobs, Gloria, *Remaking Love. The Feminization of Sex.* New York 1986.
Elshtain, Jean Bethke, *Women and War.* New York 1987.
Epstein, Cynthia, *Deceptive Distinctions. Sex, Gender, and the Social Order.* New Haven 1988.
Erikson, Eric H., *Childhood and Society.* New York 1963.
Faderman, Lillian, *Köstlicher als die Liebe der Männer. Romantische Freundschaft und Liebe zwischen Frauen von der Renaissance bis heute.* Zürich 1990.

Faludi, Susan, *Die Männer schlagen zurück. Wie die Siege des Feminismus sich in Niederlagen verwandeln und was Frauen dagegen tun können.* Hamburg 1993.

Firestone, Shulamith, *Frauenbefreiung und sexuelle Revolution.* Frankfurt am Main 1975.

Fisher, Helen E., *Anatomy of Love. The Natural History of Monogamy, Adultery, and Divorce.* New York 1992.

Fitzhugh, Louise, *Harriet the Spy.* New York 1964.

Foucault, Michel, *Sexualität und Wahrheit. Bd.1: Der Wille zum Wissen.* Frankfurt am Main 1977.

Fox-Genovese, Elizabeth, *Feminism Without Illusions. A Critique of Individualism.* Chapel Hill 1991.

Friday, Nancy, *Befreiung zur Lust. Frauen und ihre sexuellen Phantasien.* München 1992.

Friedan, Betty, *Der zweite Schritt. Ein neues feministisches Manifest.* Hamburg 1982.

Giddings, Paula, *When and Where I Enter. The Impact of Black Women on Race and Sex in America.* New York 1985.

Gilligan, Carol, *Die andere Stimme. Lebenskonflikte und Moral der Frau.* 4. Aufl., München, Zürich 1990.

– und Brown, Lyn Mikel, *Meeting at the Crossroads. Women's Psychology and Girls' Development.* Cambridge, Mass. 1992.

Girls in Our Schools. A Bibliography of Research on Girls in U.S. Public Shools, Kindergarten Through Grade 12, hrsg. von Wellesley Center for Research on Women. Wellesley, Mass. 1992.

Gluck, Sherna, Hg., *From Parlor to Prison. Five American Suffragists Talk About Their Lives.* New York 1976.

Goldsmith, Olivia, *The First Wives Club.* New York 1993.

Goodall, Jane, *In the Shadow of Man.* Boston 1988.

Gordon, Vivian M. D., *Black Women: Feminism and Black Liberation. Which Way?* Chicago 1987.

Greenfield, Lawrence A. und Minor-Harper, Stephanie, *Women in Prison.* Washington, D.C. 1991.

Griffin, Susan, *Frau und Natur. Das Brüllen in ihr.* Frankfurt am Main 1987.

Grimshaw, Jean, *Philosophy and Feminist Thinking.* Minneapolis 1988.

Gurko, Miriam, *The Ladies of Seneca Falls. The Birth of the Women's Rights Movement.* New York 1976.

Hahn, Emily, *Once Upon a Pedestal.* New York 1975.

Haley, Alex, Hg. *Malcolm X. Der schwarze Tribun. Eine Autobiographie.* Frankfurt am Main 1966.
Helgesen, Sally, *Frauen führen anders. Vorteile eines neuen Führungsstils.* Frankfurt am Main 1991.
Helsinger, Elizabeth K., Sheets, Robin Lauterbach und Veeder, William, *The Woman Question. Society and Literature in Britain and America. 1837 – 1883. Bd. 3.* Chicago 1983.
Hentoff, Nat, *Free Speech for Me But Not for Thee. How the American Left and Right Relentlessly Censor Each Other.* New York 1992.
Hooks, Bell, *Black Looks. Race and Representation.* Boston 1992.
– *Feminist Theory. From Margin to Center.* Boston 1984.
– *Talking Back. Thinking Feminist, Thinking Black.* Boston 1989.
Hull, Gloria T., Scott, Patricia Bell und Smith, Barbara, *All the Women Are White, All the Blacks Are Man, But Some of Us Are Brave. Black Women's Studies.* New York 1982.
Hymowitz, Carol und Weissmann, Michaele, *A History of Women in America.* New York 1978.
Irigaray, Luce, *Das Geschlecht, das nicht eins ist.* Berlin 1979.
Jacoby, Russell, *The Last Intellectuals. American Culture in the Age of Academe.* New York 1987.
Johnston, Jill, *Lesbian Nation. The feminist Solution.* New York 1973.
King, Martin Luther Jr., *Kraft zum Lieben.* Konstanz 1964.
– *Warum wir nicht warten können.* Wien, Düsseldorf 1964.
Kleiman, Carol, *Women's Networks.* New York 1980.
Kraditor, Aileen S., *The Ideas of the Woman Suffrage Movement. 1880 – 1920.* New York 1981.
– *Up from the Pedestal. Selected Writings in the History of American Feminism.* New York 1968.
Langer, Marie, *Mutterschaft und Sexus. Körper und Psyche der Frau.* Freiburg 1988.
Leone, Bruno, Hg., *Sexual Harassment.* San Diego 1992.
Lerner, Gerda, *Black Women in White America. A Documentary History.* New York 1973.
Lieberman, Annette und Lindner, Vicki, *Unbalanced Accounts. Why Women Are Still Afraid of Money.* New York 1988.
Lorde, Audre, *Sister Outsider. Essays and Speeches.* San Francisco 1984.
– *Zami. Mythobiographie. 2. Aufl., Berlin 1988.*
MacKinnon, Catharine A., *Feminism Unmodified. Discourses on Life and Law.* Cambridge, Mass. 1987.

Macurdy, Grace Haroet, *Hellenistic Queens. A Study of Woman-Power in Macedonia, Seleucid Syria, and Ptolemaic Egypt.* Baltimore 1932.
Maguigan, Holly, »Battered Women and Self Defense. Myths and Misconceptions in Current Reform Proposals.« In: *University of Pennsylvania Law Review* 140 (1991), Heft 2.
Mead, Margaret, *Mann und Weib. Das Verhältnis der Geschlechter in einer sich wandelnden Welt.* Hamburg 1958.
Miller, Jean Baker, *Die Stärke weiblicher Schwäche. Zu einem neuen Verständnis der Frau.* Frankfurt am Main 1977.
Moraga, Cherrie und Anzaldua, Gloria, Hgg., *This Bridge Called My Back. Writings by Radical Women of Color.* New York 1984.
Morgan, Robin, *The Anatomy of Freedom. Feminism, Physics, and Global Politics.* New York 1984.
– Hg., *Sisterhood is Powerful. An Anthology of Writings from the Women's Liberation Movement.* New York 1970.
Morrison, Toni, Hg., *Race-ing Justice, En-Gendering Power. Essays on Anita Hill, Clarence Thomas and the Construction of Social Reality.* New York 1992.
Nead, Lynda, *Myths of Sexuality. Representations of Women in Victorian Britain.* Oxford 1988.
Newell, Mindy, *The Catwoman. Her Sister's Keeper.* New York 1991.
Ornstein, Norman, Kohut, Andrew und McCarthy, Larry, *The People, the Press, and Politics. The Times-Mirror Study of the American Electorate.* Reading, Mass. 1988.
Ostrander, Susan A., *Women of the Upper Class.* Philadelphia 1984.
Phelan, Shane, *Identity Politics. Lesbian Feminism and the Limits of Community.* Philadelphia 1989.
Phelps, Timothy M. und Winternitz, Helen, *Capitol Games. The Inside Story of Clarence Thomas, Anita Hill, and a Supreme Court Nomination.* New York 1992.
Plant, Judith, Hg., *Healing the wounds. The Promise of Ecofeminism.* Philadelphia 1989.
Rich, Adrienne, *On Lies, Secrets, and Silence. Selected Prose. 1966–1978.* London 1980.
– *Von Frauen geboren. Mutterschaft als Erfahrung und Institution.* München 1979.
Richardson, Diane und Robinson, Vicki, Hgg. *Thinking Feminist. Key Concepts in Women's Studies.* New York 1993.
Robertson, Nan, *The Girls in the Balcony. Women, Men, and the New York Times.* New York 1992.

Ruddick, Sarah, *Maternal Thinking. Toward a Politics of Peace.* New York 1990.
Sanders, Marlene und Rock, Marcia, *Waiting for Prime Time. The Women of Television News.* New York 1990.
Schneider, Susan Weidman und Drache, Arthur, *Head and Heart. A Women's Guide to Financial Independence.* Pasadena 1991.
Shapiro, Joseph P., *No Pity. People with Disabilities Forging a New Civil Rights Movement.* New York 1993.
Shreve, Anita, *Women Together, Women Alone. The Legacy of the Consciousness-Raising Movement.* New York 1989.
Smith, Barbara, Hg., *Home Girls. A Black Feminist Anthology.* New York 1983.
Snell, Tracy J., *Women in Jail, 1989.* Washington, D.C. 1992.
Sterling, Anne Fausto, *Myths of Gender. Biological Theories About Women and Men.* New York 1986.
Stein, Nan, Marshall, Nancy L. und Tropp, Linda R., *Secrets in Public. Sexual Harassment in Our Schools.* Wellesley 1993.
Stoltenberg, John, *Refusing to Be a Man. Essays on Sex and Justice.* New York 1989.
Stone, Merlin, *When God Was a Woman.* New York 1978.
Stratton, Joanna L., *Pioneer Women. Voices from the Kansas Frontier.* New York 1981.
Tannen, Deborah, *Du kannst mich einfach nicht verstehen. Warum Männer und Frauen aneinander vorbeireden.* Hamburg 1991.
Thomas, William I., *The Unadjusted Girl.* New York 1967.
Travis, Carol, *The Mismeasures of Woman. Why Women are Not the Better Sex, the Inferior Sex, or the Opposite Sex.* New York 1992.
Trump, Ivana, *For Love Alone.* New York 1992.
Tuttle, Lisa, *Encyclopdia of Feminism.* New York 1986.
Ulrich, Laurel Thatcher, *A Midwife's Tale.* New York 1990.
Wall, Ginita, *Our Money, Our Selves. The Guide for Women at Financial Crossroads.* Yonkers, NY 1992.
Weldon, Faye, *Die Teufelin.* München 1989.
Williams, Patricia J., *The Alchemy of Race and Rights. Diary of a Law Professor.* Cambridge, Mass. 1992.
Wolf, Deborah Goleman, *The Lesbian Community.* Berkeley 1979.
Women's Action Caolition Staff, Hg., *WAC Stats. The Facts about Women.* New York 1993.

Danksagung

Mein Dank gilt den vielen Menschen, ohne deren Hilfe ich dieses Buch nicht hätte schreiben können.

Folgende Personen nahmen sich trotz ihrer vielen Verpflichtungen Zeit für ein Gespräch mit mir: Katha Pollitt von *The Nation,* Marie Wilson von der Ms. Foundation, Nancy Woodhull von *Women, Men and Media* und Holly Ainbinder und Jim Naurekas von FAIR.

Mein besonderer Dank gilt ferner all den Männern und Frauen, die ihre Sorgen und Hoffnungen in bezug auf die Frauenbewegung mit mir teilten. Von ganzem Herzen danke ich den jungen Frauen, die mir erlaubten, ihre Gedanken über Macht und Führung festzuhalten – insbesondere den WAC-Mitgliedern von SUNY-Geneseo, mit denen ich mich bis in den frühen Morgen unterhielt. Ich werde nie vergessen, was sie berichteten.

Ich möchte auch meinen FreundInnen und KollegInnen danken, deren Arbeiten über Frauenthemen mein eigenes Wissen vertieft und meine Thesen gestützt haben: Ich danke Elizabeth Alexander von der University of Chicago, die im Unterricht und in ihren Gedichten in vorbildlicher Weise progressive Gedanken mit intellektueller Strenge und Toleranz verbindet, für ihre Erörterung der Themen weibliche Identität, Rasse und Feminismus sowie für das Lesen des Manuskripts; Susie Bright für unser Gespräch über einen Feminismus, der die Sexualität bejaht; Karen Cook, die mich auf das gespannte Verhältnis der Aktivistinnen des Feminismus zum Kapitalismus aufmerksam gemacht hat; Judy Coyne von *Glamour,* die mein Manuskript kritisch gelesen hat; Rhonda Garelick von der University of Colorado; Marcia Ann Gillespie von der Zeitschrift *Ms.;* Barbara Findlen und Julie Felner, ebenfalls von *Ms.,* dafür, daß sie trotz ihrer vielen Arbeit die Zeit gefunden haben, erste Fassungen meines Manuskriptes ausführlich zu kommentieren; Ann Godoff, in der ich die ideale, feministisch engagierte Gesprächspartnerin für dieses Projekt fand; Ann Hornaday für ihre scharfsinnigen Kommentare zum Manuskript; Susan Faludi für ihre wertvollen Hinweise; Nancy Frank und Suzanne Levitt von der Yale University; Tom Molner; Donna Minkowitz; Will Schwalbe;

Amruta Slee; ferner Beth Pearson und der Herstellungsabteilung von Random House, die in meine unleserlichen Notizen und mein umständliches Einfügungs-System Ordnung gebracht haben. Danken möchte ich auch meiner Mutter Deborah Goleman Wolf und meinem Vater Leonard Wolf, die meine Arbeit kritisch kommentierten und auf deren Hilfe und Unterstützung meiner »inneren Stimme« ich mich immer verlassen konnte.
Weiter gebührt mein Dank Andrea Dworkin und Gloria Steinem. Dworkin hat mich auf viele in diesem Buch angesprochenen Probleme aufmerksam gemacht. Als ich ihr sagte, daß ich nicht immer mit ihr übereinstimme, meinte sie, das sei nicht schlimm; schlimm sei vielmehr, daß sie sich nicht vorstellen könne, solche Meinungsverschiedenheiten würden je offen ausgetragen. Ich hoffe, die Diskussion über dieses Buch trägt dazu bei, dies zu ändern. Gloria Steinem hat einen Entwurf des Buches gelesen und Anmerkungen dazu gemacht.

Bedanken möchte ich mich bei all denen, die mir Arbeit abgenommen haben, so daß ich mich ganz auf die Niederschrift des Buches konzentrieren konnte. Mein Dank gilt Enrika Gadler, Ann Godoffs Assistentin bei Random House, für ihre Geduld, Rücksichtnahme und gute Zusammenarbeit. Helen Churko, Lucy LePage und Carlton Sedgley von Royce Carlton achteten darauf, daß ich meinen Vortragsverpflichtungen nachkam, was angesichts meiner chaotischen Terminplanung nicht immer eine leichte Aufgabe war. Bethany Saltman leistete mir erstklassige Hilfe bei Forschung und Recherche. Joan und John Shipley stellten mir mit ihrem Haus in Gearhart (Oregon) einen idealen Ort für die Niederschrift des Buches zur Verfügung. Das Virginia Center of the Arts mit seinem freundlichen Personal ermöglichte mir produktives Arbeiten unter angenehmsten Bedingungen. Mein Dank gilt nicht zuletzt Anastasia Gochnour, die mein Büro weitblickend und kreativ leitet.

Manche LeserInnen mögen sich wundern, daß ich in einigen Teilen des Buches TheoretikerInnen oder Publikationen würdige, die ich in anderen Teilen kritisiere. Das Buch sollte mit jenem Gedanken im Hinterkopf gelesen werden, der mich dazu bewog, es überhaupt erst zu schreiben: Es ist eine ehrenvolle Verpflichtung, nicht immer der gleichen Meinung wie die anderen zu sein; eine kritische Auseinandersetzung mit unserer Bewegung ist kein Sakrileg, sondern ein Liebesbeweis.